AF152945

Diethard Stelzl

Im Einklang mit der universalen Ordnung

Geistige Gesetze und Lebensweisheiten
für den Alltag

Grundbausteine des menschlichen Urwissens

Verlag Via Nova

Diethard Stelzl

Im Einklang
mit der universalen Ordnung

Geistige Gesetze und Lebensweisheiten
für den Alltag

Grundbausteine des menschlichen Urwissens

Verlag Via Nova

2. Auflage 2007

Verlag Via Nova, Alte Landstraße 12, 36100 Petersberg
Telefon: (06 61) 6 29 73
Fax: (06 61) 9 67 95 60
E-Mail: info@verlag-vianova.de
Internet:
www.verlag-vianova.de

Umschlag: Klaus Holitzka, 64756 Mossautal
Satz: typo-service kliem, 97647 Neustädtles
Druck und Verarbeitung: Fuldaer Verlagsanstalt, 36037 Fulda
© Alle Rechte vorbehalten
ISBN 978-3-86616-021-7

Inhaltsverzeichnis

Danksagung

Der Mensch ist in jedem Augenblick seines Lebens Suchender, sowohl Lernender als auch Lehrender, immer in Bewegung begriffen, um an sich zu arbeiten. Tut er dies nicht freiwillig und bewusst selbst, so wird an ihm gearbeitet.

Die Arbeit an diesem Buch dauerte mehrere Jahre und lief parallel zu Ausbildungskursen zum HUNA-Praktiker bzw. HUNA-Berater in den Jahren 2001 bis 2003 an der Akademie für Neue Berufe (ANB) in Graz. Viele Gedanken aus diesen Kursen sowie einige schriftliche Beiträge von Teilnehmern sind mit deren Einverständnis in die vorliegenden Ausführungen eingegangen, wofür ich mich nochmals sehr herzlich bedanken darf.

Danksagen möchte ich auch meiner Lebensgefährtin Gerlinde Hartmann für ihr Verständnis und ihre aktive Unterstützung sowie meiner Tochter Natalie Stelzl, Birgit Harachi Stein und Larissa Grünwald für Schreibarbeiten und Ergänzungen.

Von Herzen wünsche ich jedem Suchenden und Lernenden Spaß beim Lesen dieses Buches und Erfolg bei der praktischen Umsetzung im täglichen Leben.

Diethard Stelzl

I. Einführung

Der Mensch ist ein wichtiger Teil der Schöpfung. Seine Erfahrungen sind gleichzeitig auch die Erfahrungen der Gottheit in ihm, des *ewigen Lichtes in seinem Herzen*. So gesehen spiegelt sich die Urquelle nicht nur in allem Sein, sondern besonders in jedem Menschen wider. Ihm hat der Schöpfergeist den freien menschlichen Willen als einmaliges Gottesgeschenk gegeben und ihn damit stellvertretend für SICH SELBST zu einem kreativ-schöpferischen Geistwesen gemacht. Als dieses kann er im Rahmen der universalen Gesetze und der eigenen Bestimmung in absoluter Selbstverantwortung mit Wachbewusstsein, Gedankenkraft und klarer mentaler Zielfunktion das eigene Schicksal und gegebenenfalls auch das anderer Menschen und anderer Seinszustände gestalten und lenken.

Jeder Mensch hat ein eigenes Bewusstsein, welches im Bereich des Wachbewusstseins von Verstand, Vernunft, Intellekt und Logik auch den Bereich des Erfahrens von Sinnesempfindungen und die Intuition umfasst. Auf der Ebene des Unterbewusstseins befinden sich Speicherung und Gedächtnis, Emotionen, Gefühle, Psyche, Phobien, Blockaden und Gewissen sowie der Bereich der autonomen Körperfunktionen. Das Überbewusstsein stellt die Verbindung zu den geistigen Hierarchien, zu den Geistführern, spirituellen Beratern, Engeln und Erzengeln und zu Gott selbst her. Hier ist im individuellen Kosmischen Plan auch die eigene Bestimmung festgelegt. Der menschliche Geist ist Geist vom Geiste Gottes. Geist ist Geist und kann nicht getrennt werden. Alles ist eines und einer ist in allem. Über das kosmische Lichtgitternetz, den Geist und die Liebe ist im Universum alles mit allem verbunden. Kosmos und Mensch müssen deshalb ganzheitlich-holistisch betrachtet werden, nicht als getrennte Einzelexistenzen. Natur und Mensch sind nicht mehr auf isolierte Einzelteile zu reduzieren, sondern müssen im Zusammenhang mit dem Universum als Gesamtheit gesehen werden.

Alles Sein der Welt kommt aus einer Urquelle. Ihre Ausstrahlung und Spiegelung in der Schöpfung zur Erfahrung der eigenen Wirklichkeit führte zur Schaffung von Strukturelementen, die im Rahmen von geistigen Gesetzen alle Erscheinungsvorgänge im Kosmos regeln. Nach ALBERT EINSTEIN ist der Forscher von der Kausalität allen Geschehens durchdrungen.

Seine Religiosität liegt im verzückten Staunen über die Harmonie der Naturgesetzlichkeit, in der sich eine so überlegene Vernunft offenbart, dass alles Sinnvolle menschlichen Denkens dagegen ein gänzlich nichtiger Abglanz ist.

Auch der deutsche Quantenphysiker MAX PLANCK stellte in einer Rede auf dem Internationalen Physikerkongress 1926 in Florenz die Selbstverständlichkeit einer göttlichen Existenz in seinem Denken heraus:

„Meine Herren, als Physiker, also als Mann, der sein ganzes Leben der nüchternsten Wissenschaft, der Erforschung der Materie, diente, bin ich sicher von dem Verdacht frei, für einen Schwarmgeist gehalten zu werden. Und so sage ich Ihnen nach meinen Erforschungen des Atoms dieses: Es gibt keine Materie an sich! Alle Materie entsteht und besteht nur durch eine Kraft, welche die Atomteilchen in Schwingung bringt und sie zum winzigsten Sonnensystem des Atoms zusammenhält.

Da es im ganzen Weltall aber weder eine intelligente noch eine ewige Kraft gibt, so müssen wir hinter dieser Kraft einen bewussten, intelligenten Geist annehmen. Dieser Geist ist der Urgrund aller Materie. Nicht die sichtbare, aber vergängliche Materie ist das Reale, Wahre, Wirkliche, sondern der unsichtbare, unsterbliche Geist ist das Wahre. Da es aber Geist an sich allein ebenfalls nicht geben kann, sondern jeder Geist einem Wesen zugehört, so müssen wir zwingend Geistwesen annehmen.

Da aber auch Geistwesen nicht aus sich selber sein können, sondern geschaffen worden sein müssen, so scheue ich mich nicht, diesen geheimnisvollen Schöpfer ebenso zu benennen, wie ihn alle alten Kulturvölker der Erde früherer Jahrtausende genannt haben:

„GOTT".

Der heutzutage sehr einflussreiche britische Physiker und Mathematiker, Stephen HAWKING, stellte fest:

„… warum das Universum gerade auf diese Weise angefangen haben sollte, wäre sehr schwer zu erklären, ohne das Eingreifen eines Gottes anzunehmen, der beabsichtigt hätte, Wesen wie uns zu erschaffen."

Es geht nicht darum, den Weltengeist zu beweisen und sein Wirken intellektuell zu erklären. Das ist nicht notwendig, denn Gott beweist sich selbst in jedem Atemzug, jedem Lebewesen, jeder Wolke und jedem Sonnenstrahl. Es ist jedoch wichtig, die Bedeutung der Urquelle im Bewusstsein der menschlichen Evolution zu beleuchten und ihre enge Verflechtung und Bindung zu uns Menschen zu unterstreichen, im Innen und im Außen.

Im vorliegenden Werk sollen keine wissenschaftlichen Beweise erbracht, sondern lediglich Informationen und Denkanstöße gegeben werden, die jeden einzelnen Menschen je nach seiner Gedankenwelt, Erziehung und Entwicklung in die Lage versetzen können , über sein persönliches Lebensziel und seinen individuellen Lebenssinn nachzudenken. Letzten Endes bestimmt jeder Mensch mit seinem freien menschlichen Willen sein Leben selbst.

Den Ordnungskriterien eines großen, sinnvoll gestalteten Ganzen unterliegt alles Leben und Sein im Kosmos, auch jeder einzelne Mensch. Dabei stellt das 3. Universum unserer Milchstraße die Grenzen unseres Kosmos dar. Auf der Bühne des Universums wird das Schauspiel des Kosmos aufgeführt.

Das Kommunikationssystem zur universalen Weiterleitung harmonischer Urinformationen und einheitlicher Ordnungskriterien ist mathematisch-geometrisch aufgebaut. Die Mechanismen der Selbstorganisation im Universum gelten im Großen wie im Kleinen und bauen auf dem Phänomen der dissipativen Strukturen und wichtigen Elementen der Chaostheorie auf. Danach entsteht jede Form aus der Vervielfältigung der genau identisch-gleichen, jedoch kleineren Form in einem bestimmten Verhältnis. Diese Relation ist mathematisch als gedankliche Zielfunktion in Form eines Multiplikators bzw. Attraktors als Ziffer festgelegt und wirkt mit der notwendigen Schwelleninformation als Hologramm. Universum und Kosmos sind holographisch aufgebaut. Dabei ergibt sich der Wert des Attraktors manchmal als ganze Zahl, meistens jedoch als gebrochene Ziffer, auch Fraktal genannt, in Form von Verdichtungen einer mentalen Absichtserklärung.

Der beschriebene Sachverhalt erklärt die außergewöhnliche Bedeutung von menschlichem Denkprozess und individuellem Gedankenimpuls als Realisationsparameter des freien menschlichen *Willens*. Mit dem einmaligen Gottesgeschenk des freien menschlichen Willens hat die Urquelle möglicherweise ihre ausströmende, männliche Komponente an den Menschen abgegeben, wohl in der Hoffnung, dass jener dieses machtvolle Instrument schöpferischer Gestaltung in *Weisheit*, dem aufnehmenden, weiblichen Aspekt der Gottheit, anwenden würde. Nachdem die Urquelle sich durch diese freiwillige Entscheidung wahrscheinlich weitestgehend aus dem evolutionären, universalen, kreativ-schöpferischen Willensprozess herausgenommen hat, obliegt seitdem wohl die alleinige und ausschließliche Verantwortung für alle Folgen menschlicher Bewusstseinsprozesse nur noch dem Menschen selbst. Jeder Einzelne ist deshalb sowohl in der eigenen Persönlichkeitsentwicklung als auch im Rahmen der Spiegelung des jeweiligen Umfeldes ein Produkt seiner eigenen Gedanken. Sämtliche Ereignisse, Situationen, erlebte Worte und Taten sind somit immer Botschaften an das eigene Selbst als Spiegelungen der vordem ausgesandten individuellen Gedanken- und Gefühlsimpulse. Zeit und Raum spielen bei diesem Prozess eine untergeordnete Rolle, da dieser dimensionsübergreifend, Geistigen Gesetzen folgend, abläuft. So entsteht und erklärt sich auch Karma. Der menschliche Körper spiegelt dieses Resonanzverhalten lediglich auf der grobstofflichen, physischen Ebene wider.

Jeder Mensch ist ein Unikat, ein Individuum, das es im Kosmos nur einmal gibt. Er stellt eine Ganzheit aus Körper, Seele und Bewusstsein dar, so dass sich Ungleichgewichte und Disharmonien auf einer Ebene unweigerlich auch negativ auf andere Bereiche der Identität auswirken müssen. Jede Krankheit ist eine Folge von Ursachen aus unharmonischem Denken, Fühlen und Handeln, die aus der Vergangenheit kommen und in die Zukunft weisen. Sie lehrt uns loszulassen, umzudenken, uns selbst zu erfahren, Lebensziel und Lebenssinn zu erfassen und zu leben.

Die Zeit ist dabei trotz unseres vierdimensionalen Zeit-Raum-Kontinuums relativ. Sie ergibt sich in ihrem Doppelcharakter von quantitativen und qualitativen Elementen als *Doppelstrom*, als notwendige Polarität. Der ideale Zeitpunkt für ein Ereignis ist dann gegeben, wenn beide Aspekte zusammenfallen.

Die universale Ordnung bildet die strukturelle Wahrheit und Wirklichkeit allen Wesens in der informativen Ausrichtung der einen und einzigen objektiven Wahrheit und Wirklichkeit Gottes. Sie regelt das harmonische Zusammenwirken allen Seins in allen Welten und zu allen Zeiten und ist ausschließlich nur positiv polarisiert. Das menschliche Urwissen war anfangs auf dieses System aufgebaut. In der nachfolgenden, langwierigen Auseinandersetzung vor allem mit den Geistigen Gesetzen entwickelte sich die persönliche, individuelle Wahrheit und Wirklichkeit mit teilweise negativ polarisierten Strukturen. Dies führte zu einer subjektiven Trennung von Innen und Außen, zu negativen Gedankenprogrammen und Gefühlsmustern, zu Krankheiten, Ungleichgewichten und Disharmonien. Wird nunmehr im individuellen Prozess der persönlichen *Entwicklung durch Erfahrung* die eigene subjektive Wahrheit und Wirklichkeit durch bewusste Lernerfahrungen wieder Schritt für Schritt der strukturellen Wahrheit und Wirklichkeit der universalen Ordnung angeglichen, sind in der Folge dieses Prozesses Harmonik, Gleichgewicht, anhaltende Gesundheit, Glück und Erfolg die unausweichliche und automatische Folge.

Die erwähnten *kosmischen Verkehrsregeln* zu kennen und im eigenen Leben anzuwenden ist notwendig, um optimal und harmonisch im Innen und Außen existieren zu können. Umfassende Harmonie, wirkliche Heilung und anhaltende Gesundheit sind nur möglich im Rahmen einer individuellen Anwendung dieser globalen Zusammenhänge. Ihre Kenntnis ist deshalb im wahrsten Sinne des Wortes existenznotwendig und lebensgestaltend. Der

Zweck des vorliegenden Buches ist es, diese wichtigen Zusammenhänge in verständlicher Form darzustellen und damit den Leser in eigener Verantwortung in die Lage zu versetzen, sie im täglichen Leben anzuwenden.

Bitte beachten Sie dabei die folgenden wichtigen Leitsätze:

Der Geist beherrscht die Materie, deshalb ist es niemals zu spät und es gibt nichts Gutes, es sei denn, man tut es.

II. Universale Grundlagen: Betrachtungen über die Entstehung und Entwicklung der Schöpfung

1. Substanz und Essenz Gottes

Der schöpferische Gott wird in der hebräisch-jüdischen Tradition auch als *Elohim* bezeichnet, dessen einzelne Strahlen die verschiedenen Stufen des Schöpfungsprozesses auslösen. Im zweiten Teil der *Genesis* gibt es insgesamt *acht* Stellen mit Verneinungen. Die Zwei steht dabei charakteristisch für Polarität, bis sie zum Wandel in der ewigen Lemniskate der Acht führt.

Wird diese Entwicklung in eine sichtbare Form gebracht, so entspricht dem Zustand des *ewigen Seins* der (Null-)*Punkt*. Dieser stellt als stofflicher Ausdruck das *Null-Potential* der *Gottheit in der Ruhe* dar und damit das erste Symbol überhaupt. Als Farbe würde der Punkt am ehesten dem Grün entsprechen.

Einem Prozess der Ausdehnung in Strahlen und Wellen geht der Vorgang des Öffnens voraus, als Symbol entspricht dem eine aus dem Zentrum ausgehende, linksdrehende Spirale entgegen dem Uhrzeigersinn. Sie ist energetisch und schwingungsmäßig auch der Energie von *„bitte"*, dem *Sesam-Öffne-Dich* im Universum, gleichzustellen, als Farbe dem Blau.

Die natürliche Bewegungsform im Kosmos ist die Spirale, nicht die Gerade, welche lediglich eine Marginalsituation der Spirale darstellt. Die Spirale ist nicht als Fläche zu verstehen, sondern als mehrdimensionale Form im Raum. Je nach Bezugsbereich hat sie unterschiedliche Krümmungsparameter.

Das Ausströmen des *Geistes der Urquelle* führte im gesamten durchdrungenen Raum in den Grenzen aller entstandenen Universen zur Schaffung eines kosmischen Lichtgitternetzes: subatomar, multidimensional, grenzenlos, wertungsfrei, unpolarisiert, zeitlos. In diesem kristallin-strukturierten

Feld konnten sich kreativ-schöpferische Impulse spiralförmig im Raum in verschiedenen Energieformen fortpflanzen, als Strahlen, kohärente Wellen, Schwingungen usw., alles durchdringend, jedes erreichend.

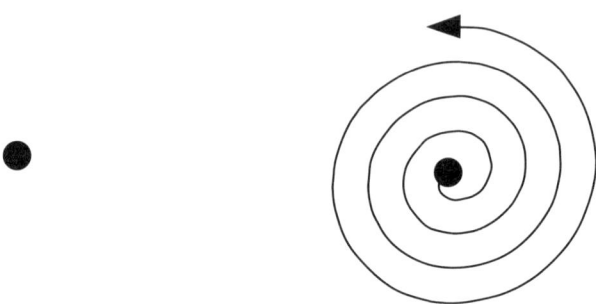

In dem allumfassenden, alldurchdringenden und allverbindenden Kosmischen Lichtgitternetz, in der Wissenschaft nach dem amerikanischen Physiker Peter HIGGS auch als HIGG'sches Feld bezeichnet, ruht in jeder kleinsten Einheit ohne Ladung und ohne Masse, den Neutronen (Neutrinos, Quarks, etc.), die Gottheit im Nullpotential gemäß dem 1. Geistigen Gesetz der Einheit, Ganzheit, Vollkommenheit, Geistigkeit und wechselseitigen Vernetzung. Besitzen diese kleinsten denkbaren Teilchen Ladung und damit ein funktionierendes Energiefeld, welches als eigentliches Leben im Universum angesehen werden kann, jedoch keine Ruhemasse, werden sie als Lichtquanten oder Photonen bezeichnet. Das *Licht* – und seine kleinsten Teilcheneinheiten, die Photonen – stellt also die energetische, fließende Verbindung im Rahmen des allumfassenden Kosmischen Gitternetzes dar, die erste klare Definition und Ausrichtung und damit die *Substanz Gottes*. Licht ist Leben im Universum. Durchdrungen werden die zentralen Mittelpunkte aller Quanten permanent ohne Anfang, Pause und Ende durch die *Essenz Gottes*, eine Information und Botschaft, und diese ist Liebe.

Gott ist Liebe

Die zentrale Urquelle allen Seins verströmt also unaufhörlich nur Liebe. Deshalb ist die wichtigste Erkenntnis für alles Sein:

In Wahrheit ist es nur Liebe.

Neben Quanten ohne Masse und ohne Ladung (Neutronen) sowie Quanten ohne Masse aber mit Ladung (Elektronen (–) bzw. Positronen (+)) gibt es jedoch auch Quanten mit Ladung und mit Masse (die Atome). Sie stellen das kleinste funktionierende Sonnensystem im Universum dar. In ihrem Zentrum befindet sich ein atomarer Kern. Dieser besteht aus positiv geladenen Protonen neben den bereits genannten Neutronen im Nullpotential. Diese positive Ladung im Atomkern zieht als Ruhemasse sich frei bewegende, kleinste Ladungseinheiten, die Elementarteilchen, an. Diese elementare Kraft im Universum bezeichnet man als Gravitation oder Schwerkraft. Sie ist für die Anziehung von Massen verantwortlich. Normalerweise sind diese positiv polarisiert. Es gibt jedoch in Ausnahmefällen auch negative Massen, die unter Einwirkung der Schwerkraft von „normalen", d. h. positiv polarisierten Massen nicht angezogen, sondern abgestoßen werden. Dieses Phänomen bezeichnet man als Antigravitation.[1]

Der positiv polarisierte Teil des Atomkerns (Proton) enthält Masse und zieht deshalb frei schwebende und sich bewegende Ladungsteilchen ohne Ruhemasse an. Sind diese Elementarteilchen wie beispielsweise Elektronen negativ polarisiert, so bewegen sie sich je nach Geschwindigkeit in schalenförmigen Bahnen um den Atomkern herum. Halten sich dabei die Anziehungskraft der (positiv geladenen) Protonen des Atomkerns und die Fliehkraft der (negativ geladenen) Elektronen in der Umlaufbahn genau die Waage, so spricht man von einem momentan stabilen Gleichgewicht. Haben Elektronen zumindest zeitweise keine Verbindung zu einem atomaren Kern, bezeichnet man sie als Ionen.

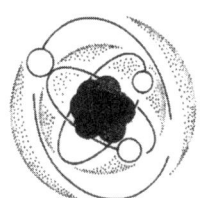 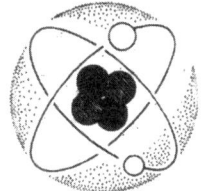 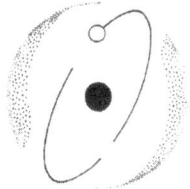

Das BOHR-RUTHERFORD'sche ATOMMODELL

Nach dem heutzutage in der modernen Naturwissenschaft angewendeten BOHR-RUTHERFORD'schen Denkmodell für atomare Strukturen bewegt sich je nach Element eine unterschiedliche Anzahl von Elektronen wie in einer Zwiebel schalenförmig auf verschiedenen Orbits bzw. Umlaufbahnen

---

1 Vgl. hierzu aus wissenschaftlicher Sicht:
THIRRING, Walter: *Kosmische Impressionen – Gottes Spuren in den Naturgesetzen"* Molden-Verlag, Wien 2004 und
GÖRING, L.W.: *Apokalypse Seele"* VESTA-Verlag, Velden 1997.

um den Atomkern herum. Je höher die Umlaufbahn, desto höher die Geschwindigkeit und umgekehrt. Diese kann bis zu 9/10 der Lichtgeschwindigkeit, also bis etwa 270 000 km pro Sekunde, betragen. Geordnet sind sie
in der Periodenstruktur der Elemente nach dem russischen Forscher MEN-
DELEJEW.

DAS PERIODENSYSTEM DER CHEMISCHEN ELEMENTE nach MENDELEJEW (Atommassen 1976)

Ordnungszahl	Name	Symbol	Atommasse	Ordnungszahl	Name	Symbol	Atommasse
1	Wasserstoff	H	1,008	53	Jod	J	126,9
2	Helium	He	4,003	54	Xenon	Xe	131,3
3	Lithium	Li	6,941	55	Caesium	Cs	132,9
4	Beryllium	Be	9,012	56	Barium	Ba	137,3
5	Bor	B	10,81	57	Lanthan	La	138,9
6	Kohlenstoff	C	12,01	58	Cer	Ce	140,1
7	Stickstoff	N	14,01	59	Praseodym	Pr	140,9
8	Sauerstoff	O	16	60	Neodym	Nd	144,2
9	Fluor	F	19	61	Promethium	Pln	-145
10	Neon	Ne	20,18	62	Samarium	Sm	150,4
11	Natrium	Na	22,99	63	Europium	Eu	152
12	Magnesium	Mg	24,31	64	Gadolinium	Gd	157,3
13	Aluminium	Al	26,98	65	Terbium	Tb	158,9
14	Silicium	Si	28,09	66	Dysprosium	Dy	162,5
15	Phosphor	P	30,97	67	Holmium	Ho	164,9
16	Schwefel	S	32,06	68	Erbium	Er	167,3
17	Chlor	Cl	35,45	69	Thulium	Tln	168,9
18	Argon	Ar	39,95	70	Ytterbium	Yb	173
19	Kalium	K	39,1	71	Lutetium	Lu	175
20	Calcium	Ca	40,08	72	Hafnium	Hf	178,5
21	Scandium	Sc	44,96	73	Tantal	Ta	180,9
22	Titan	Ti	47,9	74	Wolfram	W	183,9
23	Vanadin	V	50,94	75	Rhenium	Re	186,2
24	Chrom	Cr	52	76	Osmium	Os	190,2
25	Mangan	Mn	54,94	77	Iridium	Ir	192,2
26	Eisen	Fe	55,85	78	Platin	Pt	195,1
27	Kobalt	Co	58,93	79	Gold	Au	197
28	Nickel	Ni	58,7	80	Quecksilber	Hg	200,6
29	Kupfer	Cu	63,55	81	Thallium	Tl	204,4
30	Zink	Zn	65,38	82	Blei	Pb	207,2
31	Gallium	Ga	69,72	83	Wismut	Bi	209
32	Germanium	Ge	72,59	84	Polonium	Po	-209
33	Arsen	As	74,92	85	Astat	At	-210
34	Selen	Se	78,96	86	Radon	Rn	-222
35	Brom	Br	79,9	87	Francium	Fr	-223
36	Krypton	Kr	83,8	88	Radium	Ra	-226
37	Rubidium	Rb	85,47	89	Actinium	Ac	-227
38	Strontium	Sr	87,62	90	Thorium	Th	232
39	Yttrium	Y	88,91	91	Protactinium	Pa	-231
40	Zirkonium	Zr	91,22	92	Uran	U	238
41	Niob	Nb	92,91	93	Neptunium	Np	-237
42	Molybdän	Mo	95,94	94	Plutonium	Pu	-244
43	Technetium	Tc	-97	95	Americium	Am	-243
44	Ruthenium	Ru	101,1	96	Curium	Cm	-247
45	Rhodium	Rh	102,9	97	Berkelium	Bk	-247
46	Palladium	Pd	106,4	98	Californium	Ct	-251
47	Silber	Ag	107,9	99	Einsteinium	Es	-254
48	Cadmium	Cd	112,4	100	Fermium	Fm	-257
49	Indium	In	114,8	101	Mendelevium	Md	-258
50	Zinn	Sn	118,7	102	Nobelium	No	-259
51	Antimon	Sb	121,8	103	Lawrencium	Lr	-260
52	Tellur	Te	127,6				

Eine Verdichtung von Atomen nennt man Moleküle. Die unterschiedliche Zusammensetzung molekularer Strukturen ist für die typischen Charaktereigenschaften und Verhaltensweisen von materiellen Substanzen verantwortlich, beispielsweise von Zellverbänden im Mineral, in Pflanzen, Tieren und Menschen.

Nur zu einem sehr geringen Teil ist das Universum von Materie durchsetzt. Der weitaus größte Teil von wahrscheinlich mehr als 99 % besteht nicht aus Materie und wird oft auch als Antimaterie bezeichnet. In diesem Bereich wirkt jedoch trotzdem immer das Kosmische Lichtgitternetz, allumfassend durchdrungen von ursprünglich unsichtbaren, masselosen Lichtquanten (Photonen).

Trifft nun ein Lichtquant (Photon), welches sich in Lichtgeschwindigkeit von knapp 300 000 km/sek. durch den Kosmos bewegt, auf eine atomare Struktur, so kommt es zuerst mit deren schnellstem Elektron auf der äußersten Umlaufbahn in Kontakt. Es schlägt dieses äußerste Elektron aus dessen Orbit heraus und nimmt für einen winzig kleinen Moment seinen Platz ein, wobei sich das von seinem Proton getrennte Elektron für diesen winzig kurzen Zeitraum als Ion durch den Raum bewegt. Das Photon in der äußersten Elektronenbahn des betreffenden Atoms hat Ladung und nimmt in Wellenform schwingungsmäßig Verbindung mit dem massehaltigen Proton im Atomkern auf. Bei dieser Kontaktaufnahme wird Energie frei. Außerdem gibt das Photon harmonische Göttliche Urinformationen des Kosmischen Lichtgitternetzes sowie Ordnungskriterien der Göttlichen Struktur des Universum an das kleinste Sonnensystems des Atoms bzw. an dessen Kern ab. Ist die Übereinstimmung von Informationsqualität und universalen Ordnungskriterien zwischen abgebendem Photon und aufnehmendem Proton gut, spricht man von einer hohen Resonatorgüte, ist sie dies nicht, entsprechend von einer niedrigen. Nach Abschluss des beschriebenen Austausches verlässt das Photon, verbunden mit einer nochmaligen Energieabgabe, die äußere Umlaufbahn des atomaren Sonnensystems und macht wieder Platz für das vorher herauskatapultierte und damit zum Ion gewordene Elektron. Aufgrund der zweifachen Energieabgabe des Photons wurde jedoch das Atom energetisch aufgeladen bzw. „aufgepumpt". Dies bedeutet, dass die Bahn des äußeren Elektrons weiter nach außen verlagert und damit seine spezifische Geschwindigkeit erhöht wurde. Seine frei werdende vorherige Bahn wird nunmehr vom nächst niedriger angesiedelten Elektron besetzt usw. Das gesamte atomare System, versorgt mit mehr kosmischer Energie, harmonisch Göttlichen Urinformationen und universalen Ordnungskriterien, beginnt leuchtend zu leben und gibt diese schwache biolumineszente Strahlung nach außen ab. In lebenden Systemen bezeichnet man dieses

Leuchten als Biophotonemission. Sie gibt darüber Auskunft, wie hoch die Lebensqualität eines atomaren Systems innerhalb der Molekularstruktur eines Zellverbandes und seine Verbindung zur harmonischen universalen Ordnung ist. Auch wenn dieses Leuchten nur sehr schwach sein mag, ist es doch messbar. Der deutsche Biophotonenforscher Prof. Dr. Fritz-Albert POPP hat in diesem Bereich viele Jahre gearbeitet und interessante Forschungsergebnisse, beispielsweise über die Lebensqualität von Nahrung und Heilmitteln, erzielt.[2]

Zum Existieren benötigen Menschen also Licht aus dem allumfassenden Kosmischen Lichtgitternetz, wobei unter „Licht" hier „universales Licht", lat. lumen, zu verstehen ist und nicht nur ein festgelegter Wellenbereich elektromagnetischer Schwingungen in Bezug auf das natürliche Sonnenlicht der Erde, lat. lux. Letzteres stellt nur einen Teilaspekt des universalen Lichtes dar. Der Mensch lebt also vom Licht wie andere lebende Systeme auch. POPP bezeichnet ihn deshalb sehr treffend als „Lichtsäuger". Das Licht ist dabei im Innen und im Außen.

Wie viel Licht ein Mensch im Innen hat, bestimmt er selbst durch seine Gedanken, Gefühle, Worte und Taten in der Auswirkung seines von Gott als einmaliges Geschenk gegebenen, freien menschlichen Willens. Er bestimmt somit, initiiert durch seine Gedanken, auch über die Resonatorgüte jedes einzelnen Atoms im molekularen Zellverband seiner einzelnen Organe. Ist er in Harmonie mit Gott im Innen und Außen, lebt er im Einklang mit Geistigen Gesetzen und Ordnungskriterien, so ist er im Gleichgewicht von Erfolg, anhaltender Gesundheit, innerer und äußerer Harmonie. Ist dies nicht der Fall, tritt das Gegenteil ein, also Misserfolg, Krankheit und Disharmonie, Ungleichgewicht, Schmerz und Leid, im Gesamtsystem genauso wie in Bezug auf einzelne Organe oder Existenzbereiche. Die Ursache für diese offenkundig negative Wirkung liegt im Denken des Menschen selbst begründet. Dieses ist deshalb anzuschauen und gegebenenfalls zu ändern, um durch die Korrektur der Ursachen in der Folge auch die Wirkung zu verändern.

Wie bereits beschrieben, ist der ausströmende Impuls der Gottheit, der *reine Geist der Urquelle*, das **LICHT**. Im Rahmen des Kosmischen Lichtgitternetzes bewegt es sich in kleinsten Teilchen fort, die in einer unvorstellbar hohen Geschwindigkeit angeregt werden. In der Physik werden diese kleinsten Teilchen Quanten genannt. Die Quanten des Lichtes haben als typische

---

2 Vgl. hierzu:
   POPP, Fritz-Albert: *Biologie des Lichts*. Verlag Paul Parey, Berlin-Hamburg 1984.
   POPP, Fritz-Albert: Die Botschaft der Nahrung, Fischer Taschenbuch Verlag, Frankfurt/Main.

Eigenschaft keine Ruhemasse und werden als Photonen bezeichnet. Sie bewegen sich im unendlichen Raum des Kosmischen Lichtgitternetzes weiter, in der Naturwissenschaft seit LEIBNIZ und MAXWELL auch als Äther benannt, dem Träger von elektro-magnetischen Wellen.

Sind diese Wellen in ihrer Schwingungsfrequenz höher als UV-Wellen, Grenzwerte des sichtbaren Lichtes, werden sie auch als kosmische Strahlen bezeichnet. Die Lichtgeschwindigkeit beträgt in unserem vierdimensionalen Raum-Zeit-Kontinuum etwas weniger als 300 000 km pro Sekunde. Sie ergibt sich aus der Sicht der Physik durch den wechselseitigen Austausch von zwei sich umkehrenden Impulsen und zwei Energieformen. Zum einen liegt die Energie als *potentielle Energie* in der Kraft (V), zum anderen als *kinetische Energie* in der beschleunigten Masse (A) vor. Wie bei jeder Welle findet durch die unterschiedlich polarisierten Impulse der laufende Wechsel zwischen den beiden Energieformen statt.

Der Schweizer Atomphysiker Dr. Carlos RUBBIA erhielt 1984 den Nobelpreis für die Aufstellung einer mathematisch entwickelten Naturkonstante, mit deren Hilfe man das Verhältnis zwischen atomar-materiellen Masseteilchen mit positiv geladenen Protonen im Atomkern und den diese umgebenden, mit Ladung versehenen Elementarteilchen, den Elektronen, errechnen konnte. Diese Verhältniszahl bestimmt also die Relation von notwendigen Energieträgern für die Entstehung nur eines einzigen Materieteilchens. Sie liegt bei

$$1 : 9{,}746 \times 10^8, \text{ also ca. bei } 1 : 1.000.000.000$$

Bereits Albert EINSTEIN stellte fest, dass Materie nur verdichtete Energie ist. Eine Milliarde Energieeinheiten ist also notwendig, um nur eine einzige Materieeinheit in Form von Masse zu bilden. Diese Masseeinheit ist dann von uns Menschen in Form von grobstofflich-physischen Gegenständen mit den Sinnesorganen der linken Gehirnhälfte wahrzunehmen. Es ist außergewöhnlich beeindruckend, welchen Aufwand an wertvoller Energie Weltengeist und Universum auf sich nehmen, um Materie und Masse der grobstofflichen Spiegelung der Polarität im Außen zu erschaffen. Für viele Menschen ist diese materiell-physische Welt dann auch noch die einzige Realität als milliardster Teil einer Wirklichkeit, die eigentlich Energie ist.

Licht an sich ist unsichtbar. Es wird erst sichtbar, wenn es mit massehaltigen Quanten stofflich-materieller Strukturen zusammenstößt. Dabei ergeben sich, wie bereits beschrieben, Auf- und Entladungsvorgänge sowie Übertragungsimpulse harmonisch-kosmischer Urinformation und universaler Ordnungskriterien von den Lichtphotonen auf die kristallinen Molekularstrukturen massehaltiger Atome. Ansonsten existiert Licht vor allem in der

Zeitdimension. Neben den uns bekannten drei Raumdimensionen Länge, Breite, Höhe gibt es als vierte Raumdimension noch die Tiefe. Nach Burkhard HEIM kommen neben der Zeit noch die Komponenten Struktur und Realisierungspotential zu den oben genannten hinzu, von ihm als X5 und X6 bezeichnet. Es ergibt sich somit ein sechsdimensionales Universum, in welchem Urquelle und Licht zu Hause sind. Die siebte Dimension ist die Urquelle selbst. An dieser, die immer nur einmal vorkommt, spiegeln sich alle sechs Dimensionen in der gegensätzlichen Polarität, so dass sich insgesamt dreizehn Dimensionen im universalen Rahmen des Kosmos ergeben, also 2 x 6 = 12 gepolte und eine ungepolte im Nullpotential Gottes.

Nach *Albert Einstein* leben wir in einem vierdimensionalen Raum-Zeit-Kontinuum, welches durch die Lichtgeschwindigkeit begrenzt wird. In diesem Bereich gibt es die grobstofflichen, erfahrbaren drei Raumdimensionen von Länge, Breite und Höhe sowie die quantitative Zeit.

2. Grundkomponenten der Schöpfung

Diese sind:

- Das Nullpotential der Urquelle als Göttlicher *Geist*
- Eine strahlenförmige Ausdehnung als Essenz und *Energie* im Kosmischen Lichtgitternetz („Äther")
- Die Spiegelung im begrenzten Raum von *Stoff* und Materie

Stark vereinfacht kann man diesen Sachverhalt geometrisch folgendermaßen darstellen:

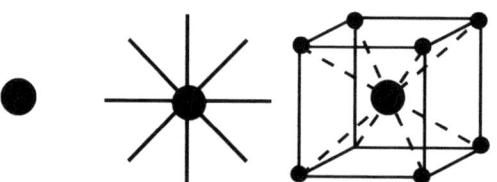

Grundkomponenten der Schöpfung

Der Göttliche Geist manifestiert sich als reine Energie im Licht. Seine ausstrahlende Essenz im und mit dem Licht (in den Photonen) ist reine, grenzenlose, bedingungslose und wertfreie *Liebe*, ausgedrückt in harmonischen kosmischen Urinformationen und universalen Ordnungskriterien. Das

26

Universum bildet den Rahmen für den Kosmos. Die ausströmende Nullpunkt-Energie der Urquelle ist allgegenwärtig, allmächtig, allumfassend, quantitativ unendlich, absolut objektiv, wertfrei, selbstlos, unpolarisiert, bedingungs- und grenzenlos. Sie ist reine Göttliche Liebe und vollkommene Intelligenz. Jegliche Existenz im Kosmos der Schöpfung ist hier als Information und Ausdruck angelegt, harmonisch und perfekt, damit auch zugänglich und jederzeit als Aussage abrufbar.[3] Die Nullpotentiale der kleinsten, stofflich-materiellen Struktur, die Neutrinos, Quarks und Neutronen in den Atomkernen spiegeln dieses Göttliche Nullpotential wider. Das gilt auch für jede einzelne Zelle des menschlichen Körpers. Sie ist von allem Anfang an vom Göttlichen Schöpfer vollkommen und harmonisch angelegt und mit ihm in jedem Augenblick und über alle Zeiten hinweg, quasi als perfekte *Blaupause*, verbunden. Disharmonien und Störungen entstehen nur dann, wenn sich der Mensch durch negatives Denken und Handeln von seinem Göttlichen Ursprung entfernt und vielleicht sogar abtrennt. Krankheit ist die unausweichliche, aber immer selbstverschuldete Folge.

3. Der Aufbau einer universalen Ordnung

Nach dem Aufbau eines Mediums für universale Informationsübertragung und der Schaffung des universalen Rahmens ergab sich als nachfolgender weiterer Schöpfungsakt die **Bildung von allgemein verbindlichen Ordnungskriterien**. Darüber berichten ebenfalls einheitlich alle uralten Weisheitsschriften der Menschheit. Auch in der Bibel steht:

Am Anfang war das Wort und das Wort war bei Gott
und Gott war das Wort und es war gut so.

Der Begriff *Wort* entspricht dabei wohl mehr *Wissensstruktur* und *Lehre* (griechisch: logos) als einem einzelnen Laut oder Ton. Dieser Schöpfungsakt führte zur Einführung der Geistigen Gesetze, sozusagen den *einheitlichen Verkehrsregeln* im Universum.

---

3 Vgl. hierzu die Arbeiten von Rupert SHELDRAKE zum morphogenetischen Feld, z. B. *Das schöpferische Universum. Die Theorie des morphogenetischen Feldes*, München (Serie Piper 1539) 1993, *Das Gedächtnis der Natur. Das Geheimnis der Entstehung der Formen in der Natur*, München (Serie Piper 1539) 1993, oder *Sieben Experimente, die die Welt verändern können*, München (Goldmann) 1994.

Die Geistigen Gesetze sind so alt wie die Menschheit selbst. Schriftlich festgelegt und von der neuzeitlichen Forschung mit Entstehungsdatum 2650 v. Chr. fixiert, wurden sie erstmals in Ägypten mit den Weisheiten des KYBALION auf der so genannten Tabula Smaragdina beschrieben. Als Verfasser wird der große ägyptische Weise HERMES TRISMEGISTOS genannt, angeblich eine Inkarnation TOTHs, des ägyptischen Gottes der Schreibkunst. Alle großen Lehren auf der Erde haben aus diesen Quellen geschöpft. Die Weisheiten des *Kybalion* bilden u. a. die Grundlage der sieben Hermetischen Prinzipien, die auch heute noch für zahlreiche Geistesrichtungen und Geheimgesellschaften ein wichtiger Ausgangspunkt ihres Wissens sind.

Es gibt sieben Prinzipien der Wahrheit. Derjenige, der sie kennt
mit vollem Verständnis, besitzt den magischen Schlüssel, bei dessen
Berührung alle Tore des Tempels sich öffnen.
Kybalion

Die sieben Geistigen Gesetze auf der Grundlage der hermetischen Prinzipien sind:

1. Das Prinzip der Geistigkeit und Ganzheit
2. Das Prinzip der Polarität
3. Das Prinzip des Rhythmus
4. Das Prinzip der Schwingung
5. Das Prinzip der Entsprechung: Makrokosmos = Mikrokosmos
6. Das Prinzip der Kausalität von Ursache und Wirkung
7. Das Prinzip der Geschlechtlichkeit

Es haben sicherlich mehr als die aufgeführten sieben Geistigen Gesetze des Hermes Trismegistos existiert, bisher wurden jedoch nur diese gefunden und damit unserem Wissensstand zur Kenntnis gebracht.[4]

---

4 Literaturhinweise zum Thema:
   KYBALION, Akasha-Verlags-GmbH, Arkana-Verlag, Heidelberg – 1981.
   TEPPERWEIN, Kurt: *Die Geistigen Gesetze*. Goldmann-Esoterik, München, 1992.
   ALPER, Frank: *Das Universelle Gesetz*. G. Reichel Verlag, Weilersbach, 1997.

4. Die kulturelle Entwicklung der Menschheit

Eine der ältesten, wissenschaftlich nachgewiesenen Kulturen der Menschheit ist jene des Zweistromlandes zwischen Euphrat und Tigris: UR, ASSUR und BABYLON. Bereits in der Zeit vor 4000 v. Chr. entstand in der sumerischen Kultur aus einfachen Piktogrammen die Keilschrift. Der Engländer Sir Austen Henry LAYARD führte dort ab 1840 im Auftrag des Britischen Museums in London bereits Ausgrabungen durch. U. a. wurden Schriftrollen in Form metallischer Rollsiegel gefunden, die den früheren Sternenhimmel unseres Sonnensystems zeigten. Die so genannte älteste Sternenkarte der Welt etwa aus dem Jahre 2300 v. Chr. mit der Bezeichnung „VA/243" befindet sich heute im Pergamonmuseum in Berlin.

Das Rollensiegel „VA/243"
Quelle: HELSING, Jan van: „Hände weg von diesem Buch". Amadeus Verlag.
Fichtenau 2004, Seite 112.

Bild des abgerollten Siegels „VA/243"
Quelle: HELSING, Jan van: „Hände weg von diesem Buch". Amadeus Verlag.
Fichtenau 2004, Seite 112.

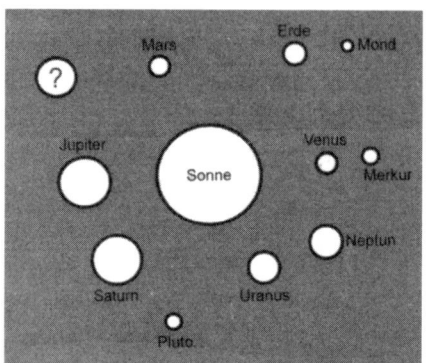

Darstellung des alten Sonnensystems
Quelle: HELSING, Jan van: „Hände weg von diesem Buch". Amadeus Verlag.
Fichtenau 2004, Seite 113.

Diese Karte zeigt die damals bereits bekannten Planeten MERKUR, VE-
NUS, ERDE mit MOND, MARS, JUPITER, SATURN, URANUS, PLUTO,
sowie die Sonne. Zwischen Jupiter und Mars ist jedoch ein relativ großer zusätzlicher Planet zu sehen, den die Sumerer als NIBIRU oder MARDUK bezeichneten.

Diese obige Sternenkonstellation wurde von der modernen Wissenschaft
erst in den vergangenen 100 Jahren bestätigt, mit Ausnahme des geheim-
nisvollen Planeten Marduk/Nibiru, den jedoch auch die altägyptischen
Astronomen beschrieben. Anstelle dieses unbekannten Planeten zwischen
Mars und Jupiter finden wir heute dort den so genannten ASTEROIDEN-
GÜRTEL.

Die altsumerischen Schriften geben auch Aufschluss über die Entstehung
unseres Sonnensystems.[5]

Danach drang der Planet Nibiru/Marduk mit einer Umlaufbahn um unsere Sonne von 3600 Jahren etwa 450 000 v. Chr. in unser System ein und ver-
fehlte den damaligen Planeten TIAMAT als Vorläufer der heutigen Erde nur
knapp.

Einer der Monde Nibirus kollidierte jedoch mit Tiamat. Aus den heraus-
geschlagenen Brocken entstand der heutige Asteroidengürtel. Der Rest-

---

5 Vgl. hierzu u. a. SITCHIN, Zecharia: *Der zwölfte Planet*. München 1995.
   SITCHIN, Zecharia: *Stufen zum Kosmos*. München 1996.
   Helsing, Jan van: *Hände weg von diesem Buch*. Ama Deus Verlag. Fichtenau 2004.

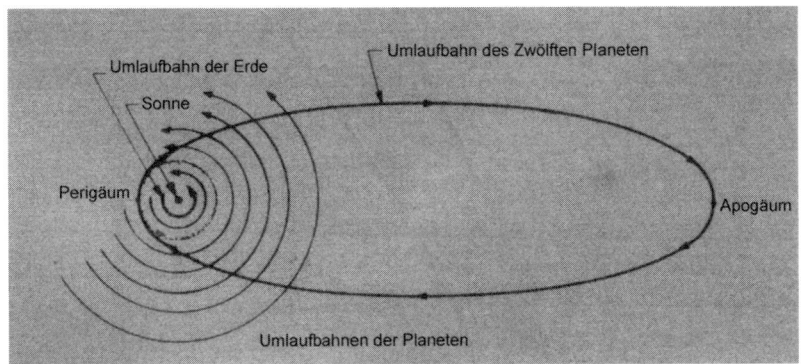

Umlaufbahnen der Planeten mit Nibiru/Marduk
Quelle: HELSING, Jan van: „Hände weg von diesem Buch". Amadeus Verlag.
Fichtenau 2004, Seite 114.

planet von Tiamat kam von der ursprünglichen Umlaufbahn um die Sonne
ab und wurde zur heutigen Erde. Diese band durch ihr starkes Magnetfeld
einen der beiden Nibiru-Monde an sich. Dieser wurde zum heutigen Mond.

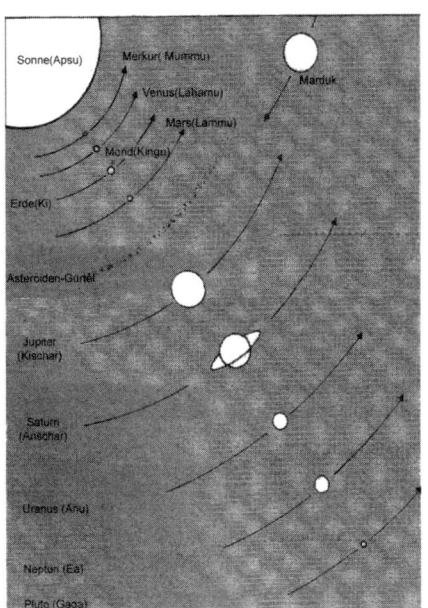

Heutige Planetensituation
Quelle: HELSING, Jan van: „Hände weg von diesem Buch". Amadeus Verlag.
Fichtenau 2004, Seite 116.

31

Mit Nibiru/Marduk kamen auch deren Bewohner mit ihrer hoch entwickelten Kultur auf die Erde, um dort Goldstaub zu suchen, mit welchem sie Löcher in der Atmosphäre ihres Heimatplaneten schließen wollten. Im so genannten ATRAHASIS-EPOS wird die Ankunft dieser gottähnlichen Wesen, auch ANUNNAKI genannt = *jene, die vom Himmel auf die Erde kamen*, im Detail beschrieben. Diese erschufen der Sage nach den heutigen Menschen Homo sapiens.

Diese wohl bedeutendste Schöpfungsschrift des alten Mesopotamiens ist der modernen Wissenschaft bestens bekannt. Gleichlautende Zeugnisse finden sich auch im alten Ägypten, in Südamerika und im Kumulipo Hawaiis.

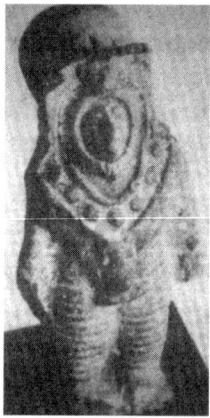

Etwa 2500 Jahre alte Präkolumbianische Astronauten – Statuette aus Ekuador
Quelle: HELSING, Jan van: „Hände weg von diesem Buch". Amadeus Verlag.
Fichtenau 2004, Seite 119.

III. Wichtige Geistige Gesetze und kosmische Prinzipien

Eine Vielzahl *Geistiger Gesetze* regelt alles Sein in den Grenzen der Universen und alles Leben im Kosmos. Im vorliegenden Rahmen sind 28 davon dargestellt. 28 ist die absolute Zahl. Sie stellt den weiblichen Aspekt der Gottheit, die Weisheit, dar. 2 + 8 = 10 ergibt als so genannten kosmischen Wert der Ziffer wieder die zehn Aspekte Gottes als Spiegelung der Urquelle. Die Zahl 28 hat große Bedeutung für unser Leben und jenes jeglicher Existenz in unserem galaktischen Umfeld. Aber selbstverständlich gibt es mehr als 28 Geistige Gesetze. Hier sind nur die wichtigsten von diesen aufgeführt. Das dritte Universum bildet die Grenzen für unseren Kosmos und unser Dasein. Es folgt dem ersten, dem so genannten *Vater-Universum*, und dem zweiten, dem so genannten *Sohn-Universum*, nach und bildet die Rahmenbedingungen für alles Sein in unserem galaktischen System, der Milchstraße als einem von unzähligen dritten Universen.

Jeder Mensch ist in jedem Moment immer gleichzeitig Lehrer und Schüler, Lehrender und Lernender. Wer diese universale Weisheit nicht wahrhaben und annehmen will, indem er freiwillig fortwährend an sich selbst arbeitet, an dem wird gearbeitet.

In dem Moment, in dem der Mensch sich selbst erkennt, schaut und erfährt er den Gott in sich. Er findet ihn nicht in der materiellen Spiegelung des vergänglichen, endlichen Äußeren, in der *Illusion der Materie*. Er findet ihn nur in der Ruhe und Stille in seinem eigenen Inneren als *ewiges Licht in seinem Herzen*, als innere Kraft, indem er sich selbst annimmt, grenzenlos, allumfassend und selbstlos mit allen persönlichen Eigenheiten, Fehlern und Schwächen, so wie Gott es tut.

Sei du selbst – erkenne dich selbst

lautet immer wieder die eine wichtige Wahrheit. Aufgebrauchte, überholte Gedanken- und Gefühlsmuster müssen noch einmal angeschaut, bewusst gemacht, angenommen, erkannt und positiv transformiert werden. An ihrer Stelle müssen neue erwünschte Muster gezielt erschaffen und verinnerlicht werden, um positive Wirkungen zu ermöglichen. Den Rahmen hierfür bieten die *Geistigen Gesetze*.

Die *Geistigen Gesetze* sagen darüber aus:

- Anderen und sich selbst zu verzeihen und zu vergeben
- Loszulassen, was nicht (mehr) zu einem selbst gehört
- Zuerst in Demut dienen zu lernen, um vielleicht später zu verdienen
- Umwelt und Umfeld harmonisch mit und in sich selbst zu integrieren, denn der Weg nach innen führt immer über das Verstehen und den Dienst am Außen
- Die eigene Aufgabe mit allem Können, voller Konzentration und mit Liebe zu erfüllen, zum eigenen Wohl und dem Wohle des Ganzen
- Das eigene Bewusstsein zuerst zu ändern, wenn man sein Umfeld und damit sein Leben ändern möchte
- Aus den Erfahrungen der Vergangenheit zu lernen,
  - das Richtige zu tun,
  - das Notwendige nicht zuzulassen und
  - das Falsche zu vermeiden
- Bewusst und achtsam in der Gegenwart zu leben
- Das Leben zu lieben und die Liebe zu leben, sich selbst und sein Umfeld lieben, indem man mit positiven Gedanken und Gefühlen die Zukunft aufbaut
- In Demut und Dankbarkeit Liebe zu leben
- Die Einmaligkeit der eigenen Individualität zu erkennen, anzunehmen, zu achten und zu lieben
- Die persönliche wahre Bestimmung zu sehen, zu erfüllen und gutzuheißen
- Das eigene Leben im Alltag wirklich uneingeschränkt zu erfahren und nicht nur zu existieren
- Die Vollkommenheit des eigenen Seins, des persönlichen wahren Selbst aus dem Ursprung des einen Ganzen heraus in den individuellen Gedanken, dem Wollen, den Gefühlen, Worten und Taten im Bewusstwerden des eigenen Göttlichen Ursprungs immer vollkommen zum Ausdruck zu bringen.

1. Das Geistige Gesetz von Einheit, Ganzheit, Geistigkeit, Vollkommenheit und wechselseitiger Vernetzung

Zu Beginn war alles eins, die unendliche, zeitlose Existenz des Einen, dessen Wille als Schöpfungsprozess in Erscheinung trat und seither immer wirkt. Somit ist alles Sein in der Welt Ausdruck des Willens des einen Schöpfers. Diese allumfassende Grenzenlosigkeit des Seins als Urprinzip kann mit den Möglichkeiten des menschlichen Geistes nur ansatzweise erfasst und nachvollzogen werden.

Alles, was in den Universen besteht, ist das Produkt des Wollens und Wirkens der schöpferischen Existenz.

Jegliche Existenz in allen Universen hat denselben Ursprung. Alles und jedes ist ein untrennbarer Teil des großen Ganzen. Auch das *Erleben des Ich* ist nur eine Spiegelung der eigenen Identität im grenzenlosen Einen als Entdeckung des *Wahren Selbst*, des eigenständigen, individuellen Bewusstseins, des persönlichen *Göttlichen Geistes in sich*, der eigenen kreativen Schöpfungskraft.

Das All ist Geist, das Universum ist geistig.
Kybalion

Alles Sein im Universum hat einen geistigen Ursprung. Jede ausgedrückte Form und Wirklichkeit, jede Manifestation im Äußeren hat ihren Ursprung im allumfassenden Schöpfergeist, in dem einen Ganzen, welches selbst unerkennbar und unerklärbar ist. Die Universen im Ganzen und in allen ihren Teilen, auch unser Kosmos, haben ihren Ursprung im Geiste des Alls.

Unter und hinter dem Universum von Zeit, Raum und Wechsel findet man immer die substantielle Realität, die fundamentale Wahrheit.
Kybalion

Nichts ist real und wirklich. Alles ist nur, ändert sich und wird. Im Augenblick des Höhepunkts beginnt sofort der Niedergang. Am tiefsten Punkt eines Prozesses angekommen, beginnt sofort wieder der Aufstieg nach oben. Es gibt keine andauernde feste Realität außer der, dass es gerade diese nicht gibt.

Leben ist die wirksame, fließende, alles durchdringende, grenzenlose Energie, die Manifestation des universalen Bewusstseins allen Seins, des

Geistes Gottes in Bewegung, der *Atem der Schöpfung*. Dieser bringt die Atome in Schwingung, veranlasst von allem Anfang an ihre Orientierung und gibt ihnen ihr eigenes Bewusstsein.

Leben ist permanentes Lernen: Entwicklung durch Erfahrung.

**Aus der Erfahrung zur Erkenntnis,
aus Wissen zur Weisheit und grenzenlosen, selbstlosen Liebe
durch laufende Erweiterung des individuellen Bewusstseins
und Weitergabe des Erlernten in der Lehre
zum Wohle anderer und des Ganzen.
Lerne und lehre – hilf und heile!
Beginne zuerst bei dir selbst und
hilf danach dem anderen, sich selbst zu helfen.**

Liebe erfüllt sich im Geben. Wahre und selbstlose Liebe gibt nur und erwartet nichts zurück. Ohne Erwartungshaltung entsteht bleibende, wirkliche Freiheit im Außen und im Innen. Unrealistische Erwartungen führen zu übersteigerten, persönlichen Vorstellungen und zu Abhängigkeiten, die sich in Frust, Groll, Zorn und Wut äußern können.

Die Voraussetzung für die selbstlose Liebe im Außen ist jedoch die uneingeschränkte Liebe zu sich selbst, die Annahme des eigenen Ichs mit allen Eigenheiten, Schwächen und Stärken.
Liebe handelt aus Achtung, Respekt und Verständnis für sich selbst und für alles andere, aus Bewunderung für sein Sein und den selbstlosen Wunsch, der, die oder das Andere möge wirklich glücklich sein in einem erfüllten Dasein, wofür man selbst alles tut, was in der eigenen Macht steht.

Glück ist ein immerwährendes Ja-Sagen zum Leben. Gleichgültig, ob eine bestimmte Situation angenehm oder unangenehm ist, schön oder belastend, es handelt sich dabei immer um subjektive Wertungen. Grundsätzlich sind alle Ereignisse wichtige Botschaften für das eigene Leben, um die individuellen Aufgaben besser erkennen zu können.

Erkenntnis zeigt sich in der Annahme der eigenen Ursachensetzung in Gedanken, Gefühlen, Worten und Taten aus der Vergangenheit heraus mit

Wirkungen im Heute. Man erlangt sie oft nur durch Opfer. Schritte auf dem Weg zur eigenen Erkenntnis ergeben sich aufgrund der Annahme und Beschäftigung mit individuellen Handlungen bei der Lösung einzelner Probleme *durch bewusste eigene Lernerfahrungen.*

Transformation ergibt sich durch das ständige Wechselspiel von bewusster Lernerfahrung, Verständnis, Hingabe und Loslassen auf der Suche nach dem eigenen Ich im Bewusstsein der individuellen Vollkommenheit mit dem Ziel der Rückkehr zum eigenen Einssein, der Verschmelzung mit dem Ganzen, dem Aufgehen im göttlichen Ursprung in reinem Licht und grenzenloser Liebe. Am Ende stehen die bewusste Annahme der eigenen Göttlichkeit und deren Ausdruck im täglichen Leben.

In und mit seinem Leben ist der Mensch in jedem Augenblick eine Spiegelung der Urquelle, kreativer, permanenter Schöpfer und Gestalter des eigenen Lebens und des persönlichen Schicksals. Seine Bestimmung ist in seinem Kosmischen Plan als Teil eines größeren Kosmischen Planes seiner Karmafamilie, seiner Seelengruppe, seiner ethnischen Herkunft, seines Volkes und der Menschheit selbst vorgegeben. An dieser Bestimmung kann er kaum etwas ändern. Aber er ist nicht von seinem Schicksal abhängig, es sei denn, er glaubt daran. Sein Schicksal kann jeder Mensch als Folge seiner bewussten Gedanken, Gefühle, Worte und Taten selbst bestimmen und dies in jedem Augenblick.

Jeder Mensch ist kein isoliertes Wesen, sondern ein wichtiger Aspekt im Universum. Universum und Kosmos wirken vielfältig zurück und auf ihn ein. Es ist deshalb für jeden Einzelnen außerordentlich wichtig, die grundsätzlichen Geistigen Gesetze zu kennen, zu verstehen und auch im praktischen Alltag anzuwenden. Nur so ist der Weg frei zu äußerer und innerer Harmonie, anhaltender Gesundheit sowie individueller Evolution und spirituellem Wachstum auf dem persönlichen, geistigen Pfad.

Der Mensch als *Krone der Schöpfung* ist Gast in einem vergänglichen physischen Körper auf einem winzigen Planeten in einem unbedeutenden Sonnensystem des so genannten fünften Orionarmes. Im Vergleich zum unendlichen, sich ständig verändernden Universum in unvorstellbaren Dimensionen ist er in diesem Rahmen nur von relativ geringer Bedeutung.

Die Entwicklungsgeschichte des Menschen in allen Aspekten wirft immer wieder die Frage seines Ursprungs und seiner eigenen Einschätzung auf. Schon am Eingang des antiken, griechischen Orakels von Delphi stand geschrieben:

**Erkenne dich selbst und du wirst die Geheimnisse
der Natur und der Götter erkennen.**

Dies klingt einfach, aber in diesen wenigen Worten ist der Anfang einer langen spirituellen Suche erkennbar, die nicht immer verstandesmäßig erfassbar ist.

Der Mensch ist umgeben von einer rein geistigen Realität und ist ein substantieller Teil davon. Er ist *Geist vom Geiste Gottes* und damit untrennbar sowohl mit der Göttlichen Urquelle als auch mit allem Sein im Universum verbunden. Erkennt er dies nicht und trennt er sich in Gedanken, Gefühlen, Worten und Taten von seinem Ursprung, führt dies in die stoffliche Verdichtung, den permanenten Zustand des Getrenntseins, in Angst, Selbstmitleid und Depression, letztlich in die geistige, seelische und körperliche Dunkelheit und Umnachtung. Diese immerwährende *archetypische Wirklichkeit* nach Carl Gustav JUNG und Pierre DACO ist jedoch von den meisten Menschen erst nach langem Suchen und dann nur in Ansätzen, in Momenten der Erleuchtung, erahnbar. Sie stellt unser Ziel in jedem Leben dar und bringt am Ende der individuellen Evolution wieder die Verschmelzung mit der Einheit und Ganzheit der Urquelle in Licht und Liebe.

GOTT
GOTT IST.
GOTT IST GEIST
GOTT SCHUF DEN MENSCHEN NACH SEINEM BILDE.

Also
IST AUCH DER MENSCH GEIST,
GEIST VOM GEISTE GOTTES,
UNTRENNBAR MIT DIESEM VERBUNDEN.

GOTT WIRKT DURCH DEN MENSCHEN
IN DESSEN ALLEINIGER VERANTWORTUNG,
DURCH DESSEN BEWUSSTSEIN,
IN DESSEN BEWUSSTHEIT,
IM AUSDRUCK SEINES FREIEN MENSCHLICHEN WILLENS,
AUSGEDRÜCKT DURCH DESSEN GEDANKEN.

Deshalb
IST JEDER MENSCH, WAS ER DENKT,
IST JEDER MENSCH, WAS ER DENKT, WAS ER IST,
UND IST DIE WELT JEDES MENSCHEN SO, WIE DIESER DENKT,
DASS SIE IST,
ALS SUBJEKTIVE, INDIVIDUELLE WIRKLICHKEIT.

Alles ist Geist und Ausdruck des Geistes im Kosmos und entspricht sich. Diese Entsprechungen manifestieren sich auf unterschiedlichen Ebenen, von Formen der dichtesten Materie bis hinauf zu Aspekten des reinen Geistes. Diese sind in permanenter Bewegung und Schwingung begriffen, im Rahmen des nie endenden Schöpfungsprozesses im Universum als Ausdruck des einen Geistes, des einen Seins – Gott.

Alles ist in einem und einer ist in allem. Jegliche Existenz im Kosmos, alles Sein im Universum kommt aus derselben Quelle. Dieser einheitliche göttliche Ursprung verbindet die Schöpfung miteinander. Jegliches Sein ist wechselseitig vernetzt. Über diesen gemeinsamen Nenner **Gott in allem** und über das Kosmische Gitternetz kann jeder mit jedem ohne Worte telepathisch und ohne Begrenzung durch Raum und Zeit immer kommunizieren. Man nennt dies Hyperkommunikation.

Das ist die Grundlage der Schöpfung. Besinnt sich der Mensch wieder auf seinen Göttlichen Ursprung, ist er sich des *ewigen Lichtes in seinem Herzen* bewusst, dem Geist und universalen Bewusstsein in jeder Zelle und jedem Organ in ihm selbst und allem Sein in der Welt, dann kann er in der praktischen Erfahrung der Einheit und Ganzheit über diese universale Verbindung mit Gedanken- und Gefühlsimpulsen alles und jedes in den Universen und im Kosmos ohne Begrenzung durch Raum und Zeit nonverbal erreichen.

Die unterschiedlichen Realisationsebenen sind charakterisiert durch ihre jeweiligen Schwingungsbereiche. Alle Aspekte zeigen sich in ihrer Gegensätzlichkeit, ausgedrückt in ihrer Polarität – negativ und positiv *ohne jegliche Wertung*. Alles Sein im Kosmos ist in ständiger Bewegung begriffen, dynamisch einem bestimmten Rhythmus unterliegend.

2. Das Geistige Gesetz von Polarität und Dualität

Nach dem Öffnen der Urquelle, der Erschaffung von Strukturen in Form Geistiger Gesetze, des Aufbaus eines Kosmischen Lichtgitternetzes und der Orientierung nach außen war die Ansammlung von Erfahrungen nur durch die Erschaffung von Gegensätzlichkeiten und dem wertenden Vergleich sich ergebender Situationen in diesem vorgegebenen polaren Rahmen möglich. Die Schöpfung begann zu leben durch die Atmung der Gottheit. Dem spiralförmigen, linksdrehenden Öffnen schloss sich mit dem Einatmen die Fortsetzung dieser Bewegung an, nämlich spiralförmig, linksdrehend, diesmal jedoch von außen nach innen entsprechend der Farbe Blau und dem negativ polarisierten, passiven weiblichen Prinzip der *Weisheit*.

EINATMEN AUSATMEN

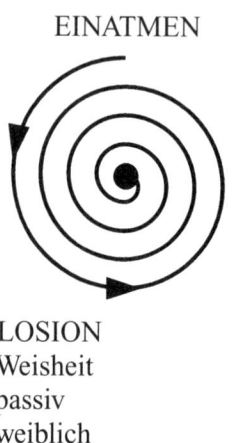 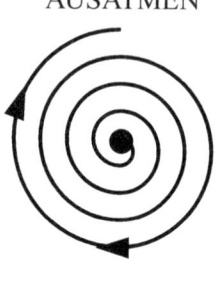

= IMPLOSION
  Weisheit
  passiv
  weiblich
  negativ
  → Dunkelheit

= EXPLOSION
  Wille, Macht, Ausdruck,
  Energie, Kraft, Dynamik
  aktiv
  positiv
  männlich
  → Licht

Nach einem Verweilen im (grünen) Zentrum des Nullpunkts schloss sich das AUSATMEN in der polaren Gegenbewegung, also rechtsdrehend, im Uhrzeigersinn ausdehnend von innen nach außen an, entsprechend der Farbe Rot und dem positiv polarisierten, aktiven männlichen Prinzip des Willens. Dies war und ist das zentrale *Bewegungsprinzip der Schöpfung.*

Im asiatischen Gedankengut entspricht diese permanente Schaukelbewegung des Einatmens (Weisheit, passiv aufnehmend, weiblich) und Ausatmens (Wille= Weisheit in der praktischen Anwendung, aktiv ausdehnend, männlich) dem Yin-Yang-Prinzip. Der Schöpfungsprozess ist also in einer dauernden Bewegung begriffen.

Gott ist kein wertender, richtender und strafender Weltgeist, wie im Alten Testament beschrieben. Die wichtigsten Schöpfungsepen der Frühzeit zeigen ihn als liebende Urquelle, die jedoch zur eigenen Erfahrung die Polarität von Licht und Dunkelheit schuf. Gott ist also der Schöpfer des Lichtes *und* der Dunkelheit, von positiven *und* negativen Polaritäten in allem Sein. Er erschuf Engel und Erzengel und als deren Gegenpol in den himmlischen Hierarchien die Dämonen. Diese sind Wesen der Dunkelheit, um Luzifer, den *Fürsten der Nacht* geschart, der die Schattenseiten aufzeigt, auch in uns Menschen.

Mit dem freien Willen gab die Gottheit dem Menschen die eigene Entscheidung in die Hand, sich in jeder Hinsicht und in jedem Moment für das positiv polarisierte, lichte Element außer und innerhalb von ihm zu entscheiden oder den negativ polarisierten, dunklen Aspekt in sich anzunehmen und zu spiegeln.

Die wichtigste Aufgabe im Leben jedes Menschen *Entwicklung durch Erfahrung* ergibt sich dabei darin, durch die Einzelschritte *ohne Wertung, ohne Be- und Verurteilung das Geschehen anzunehmen und zuzulassen.* Dies geschieht im und durch das Lernen aus Situationen und Erfahrungen aus der Vergangenheit im ausschließlichen bewussten Handeln aufgrund des freien menschlichen Willens in der Gegenwart des *Hier und Jetzt.* Hierin liegt die bedeutendste Entscheidung im Leben eines jeden Menschen überhaupt. So bestimmt er, wenn er dies auch wirklich will, über sein Schicksal selbst, sonst kann es sein, dass er zum Spielball des Schicksals wird. Letzteres ist jedoch nur möglich, wenn er dies zulässt, es glaubt und keinerlei gegenteilige Akzente in seinem Denken, Fühlen, Sprechen und Handeln setzt.

Das Schicksal ist jederzeit veränderbar. Dies geschieht in erster Instanz durch eine Änderung der entsprechenden Gedankenimpulse. Der freie menschliche Wille wirkt bekanntlich zuerst über diese. Also *ändern Sie Ihre Gedanken, dann ändert sich auch Ihr Schicksal.* Dies geschieht automatisch aufgrund entsprechender Geistiger Gesetze. Im Grunde genommen basieren alle Umstände im Leben eines Menschen nur auf dessen mentalen Programmen, oft auch aus der Vergangenheit kommend. Diese können jedoch jederzeit, also in jedem Moment und in jeder Hinsicht auch wieder verändert werden.

SCHICK-SAL bedeutet immer, dass das, was wir (zuerst in Gedanken) ausgesandt haben, unweigerlich auch wieder zu uns zurückkommt. Aber was wir aussenden, bestimmen wir ausschließlich selbst, und nur wir.

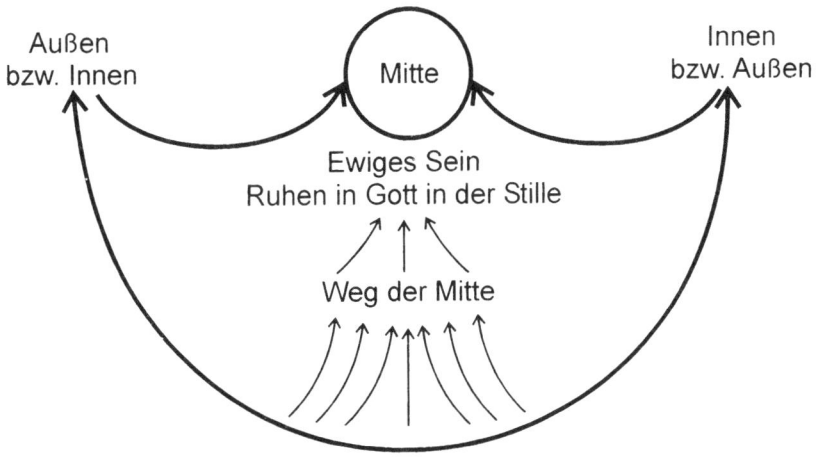

Die Wahrheit ist weder gut noch schlecht. Sie *ist* einfach nur, und sie ist in jedem einzelnen Menschen, fest verbunden in und mit dem individuellen *wahren Selbst* seiner einmaligen Persönlichkeit. Schwierigkeiten und Probleme bestehen nicht wirklich. Alles Getrenntsein ist nur ein Gedanken- oder Gefühlsmuster, eigentlich aber eine Illusion, die jederzeit durch Willen und Gedanken verändert werden kann.

Jede Erscheinung und Realität im Kosmos hat zwei Seiten als entgegengesetzte Polarität, negativ und positiv. Ohne jegliche Wertung sind beide gleich bedeutsam, voneinander abhängig, sich entsprechend. Alleine auf sich gestellt ist eine Polarität nicht existenzfähig, welche auch immer. Beide bedingen sich in absoluter Weise gegen- und wechselseitig.

Im Hier und Heute wird dieser Sachverhalt sichtbar in der permanenten Auseinandersetzung zwischen dem eigenen Sein und allen Aspekten von Umfeld und Umwelt als Spiegelung der eigenen Schwingung.

Im Kosmos wird grundsätzlich nicht gewertet. Es gibt deshalb eigentlich kein Gut und Böse, kein Schlecht und Gut, nur eine positive und eine negative Polarität als zwei notwendige Aspekte ein und derselben Sache. Aber im Bereich zwischen den beiden Polen liegt die Einheit, die Harmonie allen Seins, der „Ein-klang" der Schöpfung.

Nachdem jegliche Polarität in ihrem Ursprung, also im Bereich der exakten Mitte zwischen beiden Aspekten eine Einheit ist, kann sie jederzeit auch in ihr Gegenteil umgewandelt werden, Hass und Angst in Freiheit und Freude, Dunkelheit in Licht, Böses in Gutes und umgekehrt. Dabei hat auf derselben Ebene immer der positive Pol eine höhere Schwingungsfrequenz als der negative. Um eine negative Polarität in eine positive umzuwandeln, ist deshalb eine Erhöhung des Schwingungsniveaus, also der Bewusstseinsebene, notwendig, die andererseits aber nach dem Geistigen Gesetz der Resonanz auch höherschwingende Lebensumstände, Ereignisse und Menschen anziehen wird. Auf diese Art und Weise wird jeder einzelne Mensch selbst zum Lenker seines eigenen Schicksals, wenn er sich dessen nur bewusst ist und danach vorgeht.[6]

Die anzustrebende Weisheit im Rahmen der persönlichen Weiterentwicklung liegt dabei im so genannten *Weg der Mitte*, dem Horusweg der alten Ägypter, in der HUNA-Lehre Nala genannt, in asiatischen Weisheitslehren dem *Weg des Tao*. Jegliche Einseitigkeit, sei sie positiv oder negativ polarisiert, lenkt vom erstrebenswerten *Weg der Mitte* ab. Sie zieht unweigerlich

---

6 Vgl. hierzu die Ausführungen von James REDFIELD in *Das Geheimnis von Shambala*, W. Heyne Verlag München 1999.

die andere Polarität an, ob gewollt oder ungewollt, und zwingt damit zur Auseinandersetzung mit diesem Geistigen Gesetz auf allen Ebenen. Das kostet Zeit, Geld, Einsatz an materiellen Gütern, Gesundheit usw., aber vor allem den Verbrauch nur beschränkt vorhandener Energie, die dann für den individuellen, spirituellen Weg und die notwendige Erhöhung der eigenen Schwingungsfrequenz fehlen.

In Kosmos und Natur ist der Odem der Gottheit und das sich wechselseitig bedingende Ein- und Ausatmen allgegenwärtig. Dies zeigt sich im Aufbau von Galaxien, in der Form von Wetterfronten, dem Aufbau von Wirbelstürmen und den Bewegungen des Wassers. Die konzentrierte Kraft liegt dabei immer im Zentrum, in der Stille des Nullpunktes, dem *Auge des Taifuns*.

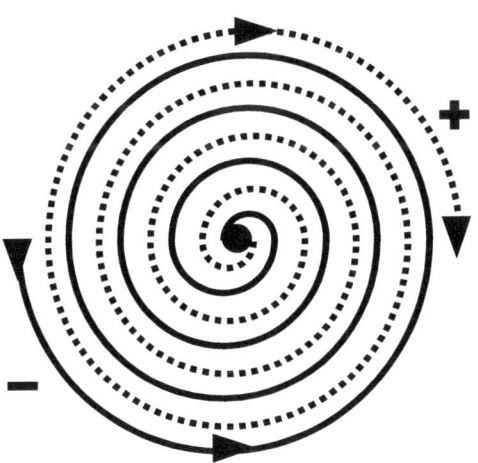

Eine andere bekannte Darstellung des Polaritätsprinzips ist über 7000 Jahre alt und kommt aus China. Es ist das Tai-Chi-Symbol des Yin-Yang-Gleichgewichts. Das absolute Yang wird dabei als positiv polarisierter, männlicher, sich ausdehnender Impuls in durchgehender einteiliger Linie weiß, helldurchsichtig oder rot gezeichnet. Es ist symbolisiert als aktives Explosionsprinzip in der Eins. Das absolute Yin als negativ polarisierter, weiblicher, aufnehmender und sich zusammenziehender Nicht-Impuls wird als Gegensatz blau, dunkel oder schwarz dargestellt. Es steht für das passive Implosionsprinzip in der Zwei. Beide bedingen sich wechselseitig, sind gleich wichtig ohne jegliche Wertung. Das eine ist ohne das andere undenkbar und nicht existenzfähig. Die unsichtbare Null des Zentrums liegt im Ausgleich beider Polaritäten. Aus diesem polaren Bewegungsprinzip leitet sich der *binäre Code* als beherrschender Kommunikationsaspekt im Kosmos ab.

Je nach Kulturkreis werden die Himmelsrichtungen und bestimmte Eigenschaften der Elemente anders gesehen, beispielsweise bei den alten Ägyptern und den Chinesen, Die „Acht Wunder des Fou Hi" gehören zu den ältesten Dokumenten aussagekräftiger Symbole der Menschheitsgeschichte und haben im chinesischen Leben von heute, der Traditionellen Chinesischen Medizin (TCM) und im Feng-Shui immer noch eine große Bedeutung.

Das Prinzip der Polarität wird in der praktischen Anwendung zum Prinzip der Dualität. Das Ziel ist dabei immer die Erreichung des Nullpotentials: der „Weg der Mitte". Dies geschieht durch dynamische Prozesse bewusster Lernerfahrungen in der Auswertung und gezielten Reaktion des einen auf die Spiegelung des anderen (sog. Spiegelgesetz).[7] Die beiden extremen Vorgehensweisen dabei sind die *Ergänzung in der Gegensätzlichkeit der Komplementarität* sowie die Einstellung des *Gleichen mit Gleichem* bzw. des *Ähnlichen mit Ähnlichem*, wie es beispielsweise in der Homöopathie zur praktischen Anwendung kommt.

---

7 Vgl. hierzu: KÖSSNER, Christa: *Schlüssel zum Glücklichsein – das Spiegelgesetz.* Verlag Ennsthaler. Steyr – 1999.

3. Das Geistige Gesetz der permanenten Dreiheit oder Trinität

Im Kosmos ist jeglicher Seinszustand aufgebaut aus drei Komponenten, die gleichzeitig auch unterschiedliche Dimensionen darstellen, nämlich

- **Bewusstsein, Weisheit, Kosmischer Plan, Information und Ordnungsstruktur**
- **Energie, Kraft, Bewegung, Leben, Wachstum, Wille, Sinnesempfindungen (Ton, Farbe, Duft, Geschmack usw.), Dynamik, Macht im Ausdruck, Weisheit in Bewegung**
- **Stoff, Materie, physischer Körper, organische Form, Realisation und Ausdruck in Liebe (Buchstabe, Schrift, Wort etc.)**

Von allem Anfang an war in der Grenzenlosigkeit des Seins ohne Beschränkung durch Raum und Zeit nur das eine Bewusstsein, der eine Göttliche Geist, vorhanden, welcher das gesamte Universum in einem *kristallinen Gitternetz* durchflutete: mehrdimensional, subatomar, allumfassend, selbstlos, wertungsfrei als Struktur und als Essenz, in Licht und Liebe. Sein Geist wurde zum Geiste allen Seins im Kosmos. Sein Bewusstsein zeigte sich im objektiven Nullpotential des kleinsten Sonnensystems als Neutron, Neutrinos oder Quarks im zentralen Kern jedes Atoms. Deshalb hat jedes Atom Bewusstsein, jede Zelle und jedes Organ. Alles ist mit allem vernetzt und wechselseitig verbunden.

Gemäß der „Weltformel der Unsterblichkeit" spiegelt sich die Urquelle im Menschen in den **Zehn Aspekten Gottes**. Die erwähnten drei Grundsäulen: *Licht – Leben – Liebe* bzw. *Bewusstsein – Energie – Stoff* werden im rechten Winkel der Dimensionswechsel noch einmal unterteilt, wobei der *physische Körper* als zeitlich-begrenzte Rahmenbedingung eng verbunden mit dem Bereich der *Vitalenergie (KI oder CHI)* die *1. Dimension* darstellt. Diese geht mit dem physischen Tod verloren, die nachfolgenden Dimensionen bleiben jedoch in der Essenz erhalten und werden im Falle von Wiedergeburt und Reinkarnation reaktiviert.

Die Dimensionen des Menschen

1. DIMENSION – grobstofflich –	2. DIMENSION – feinstofflich –	3. DIMENSION	4. DIMENSION
BEWUSSTSEIN PHYSISCHER KÖRPER VITALENERGIE	Unterbewusstsein Lebensenergie Astralebene – Gefühle	Wachbewusstsein Willensenergie Mentalebene – Gedanken	Überbewusstsein Lichtenergie Spiritualebene

Bewusstsein

Im Kosmos (griechisch *Ordnung*) regiert der Geist Gottes, das eine Universale Bewusstsein – in Ordnung und Harmonie – durch die Weitergabe harmonischer, kosmischer Urinformation in der Spiegelung des Schöpfungswunders. Die Ordnung wird vor allem aufrechterhalten durch das Geistige Gesetz der Kausalität, das kosmische Prinzip von Ursache und Wirkung.

Jeglicher Ausdruck des Einen im Universum, alles Sein ist festgelegt in einem Göttlichen Schöpfungsplan, der sich aufteilt in einzelne Kosmische Pläne bis hin zum individuellen, menschlichen Kosmischen Plan, der seine festgehaltene persönliche Bestimmung enthält. Alle Pläne unterliegen jedoch als Struktur unabänderlich den Aussagen der universalen Geistigen Gesetze, den *Spielregeln* für alles Leben und Sein in den Universen, den *Verkehrsregeln* für jegliche Existenz im Kosmos. Sie zu kennen und nach ihnen zu handeln ist deshalb für alles und jedes Leben notwendig. Gegen sie vorzugehen oder sie nicht zu beachten ist sinnlos, existenzgefährdend und selbstzerstörerisch.

Planetare Konstellationen zeigen Teilaspekte des Kosmischen Plans. Die Bewegung von Galaxien, Planeten und Sternen unterliegt kosmischen Gesetzmäßigkeiten. In den Universen ist alles durch den einen Göttlichen Schöpfungsplan geregelt. Dabei ist der Mensch in seinem Kosmos ein wichtiger Aspekt des Ausdrucks der Urquelle.

**Der Mensch ist ein wichtiger Teil seines Universums –
sein Universum und der Kosmos sind ein wichtiger Teil von ihm.**

Jeder Mensch folgt seinem eigenen Kosmischen Plan und seiner Bestimmung als winzigem Teilaspekt des globalen Schöpfungsplans. Seinen Ausdruck findet dieser individuelle Kosmische Plan im persönlichen Kosmogramm der Radix in der Astrologie, welches jeder Mensch im eigenen Interesse kennen sollte.

Das Urprinzip des *Lichtes* als Übertragungs- und Kommunikationssubstanz des Göttlichen Schöpfers im Rahmen des kristallinen Kosmischen Lichtgitternetzes überträgt durch seine masselosen Lichtquanten universale Ordnungskriterien und kosmische Urinformationen neben der *Essenz* allumfassender, selbstloser Göttlicher *Liebe*. Alles dies ist Ausdruck der Kraft, die wir Gott nennen. Vollkommenheit ergibt sich durch Liebe und Weisheit. Weisheit ist Wissen durch Erfahrung. Der Sinn des Lebens liegt darin, uneingeschränkt lieben zu lernen, zuerst sich selbst und danach alles andere. Es heißt auch, seine eigenen Fähigkeiten optimal zu nutzen zum Wohle von sich selbst, anderer und allen Seins im Kosmos. Liebe als Energieausdruck bedeutet verständnisvolles, bewusstes Annehmen von Schwächen und Fehlern bei sich und bei anderen. Liebe erfüllt sich im grenzenlosen, selbstlosen Geben ohne Erwartungen und Bedingungen, was schließlich zur wahren Freiheit führt. Sich selbst zu lieben ist die Voraussetzung dafür, andere lieben zu können. Vorbehaltloses Annehmen der eigenen Persönlichkeit mit allen Eigenheiten, Fehlern, Schwächen und Unzulänglichkeiten führt zu mehr Eigenakzeptanz, Selbstwertgefühl und Eigenliebe.

Liebe deinen Nächsten wie dich selbst!
ist vielleicht die wichtigste Aussage in der Bibel.

Eigenliebe gibt Sicherheit und ermöglicht Gefühle ohne Erwartungshaltung in absoluter Freiheit. Lieben ist Geben und Nehmen, wobei das Geben immer am Anfang steht. Lieben bedeutet, das eigentliche Leben in uns uneingeschränkt anzunehmen, die Präsenz der Urquelle als *ewiges Licht in unserem Herzen* grenzenlos und in jedem Moment auszudrücken. Es heißt, in die Stille des eigenen Inneren zu gehen, nach innen zu horchen, die Göttliche Liebe zu erfahren und zuzulassen, die Türen zur individuellen inneren Kraft und zur eigenen Unsterblichkeit zu öffnen.

Energie
Energie (griechisch *wirkende Kraft*) verbreitet die im Kosmischen Plan festgehaltenen Strukturen von Ordnung und Information. Sie wird physikalisch definiert als Kraft mal Weg. Nach dem Geistigen Gesetz der Energieerhaltung geht Energie als Potenzial nie verloren. Sie kann von einer Energieform in eine andere umgewandelt oder gespeichert werden, aber sie bleibt als Substanz erhalten. Sie ändert lediglich ihre Darstellungsform. Nach den EINSTEIN'schen Erkenntnissen ist auch Materie nur kondensierte Energie und Energie nur bewegter Ausdruck von Geist und Bewusstsein. Materie kann jederzeit in Energie und Energie jederzeit in Materie umgewandelt werden. Dies zeigt EINSTEINs bekannte Formel $e = mc^2$. Dabei stehen e für Energie, m für Masse und c für Lichtgeschwindigkeit.

Beim menschlichen Denkprozess werden energetische Impulse ausgesandt, die sowohl bioelektrische als auch biochemische Auswirkungen und nach dem Geistigen Gesetz der Resonanz die Tendenz haben, sich auf der ausgesendeten Schwingungsfrequenz zu realisieren und Wirklichkeit zu werden. Aus Gedankenimpulsen entstehen Ereignisse, andererseits haben Ereignisse ihren Ursprung in bestimmten Gedanken. Die eigenen Gedanken bestimmen das persönliche Umfeld, das eigene Tun und individuelle Leben.

Will man sein Umfeld ändern, ist es notwendig, zuerst die eigenen Gedanken zu ändern. Tut man das nicht, ist es möglich, dass das Umfeld irgendwann die persönlichen Gedanken ändert und damit die eigene Individualität untergräbt. Gedankendisziplin ist die Voraussetzung für richtiges Handeln.

Jeder Gedanke hat grundsätzlich die Tendenz, in sich Wirklichkeit zu werden. Dabei ist Wirklichkeit kondensierte Energie, die ihren Ursprung im Bewusstsein hat. Geist und Bewusstsein sind aus ihrem Göttlichen Ursprung heraus grundsätzlich ohne Grenzen. Grenzen setzen nur die eigenen Gedanken und der persönliche Glaube an die Realisationsmöglichkeit der individuellen Vorstellungen. Letztendlich ist jedoch der eine Geist hinter allem Sein die einzige Wirklichkeit und allumfassende Wahrheit, das eine Bewusstsein als Ausgangspunkt aller Energien, die in der Verstofflichung zur materiellen Form, zur greifbaren und erfahrbaren Realität werden.

Alles Sichtbare außerhalb des Menschen ist endlich und vergänglich.
Geist, Bewusstsein und Seele im Menschen sind innerhalb,
unsichtbar und damit ewig.
Kybalion

Materie – Stoff – organische Form

Der dritte Aspekt des Geistigen Gesetzes der permanenten Dreiheit ist der verstofflichte Ausdruck, die Realisierung der Gedanken durch kondensierte Energie in Gestalt erfahrbarer oder mit unseren Sinnen nicht erfahrbarer Materie in organischer oder nicht-organischer Form, fein- oder grobstofflich.

Die Kraft, welche jedes Atom erstmals in Schwingung versetzt und damit zum Leben erweckt hat, ist das LICHT als *Seele und Atem der Schöpfung*, selbst wieder ein Ausdruck des Einen. Alles Sein im Universum ist beseelt. Es gibt im Kosmos keine „tote" Materie.

Alles Sein im Kosmos, jegliche Materie lebt vom Licht
und der allumfassenden Liebe als Ausdruck
und stoffliche Spiegelung der Urquelle.
Kybalion

Das Nullpotential der Gottheit als Zustand der Offenbarung im Ausgangspunkt hat sich geöffnet und eingeatmet (spiralförmig, linksdrehend, gegen den Uhrzeigersinn,) in aufnehmender Weisheit, dem weiblichen, negativ polarisierten, zurücknehmenden Aspekt des Schöpfers. Nach der Stille des Zentrums in der Ruhe der Offenbarung erfolgt das spiralförmig rechtsdrehende, im Uhrzeigersinn sich bewegende, Ausatmen im ausströmenden, positiv polarisierten, sich ausdehnenden Willen, dem männlichen Aspekt der Gottheit. Verbinden sich nunmehr beide unterschiedlich polarisierten Gegensätze in bedingungsloser, wertfreier, selbstloser und allumfassender Liebe, so entsteht etwas Neues, Verbindendes in einem weiterführenden Ausdruck in stofflicher Realisation. Das Nullpotential hat sich dabei weiterbewegt vom alten Offenbarungspunkt (O alt) auf einen in der Evolution bisher nicht erfahrenen, neuen Offenbarungspunkt (O neu). Dies ist der eigentliche *Ausdruck der Schöpfung im Prozess* als permanente Bewegung und Entwicklung in Liebe.[8]

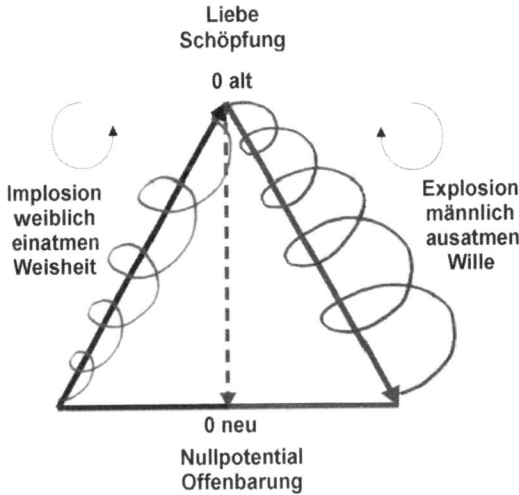

Die grenzenlose, wertfreie und bedingungslose Liebe ist sowohl Ursprung, Ziel als auch Weg, der *Motor der universalen Evolution*. So ergibt sich die tiefe Erkenntnis der selbstlosen Liebe als eigentliche Schöpfungsessenz im Großen wie im Kleinen als

... der Weg ist das Ziel: *Die Liebe.*

---

8 Vgl. zum Thema weiterführende Literatur:
BISCHOF: Marco: *Biophotonen – das Licht in unseren Zellen*, Verlag Zweitausendundeins, Frankfurt 1995.
POPP, Fritz-Albert: *Biologie des Lichts*. Verlag Paul Parey, Berlin-Hamburg 1984.
POPP, Fritz-Albert: *Neue Horizonte in der Medizin*. Karl F. Haug Verlag, Heidelberg 1987.

Nur bewusste Lernerfahrungen und ein Leben in allumfassender Liebe zuerst zu uns selbst, dann zu allem und zu allen anderen bringen auch uns Menschen weiter auf unserem langen und schwierigen, geistig-spirituellen Weg zur eigenen Erleuchtung.

Gemäß dem Geistigen Gesetz der permanenten Dreiheit oder Trinität steht der sich ausbreitende Geist der Urquelle am Beginn der Schöpfung. Nach dem Geistigen Gesetz der Polarität entstand aus dem Geist Bewusstsein auf der Grundlage der passiv-aufnehmenden, deshalb negativ polarisierten, weiblichen Komponente der Gottheit, die sich manifestiert als Weisheit. Diese wurde seit alters her deshalb als Frau dargestellt: als Isis/Hathor bei den alten Ägyptern, als Sophia/Lilith im Mittelalter sowie als *Heiliger Geist* auf frühmittelalterlichen Darstellungen.

Das nebenstehende Bild neu restaurierter Fresken in der Apsis der Dorfkirche von Urschalling bei Prien am Chiemsee zeigt die Dreifaltigkeit Gottes mit dem *Heiligen Geist* als junger Frau in der Mitte des Motivs, Gottvater vom Betrachter aus gesehen rechts, Gottes Sohn entsprechend links. Die Gesamtgruppe hat gemeinsam zwei Hände und zwei Füße.

Gemäß allen uralten Weisheitslehren hat Gott den Menschen nach Seinem Ebenbild erschaffen und ihm als Seinen Tempel den physischen Leib für dieses Leben auf Erden als Leihgabe gegeben. Damit die Urquelle als Göttliche Präsenz, als *ewiges Licht im Herzen des Menschen*, in der Spiegelung des Äußeren, ebenfalls eigenständige und individuelle Erfahrungen machen konnte, hat Gott dem Menschen als Seinem Ebenbild den *Freien Willen* als nunmehr eigenen, selbständigen, kreativen Schöpfer quasi an Gottes statt gegeben. Jede menschliche Erfahrung wurde damit zu einer Erfahrung der Gottheit. Mit diesem einmaligen Gottesgeschenk hat die Urquelle das ausströmende, gestaltende Prinzip des Willens von sich selbst auf den Menschen verlagert. Dadurch hat sich die Gottheit für den Bereich des Menschen aus dem kreativ-schöpferischen Willensprozess weitestgehend zurückgezogen. Diese Entscheidung ging so weit, dass die Urquelle allen Wesen und sich selbst auferlegte, in keinerlei freie menschliche Willensprozesse einzugreifen, es sei denn, ein Mensch würde ausdrücklich um einen Eingriff von außen bitten.

Für den Menschen hatte dies außerdem zur Folge, dass er von diesem Moment an alleine und ausschließlich verantwortlich war für alles, was er mit seinem freien Willen dachte, wollte, sagte und tat, und zwar ohne Begrenzung durch Raum und Zeit für alle menschlichen Leben. Verantwortlich war und ist er jedoch gleichfalls auch für alles, was er im Rahmen seiner Fähigkeiten und Möglichkeiten nicht tat, obwohl er es gemäß Bestimmung und Kosmischem Plan hätte tun sollen und können. Erfahren wir heute unzählige leidvolle Schicksale und sehen wir viele Ungerechtigkeiten und unverständliche Situationen auf der Erde, so sind diese nicht die Wirkung und das Ergebnis Göttlicher Entscheidungen, sondern Folgen von Unvermögen und menschlicher Egozentrik im Denken, Fühlen und Handeln. Der freie menschliche Wille wirkt wertungsfrei und ohne Göttliches Eingreifen nicht nur positiv, sondern eben auch negativ. Einschränkend und regulierend auf freie menschliche Willensentscheidungen wirken nur Geistige Gesetze, Kosmische Pläne und individuelle menschliche Bestimmungen ein.

Wünscht der Mensch Unterstützung von außen, so muss er sich mit seinem freien Willen dieser Erkenntnis öffnen und ausdrücklich um Hilfe bitten, sonst geschieht nichts. Wiederum zeigt sich so die Schwingungsenergie des *Bitte* als *Sesam-Öffne-Dich* im Kosmos.

Auch in der Bibel steht:

…bittet, so wird Euch geholfen,
klopfet an, so wird Euch aufgetan.

4. Das Geistige Gesetz der *vier Gesichter Gottes* in der Spiegelung von Elementen und Quintessenz

Evolution im Universum und damit Erfahrungen der Urquelle ergeben sich im Rahmen der permanenten Auseinandersetzung allen Seins von Licht, Liebe und Ganzheit mit der polaren Dunkelheit, Angst, Hass, Mangel und dem Gefühl des Getrenntseins. Die Spiegelung der Gottheit selbst und damit allen Lebens und Seins im Kosmos ergibt sich in der andauernden Konfrontation mit den Elementen und der Stofflichkeit. Dies gilt auch für die menschlichen Charaktereigenschaften, die sich in den Elementen im so genannten **Astralen Seelenspiegel** wiederfinden.

Eine erste Verdichtung des *Lichtes* ergab und ergibt sich im Element Feuer und der Spiritualebene.

Feuer: Stand und steht für die Spiritualebene und das Hohe Selbst, Wärme, Dynamik, Energie, Kraft, Dreieck und Tetraeder, den Norden, die Farbe Rot, den Sommer, den Choleriker, als Organ für die Leber und im Tarot für die Stäbe.
Sternzeichen sind Löwe, Schütze und Widder – Sternengruppe ist der *Sirius*

Negative Eigenschaften sind:
Zorn, Wut, Hass, Jähzorn, Eifersucht, Ärger, Aggressivität, Ungeduld, Selbstpräsentation, auffallendes Verhalten, Egozentrik, Ungeduld

Positive Eigenschaften sind:
Aktivität, Begeisterung, Mut, Tapferkeit, Kühnheit, Entschlossenheit, Dynamik, Spontaneität

Das Feuer verdichtete sich zur Luft und Mentalebene, von welcher es lebt.

Luft: Stand und steht für das Wachbewusstsein, Verstand, Information, Impuls, den Osten, Frische, die Farbe Gelb, Rhombus und Oktaeder, den Frühling, den Sanguiniker, als Organ für Herz und Lunge und im Tarot für die Schwerter. Sternzeichen sind Wassermann, Zwillinge und Waage – Sternengruppe ist der Orion.

Negative Eigenschaften sind:
Leichtsinn, Prahlerei, Kritikunverträglichkeit, Selbstüberschätzung, Entschlusslosigkeit, Wankelmütigkeit, Verschwendung, Klatschsucht, Angeberei, mangelnde Bodenständigkeit und Erdung

Positive Eigenschaften sind:
Fleiß, Freude, Fröhlichkeit, Freundlichkeit, Gewandtheit, Diplomatie, Umgänglichkeit, Ausgeglichenheit, Harmoniebedürfnis, Gerechtigkeitssinn, Optimismus, Charisma, Kunstverständnis, Kreativität

Luft verdichtete sich zu Wasser und der Astralebene, was in Wolken, Nebel und Regen sichtbar zum Ausdruck kommt.

Wasser: Stand und steht für das Unterbewusstsein bzw. das Innere Kind, für Gefühle, Psyche, Gewissen, fließende Bewegung, Feuchtigkeit, Kälte, Zusammenziehen, Wachstum, Leben, den Westen, die

Farbe Grün, Kreis, Kugel und Ikosaeder, den Winter, den Phlegmatiker, als Organ dem Gehirn, Nieren, Blase, Darm, im Tarot den Kelchen.
Sternzeichen sind: Skorpion, Fische und Krebs – Sternengruppe die *Plejaden.*

Negative Eigenschaften sind:
Gleichgültigkeit, Überempfindlichkeit, Nachgiebigkeit, Helfersyndrom, Opferrollenspiel, Nachlässigkeit, Unordentlichkeit, Schüchternheit, Phlegma, Melancholie, Selbstzweifel, Stressbeeinflussung, Mitleid

Positive Eigenschaften sind:
Bescheidenheit, Herzenswärme, Mitgefühl, Zartheit, Gemütlichkeit, Verständnis, Liebesfähigkeit, Sensitivität, Intuition

Wasser verdichtete sich zur Erde und der Körperebene. Beide zusammen machen physisches Leben erst möglich.

Erde Stand und steht für Körperlichkeit, Enge, Starre, Trockenheit, den Süden, die Farbe Blau, Quadrat, Würfel /Kubus/Hexaeder, den Herbst, den Melancholiker, als Organ der Milz, dem Skelett, Knochen, Muskeln, Sehnen, im Tarot den Münzen.
Sternzeichen sind: Jungfrau, Stier und Steinbock

Negative Eigenschaften sind:
Faulheit, Unbeweglichkeit, Starre, Beleidigtsein, Nervosität, Unnahbarkeit, Schwerfälligkeit, Unregelmäßigkeit, Überheblichkeit, Egoismus, Irrealität, Geiz, Neid, Festhalten an materiellen Dingen, Sammlerwut

Positive Eigenschaften sind:
Achtung, Ausdauer, Gründlichkeit, Verlässlichkeit, Pünktlichkeit, Nüchternheit, Verantwortungsbewusstsein, Bodenständigkeit

Alle vier Elemente haben sowohl aufbauende, impulsgebende, aktive, positive, männliche Aspekte als auch zerstörende, passive, negative, weibliche Eigenheiten, so dass sich acht Spiegelungen und damit die heilige Form des BAGUA ergeben. In allen Weltreligionen und bei den meisten alten Kulturvölkern herrscht der Glaube an einen Schöpfergott der Welt vor. Dieser ruht selbst immer im Zustand des Nullpotentials des ewigen Seins und stellt die eine und einzige Wahrheit in absoluter Objektivität dar. Die Spiegelung dieses einen Gottes wird in vielen alten Kulturen, wie beispielsweise der Mythologie der Pharaonen, der alt-hawaiianischen HUNA-Lehre, den Kelten, bei Griechen und Römern in einem aus vier männlichen und vier weiblichen Schöpfer-Gottheiten bestehenden Pantheon gesehen, die u. a. auch die positiven und negativen Aspekte der Elemente darstellen. Sie bilden auch die Grundlage der *Universalen Energievektoren*. Alle acht Aspekte sind wichtig und notwendig ohne jegliche Wertung. Im Kosmos wird nicht gewertet. Dies tun nur die Menschen.

DIE VIER GESICHTER GOTTES

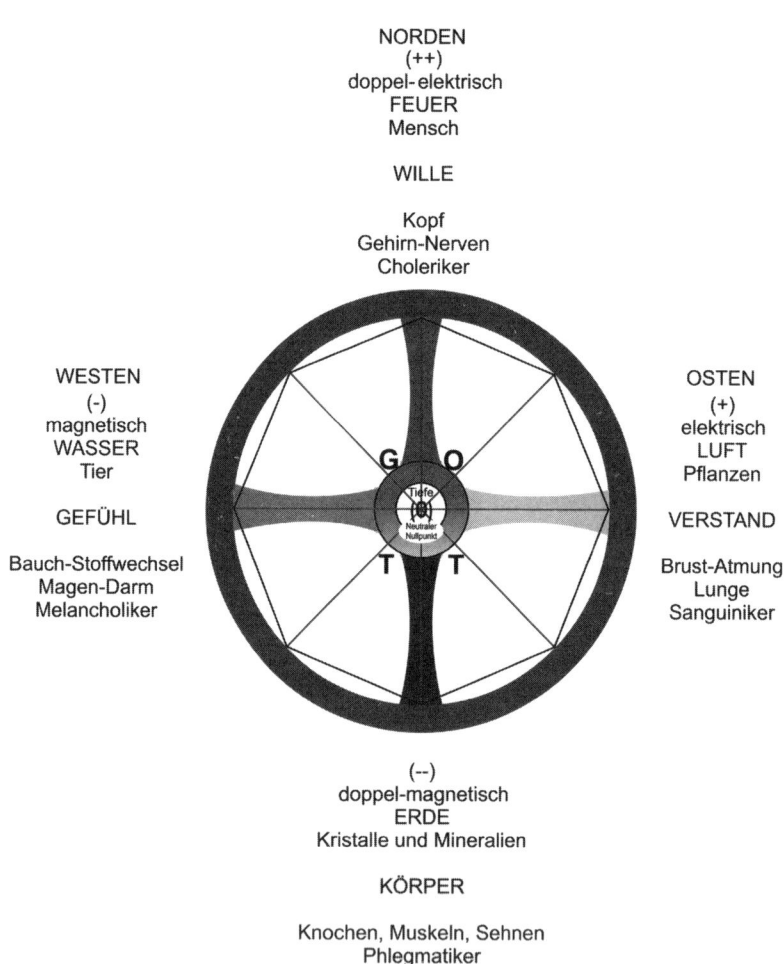

NORDEN
(++)
doppel- elektrisch
FEUER
Mensch

WILLE

Kopf
Gehirn-Nerven
Choleriker

WESTEN
(-)
magnetisch
WASSER
Tier

GEFÜHL

Bauch-Stoffwechsel
Magen-Darm
Melancholiker

OSTEN
(+)
elektrisch
LUFT
Pflanzen

VERSTAND

Brust-Atmung
Lunge
Sanguiniker

G O
Tiefe
Neutraler
Nullpunkt
T T

(--)
doppel-magnetisch
ERDE
Kristalle und Mineralien

KÖRPER

Knochen, Muskeln, Sehnen
Phlegmatiker
SÜDEN

Das Prinzip der vier Elemente spielte auch bei den Griechen und Römern eine große Rolle. Insbesondere ARISTOTELES (384–322 v. Chr.) wies immer wieder darauf hin, dass jegliche Kondensierung und materielle Verfestigung im Universum vom Ursprung, dem Licht und der Liebe, ausgeht und dies erst Leben ermöglicht.

Die beschriebenen vier Elemente werden dabei aus der Urquelle heraus vom fünften Element, dem ÄTHER, umgeben, belebt und durchdrungen.

ÄTHER steht für Leben, wechselseitige universale Kommunikation, die Farbe Magenta, das Fünfeck, Pentagramm oder Dodekaeder.

Er stellt die Quintessenz dar, die *quinta essencia*, die alles Leben, Wachstum und Sein erst ermöglicht. Das Element Äther ist nicht gepolt, so dass aus den acht Aspekten des Bagua mit dem Äther als Tai-Chi-Zentrum die heilige Zahl Neun entsteht. Die Vereinigung der acht Spiegelungen mit der ausstrahlenden einen Urquelle ergibt Sinn und Geheimnis dieser heiligen Zahl Neun, die als Ziffer der Erleuchtung für den *vollkommenen Menschen* vor seiner Vereinigung mit den zehn Aspekten Gottes steht, für die Verschmelzung der Polaritäten und für die absolute Transzendenz.

Der Charakter der „Vier Gesichter Gottes" kommt als Schöpfungsausdruck der Urquelle in der stofflichen Verdichtung der Elemente auch in wichtigen Symbolen der Menschheit wieder, nämlich zum einen in der Form der Sphinx, zum anderen in der altchristlichen Darstellung der vier Evangelisten.

Die Sphinx wurde möglicherweise von atlantischen Eingeweihten vor dem Untergang von Atlantis in Gizeh bei Kairo vor etwa 12 000 Jahren errichtet, wie neueste wissenschaftliche Forschungen ergeben haben.

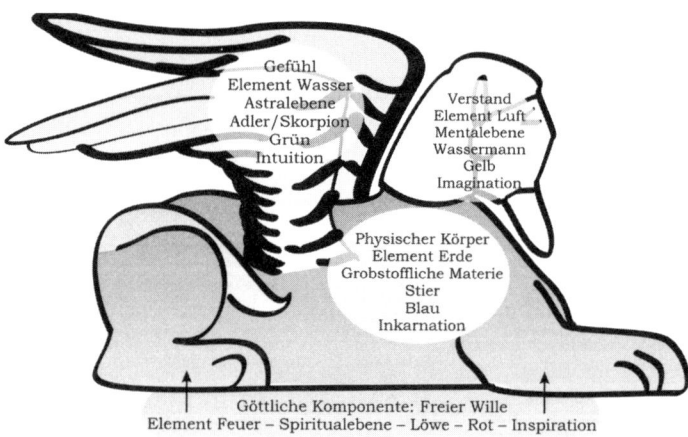

Gefühl
Element Wasser
Astralebene
Adler/Skorpion
Grün
Intuition

Verstand
Element Luft
Mentalebene
Wassermann
Gelb
Imagination

Physischer Körper
Element Erde
Grobstoffliche Materie
Stier
Blau
Inkarnation

Göttliche Komponente: Freier Wille
Element Feuer – Spiritualebene – Löwe – Rot – Inspiration

Dabei stehen die Tatzen für das Sternbild Löwe, also Mut und Tapferkeit, sowie das Element Feuer und die Spiritualebene des Überbewusstseins bzw. das Hohe Selbst. Das Gesicht des Sphinx steht für den Menschen und das Sternbild Wassermann. Dieses symbolisiert den freien menschlichen Willen, Weisheit und Transformation sowie das Element Luft und das Wachbewusstsein. Der Leib des Sphinx bezieht sich auf das Sternbild Stier, auf Erd-Verbundenheit, Stärke, den physischen Körper und die materielle Welt. Zu früheren Zeiten hatte die Sphinx Flügel, was für das Sternbild Adler = Skorpion charakteristisch war und ist, damit für das Element Wasser steht. Dieses symbolisiert Gefühle, Psyche, Emotionen, karmische Speicherungen sowie die Astralebene des Unterbewusstseins bzw. des Inneren Kindes. Die Sphinx zeigt also symbolisch die Evolution des Menschen an, worauf sich auch die 12 Tierkreiszeichen beziehen, nämlich auf dreimal (Trinität) vier Elemente (= die physische Realisation der Zwölf als vollkommene Zahl).

Sternzeichen, Farben und die vier Elemente

5. Das Geistige Gesetz von Bewegung, Dynamik, Schwingung und Leben

Aufgrund des allumfassenden, universalen, schöpferischen Prinzips ist im Kosmos grundsätzlich alles in Bewegung. Es gibt keinen Stillstand im Universum, keine Statik, nur Dynamik. Alles strahlt, alles schwingt, alles ist im Fluss, das berühmte „Panta Rhei" des HERAKLIT, das „Wai Wai" der althawaiianischen Kahunas. Ausschließlich als theoretisches Modell ergeben sich Stillstand, Statik und damit Tod nur im sogenannten thermodynamischen Gleichgewicht von minus 273,15 Grad Celsius = Null Kelvin. An diesem absoluten Nullpunkt gibt es keinen Austausch an Information, Energie oder Materie mehr, also ist der Tod gegeben. Da dies aber Theorie und keine Praxis ist, ergibt sich Leben im Kosmos als ein sich dynamisch entwickelnder Prozess ständiger Transformation und Erneuerung von Wiedergeburt und Inkarnation. Der physische Tod eines Menschen ist dabei als Ende eines Abschnittes gleichzeitig der Anfang eines nächsten. Auch im menschlichen Leben auf Erden ist alles in Bewegung mit permanenten Einflüssen von außen in Form von Fügungen, Einwirkungen, dissipativen Strukturen etc. Das Leben ist ein permanenter Austausch von Geben und Nehmen mit wichtigen Lernerfahrungen in jedem Augenblick, eben Entwicklung durch Erfahrung. Festhalten an alten Gedanken- und Gefühlsmustern, Starrköpfigkeit, Unbeweglichkeit im Denken und Fühlen führen deshalb zu Störungen, Disharmonie und Krankheit, zu Widerstand, der sich unweigerlich in Schmerz und Leid äußert.

Alles im Kosmos bewegt sich zur gleichen Zeit in einer vom Menschen nicht vorstellbaren Vielzahl unterschiedlichster Schwingungen, die wiederum zusammen das eine Ganze bilden. Im Universum ist alles in Schwingung. Jede Schwingung beeinflusst dabei und wird beeinflusst. Das Prinzip der Kausalität wirkt auch hier: Jede Schwingung ist Ursache und führt zu einer Wirkung. Gleichzeitig ist sie aber auch die Wirkung einer vorausgegangenen Ursache. Alles wird beeinflusst im Kosmos und beeinflusst selbst, es ist ein ewiger Wechsel, ein nicht endendes Spiel.

Was schwingt, was die Schwingung ausgelöst hat, nennen die Wissenschaftler Energie, die Metaphysiker Geist und andere Gott. Die Eigenart der Schwingung, die Geschwindigkeit der Wellenbewegung, ihre Intensität, die messbare Länge der Welle bestimmen die Art und Weise des Ausdrucks der Manifestation, der Form, der Materie des Körpers. Letztendlich bleibt jedoch jegliche Schwingung und jede Stofflichkeit Ausdruck der einen Kraft des einen Ganzen – Gott.

Starre und Stillstand im Denken, Fühlen, Ausdrücken oder Tun stellen Widerstand gegen dieses Geistige Gesetz dar, was der Beginn vielschichtiger Schmerz- und Leiderfahrungen sein kann. Diese zeigen sich als Ergebnis entsprechender freier, menschlicher Willensentscheidungen. Sie können aber genauso jederzeit wieder geändert werden, wenn zuerst in den Gedanken die Statik und Starre verlassen wird und das individuelle System wieder in Bewegung kommt. Schmerz und Leid sind alles andere als gott-gegeben. Sie stellen auch keine Geistigen Gesetzmäßigkeiten, sondern einzig und alleine quasi „menschliche Erfindungen" dar, die sich in einer speziellen, negativ polarisierten Datenbank als „künstliche Matrix" im *morphogenetischen Feld* der Menschheit für jeden Einzelnen im individuellen Resonanzverhalten verbindlich niederschlagen.

6. Das Geistige Gesetz des Rhythmus

Nach dem Prinzip der Polarität drückt sich die Einheit des Ganzen in der Mitte durch die Gegensätzlichkeit von positiven und negativen Polaritäten aus. Zwischen den beiden Polen gibt es regelmäßige Pendelbewegungen in einem bestimmten Takt als Zeiteinheiten – dem Rhythmus. Nachdem alles Sein im Universum dem Prinzip der Polarität unterliegt, haben auch alle Aspekte der Schöpfung im Kosmos einen eigenen Rhythmus. Alles Leben läuft in Prozessen ab, in Bewegung und Gegenbewegung, im Auf und Ab in einem bestimmten Rhythmus. Eben dies gilt auch für den physischen, energetischen, seelischen und mentalen Biorhythmus jedes einzelnen Menschen. Subjektives Wohlbefinden hat maßgeblich damit zu tun, dass ein Mensch im Einklang mit seinem individuellen Biorhythmus lebt. Der harmonische Ausgleich zwischen Anspannung (Stress) und Entspannung bzw. Lockerheit (Ruhe) ist notwendig, um jeden Menschen ins Gleichgewicht und in Einklang mit sich selbst und sein Umfeld zu bringen.

Alles ist im Fluss, „Panta Rhei" bzw. „Wai Wai", auch das ewige Leben des Menschen im Wandel zwischen Geburt, Tod und Wiedergeburt, zwischen Vergangenheit, Gegenwart und Zukunft.

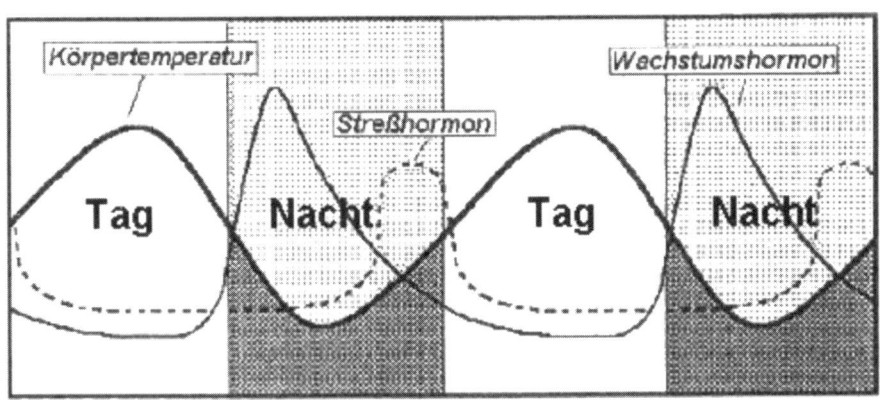

Der menschliche Biorhythmus

Bereits durch die vorangegangenen Prinzipien ist klar geworden, dass sich im Kosmos Wachstum und Evolution in bestimmten Rhythmen entwickeln. Dies trifft sowohl auf die Atmung als auch auf die Trinität und die Betrachtung der Elemente zu. Wir sind alle eingebettet in das rhythmische Pulsieren der Weltenkräfte.

Rhythmus kann man auch als geregelte Wellenbewegung, Schwingung bzw. Vibration bezeichnen. Dies hat mit Wiederholungen und festen Zyklen zu tun, die in einer bestimmten Art und Zeit in gewissen Bewegungsabläufen immer wieder kommen. Dies gilt für Universum, Kosmos und auch für das menschliche Leben gleichermaßen. Es stellt somit eine feststehende Folge strukturierter, periodischer Phasen dar, wie sie jedem Ereignis als feststehende Größe innewohnen. Dagegen zu verstoßen ist Widerstand. Letzterer ist die Ursache von Ungleichgewichten, Stau und Leere, von Schmerz und Leid.

Letztlich gilt das Geistige Gesetz des Rhythmus, von Ausdehnen und Zusammenziehen, auch für die Polaritäten von Diesseits und Jenseits, von Geburt und Tod, von Leben und Sterben. Das eine bedingt das andere und stellt letztlich nur die entgegengesetzte Seite derselben Medaille dar. Die Geburt im Diesseits bedingt ein Sterben im Jenseits, der Tod in einem Leben auf Erden stellt gleichzeitig auch eine Wiedergeburt in einer anderen Dimension auf einer höherschwingenden, feinstofflicheren Ebene dar.

Weitere Beispiele für lebenswichtige Biorhythmen sind der Wechsel der vier Jahreszeiten, der 4 x 7 Tage dauernde Mondrhythmus, der weibliche Menstruationszyklus, die Gezeiten von Ebbe und Flut, die Planetenbahnen, der Tag- und-Nacht-Rhythmus und vieles mehr.

Das Maß des Schwunges nach rechts ist das Maß des Schwunges nach links, rhythmisch kompensiert.

Kybalion

Jeder Schwung, jede Schwingung in eine Richtung, bestimmt den Schwung, die Schwingung in die andere Richtung. Beide bedingen einander und halten sich wechselseitig im Gleichgewicht. In allen Erscheinungsformen von Rhythmus ist das vorliegende Prinzip erkennbar, beispielsweise in Pendelbewegungen oder im Wechsel der Gezeiten. Es gilt für physikalische genauso wie für seelisch-psychische und geistige Vorgänge. Einem *Himmelhoch-Jauchzend* muss zwangsläufig ein *Zu-Tode-Betrübt* folgen. Nur im *Weg der Mitte* sind die extremen Ausschläge auf eine Bandbreite in der Mitte der Schwingungsausschläge reduziert, mit weniger Freude, aber auch mit weniger Leid.

Im Leben eines jeden Menschen spielt dieses kosmische Prinzip eine große Rolle. Jede Sache, jeder Gefühlsbereich hat eine positive und eine negative Seite, subjektiv bewertet immer neben einem erfreulichen auch einen unerfreulichen Aspekt. Was man gewinnt im Leben, bezahlt man immer mit dem, was man verliert. Ein Reicher besitzt, was einem Armen fehlt, während der Arme wiederum oft etwas besitzt, was dem Reichen fehlt. Alles, was man besitzt bzw. was einem fehlt, hat seinen Preis. Hat man eine Sache, fehlt einem eine andere und das Gleichgewicht ist wieder hergestellt.

7. Das Geistige Gesetz von Bewertung und Verurteilung

Richte nicht, damit du nicht gerichtet wirst.

Im Kosmos wird grundsätzlich nicht gewertet. Auch und besonders das Geistige Gesetz der Polarität ist vollständig wertungsfrei. Positive Ausrichtung ist nicht im Sinne von gut oder schön emotional wertend zu sehen, sondern ausschließlich als sich ausdehnender, aktiver Impuls (1). Negative Polarität bedeutet deshalb auch nur zusammenziehender, passiver Nichtimpuls (2). Keine von beiden Polaritäten ist mehr wert. Sie spiegeln nur das Nullpotential der Gottheit in der Mitte (0) wider, und zwar auf beiden Seiten gleich stark, wie bei einem Pendel oder einer Schiffschaukel. Beide Ausrichtungen sind gleich bedeutend. Es gibt keinen Unterschied. Beide Polaritäten sind unabdingbar miteinander verbunden. Die eine ist ohne die andere nicht existenzfähig. Deshalb wird im Universum nicht gewertet und verurteilt. Auch Gott tut es nicht. Aus diesem Grunde ist auch dieses Geistige Gesetz vergleichsweise hart formuliert. Denn es lautet im Einzelnen:

Wenn du dich und andere bewertest und verurteilst,
wird das zehnfach verstärkt zu dir zurückkehren.

Das vorliegende Gesetz ergänzt das Geistige Gesetz der Entsprechung. „Das, was du aussendest, kommt zu dir zurück" und spricht von einer zehnfachen Verstärkung der zurückgesandten Energie, nicht von einer einfachen. Der Grund ist die menschliche Anmaßung einer subjektiven Bewertung und Verurteilung. Damit stellen wir uns über Gott, trennen uns von ihm und fallen aus der reinen Energie des Lichtes und der allumfassenden, selbstlosen Liebe heraus. Dies gilt auch, wenn wir uns selbst bewerten und verurteilen, uns nicht annehmen können, wie wir sind (was die Gottheit aber tut). Dann entsteht aus mangelndem Selbstwertgefühl automatisch Eigenliebemangel. Die dadurch freigesetzten selbstzerstörerischen Gedanken- und Gefühlsimpulse führen letztendlich dann zu schweren energetischen und körperlichen Schäden. Jegliche Art von Missbrauch, fehlende Liebeserfahrungen, Helfersyndrome, das Spielen von Opferrollen, sexuelles Unwertsein, selbstauferlegte Isolation, das Abwerten des eigenen Selbst gegenüber Geschwistern oder anderen Menschen, das Gefühl, nichts wert bzw. ein Versager, nicht gut genug zu sein, andauernde Wut und Groll gegen sich selbst und andere sowie andere Formen der Selbstbe- und -verurteilung verstoßen eindeutig gegen universale Geistige Gesetze und die objektiv-neutrale Präsenz der Gottheit im Nullpotential. Sie sind u. a. (deshalb) die Ursache vieler schwerwiegender Erkrankungen auf allen Ebenen.

8. Das Geistige Gesetz der Resonanz

Eng verbunden mit den beiden vorangegangenen Geistigen Gesetzen des Rhythmus und der Schwingung ist das Geistige Gesetz der Resonanz. Jeder Gedanke, jedes Gefühl, jedes Wort und jede Tat ist ein Impuls, der als elektromagnetische Schwingung ausgesendet wird und unabhängig von Zeit und Raum nach physikalischen Gesetzen im Kosmos wirkt. Gleichgelagerte Schwingungen suchen sich genauso wie identische Wellen unterschiedlicher Polaritäten. Es ergibt sich somit das typische Täter-Opfer-Syndrom. Damit es zu einer Tat erst kommen kann, benötigt jeder potentielle Täter ein potentielles Opfer, welches schwingungsmäßig auf derselben Wellenlänge liegt, jedoch genau gegensätzlich gepolt ist. Es ist wie beim Tennisspielen. Zu jeder Tat gehören mindestens zwei Mitspieler, einer der schlägt und einer, der sich schlagen lässt bzw. empfängt. Fehlt der Zweite bzw. geht er nicht in die Resonanz zum Ersten, „spielt er nicht mit", „steigt er nicht in das Boot ein", so ergibt sich auch keine Konsequenz aus den Verhaltensweisen eines Einzelgängers. Jede Situation, jede Begegnung, jedes Wort und jede Aktion, mit der ich konfrontiert werde, enthält deshalb immer auch eine wichtige Botschaft für mich selbst. Diese ergibt sich oft aus unaufgearbeiteten, alten Gedanken- und Gefühlsmustern, die zur Erledigung und Auflösung drängen bzw. aus karmisch bedingten, energetischen Ungleichheiten. Sie setzen uns erst in die Lage, „alten Ballast" abwerfen zu können und durch eine neue, wichtige, bewusste Lernerfahrung einen weiteren Schritt nach vorne auf unserem spirituellen Weg zu tun.

Jeder Mensch war in seinen zahllosen Existenzen und Inkarnationen immer sowohl Täter als auch Opfer, sonst wären keine ausgeglichenen Erfahrungen möglich.

Das Geistige Gesetz der Resonanz ist jedoch nicht nur passiv duldend zu verstehen, sondern kann auch aktiv, kreativ-schöpferisch eingesetzt werden. Am Anfang eines jeden Prozesses steht immer der Gedanke. In ihm drückt sich Bewusstsein, Bewusstheit und der freie menschliche Wille aus. Ändert ein Mensch sein Denken, ändert er damit auch zwangsläufig sein Umfeld.

Laut Duden wird Resonanz mit „mittönen, mitschwingen" definiert.

Alles fließt und alles ist Schwingung im Kosmos und unterliegt dem Geistigen Gesetz der Resonanz. Ein auf Ultrakurzwellen (UKW) eingestelltes Radio kann auch keine Information im Mittelwellen- (MW)- bzw. Langwellenbereich (LW) wiedergeben. Das gilt entsprechend auch für den Menschen. Jeder nimmt im Rahmen seiner subjektiven Wirklichkeit nur jene Bereiche einer Vorstellung wahr, mit denen er momentan in Resonanz steht, d. h., welche „Brille er gerade aufgesetzt hat".

Jeder Mensch sieht in jedem Moment (= Zeitaspekt) und in jeder Hinsicht (= Raumaspekt) immer nur das, was er auch sehen möchte. Dabei geben Umwelt und Umfeld immer nur seine eigenen Gedanken, Gefühle, Worte und Taten wie ein Signal wider.

In der klassischen Physik stellte schon Newton bei der Untersuchung fallender Körper die Frage nach dem *Warum* und fand bei seinen Messungen und Berechnungen das Masseanziehungsgesetz. Dieses besagt kurz: *Zwei Körper, gleich welcher Art, ziehen einander stets an.* Gleiches zieht Gleiches an, Ungleiches stößt Ungleiches ab. Das heißt, jeder zieht nur das an, was seiner gegenwärtigen Schwingung entspricht.

Man macht sich Sorgen und hat Angst, dass ein bestimmtes, negatives Ereignis eintritt, und zieht damit nach dem Resonanzgesetz genau diese Situation an. Das durch die eigene Angst magisch angezogene Ereignis tritt ein. Mit dem eigenen Denken und Fühlen zieht man alles an, was mit der eigenen Schwingung übereinstimmt. Jeder kann nur wahrnehmen, wofür er Resonanz besitzt. Daher hat jeder seine eigene Wirklichkeit und gestaltet sie. *Die Welt ist so, wie man denkt, dass sie ist…* Man zieht Menschen an, die so denken und fühlen wie man selbst, und man fühlt sich von einem Menschen abgestoßen, dessen „unangenehme" Schwingung auf einen trifft. Im Laufe eines Lebens kann sich damit auch das Resonanzverhalten innerhalb einer Partnerschaft ändern.

Resonanz kommt vor in der Physik (Mitschwingen eines schwingungsfähigen Körpers oder Systems), in der Musik und in der Chemie (Strukturresonanz). Resonanz bedeutet mitschwingen, mittönen, Widerhall oder Zustimmung. Resonanz tritt ein, wenn die Erregerfrequenz mit der Eigenfrequenz übereinstimmt (z. B. bei Musikinstrumenten). Sie kann aber auch zu Zerstörungen führen (z. B. Brücken können durch die von im Gleichschritt marschierenden Soldaten verursachten Resonanzschwingungen zum Einsturz gebracht werden). In der Radiotechnik wird durch Abstimmen der elektrischen Schwungkreise des Empfängers auf die Frequenz des Senders das Gerät zur Resonanz gebracht, das heißt, ein klarer Empfang ermöglicht. In der Elementarteilchenphysik bezeichnet Resonanz den Resonanzzustand (Eigenschwingung) von Elementarteilchen.

Rein energetisch entsteht Resonanz auf der Ätherebene von Energie und Steuerung sowie der Astralebene von Psyche und karmischer Speicherung. In der zweiten Auraschicht, dem Emotionalkörper, sind alle Gefühle (bewusste und unbewusste) in Form und Farbe verdichtet. Je nach dem, wie wir uns fühlen, strahlen wir vom Emotionalkörper ausgehend eine bestimmte Energiefrequenz aus, die andere Menschen unbewusst wahrnehmen. Sie fühlen, ob wir fröhlich oder traurig sind und reagieren darauf. Daher ziehen wir, wenn wir fröhlich sind, meist andere fröhliche Menschen an und umgekehrt. Aber auch die Gefühle, die wir verdrängen und selbst nicht mehr wahrnehmen, strahlen nach außen. Dadurch ziehen wir dann Menschen an, die genau dieses oder ein ähnliches Verhalten haben, das wir an uns nicht sehen wollen. Wir bekommen dann das Verdrängte von anderen gespiegelt. Oft regen wir uns fürchterlich über diese Menschen auf, anstatt sie als Spiegel zu erkennen und zu nutzen.

Viele Menschen können die Schwingungen anderer sehr gut fühlen. Eigentlich tut man dies unbewusst die ganze Zeit über. Man wählt sich seine Freunde aus und versteht sich mit ihnen, weil man spürt, dass ihre Schwingungen fast die gleichen sind wie die eigenen.

Sehr gut ist das Resonanzverhalten auch bei Tieren zu erkennen. Nicht nur Menschen, sondern alle lebenden Wesen besitzen Energien, die Schwingungen in die Umgebung ausstrahlen. Tiere können unsere Schwingungen sehr gut wahrnehmen. Ein Pferd beispielsweise weiß, wenn man Angst davor hat, es zu reiten, weil es die ängstlichen und nervösen Schwingungen, die man aussendet, spürt. Auch bei Hunden ist dieses Verhalten gut nachvollziehbar. Hunde beißen von vornherein eher Leute, von denen sie spüren, dass sie Angst vor ihnen haben. Sie dürften Angst auch nahezu als körperliche Belastung empfinden. Auch Symbole, Farben und Formen senden typische Schwingungsmuster aus, welche entsprechende Resonanzen suchen. Quantitative und qualitative Kommunikation von außen mit dem eigenen Inneren wird möglich und trifft den Körper genau dort, wo Krankheit, also Disharmonie, besteht.

Das Resonanzgesetz sagt aus: Die Bewegung erfolgt in Rhythmen, die miteinander in positiver, harmonischer oder negativer, disharmonischer Resonanz stehen. Diese Resonanz, ob positive, harmonische oder negative, disharmonische Schwingungen, spüren wir täglich, stündlich, minütlich. Die Schwingung, die wir aussenden, kommt zu uns zurück. Energie geht nicht verloren. Für meine Schwingungen, die ich aussende, brauche ich einen Empfänger. Wenn dieser Empfänger meine Schwingungen aufnimmt, sendet er mir diese Schwingungen zurück. Nicht nur mein gesprochenes Wort, das ich an meinen Gegenüber richte, kommt bei ihm als Schwingung an, jede nonverbale Kommunikation, jeder geheimste Gedanke trifft und erzeugt Resonanz, wenn er einem entsprechenden Resonanzkörper begegnet. Jede Gedankenform, jeder lesbare Buchstabe, jede hörbare Silbe wirkt – nicht nur im eigenen Inneren, sondern im gesamten Kosmos.

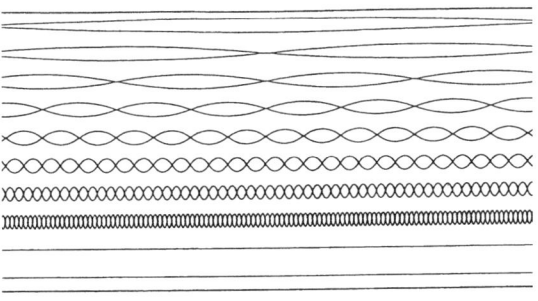

In harmonikalen Strukturen, die sich bei Klangsystemen in der Harmonie von Obertönen zeigen, sind alle gezeigten Schwingungsmuster in Einklang. Aufgrund unterschiedlicher Längen der Wellen ergeben sich höhere und tiefere Töne, die jedoch zusammen immer ein harmonisches Ganzes ergeben.

Gedanken, Gefühle, Worte und Handlungen sind eine Form von Energie in unterschiedlichen Schwingungszuständen. Die logische Konsequenz daraus ist, dass jeder Mensch die Verantwortung für sich und sein Denken, seine Erwartungen und seine Handlungen selbst zu übernehmen hat. Man muss nicht einmal reale Taten setzen, um zu verletzen – die Macht der Gedanken reicht dazu allemal aus. Eine liebevolle, freundliche, tolerante und respektvolle Haltung sich selbst gegenüber wird auf alle und alles in diesem Sinne wirken. Jeder ist in der Lage, die Welt zu verbessern, muss dabei aber immer bei sich selbst zuerst beginnen. Gelebte Eigenliebe ist der Schlüssel zu einem harmonischen Leben, zur Bewältigung der in diesem Leben gestellten Aufgaben. Nur man selbst ist in der Lage, das eigene Resonanzverhalten zu ändern, in Resonanz zu gehen oder nicht, Schwingungen aufzunehmen oder nicht und dadurch in der Mitte zu bleiben. Jeder hat die Freiheit der Wahl, welcher Schwingung er sich öffnet, welche Schwingung er zulässt oder welcher er sich verschließt. Jeder kann sich selbst ganz bewusst in eine höhere Schwingung versetzen, um in energetischer Harmonie mit sich selbst, seiner Umwelt und seinen Mitmenschen zu leben. Alles, was existiert, wirkt auf das Umfeld ein. Jede Farbe hat eine bestimmte Wirkung, jedes Material, jeder Klang oder Rhythmus, jede Raumstruktur, aber auch jedes Wort, jede Idee hat eine gewisse Schwingung. Die Energie, die man aussendet, beeinflusst das Umfeld, fließt zu einem zurück und prägt einen selbst und die eigene Wirklichkeit. Eine gute Idee allein ist zu wenig – es kommt auf die Qualität und Intensität der Energie an, die man in eine Idee steckt und mit welcher man diese weiter verfolgt.

Erde und Mensch sind eng verbunden. Die Erde ist ein Lebewesen, der Mensch ist es auch, beide sind Resonanz- und Schwingungskörper, beide sind bemüht, ins Gleichgewicht zu kommen. Die Erde schwingt mit der messbaren SCHUMANN-Frequenz" von 7.83–8.20–9.56–10.00–12.50 Hertz. Auch das menschliche Gehirn arbeitet mit messbaren Schwingungen, Frequenzen und Resonanzen wie die Erde.

Die Mehrheit der Menschen in unserem westlichen Kulturkreis empfindet die Erde nur dann als Lebewesen, wenn diese deren Meinung nach dem Menschen Böses antut. Dann hören wir: *Die Erde schlägt zurück, die Erde wehrt sich* usw. In Wahrheit ist unser Planet ein beseeltes und intelligentes Lebewesen: Terra Gaia. Wir können mit der Erde Kontakt aufnehmen, in Dialog treten, dabei uns selbst erkennen und die Erde heilen. Es handelt sich dabei immer um die Arbeit mit den Energiestrukturen der Erde und deren Wechselwirkung mit dem Menschen. Ähnlich und analog zum menschlichen Körper ist auch die Erde mit einem komplexen Netz von Meridianen überzogen. So wie beim Menschen auch, können diese Energielinien aktiviert und kann Heilung ermöglicht werden, wobei dies immer wechselseitig geschieht. Dazu ist es notwendig, sich einzufühlen, mitzuschwingen und in Resonanz zu gehen, wobei Meditation, Körper- und Sensibilisierungsübungen sehr hilfreich sein können.

Heilung geschieht immer durch Resonanz. Es gibt die vielfältigsten Möglichkeiten zu heilen oder Heilung auf sich wirken zu lassen. Wenn man bewusst in Resonanz geht, kann Heilung oder Unterstützung geschehen durch Steine, durch Blüten, durch Töne, durch Kristalle, durch Farben oder auch durch die energetischen Impulse eines Heilers. Allein schon durch die Kraft der eigenen Gedanken ist man in der Lage, sich zu heilen. Die eigenen Gedanken entwickeln eine Kraft und Schwingung, zu der man selbst in Resonanz geht.

Beispiel:

Zielt und schießt beispielsweise jemand mit Pfeil und Bogen auf mich und trifft, so bereitet mir das Schmerzen und ich mache eine Erfahrung. Wiederholt sich dieser Vorgang kurze Zeit später, dieselbe Person trifft wieder die gleichen Vorbereitungen wie vorher, legt an, zielt und schießt, so kenne ich diese Situation bereits aus meiner vorherigen Erfahrung. Möchte ich dieselbe (Schmerz- und Leid-) Situation nochmals erleben, bleibe ich stehen. Reicht mir aber die erste Erfahrung, treffe ich eine bewusste, neue Entscheidung, mache damit einen Schritt zur Seite und der Pfeil fliegt vorbei. Durch meine bewusste Willensentscheidung, in der sich mein Lernverhalten umsetzt und ausdrückt, habe ich selbst mein Resonanzverhalten aktiv verändert mit dem Ergebnis, dass mir die bereits erlebten Schmerz- und Leiderfahrungen beim zweiten Mal erspart bleiben. Jeder Mensch bestimmt deshalb in seinem Leben und in jeder Hinsicht seine individuelle Schmerzgrenze immer selbst.

9. Das Geistige Gesetz der Umkehrung

Jeder ausgesandte Impuls in Form eines Gedankens, eines Gefühls, eines Wortes oder einer Tat kommt irgendwann und irgendwo wieder auf der Aussende-Ebene zum Sender zurück. Dies erklärt die Wissenschaft u. a. mit dem Bell'schen Theorem. Die Bibel lehrt: *Das, was du säst, das wirst du ernten.* All dies muss nicht in ein- und demselben Leben zutreffen, aber dass es eintritt, ist gewiss. *Gottes Mühlen mahlen langsam, aber sicher*, sagt der Volksmund. Also ist es auch unter diesem beschriebenen Aspekt sinnvoll und notwendig, sich selbst zu kontrollieren und positiv zu leben in Gedanken, Gefühlen, Worten und Taten, und zwar auch dann, wenn es andere nicht spüren, hören oder sehen und – wenn es schwer fällt.

Dieses Geistige Gesetz ist eng mit dem vorherigen Geistigen Gesetz der Resonanz verbunden und von diesem nicht zu trennen, denn es zeigt die Folgen des eigenen Handelns und das Göttliche Regulativ auf. Andere und anderes wird vom System her genauso behandelt, wie man selbst. Man lernt dadurch, Gott auch im anderen zu sehen. Man erfährt, was es heißt, jeden und jedes andere so zu behandeln, wie man gerne selbst von anderen behandelt werden möchte. Dieses Geistige Gesetz erzieht den Menschen zum positiven Denken, Fühlen und Handeln, aber es zwingt ihn nicht dazu. Es behandelt nur alles Sein im Universum gleich und legt jedem Menschen nahe, als wichtiger Teil des großen Ganzen dasselbe zu tun.

10. Das Geistige Gesetz der Harmonie

Geben und Nehmen müssen immer im Einklang sein, sonst ergibt sich ein energetisches Ungleichgewicht mit allen entsprechenden physischen, psychischen und mentalen Störfaktoren, sprich Krankheiten und anderen Energieblockaden. Die Entsprechung muss dabei subjektiv für alle Beteiligten akzeptabel und stimmig, aber sie muss nicht absolut identisch sein, da sehr oft die Voraussetzungen und Umfeldbedingungen der Beteiligten dies nicht erlauben. Zu viel geben ist genauso schädlich wie zu viel nehmen, denn es schadet der eigenen Identität und der individuellen, persönlichen Entwicklung und führt zu Ungleichgewichten. Nichts nehmen zu können, zeigt ebenfalls ein Fehlverhalten an. Ausgleich und der *Weg der Mitte* sind das Ziel, keine einseitige Extremsituation, weder im positiven noch im negativen Bereich.

In der Mitte ist die Harmonie. Alle Geistigen Gesetze erfüllen sich in ihr. Das zweite Geistige Gesetz der Polarität und Dualität zeigt, dass in jedem Pol automatisch ein Teil des anderen, des entgegengesetzten Pols eingebaut ist, was gesetzmäßig zum Ausgleich und letztendlich zur Harmonie in der Mitte führen muss. Das Prinzip der Harmonie herrscht im Universum im Wirken der Schöpfung in Form von Naturereignissen auf der Erde und im täglichen Leben jedes einzelnen Menschen.

Stört der Mensch eigenwillig das Prinzip der Harmonie, so sorgt das Gesetz unweigerlich wieder für den Ausgleich.

Im eigenen Interesse ist es deshalb das Beste, das eine und einzige polynesische HUNA-Gebot zu leben:

Verletze nie – hilf immer
(zuerst dir selbst und danach erst anderen)
bzw. positiv formuliert:
Ohne zu verletzen – immer zu helfen
(vor allem sich selbst)

Anerkenne und akzeptiere den anderen, sein Leben, Denken, Wollen, Sprechen und Tun und versuche es nicht zu beeinflussen oder zu verändern, denn im Spiegelbild von Außen und Innen bist du selbst der andere.

In der Bibel wird dieser Grundsatz formuliert als:
Liebe deinen Nächsten wie dich selbst!

Dies bedeutet vor allem, sich selbst nicht zu verletzen, weder körperlich noch durch Selbstvorwürfe, mangelnde Selbstachtung, Schuldgefühle und fehlende Eigenliebe. Denn dadurch, dass man sich selbst verletzt, schadet man den anderen und Gott. Es bedeutet auch, überzogene, egozentrische Eigenwilligkeit loszulassen, denn dies stört die zwischen Geben und Nehmen im Einklang befindliche Harmonie der Schöpfung. Es bedeutet auch, die Wahrheit nicht zu verletzen, nicht zu lügen und immer ehrlich zu sein.

Jeder Mensch ist einmalig. Durch seine Erwartungen, sein Denken, Fühlen und Handeln schafft er sich seine eigene, subjektive Wirklichkeit. Diese unterscheidet sich von der subjektiven Wirklichkeit anderer Menschen. Eigene Wertvorstellungen und Erwartungen müssen nicht unbedingt dieselben sein wie die anderer Menschen. Harmonie ist vorhanden, wenn beide subjektiven Wertvorstellungen wechselseitig stimmig einander angeglichen wurden und beide Parteien mit dem erreichten Ergebnis gleichermaßen zufrieden sind, d. h., wenn es für beide „stimmig" ist.

Beispiel:

Eine Person arbeitet als spiritueller Heiler. Sie verwendet viel Zeit, Energie und Geld für diese Aufgabe, die sie sehr gerne tut. Nachdem sie der Auffassung ist, diese Heilfähigkeit gleichermaßen als Gottesgeschenk erhalten zu haben, hat sie Hemmungen, Geld dafür zu nehmen. Sie tut es also umsonst. Dies führt zu einem Ungleichgewicht mit dem Ergebnis, dass nicht nur wirklich Bedürftige um Behandlungen bitten, sondern auch die überall vorhandenen „Schnorrer", die alles mitnehmen, was nichts kostet. Dieses Verhalten zeigt einen Verstoß gegen das vorliegende Geistige Gesetz. Konnte einem Menschen wirklich geholfen werden, so hat auch dieser in der Regel das Bedürfnis, sich erkenntlich zu zeigen und zu bedanken. Dies kann sich nach seinem Besitzstand und seiner Einstellung ausdrücken in einem tiefen, von innen heraus dankbaren Blick, entsprechenden Worten, einer herzlichen Umarmung, einem Geschenk, einer Spende oder einem Geldbetrag. Derartige Dankesbezeugungen müssen immer angenommen werden, sonst liegt wiederum ein Verstoß gegen dieses Geistige Gesetz vor, nur sollte die/der Empfangende ohne eine festgelegte Erwartungshaltung sein. Sie sollte genauso wie der Gegenüber dankbar sein für alles, was zurückkommt. Dann wird mit der Zeit das, was kommt, immer „stimmig" sein und diesmal für beide Seiten.

11. Das Geistige Gesetz der Kausalität von Ursache und Wirkung

Jede Ursache hat ihre Wirkung – jede Wirkung ihre Ursache.
Alles geschieht gesetzmäßig.
Es gibt viele Ebenen der Ursächlichkeit, aber nichts entgeht dem Gesetz.
Kybalion

Alles im Universum geschieht gesetzmäßig. Es gibt keinen Zufall. Jede Wirkung hat ihre Ursache, jede Ursache ihre Wirkung. Dabei gibt es verschiedene Ebenen von Ursache und Wirkung. Die höherschwingenden durchdringen und beeinflussen die niederschwingenden, aber nicht umgekehrt. Gelingt es einem Menschen, sich geistig auf eine höherschwingende Ebene zu begeben, wird er Ursache statt Wirkung und beherrscht Charakter, Eigenschaften, Fähigkeiten und Stimmungen. Er bestimmt den Weg, wird zum aktiv einwirkenden Akteur im Spiel des Lebens und nicht zur abhängigen, beeinflussbaren Figur. Er spielt, anstatt dass mit ihm gespielt wird, und bewegt und bestimmt so durch seinen Willen seine Umgebung, sein Leben und sein Schicksal. Er wird so selbst Schöpfer und alleiniger Lenker seines Schicksals. Aktives Tun ist gottgefällig, passives ein Verharren in der *Fatalität*. *Hilf dir selbst, dann hilft dir Gott*, sagt der Volksmund.

Es gibt nichts Gutes, es sei denn, man tut es!

Sichtbare Schöpfung zeigt eine Wirkung, hinter welcher eine verursachende Kraft stehen muss, ein sich ausdrückender Wille, ein Schöpfer, wobei das Prinzip nichts darüber aussagt, was bewirkt wird, sondern nur, dass etwas geschieht.

Von nichts kommt nichts!,
sagt wiederum der Volksmund.

Jede Ursache führt zu einer Wirkung, und jede Wirkung hat eine Ursache. Unter anderem ist dies auch das Grundprinzip des Karma. Jede Gegebenheit im Heute ist eine Folge von Gedanken, Gefühlen, Worten und Taten im Gestern. Sind sie als energetische Impulse in der Zeit ihrer Entstehung ausgeglichen, in positiver wie in negativer Polarität im selben Potential mit unterschiedlichem Vorzeichen, dann ist Harmonie vorhanden und es ergeben sich keine weiteren Folgen. Ist dem aber nicht so, gibt es noch Überhänge aus der

Vergangenheit, dann sind Ungleichgewichte vorgegeben. Sind diese als positives Karma im Plus-Potential polarisiert, so werden diese für schwingungsähnliche Energiepotentiale, die entgegengesetzt gepolt sind, zum Ausgleich der Ladung verwendet, sofern der individuelle Kosmische Plan dem nicht entgegensteht. Der Kosmische Plan als persönliche Bestimmung und kleinere Einheit größerer Kosmischer Pläne der Familie, der Nation, der Menschheit, der Erde, unseres Sonnensystems, unserer Galaxie etc. wird vom eigenen Überbewusstsein, dem Hohen Selbst, verwaltet und kontrolliert.

Ergeben sich andererseits negativ polarisierte Ladungsüberhänge, was meistens der Fall ist, spricht man von negativem Karma. Die Aufarbeitung (negativen) Karmas ist eine der wichtigsten Aufgaben individuellen Lebens auf Erden und eine der Hauptursachen für Inkarnation und Wiedergeburt. Endgültig in die höheren Bewusstseinsebenen aufsteigen kann nur jemand, der alle auf grobstofflicher Ebene, d. h. irgendwann in einem Leben in einem physischen Körper auf Erden entstandenen Gedanken- und Gefühlsformen aufgelöst hat. Je nach Glaubensrichtung und Nation gibt es unterschiedliche Auffassungen von Karma bzw. Hana in der hawaiianischen HUNA-Lehre und Meschkeneth bei den alten Ägyptern. Wichtig ist, dass vorhandene, gespeicherte, negative Energiepotentiale angenommen, willentlich bearbeitet und durch bewusste Lernerfahrungen neu programmiert werden. Durch eventuelle Kompensation ergeben sich dann Transformation, Auflösung, Erlösung und Loslassen. Den endgültigen Abschluss des Gesamtprozesses bildet die Vergebung von anderen als Auflösung eines störenden Energiepotentiales im Außenverhältnis, vor allem aber von sich selbst. *Ich vergebe mir* ist der Satz, der zur individuellen Erlösung auch im eigenen Innenverhältnis und damit zur Löschung entsprechender Speicherdaten in der eigenen Datei der *individuellen Akasha-Chronik* führt.

Durch das Geistige Gesetz *der Kausalität* sind im Rahmen menschlicher Inkarnationen auf der Erde Geist, Bewusstsein, Bewusstheit und Spiritualität mit Grobstofflichkeit und Materie verknüpft. Das eine ist ein Aspekt des anderen, unabdingbar miteinander verbunden. Bedenkt man, dass der Mensch nach Meinung der modernen Wissenschaft heute nur zwischen 15 und 18 % seiner gesamten Gehirnkapazität wirklich einsetzt, so kann man sich aufgrund des vorliegenden Geistigen Gesetzes nur vage vorstellen, welche Möglichkeiten jeder einzelne hätte, wenn er sich ohne Einschränkungen von unten mit oben verbinden und 100 % seiner mentalen Kapazität aktivieren könnte und würde.

Gemäß der Aussage „wie innen, so außen" spiegelt auch eine unangenehme Situation im Außen nur ein Ungleichgewicht im Innen wider. Der Körper und seine Beschaffenheit sind nur *ein Spiegel der Seele*. Krankheiten sind also im Außen wichtige Botschaften innerer Disharmonien.

Das Geistige Gesetz der Kausalität spielt auch eine große Rolle bei der Allgemeinbehandlung von Krankheiten, nicht nur von karmisch bedingten Störungen. Werden diese als Wirkung therapiert, muss unbedingt die Ursache gefunden und ausgeglichen werden. Meistens liegt diese in negativem Denken und Fühlen, einem Ungleichgewicht in den Gedanken, Emotionen, Worten oder im Handeln begründet.

Manchmal kann die Ursache auch im Verhaften an alten Traditionen, Dogmen, Glaubenssätzen, Musterstrukturen, Fixationen oder energetischen Verdichtungen liegen. Diese stellen jedoch nur einfussreiche, alte Programme dar, welche in jedem Moment und in jeder Hinsicht durch entsprechende Gegenprogramme wieder ausgeglichen werden können, beispielsweise wie folgt:

AUFLÖSUNG VON FIXATIONEN, MENTALEN UND STARREN GEDANKENPROGRAMMEN (= KOPFHIRN)

(immer nur ein einziges Thema auflösen, nicht mehrere zusammen!)

1. Verbindung mit Innerem Kind und Hohem Selbst aufnehmen.
   Um deren Unterstützung bitten. Nach innen horchen.
2. **Vier weiße Teelichter oder Kerzen anzünden.**
3. Jeweils 4 x LAUT einzeln jeden Satz sagen:

BITTE (4 x)

Ich bitte alle zuständigen himmlischen Wesen, freiwillig zu kommen und mich bei meinem jetzigen Vorhaben zu unterstützen, insbesondere die Erzengel MICHAEL, SARAHEL, GABRIEL und RAPHAEL.

Geliebtes Hohes Selbst, geliebtes Inneres Kind, alle Geistführer und Spiritualberater, bitte helft mir, von mir aus der Vergangenheit aufgebaute Fixationen aufzulösen,
– die als karmischer Prozess abgeschlossen sind
– die zur Erschaffung von kristalliner Zukunft nicht mehr benötigt werden

Hiermit löse ich von meiner Seite insbesondere die folgenden Fixationen auf:

Hiermit löse ich ebenfalls alle positiv oder negativ polarisierten Fixationen auf, wann, wo, wie und mit wem auch immer sie geschlossen wurden, sofern diese nicht meinem höchsten Wohl dienen bzw. in Gegensatz stehen zu Geistigen Gesetzen, meiner jetzigen Bestimmung bzw. unserem gemeinsamen Kosmischen Plan für dieses Leben.

Hiermit löse ich meinerseits alle Fixationen der genannten Art auf und entbinde alle damit verbundenen anderen Parteien, Wesenheiten, Energiepotentiale usw. ebenfalls von ihren Verpflichtungen.

ICH BITTE ALLE ANDEREN BETROFFENEN UM VERGEBUNG.
ICH VERGEBE IHNEN UND ICH VERGEBE MIR.

Alle durch Fixationen entstandenen Energiepotentiale und Verbindungsfäden, wann, wo, wie und mit wem auch immer, sind hiermit in wechselseitiger Vergebung und Liebe aufgelöst und mit Dank dem Lichte des Universums zurückgegeben.

So geschehe es – *jetzt*!

(sich diesen Vorgang intensiv bildhaft vorstellen)

Geliebtes Hohes Selbst, geliebtes Inneres Kind,
Bitte löscht hiermit alle mit dieser Fixation verbundenen energetischen Verdichtungen, Informationspotentiale und Daten aus unserer Aura, aus unserer individuellen AKASHA-Chronik sowie aus allen Körperzellen und lasst nur die Essenz der universalen Information bestehen.

Hiermit sind endgültig alle Folgen und Einschränkungen insbesondere dieser Fixation aufgehoben und beseitigt.

Ich bin frei – zum höchsten Wohle aller.

DANKE! (4x)

4. Die vier weißen Kerzen noch etwas abbrennen lassen und dabei in Liebe, Respekt und Dankbarkeit die Verbindung mit dem Hohen Selbst und dem Inneren Kind aufrechterhalten. In die Ruhe und Stille kommen.

5. Gegebenenfalls dieses Ritual mit derselben Fixation zu einem späteren Zeitpunkt wiederholen.

AUFLÖSUNG VON GLAUBENSMUSTERN
(= KOPF- UND BAUCHHIRN)

(immer nur ein einziges Glaubensmuster auflösen, nicht mehrere zusammen!)

1. Verbindung mit Innerem Kind und Hohem Selbst aufnehmen.
   Um deren Unterstützung bitten. Nach innen horchen.
2. Vier weiße Teelichter oder Kerzen anzünden.
3. Jeweils 4 x LAUT einzeln jeden Satz sagen:

BITTE (4 x)

Ich bitte alle zuständigen himmlischen Wesen, freiwillig zu kommen und mich bei meinem jetzigen Vorhaben zu unterstützen, insbesondere die Erzengel MICHAEL, SARAHEL, GABRIEL und RAPHAEL.

Geliebtes Hohes Selbst, geliebtes Inneres Kind, alle Geistführer und Spiritualberater, bitte helft mir, von mir aus der Vergangenheit aufgebaute Glaubensmuster aufzulösen,
– die als karmischer Prozess abgeschlossen sind
– die zur Erschaffung von kristalliner Zukunft nicht mehr benötigt werden

Hiermit löse ich von meiner Seite insbesondere die folgenden Fixationen auf:

Hiermit löse ich ebenfalls alle positiv oder negativ polarisierten Glaubensmuster auf, wann, wo, wie und mit wem auch immer sie geschlossen wurden, sofern diese nicht meinem höchsten Wohl dienen bzw. in Gegensatz stehen zu Geistigen Gesetzen, meiner jetzigen Bestimmung bzw. unserem gemeinsamen Kosmischen Plan für dieses Leben.

Hiermit löse ich meinerseits alle Glaubensmuster der genannten Art auf und entbinde alle damit verbundenen anderen Parteien, Wesenheiten, Energiepotentiale usw. ebenfalls von ihren Verpflichtungen.

ICH BITTE ALLE ANDEREN BETROFFENEN UM VERGEBUNG.
ICH VERGEBE IHNEN UND ICH VERGEBE MIR.

Alle durch Glaubensmuster entstandenen Energiepotentiale und Verbindungsfäden, wann, wo, wie und mit wem auch immer, sind hiermit in wechselseitiger Vergebung und Liebe aufgelöst und mit Dank dem Lichte des Universums zurückgegeben.

So geschehe es – *jetzt*!
(sich diesen Vorgang intensiv bildhaft vorstellen)

Geliebtes Hohes Selbst, geliebtes Inneres Kind,
Bitte lösche hiermit alle mit diesem Glaubensmuster verbundenen energetischen Verdichtungen, Informationspotentiale und Daten aus unserer Aura, aus unserer individuellen AKASHA-Chronik sowie aus allen Körperzellen und lasst nur die Essenz der universalen Information bestehen.

Hiermit sind endgültig alle Folgen und Einschränkungen insbesondere dieses Glaubensmusters aufgehoben und beseitigt.

Ich bin frei – zum höchsten Wohle aller.

DANKE! (4x)

---

4. Die vier weißen Kerzen noch etwas abbrennen lassen und dabei in Liebe, Respekt und Dankbarkeit die Verbindung mit dem Hohen Selbst und dem Inneren Kind aufrechterhalten. In die Ruhe und Stille kommen.

5. Gegebenenfalls dieses Ritual mit demselben Glaubensmuster zu einem späteren Zeitpunkt wiederholen.

Um eine anhaltende Harmonisierung erreichen zu wollen, müssen immer die zugrunde liegenden Ursachen gefunden und behandelt werden, auch wenn diese auf Ereignisse früherer Leben zurückgehen sollten. Immer muss dabei das *zentrale Lernthema* erfasst und bewusst bearbeitet werden. Dies ist eine der wichtigsten Aufgaben, warum wir in unserem jetzigen Umfeld, mit unserem Geschlecht und physischen Körper, mit unseren momentanen Eltern und Geschwistern in der vorhandenen körperlichen, psychischen und mentalen Verfassung in diesem Leben auf Erden inkarniert sind.

Wir haben uns unser derzeitiges materielles, soziales und familiäres Umfeld freiwillig herausgesucht, bevor wir hierher kamen, um dadurch die Aufgabe, die wir uns für dieses Leben vorgenommen haben, optimal erfüllen zu können. Bedauerlicherweise haben wir dies vergessen, als wir dann hier auf Erden ankamen, was oftmals in der Frage nach dem Sinn des Lebens mündet. *Was tue ich überhaupt hier?* ist die oftmalige, bewusste oder unbewusste, laut oder leise gestellte Frage.

Beispiel:

In alten bzw. gechannelten Bibeltexten[9] ist ein Beispiel angeführt, in welchem Jesus einen Blindgeborenen auf dessen Bitten hin heilt. Im Heilungsprozess ist auch ein aktives, bewusstes Mitwirken des Blinden eingeschlossen. Er wird von Jesus angewiesen, insgesamt sieben Mal zu einer Heilquelle zu gehen und dort seine Augen anzufeuchten. Auf die Frage der Jünger nach dem Sinn dieser Handlungen antwortete Jesus: „Dieser Blinde hat in einem früheren Leben seinen Bruder blenden lassen. Er hat dadurch Schuld auf sich geladen (und negatives Karma aufgebaut). Um dieses zu kompensieren, hat er sich freiwillig dazu entschlossen, blind auf die Erde wiederzukommen, um so zu sühnen und selbst am eigenen Leibe zu erfahren, wie sich sein Bruder damals durch seine Tat gefühlt hat. Dieser Vorgang ist nunmehr beendet. Durch Sühne, Kompensation und Opfer wurde die Tat ausgeglichen und Heilung durch Vergebung, Auflösung und Erlösung ermöglicht."
Die Eltern des Blindgeborenen hatten in einem früheren Leben Blinde von ihrer Türe verwiesen, dadurch Schuld auf sich geladen und, um diese zu sühnen, sich entschieden, in einem neuen Leben ein blindgeborenes Kind zu zeugen und aufzuziehen.

Karma selbst ist kein Geistiges Gesetz, sondern ein Prinzip, um im menschlichen Leben auf Erden in einem materiellen Umfeld Erfahrungen zu sammeln. Karmaausgleich bedeutet jedoch nicht, verschuldetes Leiden im Detail in einem späteren Leben nochmals erfahren zu müssen, um es auszugleichen. Es ist vielmehr ein System von Aktion und Reaktion. Ein Erdulden und Erleiden ist damit nicht zwangsläufig verbunden, jedoch das Setzen einer bewussten Willensentscheidung im Rahmen der Bearbeitung eines individuellen, zentralen Lernthemas. In jedem Moment kann sich jeder Mensch durch entsprechende Gedanken und adäquates Handeln mit bewuss-

---

9 LEVI: Das Wassermann-Evangelium von Jesus dem Christus. Neuauflage: Schirner-Verlag, Darmstadt 2004.

ten Lernerfahrungen aus der alten Resonanz des Karmas herausbewegen. Je nach Speicherung im Unterbewusstsein und subjektiver Einschätzung der seinerzeitigen Aktion kann diese durch eine entsprechende Kompensation, einen festen Willen, oftmalige Wiederholung und eine absolute, uneingeschränkte Annahme der neuen Situation ausgeglichen werden. Neben der „stimmigen" Kompensation ist hierbei die wichtigste, notwendige Komponente die wechselseitige und eigene Vergebung. Ohne diese ist eine anhaltende Karmaaufarbeitung nicht denkbar. Im Denken muss der Betreffende die Tat bereuen und so weit kommen, dass er den vermeintlich begangenen Fehler in einer gleich gelagerten Situation zu einem späteren Zeitpunkt nicht noch einmal tun würde. Dadurch ist Karma ausgeglichen und er selbst in eine neue Resonanz gegangen. Er hat aus seinem subjektiv als Fehler eingeschätzten früheren Handeln gelernt. Karma heißt Lernen, also *Entwicklung durch Erfahrung*. Es beruht immer auf früheren Gedankenprogrammen und Gefühlsmustern, die wiederum in jedem Moment (Zeitaspekt) und in jeder Hinsicht (Raumbezug) jederzeit verändert werden können.

12. Das Geistige Gesetz der Gnade

Dieses wichtige Geistige Gesetz ist eng mit dem „Karmaprinzip" verbunden und diesem übergeordnet. Ein bewusstes Anrufen und Bitten um den „Silbernen Strahl der Gnade" kann den Polaritätsausgleich und damit die Auflösung ganzer Karmagruppen zur Folge haben, was die Karmaerfassung- und -aufarbeitung wesentlich beschleunigt und erleichtert. Möglich ist dies nur bei Vorliegen bestimmter Voraussetzungen. Zum einen müssen innerhalb der Bandbreite des gesamten zu behandelnden Schwingungsfeldes auch genügend gegensätzlich gepolte und noch ungenützte Potentiale vorhanden sein. Zum anderen muss das zentrale Lernthema der gesamten Gruppe verstanden, angenommen und gespeichert worden sein. Letztendlich müssen jedoch das Hohe Selbst und eventuell noch schwingungs- und einflussmäßig darüberstehende, hierarchische, himmlische Ebenen mit der Situation einverstanden sein, damit der eigene Plan, andere und möglicherweise größere Kosmische Pläne nicht durcheinanderkommen. Bestehende Seelenverträge müssen dabei im wechselseitigen Einvernehmen aller Beteiligten berücksichtigt werden.

Dieses Geistige Gesetz wirkt auch noch in einer anderen Beziehung. Vom Hohen Selbst oder noch darüber stehenden Instanzen wird eine spirituelle, mentale, emotionale oder physische Heilung in einem Bereich ermöglicht, in welchem eine Person spezielle außergewöhnliche, oft außersinnliche Fähigkeiten hat. Es wird dem Betreffenden praktisch ein *himmlischer Kredit* eingeräumt, den dieser durch seine in die Zukunft gerichteten, positiven Handlungen karmisch zurückzahlen kann.

Dies erklärt die Tatsache, dass man selbst als Therapeut Heilung erfährt auf einem Gebiet, auf welchem man in der Folge anderen Heilung vermitteln darf. Nach dem Resonanzgesetz werden dann gerade diese Menschen angezogen, denen man aufgrund der eigenen Erfahrung am besten helfen kann. Werden außergewöhnliche Fähigkeiten nicht zum Wohle von einem selbst und anderen eingesetzt, wird dadurch jedoch wiederum negatives Karma aufgebaut.

13. Das Geistige Gesetz der Entsprechung: Makrokosmos gleich Mikrokosmos

Dieses Geistige Gesetz wird als eigentliches *hermetisches Gesetz* angesehen Es lautet: Im *Großen wie im Kleinen, wie oben so unten, wie außen so innen.* Nichts besteht isoliert. Alles ist miteinander verbunden und gemäß dem ersten Geistigen Gesetz wechselseitig vernetzt. Alles (Größere) spiegelt sich in allem (Kleineren) wider. Als Symbol ergibt sich dafür das Pentagramm, auch *Drudenfuß* genannt, das typische Zeichen für die Identität aus freien, menschlichen Willensentscheidungen heraus.

Zeigt die Einzelspitze nach oben, ist das Symbol positiv polarisiert, zeigt sie nach unten, ist es negativ ausgerichtet.

 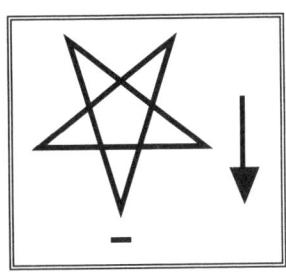

So wie es das Bewusstsein des einen Ganzen gibt, so hat auch das kleinste Teilchen im Universum Bewusstsein, jede Galaxie, jedes Sonnensystem, die Erde, der Mensch, jedes Organ, jede Zelle, jedes Atom. Alles und jedes hat seine Entsprechung und Spiegelung auf allen Seinsebenen. Der Mikrokosmos Mensch ist ein genaues Abbild des Makrokosmos Universum. Im Bewusstsein einer menschlichen Zelle ist das gesamte Wissen und Bewusstsein des Alls enthalten. So ist jede Schöpfung im Universum eine Reflexion des Ausdrucks des einen Ganzen. Das universale Prinzip der Entsprechung gilt für alle Dimensionen des Kosmos, alles Leben und Sein, alle Erscheinungsformen und Kräfte im Universum. Es wirkt für alle materiellen, energetischen und geistigen Ebenen der Schöpfung. Seine Anwendung versetzt den Menschen in die Lage, Geheimnisse der Natur zu begreifen und Unbekanntes aufgrund von Bekanntem zu erforschen.

Die Aussage *Alles ist in einem, einer ist in allem* spiegelt sich als Realität in allem Sein wider. Große Formen, wie es die Chaostheorie anschaulich vor Augen führt, bauen sich nach dem *Prinzip der Selbstähnlichkeit* aus den genau identischen kleineren auf. Zusammenhänge im Großen gelten uneingeschränkt auch für die Welt im Kleinen. So ist die göttliche Ordnung klar, verständlich, einheitlich und vergleichsweise leicht nachvollziehbar aufgebaut.

14. Das Geistige Gesetz der Geschlechtlichkeit

Geschlecht ist in allem. Alles hat männliche und weibliche Prinzipien:
Geschlecht offenbart sich auf allen Ebenen.
Kybalion

Evolution im Kosmos ist nicht nur möglich aufgrund des Polaritätprinzips. Bei jedem Individuum spielt für das persönliche Wachstum und die Fortpflanzung eigener Anlagen das Geistige Gesetz der Geschlechtlichkeit gleichfalls eine große Rolle.

Beim freiwilligen Abstieg jedes Lichtwesens in die stoffliche Verdichtung ergab sich beim Eintritt in das so genannte dritte Universum unserer Milchstraße die Aufspaltung in Seele und Dualseele als das persönliche Spiegelbild unseres eigenen Schattens. Wie die Gottheit vor uns mussten auch wir Menschen uns aufspalten in zwei entgegengesetzte Polaritäten, in Licht und Dunkelheit, in „Seele und Dualseele", um selbst erfahrbar zu werden und Erkenntnisse sammeln zu können. Jede Erfahrung unserer Identität ist dabei gleichzeitig auch eine Erfahrung der Gottheit. Dies geschieht in jedem Augenblick in uns und außerhalb von uns, wie es in dem Symbol eines kreisförmig umrahmten Punktes zum Ausdruck kommt, im Außen wie im Innen erkennen und erfahren wir uns selbst als Ausdruck Gottes.

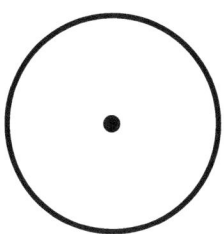

Die weitere Aufspaltung von Seele und Dualseele mit ihrer anderen Geschlechtlichkeit entsprach dem Element Feuer, der Spiritualebene, Individualität und Identität. Die Sternbilder der Schlange, Serpens Cauda und Serpens Caput, spielten als Sternentor, einer sog. *Einstein-Rosen-Brücke*, eines Raum-Zeit-Tunnels oder eines *Wurmlochs* hierbei eine große Rolle. Erste Erfahrungen wurden auf Planeten der Sirius-Sterne gesammelt. Hier bildeten sich Seele = Licht (positiv) und Dualseele = Dunkelheit (negativ) sowie die so genannte doppelte Polarität von positiv männlich (Sonne), positiv weiblich (Mond), negativ weiblich (Venus) und negativ männlich (Mars/Saturn) heraus.

Nach altägyptischer und althawaiianischer Auffassung trat die Aufspaltung in unterschiedliche Gehirnhälften, entsprechend dem Element Luft, und der Mentalebene der Gedanken auf Planeten des Orion-Systems auf. Gegensätzliche Geschlechtlichkeiten auf emotional-psychischem Gebiet, entsprechend dem Element Wasser und der Astralebene der Gefühle ergaben sich auf Planeten der wichtigsten Sterne der Plejaden. Von dort führte die Entwicklung in unser Sonnensystem Helios, Leben vielleicht auf Saturn, Mars und Venus bzw. deren Monden, als diese möglicherweise noch bewohnt waren. Nachdem Terra Gaia, die Erde, unter allen Planeten des Sonnensystems Helios die dichteste Masse hatte, stand die Inkarnation in einen weiblichen und männlichen physischen Körper auf der Erde am Ende dieser Entwicklung des „*Abstiegs in die Materie* der Grobstofflichkeit.

Als Mensch haben wir auf allen Ebenen unterschiedlich gepolte weibliche und männliche Elemente in uns. Im vorliegenden Leben ist es eine wichtige Aufgabe, diese Geschlechtlichkeit anzunehmen und zu leben, ob Frau oder Mann. Der Ausgleich sowohl von aktiver und passiver Weiblichkeit als auch von aktiver und passiver Männlichkeit in jedem einzelnen Menschen muss im Denken, Fühlen, Wollen und Tun vollzogen werden, um in der gesamten persönlichen Entwicklung weiterzukommen, unabhängig vom derzeitigen physischen Körper und Geschlecht.

Die Geschlechtlichkeit offenbart sich in allem Sein und auf allen Ebenen des Körpers, der Lebensenergie, der Psyche und des Intellekts. Auf der physischen Ebene zeigt sie sich im männlichen und weiblichen Geschlecht. Das Prinzip der Geschlechtlichkeit ist die treibende Kraft für Zeugung, Wiedergeburt und Schöpfung. Alles Männliche hat auch Weibliches in sich und umgekehrt. Die Idealvorstellung für das Leben der eigenen Geschlechtlichkeit zeigt sich in der Nähe der Relation von 40 : 60, d. h., ein Mann sollte 60 % des männlichen Prinzips verkörpern sowie 40 % des weiblichen, eine Frau umgekehrt. Im Rahmen der Harmonisierung der *doppelten Polarität* sollten die jeweiligen Einzelanteile der vier Möglichkeiten jeweils zwischen 20 % und 25 % liegen, um sich letztlich am Ende auszugleichen.

Neben der Überwindung der Einseitigkeit eines geschlechtlichen Aspektes im physischen Bereich des Äußeren gibt es als nächstes dieses Prinzip auch im Inneren von Mann und Frau. Animus und Anima müssen als nächster Schritt nach der Überwindung des physischen Geschlechtsaspektes erkannt, gelebt und ausgeglichen werden, dann erst kann der Aufstieg in mentale (Ego und Ich) sowie in spirituelle Ebenen (Hohes Selbst) beginnen, damit die wahre Erleuchtung und Vereinigung in einem geschlechtslosen Lichtwesen ihren Anfang nehmen kann. Dies ist die *chymische Hochzeit* der Alchemisten, das Verschmelzen von Seele und Dualseele, die Aufgabe der eigenen Identität und damit das Erreichen des *vollkommenen Menschen* auf seinem Rückweg hin zum Ziel der Verschmelzung mit der Urquelle in Licht und Liebe.

15. Das Geistige Gesetz der Energieerhaltung

In unserem Universum geht keinerlei Energie verloren. Sie kann transformiert, in unterschiedliche Dichtezustände geformt, in andere Molekularstrukturen verändert oder gespeichert werden, aber sie geht als Potential nicht verloren. Alle Impulse werden in bestimmten Energiefeldern gespeichert, Akasha-Chronik oder auch morphogenetische Felder genannt. Von dort können sie jederzeit abgefragt werden. Auch alte Gedanken- und Gefühlsmuster aus früheren Leben können über sie durch Träume, Karma-Readings, Rückführungen, Hypnose- und Regressionsanalysen aufgespürt werden.

Es gibt dabei viele individuelle, aber nur eine universale Akasha-Chronik. Diese beinhaltet Dateien stellarer Systeme der Erde, der Menschen, von Gruppen, Familien und von einem selbst.

Die vorliegenden Geistigen Gesetze waren als Schöpfungsakt Gottes in der Schaffung einer für alle Lebewesen verbindlichen, strukturgebenden, universalen Ordnung immer positiv polarisiert. Damit sie die Menschen auch individuell verstehen konnten, war es gemäß dem 2. Geistigen Gesetz der Polarität jedoch notwendig, dass sie diese in der Spiegelung der Gegensätzlichkeit erfuhren. Um beispielsweise die Fülle erkennen zu können, musste also zuerst der Mangel erfahren werden, um Licht bewerten zu können, musste der einzelne Mensch in die Tiefen der Dunkelheit hinabsteigen.

Jeder Gedanke, jedes Gefühl, jedes Wort bzw. jede Tat führten zum Aussenden eines elektromagnetisch messbaren Impulses. Eine Vielzahl gleichgelagerter Impulse verdichtete sich zu einem entsprechenden Feld. Im Laufe der Zeit entstand somit durch menschliche Negativerfahrungen in der Spiegelung einzelner (positiv-polarisierter) Geistiger Gesetze im *morphogenetischen Feld* der Menschheit eine Datenbank negativer Erfahrungen. Diese wird heutzutage auch als *künstliche Matrix* bezeichnet. Darin enthaltene (negativ-polarisierte) Informationen gelten schwingungsmäßig für die gesamte Spezies Mensch und sind deshalb für jeden einzelnen verbindlich, solange er noch eine diesbezügliche Resonanz aufweist. Erst wenn der einzelne Mensch in keinerlei Resonanz mehr zu Programmen der *künstlichen Matrix* steht, kann er von dieser nicht mehr beeinflusst werden und ist damit wirklich frei. Im Einzelnen geschieht der Ausgleich durch die Aktivierung entsprechender Basisprogramme bzw. durch das Eintauchen in das Nullpotential der grenzenlosen, erwartungsfreien und selbstlosen Liebe.[10]

---

10 Vgl. hierzu auch die Ausführungen auf den Seiten 84ff. (ändern)

Nr.	Thema	Charaktereigenschaften	Körperzonen, Organe
	NEGATIVE BASISPROGRAMME IM MORPHOGENETISCHEN FELD DER MENSCHHEIT (= „KÜNSTLICHE MATRIX")		
1	SEIN: MANGEL AN …	Aufnahme von (magnetischen Negativenergien, Gottvertrauen, Urvertrauen, Identitätslosigkeit, Selbstvertrauen = Trennung von Innen und Außen, Lebensbejahung und Lebensfreude, Eigenliebe = Selbstverfluchung, Selbstmord	Füße
2	ABWESENHEIT VON…	Erdung, „noch nicht auf der Erde angekommen sein", Identifikation mit diesem Leben auf der Erde, Eigenverantwortung, uneingeschränkten Lebenswillen, Licht – Leben – Liebe = Depressionen	Damm
3	VERSTOSS GEGEN DEN EIGENEN KOSMISCHEN PLAN	Unterdrückung individueller (ASW-) Möglichkeiten und Fähigkeiten, Identitätsverlust, Selbstisolation, schwere Depression, Mangel an Eigenverantwortung und Eigenliebe Selbstverfluchung, Gottesverfluchung	Kosmisches Bewusstsein
4	SCHMERZ UND LEID	Abwesenheit von Freude und Fröhlichkeit, Widerstand, Starre, Verhärtung, Verbitterung	Knie
5	ANGST VOR: Perfektionismus, Pingeligkeit	Tod, Leben, Versagen, Fehlern, Liebe, Beziehungen, Veränderung, Armut, Liebesannahme und emotionalen Verletzungen, Alleinsein, Einsamkeit, Trennung, Isolation, Annahme des eigenen Geschlechtes, Krankheit, Schmerzen, Tieren, Dunkelheit, Phobien, Neurosen, Zwangsvorstellungen	Unterbauch Schultern Lungen Nieren Kopf = Amygdala
6	SCHULD	Übernommene Programme der Ahnen, Großeltern und Eltern im Denken und Fühlen, Eigenablehnung, Mangel an Eigenwert, Selbstzerstörung, Selbstbestrafung, Opferrollenspiel, Helfersyndrom	Jejunum, Milz, Herz, Mamillarkörper
7	DRUCK	Stress, Machtmissbrauch, Zwangsausübung, Mobbing, Gewaltanwendung, Manipulation, Zerstörungswillen, Unhöflichkeit, Rücksichtslosigkeit, Egoismus	Solar Plexus, Magen Kopf = Mitte des Stammhirns

82

Nr.	Thema	Charaktereigenschaften	Körperzonen, Organe
8	WUT	Zorn, Ärger, Groll, Unterdrückung von Gedanken- und Gefühlsimpulsen, nach innen gerichtete Aggression, Energiestau, Konfliktsucht, Streitbereitschaft	Leber, Hals
9	FALSCHER UMGANG MIT WISSEN	Faulheit; Dummheit, geistige Bequemlichkeit, Selbstüberschätzung, Hochmut, Kritikunverträglichkeit, Konkurrenzneid, Manipulation mit Wissen, Ruhmsucht, Fachengstirnigkeit, Magiemissbrauch, „Schwarze Magie", Egozentrik, Mangel an Wissensweitergabe	Kopf
10	MANGEL, ARMUT	Denken, Fühlen und Leben im Mangel, Besitzlosigkeit, materielle Verhaftung, unbewusste (karmische) Reichtumsablehnung, Minderwertigkeitskomplexe, Neid, Geiz, Missgunst, Niedertracht, Schadenfreude	Gallenblase Dickdarm
11	SUCHT	Rache, Hass, Eifersucht, Abhängigkeit, Selbstsucht, Eitelkeit, „Wut auf Angst vor Schuld", Mutlosigkeit, Gleichgültigkeit, gestörtes Essverhalten, Drogenmissbrauch, Leben in Scheinwelten	Alpha Magen, Nabel Solar Plexus
12	TRAUER	Mangelndes Loslassen, Nichtannahme von Verlusterfahrungen, „Zwillings-Sehnsuchst", idealisierter Verschmelzungsdrang, Todessehnsucht, Leere, Melancholie, Isolation, Sprachlosigkeit	Blase Omega
13	GESCHLECHTLICHKEIT	Nichtannahme der Polarität und der eigenen Geschlechtlichkeit, einseitige körperliche Sexualität, Wollust, Triebabhängigkeit, unterdrückte Sexualität, übertriebenes Schamgefühl	Unterbauch Zwischenhirn 3. Auge

	POSITIVE BASISPROGRAMME DER MENSCHHEIT zur Umprogrammierung der „Künstliche Matrix" negativ polarisierter Gedanken- und Gefühlsmuster	
Nr.	**Thema**	**Charaktereigenschaften**
1	SEIN	Urvertrauen; Gottvertrauen, Selbstvertrauen, absolute Lebens-bejahung und -annahme, Eigenverantwortung, Eigenliebe, Selbstakzeptanz, Eigenwertempfindungen
2	FREIHEIT	Beweglichkeit, Vertrauen, Innere Ruhe, Harmonie, Ausgeglichen-heit, Loslassen, Nichtverhaftung, Leben im Licht
3	UNSCHULD	Freiheit, Selbstwertgefühl, Selbstvertrauen, Loslassen, Heraus-bewegen aus mentalen und emotionalen Verhaftungen, Abgren-zung
4	RUHE	Gleichmut, innere und äußere Ausgeglichenheit, Dankbarkeit, Selbstkontrolle, Negativimpulse nach außen verlagern und in körperlicher Aktivität ausgleichen, Offenheit
5	LEICHTIGKEIT	Ausgleich, Harmonie, Frieden, Toleranz, Gruppenbewusstsein, Gemeinsamkeit leben, Aufbau, gesundes Selbstbewusstsein, Eigenannahme, Freispruch von Verhaftungen, Gerechtigkeit
6	VERANTWORTUNGS-BEWUSSTER UMGANG MIT WISSEN	Gesunder Ehrgeiz, Streben nach Weisheit, Demut, Toleranz, Akzeptanz, Selbstvertrauen, Holistisches Denken und Fühlen, Aktivität, geistige Beweglichkeit, Eigenaktion zum Wohle des großen Ganzen, Bescheidenheit, Ehrfurcht vor dem Leben
7	FÜLLE	Besitzannahme, Denken, Fühlen und Leben in der Fülle, mate-rielle Unabhängigkeit, Leistungen anderer annehmen können, Geben und Nehmen im Einklang
8	LOSLASSEN	Großzügigkeit, „leben und leben lassen", Großmut, Barmherzig-keit, Bereitschaft zum Teilen, gelebte Nächstenliebe, Ehrlichkeit, Aufrichtigkeit
9	UNABHÄNGIGKEIT	Vergebung, Mitgefühl, Vertrauen, Großmut, Mut, Tapferkeit
10	AUSGLEICH DER DOPPELTEN POLARITÄT	Erfüllte Sexualität, Lust und Freude am Leben, Ungezwungen-heit, Natürlichkeit, uneingeschränkte Annahme der eigenen Geschlechtlichkeit, Hingabe, in Demut und Dankbarkeit Liebe leben auf Erden
11	LEBENSFREUDE	Stille, Erfüllung, Loslassen, Verlustannahme, Lichtempfindung, Gedanken an das Gute und einen positiven Sinn im Leben
12	FRÖHLICHKEIT	Freude, Lebenslust, Mitgefühl

Zwischen den positiv-polarisierten Geistigen Gesetzen und ihren negativ-polarisierten komplementären Gegensätzlichkeiten, schwingungsmäßig festgehalten in der *künstlichen Matrix*, kann folgender Zusammenhang gesehen werden:

GEISTIGE GESETZE UND DEREN SPIEGELUNG IN DEN NEGATIVPROGRAMMEN DER KÜNSTLICHEN MATRIX

Nr.	Geistiges Gesetz	Negativprogramm	Körperbereich	Auraebene
1	**Einheit, Ganzheit, Vollkommenheit,** Geistigkeit und wechselseitige Vernetzung = Gottmenschentum	**Mangel an:** (Gott-, Ur- und Selbst-) Vertrauen, Identitätslosigkeit, Eigenverantwortung, Lebenswillen, Erdung	Christus-bewusstsein	13
2	**Polarität** = Erfahrungsfindung in der Spiegelung der Gegensätzlichkeit	**Schmerz und Leid, Starre:** Widerstand, Nichtannahme des jetzigen Umfeldes und damit verbundener notwendiger Lernerfahrungen, Hochmut, Unbeweglichkeit	Beide Knie	2
3	**Trinität** = permanente Dreiheit allen Seins: Licht = Weisheit, Leben = Wille und Energie, Liebe = Ausdruck im Stoff	**Wissen:** Falscher Umgang mit Wissen, geistige Bequemlichkeit, Faulheit, Selbstüberschätzung, Hochmut, Egozentrik, Manipulation mit Wissen, Magiemissbrauch	Scheitelzone	10
4	**Die „Vier Gesichter Gottes"** in der Spiegelung der Elemente und den 10 Aspekten des Menschen	**Angst:** Perfektionismus, Neurosen, Phobien, Zwangsvorstellungen, Furcht, Beziehungsprobleme, Mangel an Loslassen	Bauch, Schulter, Bauchhirn	5
5	**Schwingung:** Bewegung, Dynamik und Fluss im **Rhythmus** = Wiederholung gleicher Bewegungsabläufe in Harmonie mit dem großen Ganzen	**Druck:** Stress, Zwangsausübung, Machtmissbrauch, Egoismus, Manipulation, Gewaltanwendung und **Trauer:** mangelndes Loslassen, Nichtannahme von Verlusterfahrungen, idealisierter Verschmelzungsgrad mit sog. Zwillingsseelen, Todessehnsucht, Leere, Isolation, Sprachlosigkeit	Solarplexus, Magen, Stammhirn Blase, Omega-Bereich	3 6

Nr.	Geistiges Gesetz	Negativprogramm	Körperbereich	Auraebene
6	**Entsprechung:** wie oben so unten, wie innen, so außen, im Kleinen wie im Großen	**Sucht, Egoismus:** Starre, Widerstand, Kleinkariertheit	Darmbereich und Mitte des Hinterkopfes	4
7	**Resonanz:** „Spiegelgesetz" der Bedeutung von Botschaften von außen	**Schuld:** Eigenwertmangel, Selbstzerstörung, Bestrafungsbereitschaft, Opferrollenspiel, Helfersyndrom	Jejunum, Milz, phys. Herz, Mamillarkörper	7
8	**Kausalität:** jede Wirkung hat eine Ursache, jede Ursache führt zu einer Wirkung.	**Sucht:** Rache, Hass, Eifersucht, Abhängigkeit, Eitelkeit, Mutlosigkeit, Gleichgültigkeit, gestörtes Essverhalten, Drogenmissbrauch, Leben in Scheinwelten	Nabelbereich, Magen	6
9	**Harmonie und Energieausgleich:** Geben und Nehmen müssen immer im Einklang sein	**Wut:** Zorn, Ärger, Groll, Unterdrückung von Impulsen, nach innen gerichtete Aggression, Energiestau, Konfliktsucht	Leber, Hals	8
10	**Fülle** „Es ist in jedem Moment für jeden von allem genug da".	**Mangel, Armut:** Besitzlosigkeit, materielle Verhaftung, Neid, Geiz, Missgunst, Minderwertigkeitskomplexe	Gallenblase, Dickdarm, Alpha-Bereich	11 (5,6)
11	**Gnade:** Kosmisch-karmischer Ausgleich energetischer Ungleichgewichte	**Verstoß gegen** (individuelle) **Kosmische Pläne** Identitätsverlust, schwere Depression, Selbstmord, Selbstisolation	Kosmisches Bewusstsein	12
12	**Geschlechtlichkeit:** Ausgleich der doppelten Polarität	**Einseitige Sexualität:** Nichtannahme von eigener Polarität und Geschlechtlichkeit, Wollust, Triebhaftigkeit, Scham	Unterbauch, 3. Auge Zwischenhirn	9
13	Bedingungslose **Liebe**	**Mangel an Eigenliebe:** Selbstzerstörung, Isolation, Trennung von Außen und Innen.	Füße und Christusbewusstsein	1 (13)

16. Das Geistige Gesetz der Energiedurchdringung

Im Kosmos ist feinere Schwingung immer höhere Energie. Elektromagnetische Wellen in Frequenzen des nicht sichtbaren UV-Bereiches von mehr als 1000 Billionen Hertz (1 Hertz = 1 Schwingung pro Sekunde) zeigen sich als (kosmische) Strahlen. Höher schwingende Energiepotentiale aktivieren nieder schwingende, aber nicht unbedingt umgekehrt. Dies erklärt die Unterschiede der verschiedenen Dimensionen, wie sie in den kosmischen Kommunikationssystemen zum Ausdruck kommen.

Von den vier elementaren Energieformen ist die Gravitation oder Schwerkraft die älteste. Sie ist im Universum räumlich am weitesten verbreitet, hat aber energetisch die geringste Wirkung. Mit ihr eng verbunden sind der Magnetismus und die Schwerkraft als Anziehungskraft der positiv geladenen Protonen der Atomkerne masseführender Quanten. Hierbei gibt es als separate Einheit agierende einzelne Magnetfelder oder komplexe Systeme einzelner magnetischer Konglomerate. Letztgenannte Magnetfelder haben prinzipiell eine einheitliche Polarität.

Es gibt jedoch auch die ungleiche Ausrichtung in sich vorhandener, magnetischer Felder, was das Prinzip lebender Systeme verständlich macht. Vier grundlegende Sachverhalte sind für das Vorhandensein lebender Strukturen typisch und bestimmen maßgebliche Tendenzen eines lebenden Organismus und dessen Evolution.

Es sind dies:

● magnetische Feldlinien, Gitternetze und die Ausrichtung magnetischer Drehfelder
● die magnetische Drehgeschwindigkeit
● die Ausrichtung der Polaritäten in Negativ- und Positivpol
● die elektrische Kraft als wirksame Energie

17. Das Geistige Gesetz der Synchronizität

Gemäß den EINSTEIN'schen Relativitätstheorien leben wir derzeit in einem vierdimensionalen Raum-Zeit-Kontinuum mit den Raumdimensionen Länge, Breite und Höhe, die mathematisch-geometrisch den Dimensionswechsel jeweils durch einen rechtwinkligen Sprung durchführen, was schließlich zur Form eines begrenzten Raumkörpers, z. B. von Kugel und Würfel, führt. Unser Begriff der quantitativen Zeit wird durch die Lichtgeschwindigkeit von knapp 300 000 km/Sek. begrenzt. Alles dies zusammen steuert unser Denken, Fühlen, Tun und Leben in der Zeiteinteilung Vergangenheit, Gegenwart und Zukunft. Wir vergessen dabei, dass wir eigentlich nur in der Gegenwart leben. Nur im Hier und Heute können wir durch unser Denken und Handeln kreativ-schöpferisch tätig werden und Dinge verändern. Die Vergangenheit ist unveränderbar, vorbei und eindeutig vergangen. Wir können aus ihr nur lernen, einmal gemachte Fehler nicht mehr zu machen und so bewusste Erfahrungen zu sammeln.

Die Zukunft ist unbestimmt, jedoch aus der Gegenwart heraus mit klaren Gedankenvorgaben und bewussten Zielvorstellungen jederzeit veränderbar. Für die Zukunft vorgegeben sind aus den Geistigen Gesetzen heraus, insbesondere dem Kausalitätsgesetz von Ursache und Wirkung, bestimmte Tendenzen und Wahrscheinlichkeiten, die so genannte *kristalline Zukunft*. Glaube ich daran und denke ich, dass gewisse Voraussagen Wirklichkeit werden, dann werden sie dies auch – aber nur, weil ich so denke. Eine kosmische Gesetzmäßigkeit steht nicht dahinter. Das Gegenteil ist der Fall. Mit meinen Gedanken bestimme ich die Zukunft und ändere Tendenzen, Trends, Voraussagen und Wahrscheinlichkeiten.

Im Unterschied zum Wachbewusstsein von Verstand, Vernunft und Intellekt ist das eigene Überbewusstsein nicht an das vierdimensionale Raum-Zeit-Kontinuum gebunden. Es existiert quasi zeitlos ausschließlich im Heute. Für das persönliche Unterbewusstsein, das *Innere Kind*, gilt Ähnliches, allerdings ist dieses aufgrund individueller Programme und vorhandener Glaubenssätze, Gedanken- und Gefühlsmuster oftmals gezwungen, periodisch aufgereihte Informationen zu verarbeiten und auszuwerten. Das Wachbewusstsein programmiert dem Unterbewusstsein ständig seine Zeitinterpretationen ein. Geschieht dies jedoch einmal nicht, indem das Wachbewusstsein dem Unterbewusstsein eine andere Wirklichkeit als „richtige" Wahrheit zweifelsfrei vorgibt, so wird das Unterbewusstsein dies auch problemlos annehmen. Jeder Mensch schafft sich seine eigene Realität. Ob es die eines Traumes ist oder jene, die im Augenblick anhand von Sinnesempfindungen als real verstanden wird, ist objektiv schwer zu beurteilen. Es gibt Parallelwelten anderer Dimensionen und Schwingungsebenen, Hyperräume, andere Ereignishorizonte und Universen und dies alles gleichzeitig. Denn eigentlich gibt es nur das Heute. Untersucht und offenbar gemacht wurde dieser Sachverhalt mit dem so genannten Montauk-Projekt vom August 1983 als Nachfolgeversuch zum Philadelphia-Experiment vom August 1943 sowie dem Phoenix-Programm vom August 1963.[11]

18. Das Geistige Gesetz der Fülle

Im Kosmos ist von allem für jeden in jedem Moment und in jeder Hinsicht genug vorhanden.
Dies gilt für alle Bereiche, auch auf finanziell-materiellem Gebiet. Das vorliegende Geistige Gesetz ist für viele Menschen nicht in Aktion, aber nur deshalb nicht, weil sie dies denken und nicht an seine Wirkung glauben. Diejenigen Menschen jedoch, die daran glauben, beweisen die erfolgreiche Wirkungsweise dieses Prinzips tagtäglich in ihrem Leben. Die richtige Programmierung lautet:

Ich bin in der Fülle, in jedem Aspekt, in jeder Hinsicht und in jedem Moment. Es steht mir zu, glücklich, gesund und reich zu sein. Ich bin es wert, zu lieben und geliebt zu werden, von Geld, materiellen Dingen, Menschen und vor allem von mir selbst.

Im Kosmos gibt es kein Geistiges Gesetz des Mangels, der Schmerzen oder des Leidens. Solche Erfahrungen kommen nicht aufgrund eines Geistigen Gesetzes zustande, sondern wegen eines entsprechenden Denkens, Fühlens, Sprechens und Handelns in Resonanz zum Negativprogramm der *künstlichen Matrix*.
Das vorliegende Geistige Gesetz besagt, dass allem Seienden im Universum, also auch jedem Menschen, in jedem Augenblick die gesamte Fülle des Lebens und des im Kosmos vorhandenen Seins und Wirkens uneingeschränkt zusteht. Auch der menschliche Geist ist vom Ursprung her grenzenlos. Nur durch eine eingeschränkte Bewusstseinshaltung und mangelnden Glauben an das Mögliche werden Einschränkungen auch hinsichtlich des inneren und äußeren Reichtums hervorgerufen. Grundsätzlich gibt es im Universum keinerlei Mangel. Wenn der Mensch in allem die Bereitschaft der Fülle erkennt, wird er dieses Gesetz verstehen und zukünftig ohne Mangel leben.

---

11 Vgl. hierzu auch:
Die Interviews zum Montauk-Projekt, Edition Pandora, Peiting 1996.
NICHOLS, Preston B. *Das Montauk-Projekt*, E.T. Publishing Unlimited, Fichtenau 1994.
NICHOLS, Preston B./MOON, Peter: *Pyramiden von Montauk*, Edition Pandora, Peiting 1996.
NICHOLS, Preston B./MOON, Peter: *Rückkehr nach Montauk*, E.T. Publishing Unlimited, Fichtenau 1995.

Notwendig hierfür ist die Erkenntnis der *Inneren Fülle*, die sich nach außen auch durch die *Äußere Fülle* des Lebens manifestiert. Das Leben kann im Außen nur das Innere jedes Menschen widerspiegeln. Auch größere Anstrengungen, eine verkrampfte Vielzahl positiver Gedanken, die flehentlichsten Gebete und größten Opfer werden sonst die erhoffte Fülle, Erfolg, äußeren und inneren Reichtum nicht herbeizwingen können. Erst müssen im Inneren Begrenzung, Mangel, Misstrauen, Schwächen und Zweifel überwunden werden, bis sie sich auch im Äußeren realisieren können.

Niemand zwingt uns, an unbewussten, negativen Verhaltensmustern festzuhalten. Auch das Kausalitätsprinzip von Ursache und Wirkung kann jederzeit im karmischen Bereich verändert und belastende Muster können aufgehoben werden. Oftmals hat man jedoch Skrupel zu denken und zu fühlen, wirklich in der Fülle leben zu dürfen, und glaubt, leiden zu müssen.

Niemand und nichts im Universum will jedoch, dass wir leiden. Das Gegenteil ist der Fall. Alles im Kosmos ist so geregelt und gestaltet, dass wir glücklich in Fülle leben sollen. Es gibt jedoch das Prinzip *kein Empfangen, ohne zu geben, keine Ernte ohne Saat.* So wie das Säen Voraussetzung für eine spätere Ernte ist, so

bedingt das Geben das Nehmen.
Oder:
Diene, damit du verdienst.

Das Prinzip der Fülle wird nur so wirksam, wie jeder einzelne selbst zu einem Kanal wird, durch und in welchem sich die Fülle darstellen kann. Das bedeutet, dass er jegliche Gedanken an Grenzen, Mangel und Zweifel vollständig auflösen muss, um so erst die geistigen Voraussetzungen zu schaffen für eine nachfolgende, auch physische Manifestationen der Fülle. Negative Einschränkungen oder gar die Verachtung von Dingen im geistig-seelischen Bereich, beispielsweise von Geld, kann nicht dazu führen, dass wir viel Geld haben werden. Auch Geld ist eine Kraft im Kosmos ohne Wertung, welche z.B. den Geistigen Gesetzen der Polarität und Resonanz unterliegt. Nur menschliches Denken und das, was der Mensch mit ihm realisiert, lässt in seiner Vorstellung Geld schlecht, böse und negativ aussehen. Wer wirklich in der Fülle denkt, fühlt und lebt, hat in jedem Augenblick in jedem Aspekt seines Seins alles in Fülle zur Verfügung und lebt in Harmonie.

Auch Geld als Energie folgt dem Resonanzgesetz und geht dorthin, wo es geschätzt, geachtet und geliebt wird. Betrachtet man es als schmutzig und negativ, ein notwendiges, unangenehmes und oftmals nur geduldetes Übel, reagiert es entsprechend und meidet derartige unangenehme und unliebsame Partner.

Zusätzlich können bis in die Gegenwart hinein Armutsgelübde und Fluchenergien aus früheren Leben wirken, die bisher noch nicht aufgehoben wurden bzw. werden konnten. Derartige Armutsgelübde mussten im Mittelalter
bis heute in nahezu allen Priesterkasten, Nonnen-, Mönchs- oder Ritterorden
geleistet werden.

Ohne Einschränkung gilt die Fülle für alle Schwingungsebenen, für den
spirituellen Bereich, die Gedanken, Gefühle, Worte und Taten, für Umwelt,
Umfeld, Umgebung und das eigene Selbst genauso wie für den körperlichen, physisch-materiellen Bereich.

19. Das Geistige Gesetz der Freiheit

Dieses Geistige Gesetz gibt dem Menschen in jedem Augenblick die freie
Wahl, in seinem Denken, Wollen, Fühlen, Sagen und Tun die unbegrenzte
Fülle des Lebens in der Schöpfung im Ganzen oder in Teilen anzunehmen.
Entscheidet er sich nicht, ist dies auch eine Entscheidung, nämlich gegen das
Positive. Gleichgültig, wie er sich jedoch entscheidet, er muss immer für die
Folgen seines Handelns aufkommen. Zu jedem Zeitpunkt hat er die Freiheit
der Wahl für den Weg der Erkenntnis oder jenen der Erfahrung sowie des
Lernens durch Krankheit, Schicksalsschläge und Leid.

Jeder Mensch hat auch jederzeit die Möglichkeit, sich aus dem Zwang
subjektiver Wertungen und seiner eigenen Erwartungshaltung zu befreien,
indem er denkt und handelt, als ob ihm das volle Potential des Kosmos zur
Verfügung stehe, in der unerschütterlichen Erkenntnis, dass die Schöpfung
ohnehin immer nur das Beste für ihn vorgesehen hat und ihm alles gibt, was
er in jedem Moment und in jeder Hinsicht wirklich braucht, um sich selbst
und das individuelle *Sein* im Leben uneingeschränkt realisieren zu können.

Im Loslassen liegt die wahre Freiheit. Es bedeutet, alles Negative, Böse,
Hinderliche, Eingeschränkte und Störende nicht zu denken, zu wollen, zu
fühlen, zu sagen und zu tun, ihm dadurch keine Aufmerksamkeit und Energie zu übertragen und es so loszulassen. Dies gilt auch für alte Gedanken-
und Gefühlsmuster, überholte Ziele, Normen, Erziehungsstrukturen, Kli-
schees, Moralvorstellungen, Phobien (Ängste), Blockaden, Kränkungen und
Enttäuschungen. Eingeschlossen sind auch ausgediente Verhaltensmuster
wie Faulheit, Unehrlichkeit, Intoleranz, Untreue, Misstrauen, Sucht, Diszip-
linlosigkeit und Haltlosigkeit. Hierzu gehören Gedanken- und Gefühlsmuster, wie beispielsweise Anerkennung und Liebe nur durch Leistung erhalten

zu können, nichts wert zu sein, es nicht zu schaffen, immer im Leben zu versagen usw. Derartige Programme, oft von den Eltern, Großeltern und Ahnen übernommen, wirken hinderlich und einschränkend. Hierzu gehören auch überzogene Vorstellungen der eigenen Fähigkeiten, von persönlichen Ansprüchen und Bedürfnissen.

Es ist notwendig, zu erkennen, zu verinnerlichen und zu leben, dass materielle Dinge und physischer Besitz nur vergängliche Illusionen sind. Niemand kann etwas Äußerliches auf Dauer und uneingeschränkt besitzen. Alles Materielle ist endlich und vergänglich. Was bleibt, sind Erfahrungen, Erkenntnisse und innere Werte. Sie gehören einem selbst, deshalb kann man sie auch nicht verlieren. Alles, was äußerlich ist und einem deshalb nie wirklich ganz gehört, kann man sowieso auf Dauer nicht halten. Das letztendliche Ziel ist, nichts mehr haben zu wollen, nur noch zu sein und im großen Ganzen aufzugehen.

Egoismus und Egozentrik trennen vom Umfeld, dem Du und dem großen Ganzen und stören so die Harmonie der Schöpfung. Unweigerlich sorgen jedoch Geistige Gesetze dafür, dass durch entsprechende Korrekturen die vom Ego verursachten Disharmonien wieder ausgeglichen werden. Besser ist die Erkenntnis, alles loszulassen, was nicht zur Erfüllung der eigenen Aufgabe und zum Sinn des eigenen Lebens gehört, als immer wieder zu verlieren. Dies ist der Weg und das Ziel.

Die größte Einschränkung der individuellen Freiheit ergibt sich aus der eigenen Erwartungshaltung. Da jeder Mensch in seiner eigenen, subjektiven Wirklichkeit lebt (6,2 Milliarden Menschen = 6,2 Milliarden subjektive Wirklichkeiten), werden andere Menschen Situationen, Ereignisse und Dinge immer anders einschätzen als man selbst. Jeder Mensch hat seine Eigenheiten, seine individuelle Vergangenheit, seine persönlichen Ideale und Rituale, die meistens nicht diejenigen anderer sind. Legt der Einzelne in seiner subjektiven Erwartungshaltung seine Maßstäbe auch an andere an, ergibt sich automatisch Widerstand, der unweigerlich mit Frust, Groll, Hass, Schmerz und Leid verbunden ist. Ein schrittweises Zurücknehmen der eigenen Erwartungshaltung aus Achtung, Respekt und Liebe zum anderen führt automatisch zu weniger Konfrontation und damit zu mehr innerer und äußerer Freiheit für einen selbst.

Das Ideal einer auf Null reduzierten Erwartungshaltung würde einem in die Unendlichkeit führenden Rahmen subjektiver Freiheit entsprechen und jeden einzelnen Menschen dem Bewusstsein der All-Verbundenheit und des All-Einsseins sehr nahe bringen.

Geistige Gesetze sind im Universum immer wirksam, ob der einzelne Mensch nun daran glaubt oder nicht, sich danach richtet oder nicht. Handelt er dagegen, kommen unweigerlich Korrekturen in Form von Schicksalsschlägen, Krankheiten und leidvollen Erfahrungen auf ihn zu. Handelt er jedoch freiwillig im Einklang mit ihnen, sind Fülle, Harmonie und ein glückliches und erfolgreiches Leben sein Lohn. Jeder Mensch trifft selbst diese Entscheidung, er hat die Wahl, er hat die einzige wahre Freiheit seines Denkens, Fühlens und Handelns. Die schlechteste aller Möglichkeiten ist, stehen zu bleiben, im alten Zustand zu verharren, keine Entscheidungen zu treffen und für das eigene Leben nicht die uneingeschränkte Verantwortung zu übernehmen. So genannte „falsche" Entscheidungen (die es eigentlich gar nicht gibt) zu treffen, ist immer noch besser, als sich nicht zu entscheiden. Starre und Unbeweglichkeit, auf welcher Ebene auch immer, sind nicht im Sinne des Universums.

20. Das Geistige Gesetz der Vollkommenheit

Alles wird am richtigen Ort zum richtigen Zeitpunkt in der richtigen Art und Weise verwirklicht.

Die unendliche Intelligenz und grenzenlose Weisheit im Kosmos regelt alle Angelegenheiten (auch meine) in der vollkommensten Weise, wenn ich dies nur willentlich annehme und zulasse. Die wirkliche Wahrheit ist einfach: Sie ist nicht gut oder schlecht. Im Universum wird nicht gewertet. Die wirkliche Wahrheit *ist* einfach. Alles ist, wie es ist – und es ist gut. Es ist Ausdruck der einen kosmischen Wahrheit, des Seins des Einen, ob der einzelne Mensch nun zustimmt oder nicht. Stimmt er nicht zu, hat er Probleme und leidet. Stimmt er aber bedingungslos zu, dann hat er das Geheimnis des Glücks entdeckt. Glück heißt, bedingungslos Ja zu sagen zum Leben, zum Sein und zur immerwährenden, grenzenlosen Liebe des Kosmos. Liebe heißt, glücklich zu sein mit dem eigenen Leben, dem eigenen Sein, dem eigenen Denken, Wollen, Fühlen, Sprechen und Tun. Lieben heißt, sich mit der Kraft des Kosmos zu verbinden. Schwierigkeiten bestehen nur in der eigenen Einbildung, im Gefühl des Getrenntseins, des immerwährenden Habenwollens und der permanenten Enttäuschung, da man nie alles außerhalb von sich haben kann und alle materiellen Dinge endlich und vergänglich sind. Dadurch wird das Außen vom Innen getrennt. Das Außen ist als Spiegelung nur eine momentane Fata Morgana ohne Bezug zur Göttlichen Existenz im Inneren.

Die Empfindung des Getrenntseins ist eine Illusion. Sie kann nur überwunden werden, wenn man erkennt und annimmt, dass man nicht besitzen muss, um alles zu haben, aber in dem Moment alles besitzt und ist, in dem diese Erkenntnis verwirklicht und gelebt wird. Nichts kann im Leben auf Dauer gewonnen und verloren werden, außer der Erfahrung des eigenen Seins als Teil des großen Ganzen, der Erkenntnis des eigenen wahren Selbst.

Ich verzeihe mir und anderen, ich gebe meine Verhaftung auf, ich lasse los und werde dadurch frei. Alles Äußerliche spiegelt nur mein Inneres wider. Eigenes Dienen am und im Außen hilft mir auf meinem Weg nach innen. Es hilft mir, mein eigenes wahres Selbst zu finden, in Demut und Gelassenheit. *Ich lasse los*, alles, was mich einschränkt und hindert.

> *Alles ist gut so, wie es ist, und es ist gut für mich.*
> *Ich verbinde das Außen harmonisch mit meinem Inneren,*
> *mit meinem wahren Selbst*
> *mit meinem Sein.*
>
> *Was gut ist für das Große Ganze,*
> *ist auch gut für mich.*
> *(Makrokosmos = Mikrokosmos)*
> Kybalion

Andererseits ist die Schöpfung nach dem Polaritätsprinzip strukturiert. Erfahrungen sind nur aus der Spiegelung von Negativem und Positivem möglich, wobei jede neue eigene Lernerfahrung auch eine Erfahrung des *Gottes in mir* ist. Es gibt negativ-polarisierte Energien, Schwingungen, Wesenheiten und Situationen im Kosmos. Unsere Aufgabe ist es nicht, sie zu negieren und so zu tun, als gäbe es sie nicht, sondern sie in selbstloser Liebe im universalen Licht umzupolen und zu transformieren. Unser aller Ziel ist die Rückkehr und Verschmelzung mit der Ganzheit und Einheit der Urquelle. Aber vor diesem Ziel steht die Erkenntnis, dass ursächlich gemäß dem ersten Geistigen Gesetz alles vollkommen erschaffen ist. Ich muss nur in allem Sein diese Vollkommenheit suchen und finden, nicht die Mängel und Einschränkungen. Gott ist vollkommen und seine Schöpfung auch. Was unvollkommen ist, ist der Mensch und das Umfeld, das er mit seinen einschränkenden und teilweise negativen Gedanken und Handlungen aufgebaut hat. Diese gilt es zu verändern und zu vervollkommnen, dann nähert man sich selbst automatisch auch dem ursprünglichen Zustand der Vollkommenheit wieder immer mehr an. Viele Naturkatastrophen erklären sich durch vorherige manipulative Eingriffe des Menschen in den harmonischen Kreislauf der Natur.

Eine der wichtigsten Aufgaben in diesem Leben ist es, auch die eigenen dunklen Seiten zu erkennen, anzuschauen, anzunehmen, zu integrieren, aus ihnen zu lernen, bewusste Lernerfahrungen zu machen und sie in Licht und Liebe aufzulösen. Über die Überwindung und den Ausgleich der eigenen Polarität führt der Weg wieder zurück zur Einheit und Verschmelzung mit der Urquelle.

21. Das Geistige Gesetz der Widerstandslosigkeit

Unsere Wünsche sind Vorgefühle der Fähigkeiten,
die in uns liegen – Vorboten desjenigen,
was wir zu leisten imstande sein werden.

Was wir können und möchten, stellt sich unserer
Einbildungskraft in uns und in der Zukunft dar.

Wir fühlen eine Sehnsucht nach dem,
was wir im Stillen schon besitzen.

Johann Wolfgang von Goethe

Der Sinn jedes menschlichen Lebens ist es, das eigene wahre Selbst zu suchen und schließlich zu finden. Hat man dieses schließlich erfahren, dann hat man auch wieder die Vereinigung mit dem Ursprung, mit dem einen Sein erreicht und Gott gefunden. Dann ist der Mensch am Ziel allen Suchens und der Erfüllung aller Wünsche.

Auf dem Wege des Suchens wirkt das Prinzip der Dualität und Polarität. Die Nichterfüllung eigener Wünsche aufgrund unrealistischer, subjektiver Erwartungshaltungen führt unweigerlich zu Enttäuschung, Frust, Leid und Schmerz. Auch wenn einzelne Wünsche und Erwartungshaltungen manchmal erfüllt werden, stellt sich keine wirkliche innere Zufriedenheit ein, denn wahre Wunscherfüllung ist nur dann gegeben, wenn die lange Suche nach dem eigenen wahren Selbst beendet ist.

Die wichtigste Maxime ist, genau diese Zielsetzung immer vor Augen zu haben, unbeirrt auf diese positive Finalvorstellung hin seinen Lebenspfad zu gehen, ohne den Widerstand zu suchen – im „Weg der Mitte". Eine Anpassung an das jeweilige Umfeld, ohne dabei Zielsetzung, Lebensziel und Identität aufzugeben, ist dabei die erfolgversprechendste Vorgehensweise. Dies bedeutet nicht Selbstaufgabe, oder den Weg des geringsten Widerstandes zu gehen, sondern es beinhaltet ein Optimierungsprinzip im bestmöglichen Umgang mit nur beschränkt vorhandener Energie in der konsequenten Verfolgung des für sich selbst als richtig erkannten Lebensweges.

Das eigene Lebensziel immer vor Augen, ist es manchmal sinnvoll, einen Schritt zur Seite zu machen oder gar zurückzugehen, um danach zwei Schritte vorwärts gehen zu können. Es gibt Situationen im Leben, da hat man vordergründig im Augenblick gewonnen, aber, langfristig betrachtet, doch verloren. Genauso gut ist es umgekehrt jedoch auch möglich, dass man, auf den ersten Blick betrachtet, verloren, aber auf Dauer gesehen trotzdem gewonnen hat.

Manchmal können bestimmte Situationen, Ereignisse oder auch Menschen im Moment nicht verändert werden, aber dem Einzelnen bleibt immer die Möglichkeit, seine individuelle Einstellung dazu zu ändern. Damit ändert dieser gemäß seiner bewussten Willensentscheidung die wechselseitige Resonanz.

Wie bereits erwähnt, stellt auf dem Weg zum eigenen Wahren Selbst, dem *Gott in mir*, die individuelle Erwartungshaltung einen großen Widerstand dar, der wiederum zu Frust, Wut, Zorn, Trauer, Melancholie, Schmerz und Leid führen muss. Es ist absolut richtig, dass *man es niemals allen Menschen recht machen kann*, wie es sehr treffend der Volksmund ausdrückt. Dazu sind diese zu verschieden und in ihrer eigenen subjektiven Wirklichkeit zu sehr verhaftet. Aber es ist trotzdem sinnvoll, das eigene Ziel immer vor Augen, sich den Gegebenheiten von Umwelt und Umfeld anzupassen, die eigene Erwartungshaltung so weit wie möglich und für einen selbst akzeptabel zu reduzieren, um den Widerstand zu meiden. Dies heißt jedoch nicht, immer die Rolle eines meinungslosen Ja-Sagers zu spielen, sondern vielmehr, auf individuell vergleichsweise unwichtigen Sachverhalten nicht nur wegen des Prinzips zu beharren. *Druck erzeugt nur Gegendruck. Das Miteinander zu suchen ist langfristig immer sinnvoller, als kurzfristig immer nur das Gegeneinander zu sehen und danach zu handeln.*

22. Das Geistige Gesetz der Veränderung und der Transmutation

Nach diesem Geistigen Gesetz ist die einzige Konstante im Universum die permanente Änderung der Form und ihre unzerstörbare Natur. Auf den Menschen bezogen spricht dies den Bereich der Individualität, der Persönlichkeitsstruktur und der unsterblichen Seele an. In der eigenen „Wahren Aura", vorne am Sternum oberhalb des Rippenbogens bzw. hinten am *Weg Gottes* zwischen dem achten und zehnten Brustwirbel gelegen, ist die gesamte persönliche „Software" quasi als Datenbank in ihrer Essenz gespeichert. Hier finden sich individuelle Verarbeitungsrichtlinien, Glaubenssätze, alte Muster, Fixationen und Erfahrungen als lebensübergreifende Information wieder. Diese bestimmen neben den im Bindegewebe und speziellen Zellen des Darmbereiches gespeicherten Gefühlsimpulsen, Blockaden, Phobien, dem Gewissen und persönlichen Schuldkomplexen die eigene Schwingungsfrequenz. Persönliche Erlebnisse und bewusste Lernerfahrungen führen zur Korrektur und Harmonisierung der individuellen Schwingungspotentiale. Durch bewusste Konzentration und Kontrolle, fortwährende Anpassung an die objektive Wirklichkeit, mentale, emotionale, verbale und reale Reinigung wird die eigene Frequenz und damit die Resonanz zur göttlichen Urquelle, dem Universum, zu Umwelt und Umfeld erhöht.

Durch langsame, achtsame und bewusste Anpassung der eigenen *subjektiven Wirklichkeit* an die durch die Geistigen Gesetze, die Kommunikationssysteme und Selbstorganisationsmechanismen des Kosmos vorgegebene *strukturelle Wirklichkeit* werden hinderliche, individuelle Positionen im Außen aufgegeben, um dadurch den Weg frei zu machen für ein Leben im Einklang mit den strukturellen Gegebenheiten des Universums. Dieser bewusste, willentliche Gedankenvorgang führt in der Folge zu Gleichgewicht, Harmonie, Glück, Erfolg und anhaltender Gesundheit auch im Außen.

Es gibt so viele Wirklichkeiten, wie es Menschen gibt. Jeder Mensch schafft sich seine eigene, subjektive Wirklichkeit. Im Gegensatz dazu gibt es nur eine *objektive Wirklichkeit*. Sie basiert auf dem Wirken des einen Göttlichen Geistes im Stadium des energetischen Nullpotentials als einzigem Potential der einen und einzigen Wahrheit, dem Zustand des ewigen Seins im Nichts. Dazwischen liegt die strukturierte bzw. strukturelle Wirklichkeit, basierend und folgend den Geistigen Gesetzen und Kommunikationssystemen im Universum und Kosmos. In diesem vorgegebenen Rahmen ist alles in ständiger Änderung und Evolution begriffen.

Das System und seine Teilnehmer und damit auch Gott, der das Zentrum jeglichen Seins bildet, lernen aus ihrer eigenen Entwicklung. Der gesamte Kosmos entwickelt sich als selbstlernendes Phänomen aufgrund gemachter Erfahrungen. Alles ist in ständiger Veränderung begriffen. Es gibt keine andauernde, feste Realität im Rahmen der kosmischen Grundstrukturen und universalen, harmonischen Urinformationen außer der, dass es gerade diese nicht gibt. Es gibt in dieser permanenten Evolution keine statisch festgeschriebene Wirklichkeit. Alles bewegt sich und entwickelt sich weiter durch die Speicherung, individuelle Wertung und Verarbeitung gemachter Erfahrungen. Deshalb ist

Leben ein permanenter Lernprozess.

Dieser bedingt die Bereitschaft, jederzeit (fast) alles in Frage zu stellen, alte überholte Muster aufzugeben, loszulassen und zu löschen, um Platz zu machen für neue Erfahrungen und dies auf allen Ebenen. Wir lernen in jedem Augenblick. Wir sind deshalb gezwungen, fortwährend an uns selbst zu arbeiten. Tun wir dies nicht freiwillig, so läuft dieser Prozess aufgrund des vorliegenden Geistigen Gesetzes im Sinne des großen Ganzen unfreiwillig ab, d. h., Schicksal, Umfeld, Umwelt, Situationen, Ereignisse und Menschen arbeiten an uns in Form von Schicksalsschlägen, Krankheiten, Verlust von Menschen, Beruf, materiellen Gütern, Schmerz- und Leidenserfahrungen usw. Sind wir nicht willens und bereit, unaufhörlich an uns selbst zu arbeiten, dann wird an uns gearbeitet. *Entwicklung durch Erfahrung* heißt der ewig geltende Grundsatz!

Alle Situationen und Ereignisse in jedem Moment sind wichtige und notwendige Botschaften für einen selbst. Sie haben mit anderen Personen und Sachverhalten nichts bzw. nur wenig zu tun, weil die Ursprünge der Schwingungsimpulse, aus denen sie entstanden sind, in Gedanken, Zielfunktionen, Gefühlen, Willensentscheidungen, Worten und Taten nicht von jenen, sondern irgendwann einmal von einem selbst gesetzt wurden. Nach Geistigen Gesetzen, wie jenem der Resonanz, der Umkehrung und der Harmonie, kommen im Heute als Wirkung nur jene Aktionen zu einem selbst zurück, für welche man im Gestern entsprechende Ursachen gesetzt hatte.

Heute –

Heute ist das Morgen von gestern
und
Heute ist das Gestern von morgen.

Nehme ich diese Tatsache uneingeschränkt und in vollständiger, eigener Verantwortung an, so befinde ich mich auf dem Wege der individuellen Erkenntnis. Der Volksmund sagt deshalb ganz richtig:

Selbsterkenntnis ist der erste Weg zur Besserung.

Bewusste und als solche erkannte und angenommene eigene Lernerfahrungen bestimmen Art und Geschwindigkeit der eigenen Entwicklung auf allen Ebenen. Bewusstes und achtsames Beobachten, Aufnehmen, Entscheiden und Handeln im Hier und Jetzt sind die Grundlage und bilden die Ausgangssituation für kreatives, schöpferisches Wirken, welches nach dem Geistigen Gesetz der Kausalität Folgen hat für die Zukunft. Damit werden wir Menschen zum bewussten Lenker unseres eigenen Schicksals im vorgegebenen Rahmen der im individuellen Kosmischen Plan festgelegten Bestimmung. Deshalb ist niemand seinem eigenen Schicksal ausgeliefert, es sei denn, er denkt und fühlt so und lässt dies zu. Uns bleibt immer die Wahlmöglichkeit für die eine oder andere Situation. Dies entscheiden wir selbst, nicht Gott oder irgendwelche anonymen Kräfte im Kosmos.

> **Jeder Mensch ist der kreative Schöpfer seines persönlichen Schicksals und der verantwortliche Gestalter seines eigenen Lebens.**

Die gesamte Ordnung im Universum ist in ständiger Entwicklung begriffen. Es gibt keinen Stillstand und damit keinen Tod, nur das Ende einer Entwicklungsstufe als gleichzeitige Geburt einer neuen. Alles Sein und Werden weist auf eine fortschreitende Evolution hin, auf ein höheres Sein, auf einen höheren Aspekt des einen Ganzen. Deshalb gibt es im gesamten Kosmos keine zwei Dinge, Wesen oder Erscheinungen, die identisch sind. Alles ist einmalig, jeder Moment, jede Pflanze, jeder Mensch.

> **Jeder einzelne Augenblick war noch nie und wird nie wieder sein, er ist absolut einmalig in der Gegenwart.**

Eingebaut in das Geistige Gesetz der Resonanz ist deshalb das Prinzip der Unbeständigkeit, d. h., nichts darf und kann so bleiben, wie es gerade ist.

> Jeder Beginn enthält bereits das Ende in sich, ist aber dadurch gleichzeitig auch wieder der Anfang von etwas Neuem, im ständigen Wandel des Seins.

23. Das Geistige Gesetz vom Dienen

Diene, damit du ver-dienst,

steht in der Bibel geschrieben. Wenn ein Mensch Gott in sich endlich gefunden hat, das *ewige Licht in seinem Herzen*, dann geht er vollkommen auf in der Einheit und Ganzheit des Erfahrens dieser Gottheit im Innen und Außen.

Dieser Mensch fühlt sich eins mit allem Sein in ihm und um ihn herum, vollkommen verbunden mit der Natur, den Wolken, den Sonnenstrahlen, den Pflanzen und Tieren. Voller Staunen und Bewunderung erfährt er die Allmacht des Schöpfers im Kleinen und im Großen. Er empfindet keinerlei Gefühl des Getrenntseins mehr, keinerlei Empfindung von Mangel, keinerlei Erfahrung von Angst, Dunkelheit und Depression. Er ist eins mit sich, mit der Schöpfung und mit Gott. Er empfindet sich als einen wichtigen Teil des Universums. Der Kosmos ist in ihm bis zum Mikrokosmos der Zellen, dem kleinsten Sonnensystem des Atoms, aber er empfindet sich selbst ebenfalls eingebunden in den Makrokosmos der Welt um ihn herum bis zum Sternenhimmel und den Wolken über ihm.

Dieser Mensch nimmt sich selbst voller Demut und Dankbarkeit an. Er bejaht ausdrücklich sein Leben und Sein. Er erfüllt voller Motivation, mit seinem ganzen Können, mit Begeisterung, Freude und Liebe seine sinnvolle Aufgabe im Leben. Er begegnet voller Achtung, Respekt, Vertrauen und Liebe dem anderen. Er *dient gerne und aus Überzeugung dem großen Ganzen*, als dessen wichtiger Aspekt er sich selbst empfindet. Er sieht sich als ein wichtiges Detail in einem größeren Räderwerk, das ohne ihn und seinem harmonischen Handeln im Sinne der Allgemeinheit nicht reibungslos funktionieren kann. Er ist sich seines Wertes voll bewusst, ohne Arroganz und Hochmut zu empfinden. Im Gegenteil: Sein Auftreten ist bestimmt durch Demut, Bescheidenheit und Dankbarkeit in menschlicher Würde. Er bejaht seine Einmaligkeit und Individualität, akzeptiert und bewundert sie in jedem anderen Sein, sei es als Mineral, Pflanze, Tier oder Mensch. Er sieht die Manifestation des universalen Bewusstseins in jeder Wolke und jedem Sonnenstrahl, denn alles ist eines und einer ist in allem. Der Geist Gottes in ihm spiegelt sich im Geiste Gottes in allem anderen. Die Erfahrung der Urquelle in ihm ist eine Erfahrung des universalen Schöpfers außerhalb von ihm.

Der Gott in mir grüßt den Gott in dir.

Dieser Mensch kennt die Geistigen Gesetze. Er kennt die Wirkungen der Resonanz und der Harmonie. Er ist sich bewusst, dass das, was er als Schwingung, als Gedanken- oder Gefühlsimpuls, als Wort oder Tat aussendet, irgendwann und irgendwo ohne Begrenzung durch Raum und Zeit wieder zu ihm zurückkommen wird und muss. Dient er jetzt dem großen Ganzen, wird er irgendwann in der Zukunft und irgendwo in irgendeiner Existenz diese jetzt ausgesandte Schwingung um ein Vielfaches verstärkt wieder zurückerhalten und dadurch verdienen. Aber dieses Wissen bestimmt nicht vordergründig sein Handeln, denn er dient gerne der Wunderwelt der Schöpfung, als dessen fest integrierter Bestandteil er sich selbst empfindet.

Dieser Mensch ist ein wichtiger Aspekt des großen Ganzen. Er weiß es und dient mit Freuden der allmächtigen Gottheit an der Stelle, wo ihn diese und seine Bestimmung genauso, wie er sich selbst aufgrund seiner eigenen Gedanken als individueller, kreativ-göttlicher Schöpfer seines eigenen Schicksals hingestellt hat. Dieser Mensch ist wirklich eine Spiegelung der universalen Urquelle. Er ist im Innen und Außen ein Abbild der Gottheit. Nach seiner Meinung ist alles, was gut ist für das große Ganze, ohne Einschränkung auch gut für ihn als Teil des großen Ganzen. Ein derartig ganzheitliches, holistisches Denken führt letztlich zum Gruppenbewusstsein und später zum kosmischen Bewusstsein.

24. Das Geistige Gesetz der Versorgung

Die Macht des Überbewusstseins, des Hohen Selbst eines Menschen, zeigt sich ohne jegliche Einschränkung alles Möglichen an jedem Ort und zu jeder Zeit, denn grundsätzlich ist im Universum und Kosmos in jedem Augenblick alles möglich.

Jeder Mensch kann nur das empfangen, was er in seinen Gedanken bereits als ihm zukommend und zustehend ansieht, ohne jegliche gedankliche oder emotionale Begrenzung.

Die Versorgung der meisten Menschen steht unter der Einschränkung der Summe aller unbewussten Abhängigkeiten im Rahmen ihres *organisierten Lebens*, der Moral, Tradition, ihrer Glaubenssätze, staatlicher Bestimmung, Milieus usw. Sie denken im Mangel, im Muster der eigenen Unvollkommenheit. Sie glauben, es nicht wert zu sein, der universalen Versorgung zu entsprechen. Sie meinen, es steht ihnen nicht zu, aus der unendlichen Fülle des Kosmos mit Liebe, Glück, Erfolg, Harmonie, materiellen Gütern und geistigen Werten versorgt zu werden.

Gefällt mir mein jetziges Leben nicht, so kann ich es ändern, indem ich mein Bewusstsein ändere, wie auch mein Denken, Wollen, Fühlen, Sprechen und Tun durch entsprechend veränderte Gedanken.

Folgende Affirmation sollte möglichst oft (laut) gesprochen werden:

> **Ich bin perfekt ausgerüstet für meinen individuellen Lebensplan.**
> **Furchtlos, achtsam und bewusst nehme ich jede Fügung wahr,**
> **die sich mir bietet.**
> **Meine Versorgung wird sich auf harmonische, vollkommene und**
> **wunderbare Art und Weise verwirklichen.**
> **Ich danke dafür, dass ich im Unsichtbaren bereits empfangen habe,**
> **was ich im Sichtbaren zur richtigen Zeit am richtigen Ort**
> **in der richtigen Art und Weise empfangen werde.**

Nachdem mächtige, alte Muster dieser neuen Programmierung möglicherweise entgegenstehen, ist es notwendig, sie immer wieder bewusst zu wiederholen und diese neue Bewusstheit voll als neues Muster zu integrieren. Da 21 die Zahl der Umpolung im Kosmos ist, muss diese Affirmation in jeder Folge öfter als 21-mal laut gesprochen werden. Schrittweise wird dann das neue Programm als Wirklichkeit angenommen, gespeichert und realisiert sowie das bisher geltende, alte und einschränkende ersetzt.

25. Das Geistige Gesetz des Glaubens

Nichts steht zwischen dem Menschen, seiner Vollkommenheit, der Erfüllung seiner höchsten Ideale und jedes Wunsches als Furcht und Zweifel.

Der Glaube jedoch macht alles möglich. Er hält die Vision und deren Erfüllung fest, verbindet uns mit den grenzenlosen Möglichkeiten im Kosmos und löst alles Gegenteilige auf. Furcht ist nur umgekehrter Glaube, der Glaube an das Negative. Um eine Furcht loszuwerden, müssen Bilder des Negativen im Unterbewusstsein durch Vorstellungen und Affirmationen des Positiven ersetzt werden.

Nur der Glaube ermöglicht die letztliche geistige und materielle Erschaffung neuer Wirklichkeiten. Heilungen in der Bibel werden erst möglich durch den Glauben. Jesus sagt am Ende des Heilungsvorgangs als Erschaffung der neuen Realität Gesundheit anstelle der alten Wirklichkeit Krankheit:

…Alles ist möglich dem, der da glaubt.
…Dein Glaube hat dir geholfen… bzw.
…Dir geschehe nach deinem Glauben…

Im Volksmund heißt es: *Der Glaube versetzt Berge.* Die Voraussetzung für die reale Erfüllung eines Wunsches ist der uneingeschränkte Glaube daran. Am besten wird der bereits erfüllte Wunsch mit allen entsprechenden neuen Sinnesempfindungen in Bildern bereits als schon eingetretenes Ereignis des erfüllten Wunsches als *positive Finalvorstellung* erfahren. Glaube erschafft Wirklichkeit, Wille und Gedanken ermöglichen die neue Realität. Glaube verbindet den Verstand des Kopfhirns mit dem Gefühl des Bauchhirns, also Wach- und Unterbewusstsein miteinander.

Ein gläubiger Mensch hat im Rahmen seines individuellen Kosmischen Planes sein Lebensziel auf dieses und andere Geistige Gesetze ausgerichtet. Als sinnvolle Aufgabe im Rahmen von Lebensziel und Lebenssinn hat er das Dienen gerne und freien Willens angenommen, an sich selbst, im Dienst am anderen und am großen Ganzen.

> **Lerne und lehre, hilf und heile. Hilf den Menschen, sich selbst zu helfen!**

Ehre die individuelle Würde jedes Menschen und respektiere seinen freien, menschlichen Willen. Manipuliere nicht, auch *wen du es nur gut meinst und gemeint hast"* Eigene Meinungen und Ansichten einer individuellen Erwartungshaltung sind immer subjektiv und müssen nicht jenen eines anderen oder anderer entsprechen. Dies ist gerade im Rahmen des vorliegenden Geistigen Gesetzes ein wichtiger Sachverhalt.

Die Erschaffung subjektiver neuer Wirklichkeiten setzt zuerst eine Gedankenform voraus, also eine möglichst bildhafte Darstellung des erwünschten Seinszustandes. Diese äußere, in elektrischen Schwingungsimpulsen definierte *Form* muss mit einem gefühlsmäßigen, vorwiegend magnetisch ausgerichteten *Inhalt* gefüllt werden, damit ein elektromagnetisches Feld entstehen kann. Dieses verdichtete Gedanken-Gefühls-Energiefeld wird durch eine zielgerichtete *Absichtserklärung* klar ausgerichtet und durch eine entsprechende *Willensenergie* quasi als Transportmittel auf das angestrebte *Ziel* hin bewegt. Die tatsächliche Realisierung der in Bewegung befindlichen, bildhaften Wunschvorstellung bewirkt aber ausschließlich der *Glaube*.

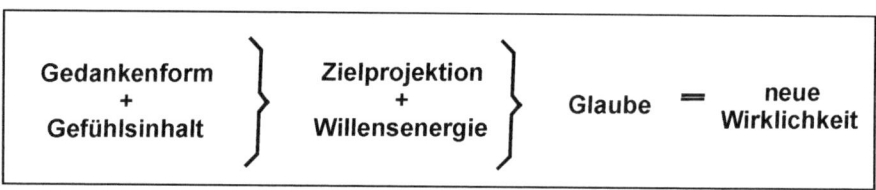

Der feste Glaube an die Verwirklichung des abgesandten Wunschbildes als erfüllte, positive Finalvorstellung im bereits erfüllten bildhaften Zustand führt allmählich zu deren Realisation. Als letzter notwendiger Schritt erfolgt das mentale, emotionale, energetische und physisch-materielle *Loslassen*, damit das Hohe Selbst und andere geistige Energiepotentiale in Abstimmung mit den Geistigen Gesetzen und den Kosmischen Plänen die neue Wirklichkeit fein- und/oder grobstofflich erschaffen können. Ohne den uneingeschränkten Glauben an die neue Situation wird diese nicht entstehen, ohne entsprechendes Loslassen nicht erfüllt.

26. Das Geistige Gesetz der Transformation und der Unsterblichkeit

Die grenzenlose, allumfassende und selbstlos sich verstrahlende Liebe der Gottheit durchflutet alles Sein ohne Einschränkung. Sie ist der Ursprung, der Weg und das Ziel. Die Erfahrung jedes Einzelnen ist die Erfahrung des Gottes in ihm. Im *Kreis des ewigen Lebens* geht jedes Lichtwesen aus der Einheit und Vollkommenheit heraus in die Polarität, erfährt seinen eigenen dualen Charakter in der Spiegelung im Innen und Außen, sammelt Erfahrungen im permanenten Abstieg in größere Verdichtungen, grobstofflichere

Formen, niedrigere Schwingungszustände, bis schließlich in die Enge eines grobstofflichen Körpers hinein.

Karmische Ungleichgewichte müssen immer auf der Ebene ausgeglichen werden, auf der sie entstanden sind. Die Projektionen der eigenen Erfahrungen werden auf der nächsttieferen Dimension zur Erkenntnis, Wissen zu Weisheit, so wie das Dia eines dreidimensionalen Landschaftsbildes auf der Fläche einer zweidimensionalen Leinwand sichtbar, erkennbar und erfahrbar wird. Alles Sein unterliegt einem ewigen Kreislauf von Wiedergeburt und Tod, von Inkarnation und Reinkarnation. Was sich ändert, sind nur die Schwingungszustände. Dieser unaufhörliche Kreislauf von Ende und Neubeginn zeigt sich auch überall in der Natur. Er führt aus dem grobstofflichen in den feinstofflichen Bereich, schließlich heraus aus der Enge eines physischen Körpers in die Verschmelzung der Dualitäten auf der astral-emotionalen Ebene von Animus und Anima, der lichten und der dunklen Seite des *Inneren Kindes*, über das Aufgehen von Ego und Ich im mentalen Bereich hinweg bis zur *chymischen Hochzeit* im Einssein des Lichtes. Schon lange gibt es die Grenzen von Raum und Zeit nicht mehr, nur noch das Erfahren der Ganzheit, Einheit und Vollkommenheit der Urquelle. Der lange Weg der Transformationen durch zahlreiche Existenzen und vielleicht Hunderte von Leben in der Stofflichkeit endet schließlich durch die Überwindung sämtlicher eigener Polaritäten in der Verschmelzung mit der Urquelle. Menschliche Existenzen stellen einen permanenten Wechsel von materiell – grobstofflich – diesseitigen und feinstofflich – jenseitigen Seinszuständen dar. Dabei werden die jeweiligen Speicherdaten in *das andere Leben* mitgenommen, um daraus zu lernen und sich aufgrund der gemachten Erfahrungen weiter zu entwickeln.

Der Evolutionsweg jedes Menschen ist ein *Weg des Lernens*, die Erde dabei ein wichtiger *Schulungsplanet*. Inkarnationen stellen dabei verschiedene *Klassen* in bestimmten Bildungssystemen dar. Haben wir das *Ziel einer Klasse* erreicht, können wir (im nächsten Leben) in die nachfolgende höhere Klasse aufsteigen. Ist dies nicht der Fall, müssen wir im Schulungssystem des *Kreises des ewigen Lebens, von Inkarnation und Wiedergeburt* nachsitzen und in einem folgenden Leben sozusagen die Klasse wiederholen. Dazwischen gibt es quasi Ferien, in welchen auf einer höheren, feinstofflichen Dimension Pause gemacht und über versäumte Lernprozesse und mangelhafte Leistungen im vorausgegangenen Leben nachgedacht werden kann. Diese Programme bilden dann die Rahmenstruktur für den persönlichen Kosmischen Plan der nachfolgenden Inkarnation. Dabei hat das Leben mit jedem Menschen sehr viel Geduld. Immer wieder werden neue Umstände geschaffen, um bis dahin Nichtverstandenes und Nichtgelerntes zu begreifen und als Prozess einer bestimmten, persönlich wichtigen Lernerfahrung abzuschließen. Höher entwickelte menschliche Seelen haben dabei eine größere Verantwortung als bis dahin niederer entwickelte, was sich in einem stärkeren Verlangen zeigt, anderen zu dienen, ihnen auf ihrem individuellen Lebensweg zu helfen, Schwache und Kranke aufzubauen und jeden einzelnen in seiner spirituellen Evolution zu unterstützen, darin liegt dann der eigentliche Sinn von eigener und fremder Heilung.

Diene, damit du verdienst.

27. Das Geistige Gesetz der Liebe

Liebe, allumfassende, grenzen- und bedingungslose, wertfreie, selbstlose Liebe ist die stärkste Energie im Universum. Sie ist die unaufhörlich, unversiegbar ausströmende *Essenz* der Gottheit, Ursprung, Weg und Ziel. Nachdem diese selbstlose Liebe in ihrer *Substanz* reines Licht ist ohne massehaltige kristalline Strukturen, kann sie auch mit keinerlei stofflich ausgerichteten Strukturen in Resonanz gehen. Sie ist deshalb absolut immun gegenüber negativen Gedanken- und Gefühlsmustern und durchdringt die dichteste Materie ohne Begrenzung durch Raum und Zeit. Liebe überwindet alles. Liebe heilt alles. **Liebe *ist* nur**, sie verbindet unpolarisiert als Nullpotential das Innen mit dem Außen.

Liebe bringt die absolute Freiheit, da sie ohne Erwartungen keine Enttäuschungen zur Folge haben kann, wertungsfrei ohne Wettbewerb, Konkurrenz, Neid, Geiz und Eifersucht auskommt, Grenzen der eigenen Gedanken und Gefühle aufhebt.

Liebe deinen Nächsten wie dich selbst,
d. h., Liebe beginnt immer beim eigenen Ich.

Das hat mit Egoismus und Egozentrik jedoch nichts zu tun, da es niemals auf Kosten anderer geht, im Gegenteil. Nur etwas, was ich selbst kenne, kann ich auch weitergeben. Nur wenn ich mich selbst liebe, weiß und erfahre ich, was Liebe ist, und kann Liebe weitergeben an andere. Die Voraussetzung hierfür ist, sich selbst anzunehmen, uneingeschränkt und grenzenlos, wie man eben ist, mit allen Eigenheiten, Fehlern und Schwächen, so wie Gott es tut. Was gibt mir die Stellung oder das Recht, etwas anders zu tun als Gott? *Sei du selbst* ist die wichtigste Devise. Nicht Funktionieren, Rollenspielen, Erwartungen anderer erfüllen ist das Wichtigste im Leben, sondern sein, achtsam und bewusst erfahren und verantwortungsvoll handeln als wichtiger Teil des großen Ganzen.

Liebe bedeutet immer, zuerst und vor allem sich selbst zu lieben, ohne Opferrolle und Helfersyndrom, um aus absolut reinen Gefühlen heraus diese dann auch an andere weiterzugeben. Nur der Mensch, der zuerst sich selbst geholfen hat, deshalb in sich selbst ruht und stark ist, ist überhaupt in der Lage, aus dieser Position der eigenen Stärke anderen zu helfen.

Liebe muss zuerst im eigenen Inneren entstehen und dort zu einem Überfluss an Lebensenergie Mana bzw. Prana, Od etc. … führen, der dann nach außen abgegeben werden kann. Deshalb liegt immer alle Macht im eigenen Inneren.

> **Tue alles, was du tust, mit und aus Liebe.**

Lieben heißt, glücklich zu sein mit etwas. Dies bedeutet wiederum, etwas gerne zu tun, achtsam und bewusst im Augenblick und in der Gegenwart zu leben, sich für das Leben zu öffnen und den freien Fluss der Liebe als die stärkste Energie im Universum uneingeschränkt zuzulassen.

Liebe erfüllt sich
und beginnt immer mit dem Geben.
Liebe heilt alles.
Liebe erlöst alles.

Wir sind in jedem Moment sowohl Lehrer als auch Lernende und haben in beiden Positionen dieselbe Bedeutung. Einer ist nicht mehr wert als der andere. Wir sind alle gleich wichtig, gleich bedeutend und gleich berechtigt in jedem Augenblick.

Unser Denken über die Liebe ist stark beeinflusst von unserem Weltbild, unserer eigenen Lebensphilosophie und Moralauffassung. Lieben heißt, etwas gerne zu tun und glücklich zu sein mit etwas. In jedem scheinbar Negativen steckt auch immer etwas Positives. Indem ich positiv denke, ausschließlich das Positive hinter dem vermeintlich Negativen sehe, kann ich mich in meinen Gedanken so programmieren, dass ich etwas gerne tue, obwohl dies normalerweise nicht der Fall wäre. Eine derartige Vorgehensweise macht das Leben um einiges leichter, denn mein eigenes Unterbewusstsein bzw. mein Inneres Kind tut das, was ich ihm sage, was es tun soll. Aber es spürt genau, ob ich etwas ernst meine oder nicht.

Liebe dein Leben und lebe die Liebe.
Liebe ist das einzige das mehr wird,
wenn wir es verschwenden bzw. teilen.

Liebe ist ohne polare Ausrichtung.
Liebe ist ein Nullpotential als reine
Essenz Gottes.

Es ist unsere Aufgabe, unser Leben so zu gestalten, dass wir unserem Lebensziel möglichst nahe kommen und wir unseren Kosmischen Plan optimal erfüllen. Wir sollten die Welt in einem besseren Zustand verlassen, als wir sie vorgefunden haben, als wir in ihr ankamen. Es ist wichtig, Positives für die Allgemeinheit und für andere Menschen zu tun, denn nach dem Spiegelgesetz

... tue ich eigentlich für mich selbst, was ich
vermeintlich für andere tue,
denn wir sind alle eins.

Liebe ist Ursprung, Weg und Ziel.

Tue alles, was du tust, auch das vermeintlich Negative
und Unwichtige, mit und aus Liebe.

Ich öffne mich der Liebe, nehme sie dankbar an. Ich lasse sie in mir fließen, sich in mir ausbreiten (bis in jede Zelle), damit sie durch mich wirken kann…

> **Denn in Wahrheit ist es nur Liebe.**

Gott liebt sich und dich.

Du bist ein Teil Gottes, immer in Verbindung mit dem Göttlichen Funken. Gott ist in dir und um dich, in jedem Stein, in jedem Grashalm, jedem Tier und jedem Menschen. Was immer du auch siehst, wem immer du auch begegnest – der Göttliche Funke ist in ihm.

Liebe deinen Nächsten wie dich selbst. Du bist Licht und Liebe, jede einzelne Zelle deines Körpers ist mit Licht durchstrahlt – die Anbindung an Gott. Ohne Licht kannst du nicht leben, doch auch ohne Liebe verkümmert jedes Individuum jämmerlich.

Darum – gib Liebe – immer – jetzt! Sie kommt zu dir hundert – nein, tausendfach zurück.

Doch beginne dabei immer bei dir und mit dir selbst. Denn wenn du dich nicht lieben kannst, wie willst du dann deinen Nächsten lieben können?

Nimm dich an, so wie du bist. Lächle dir im Spiegel entgegen, freue dich über dich selbst. Versuche, Gutes zu denken und zu tun. Schon der Gedanke ist Schwingung. Sag dir, dass du dich magst, dir dein Lächeln gefällt, deine Haare, deine Augen usw., du musst nicht von makelloser Schönheit sein, um dich selbst zu lieben und geliebt zu werden. Beschäftige dich mit deinem Innenleben, geh in die Stille. Du wirst sehen, wie groß der Reichtum deiner Seele ist, wie tief die Liebe darin verankert ist. Liebe deinen Nächsten und werte nicht. Liebe die Menschen so, wie du ein kleines Kind lieben würdest, ohne Erwartung, ohne Wertung, rein, ehrlich, offen.

Denn alles ist Schwingung – liebst du nun dich und deine Umwelt, so wird diese auch damit in Resonanz gehen und dir einfach Liebe entgegenbringen und zurückgeben.

Verlange nichts, gib alles. Verlange nicht, geliebt zu werden, wenn du liebst. Erwarte nichts. Lasse los!

Lasse deine Erwartungshaltung los, z. B.: Ich gebe etwas, dafür möchte ich etwas zurückbekommen. Das Universum ist unendlich – deine Schwingung wird wieder Schwingung erzeugen und sie wird sich vervielfachen. Liebe rein, offen und ehrlich – denke nicht, ich bin nett, damit ich dies und jenes erreiche. Sei einfach gut, sei einfach lieb und sei einfach offen für andere. Dies geschieht ja sowieso, wenn du dich selbst liebst, akzeptierst, annimmst. Und es ist doch ganz einfach. Denke an Gott: – Seine Liebe ist allumfassend, einhüllend, vermittelt Geborgenheit und Freude. Du, und alle anderen Menschen, Tiere, Pflanzen, Steine, Mutter Erde und das gesamte Universum mit all seinen Planeten, Milchstraßen, Sonnen und Monden – ihr alle seid ein Teil der Schöpfung Gottes, in euch allen lebt Gott – ist Göttliches Licht. Ihr alle werdet unendlich geliebt, ich auch. Ohne den Atem Gottes, der alles zum Leben erweckte, würdet ihr nicht existieren. Er tat und tut es aus Liebe. In negative Situationen sollte man Licht schicken, um sie aufzulösen. Und plötzlich ist der andere wie ausgewechselt, stumm vor Erstaunen, dass er keine Resonanz mehr findet, dass er freundlich, höflich und respektvoll behandelt wird, dass ihm Liebe entgegenflutet – Liebe.

Liebe: Dieses Wort hat er schon lange nicht mehr gehört. Dieses Gefühl hat er schon lange nicht mehr gespürt. Schon lange hat ihn keiner mehr in den Arm genommen, geküsst und ihm gesagt, dass er ihn liebt. Einfach so. Ohne Hintergedanken. Und er beginnt nachzudenken. „Eigentlich ist dieses wohlig warme Gefühl der Liebe doch ganz angenehm", denkt er, „und mein Umfeld ist viel freundlicher." „Und außerdem", sagt er, „schont es die Stimme", und lacht dabei, „wenn ich nicht immer so laut schreien muss." Denn in Wahrheit ist es nur Liebe. Dies sind kleine Veränderungen im Leben, doch sie sind so wichtig für uns alle. Denn auch kleine Steine, ins Wasser geworfen, können große Kreise ziehen. Auch kleine Veränderungen können große Wirkungen haben.

So vieles im Leben können wir durch Liebe auflösen. Verkrampfte Nachbarschaftsbeziehungen, Streit mit Verwandten, Kindern und auch das Bild der bösen Schwiegermutter. Natürlich kann man die Menschen und das eigene Umfeld nicht in einem Tag verändern, doch es lässt sich in jedem Moment verändern. Durch Liebe! Energie folgt der Aufmerksamkeit. Das bedeutet in diesem Fall, Liebe einsetzen, Gedanken der Liebe, der Freude, des Annehmens, und langsam wird in verworrene Beziehungen Klarheit kommen. Dies geschieht durch Gespräche, in Ruhe geführt, mit Liebe, dem anderen Respekt und Anerkennung zollend.

Denn vielleicht war es doch nur das, wonach er sich sehnte – liebevolle Anerkennung. Vielleicht war doch der andere gar nicht so verbohrt, wie man glaubte. Vielleicht blockierte man ihn durch liebloses Verhalten doch selbst. Auch das ist ein paar Gedanken wert. Und durch Loslassen der negativen Gefühle, an deren Stelle man liebevolle Gedanken setzte, kommt der Fluss der Energie wieder in Bewegung.

28. Das Geistige Gesetz der uneingeschränkten Annahme der Göttlichen Präsenz

Dein Wille geschehe...

Die gesamte Schöpfung entstand aus einem Willensakt der Urquelle. Nach dem Öffnen der Gottheit aus dem Zustand des ewigen Seins heraus schuf diese mit dem Einatmen Struktur und Ordnung in den Universen durch die Schaffung der Geistigen Gesetze.

Die Wirklichkeit, die ein Mensch in jedem Augenblick erlebt und erfährt, ist seine subjektive Realität, gefärbt und beeinflusst durch seine Glaubenssätze, Gedankenprogramme und Gefühlsmuster und die Erfahrungen vieler Leben in unterschiedlicher stofflicher Dichte. Der menschliche Verstand gibt nur eine sehr allgemeine, beschränkte und schematische Spiegelung der

Wirklichkeit wieder. Die Geistigen Gesetze sind einfach. Sie wirken im Kosmos und in allen Universen umfassend. Sie helfen uns, uns zurechtzufinden in der Wirklichkeit, welche wir als unsere eigene angenommen haben. Sie lassen sich in ihrer grundlegenden Bedeutung mit unserem beschränkten, persönlichen Denken nicht erfassen, sondern können nur im eigenen Erleben erfahren werden. Ist dies geschehen, empfinden wir sie nicht mehr als einschränkende, von außen vorgegebene und aufgezwungene Regeln, die uns gängeln und laufend Vorschriften machen wollen, sondern erfahren sie als „inneres Wissen". Wir haben sie dann so in uns aufgenommen, dass wir sie absolut verinnerlichen und aus vollster Überzeugung leben.

Leben wir aber die Geistigen Gesetze, dann akzeptieren wir uneingeschränkt auch die Allmacht und Liebe der Gottheit. Wir sind uns dann bewusst, dass dieser grenzenlos liebende Gott nur das Beste für uns will und er für uns zur besseren Orientierung die universale Struktur als ersten realen Schöpfungsakt erschaffen hat. Diese ist wahrhaftig eine Freude und Gnade für alles Sein in jedem Universum. Sie gibt Sicherheit, innere und äußere Harmonie und öffnet die Wege zum Heil und zur Erleuchtung dem, der sich wirklich bemüht.

Wir Menschen können uns ruhig und still in die liebenden Arme eines allmächtigen Schöpfers legen und uns dem umfassenden Gefühl einer wunderbaren Geborgenheit und universalen Annahme allen Seins in uns und um uns herum hingeben, denn dann ist wirklich

alles gut, so, wie es ist…,

indem der Wille der Göttlichen Urquelle geschieht. Dieser universale Schöpfer will und gewährt immer nur das Beste für jeden Menschen und für alles Sein im Kosmos, auch wenn dies subjektiv und momentan nicht immer so aussehen mag. Aus der objektiven Sicht einer zeit- und raumlos agierenden Gottheit ist es aber so. Auf dem individuellen Lebensweg wird im Hier und Jetzt, dem einzig kreativen Augenblick des Heute in der Gegenwart, jedem Menschen immer nur so viel zugemutet, wie er im Rahmen der Bestimmung seines Kosmischen Planes und aus der objektiven Sicht einer liebenden und sorgenden Gottheit heraus in der Lage ist zu ertragen.

Wissen und aktives eigenes Leben der Geistigen Gesetze sind eine große Hilfe auf dem persönlichen Lebensweg. Sie bringen Harmonie, Gleichgewicht, Gesundheit, Erfolg, Glück und Fülle auf allen Ebenen des Seins und dies in jedem Moment und in jeder Hinsicht.

Die Geistigen Gesetze stellen von allem Anbeginn an das *Wort Gottes* dar und sind deshalb ausschließlich positiv polarisiert. Sie bilden das menschliche Urwissen. Erst in der Erfahrungssuche der Auseinandersetzung mit der Gegensätzlichkeit gemäß dem 2. Geistigen Gesetz der Polarität entstanden die Datenbänke der negativen Basisprogramme als *künstliche Matrix*. Diese können jedoch in jedem Moment und in jeder Hinsicht sowohl durch entsprechende, entgegengesetzt polarisierte, positive Basisprogramme als auch durch Liebe neutralisiert und überwunden werden.

IV. Sein und Selbst

1. Grundsätze des eigenen Seins

1. Es gibt nur eine Urquelle allen Seins – GOTT.
2. Gott erschuf die Welt und den Kosmos und verkörperte sich dazu.
3. Im Geist Gottes liegt die kreative Schöpfungskraft, ausgedrückt als Energie in seiner allumfassenden, grenzen- und bedingungslosen Liebe. Aus dem Göttlichen Bewusstsein ergab sich auf Wunsch des Schöpfers als Ausdruck seiner männlichen Willenskomponente der Mensch in der *Spiegelung der zehn Aspekte Gottes* durch den freien menschlichen Willen des Wachbewusstseins des Menschen als einmaliges Gottesgeschenk mit einem menschlichen, gottgleichen, kreativen Schöpfungspotential zur Erschaffung der eigenen Welt. Kraft seines Denkens hat also der Mensch gleich gelagerte Schöpfungspotentiale wie Gott und kann in Gedanken Realitäten schaffen. Verknüpft war und ist dieses einmalige Gottesgeschenk des freien, menschlichen Willens mit den Auflagen, dass

   – sich der Mensch mit seinen freien Willensentscheidungen im Rahmen der subjektiven Wirklichkeit bewegt, also innerhalb der Kosmischen Pläne und der Geistigen Gesetze,
   – niemand in den kreativen Schöpfungsprozess des Menschen eingreifen darf, auch Gott selbst nicht, es sei denn, er wird aus dem freien menschlichen Willen heraus ausdrücklich darum gebeten,
   – der Mensch für die Folgen seiner freien Willensentscheidungen und Gedanken die alleinige und ausschließliche Verantwortung trägt und dies im jetzigen und in allen früheren Leben,
   – der Mensch für alles verantwortlich ist, was er aufgrund seiner Möglichkeiten und Fähigkeiten für sich und für andere hätte tun können und nicht getan hat. Auch dies gilt nicht nur für das derzeitige Leben, sondern auch für alle früheren.

4. Da das Bewusstsein und die Gedanken Gottes dieselbe Qualität haben wie das Wachbewusstsein der Ich-Komponente der rechten Gehirnhälfte und die Gedanken eines Menschen, sind sie beide eins, identisch und spiegeln sich als Wirklichkeit im Außen wider.

5. Die Spiegelung der äußeren Wirklichkeit ist jeder einzelne Mensch immer selbst im Bewusstsein und den Gedanken der inneren Realität, da es mich als individuelles, isoliertes Ich in Wahrheit nicht gibt, sondern lediglich als Ausdruck des großen Ganzen.

6. Nachdem alles Sein im Kosmos durch die allumfassende, grenzen- und bedingungslose Liebe Gottes verbunden und wechselseitig vernetzt ist, ist es einleuchtend, sich selbst als Vertreter von Gottes Liebe auf Erden selbst grenzenlos zu lieben, allumfassend anzunehmen und die eigene Willens- und Gedankenkraft nur in Form von Liebe, Mitgefühl und Wertschätzung für sich selbst zuerst und danach auch für alles andere einzusetzen.

7. *Verletze nie – hilf immer* lautet das eine und einzige Huna-Gebot, und fange dabei zuerst bei dir selbst an, d.h. in und mit Liebe – Verständnis – Mitgefühl – Wertschätzung – Respekt – Verantwortungsbewusstsein. In der Bibel steht die gleichbedeutende wichtige Wahrheit:

Liebe deinen Nächsten wie dich selbst.

Verwirklicht bei mir selbst, gelebt in und mit mir selbst, kann und muss ich diese Energie dann aus einer bewussten Position der eigenen Stärke heraus an andere Hilfsbedürftige – nach deren ausdrücklicher Bitte um Unterstützung – weitergeben.

8. Je mehr Seinszustände ich im Kosmos und in meinen täglichen Beziehungen auch im Du als Spiegelung meines Göttlichen Selbst uneingeschränkt annehme und liebe, desto mehr liebe ich mich selbst.

9. In der täglichen Begegnung mit Organisationen, Institutionen, Situationen, Ereignissen und Menschen erfahre ich immer nur mein realisiertes Bewusstsein in der permanenten, sich ständig verändernden Reflexion meiner eigenen Geisteshaltung. Deshalb begegnen mir hier wichtige Botschaften für notwendige Lernerfahrungen, die meine Zukunft verändern.

2. Menschliches und Göttliches Bewusstsein

2.1 Menschliche Bewusstseinsebenen nach der HUNA-Lehre

2.1.1 Die Ebene des Überbewusstseins und seine Steuerinstanz: Das Hohe Selbst

Das **Hohe Selbst** bringt Gott in unsere Reichweite. Es ist der Göttliche Aspekt in uns Menschen als Führer, Begleiter und immer anwesender Beschützer. Es vermittelt uns den Schutz Gottes und seine unbegrenzte Kraft, das Wissen, dass es Gott wirklich gibt und er jederzeit für uns ansprechbar und erreichbar ist. Wir sind deshalb nie alleine. Gott ist immer in uns und mit uns in Gestalt des Hohen Selbst.

Das Hohe Selbst liebt uns immer, gleichgültig, wer wir sind und was wir tun. Es hilft uns immer, wenn wir es um Hilfe und aktives Eingreifen bitten *(bitte, danke)*.

Kinder haben automatisch Zugang zu ihrem jeweiligen Hohen Selbst, dem Schutzengel, dem *Weißen Freund*, verlieren aber später diesen Kontakt äußerlich und müssen ihn sich als Erwachsene durch entsprechendes Handeln, Denken und Wünschen wieder neu erarbeiten.

Das Hohe Selbst ist Träger und Verwalter unseres eigenen Lebensplanes im Rahmen des globalen Kosmischen Planes. Es verfügt über hochfrequente Gedankenmuster, die es ihm erlauben, sowohl in die Vergangenheit (auch früherer Leben) zu sehen als auch in gewisse Zukunftsebenen, die sich bereits nach dem Kausalitätsprinzip von Ursache und Wirkung grob herausstrukturiert haben, nachdem die Zukunft zumindest teilweise bereits von Gedankenmustern der Gegenwart als *kristalline Zukunft* gestaltet wird. Das Wachbewusstsein (=Mittleres Selbst) als Steuerinstanz unserer Identität, unserer individuellen Persönlichkeit, hat jedoch jederzeit die Möglichkeit, diese *kristalline Zukunft* zu verändern, wenn es aus freiem Willen in der Lage ist, das Denken zu verändern.

Als spirituelles Lichtwesen (in und über dem Kopf des physischen Körpers) hat und verkörpert das Hohe Selbst höchste Weisheit, Urteilskraft, Macht, Güte, Liebe und Gnade ohne Beschränkungen durch Raum und Zeit.

Wach- und Unterbewusstsein (= Unteres Selbst) denken, fühlen, lernen, hoffen und glauben, das Hohe Selbst weiß. Das Hohe Selbst ist immer gegenwärtig und möchte mit dem Unteren und Mittleren Selbst kommunizieren, aber nur, wenn es von diesen ausdrücklich dazu aufgefordert wird, das Wachbewusstsein hierzu die Initiative ergreift und sich intensiv auch um Kontakt bemüht.

Das Hohe Selbst verwaltet den eigenen Kosmischen Plan, kennt unseren Lebensplan deshalb genau und versucht, diesen nach Aufforderung durch das Wachbewusstsein mitzugestalten. Es ist verpflichtet, auf den freien Willen und die Entscheidungen des Mittleren Selbst keinen Einfluss zu nehmen, es sei denn, es besteht akute Lebensgefahr oder das Mittlere Selbst bittet das Hohe Selbst ausdrücklich um Hilfe.

Das Hohe Selbst verkörpert den höchsten, spirituellen Aspekt im Menschen, der Liebe ist. Es wirkt ausschließlich positiv, reinigend, klärend und erhebend auf das Mittlere Selbst ein, so, wie dieses es seinerseits auf das Untere Selbst tun sollte.

Dies führt zu folgenden Erkenntnissen auch auf der Ebene des Wachbewusstseins:

- Gott ist immer in uns, nicht irgendwo in der Ferne und nur über Mittelsmänner wie Klerus, Priester, Schamanen etc. erreichbar.
- Das Hohe Selbst ist als Botschafter Gottes unser innerer Helfer, der immer am besten weiß, was gut für uns ist, und der uns immer nur so viel zumutet, wie wir auch ertragen können.
- Gott in uns, das Hohe Selbst, rächt nicht, straft nicht, vergibt nicht unsere Sünden, da diese es gar nicht erreichen können, es handelt immer nur im Geiste der Liebe.
- Wenn wir lernen, durch richtiges Denken und Handeln des Wachbewusstseins Einschränkungen, Angst, Sorgen und Leid zu überwinden, machen wir die innere Harmonie des Hohen Selbst zu einer Offenbarung auf allen Ebenen unseres Seins.
- Das Reich Gottes ist in uns in Gestalt des *Hohen Selbst.* Aus der rechten Tat kommt die Erkenntnis, das Wissen und die Wahrheit. Innere Harmonie, ein erfülltes Leben sind uns gegeben durch bedingungslos gebende, ausstrahlende Liebe, wenn wir nur stille sind, bereit und willens, nach innen zu gehen, um auf sie zu hören.

2.1.2 Die Ebene des Wachbewusstseins und seine Steuerinstanz: **Das Mittlere Selbst** mit linker (EGO) und rechter Gehirnhälfte (ICH)

Ich bin, was ich denke. Ich bin, was ich denke, was ich bin, und die Welt ist so, wie ich denke, dass sie ist.

Ich bin der Schöpfer meiner Wirklichkeit im Hier und Jetzt aufgrund meiner Gedanken.

Das Wachbewusstsein ist das *denkende, sprechende* Wesen in uns.
Es ist aufnahmebereit ab dem 3./4. Lebensjahr und dann vorbelastet durch Umfeld, Umwelt, Eltern, Erziehung, Kindergarten, Schule, Kirche, soziale Bedingungen, Religionen, Gesetze, Dogmen, Lebensumstände, Krieg, Gesellschaftszwänge, Traditionen, Machtstrukturen u.dgl.

MENSCHLICHE GEHIRNFREQUENZEN
UND „SCHUMANN - WELLEN" (ERDFREQUENZ)
7.83 - 8.20 - 9.56 - 10.00 - 12.50 Hertz

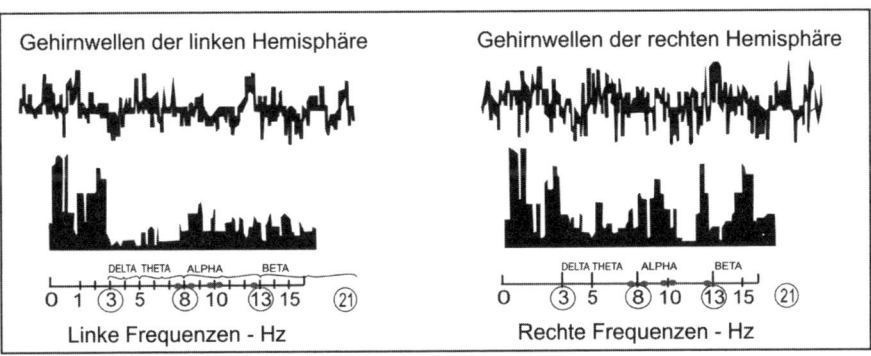

Aufgaben des Wachbewusstseins:

Das Mittlere Selbst

● ist Führer, Beschützer, Lehrer, Berater und Tröster des Unterbewusstseins. Es muss das Untere Selbst führen und kontrollieren (nicht umgekehrt).
● trägt die alleinige und absolute Verantwortung für das gegenwärtige Leben. Aufbauend wirken klare, positive Ziele, Initiative, Willensstärke und Fleiß. Positives Denken muss die eigene Zukunft bestimmen. Man muss Verantwortung für sich selbst und das eigene Leben übernehmen, für alles, was man tut, aber auch für alles, was man nicht tut, aber aufgrund eigener Fähigkeiten tun könnte.
● hat (größtenteils) die Verantwortung für Gesundheit und Gesunderhaltung des physischen Körpers (Atmung, Bewegung, Sport, Stress, Angst, Depression).
● hat die Pflicht, mit Hilfe von Umwelt, Umfeld, Sinnesorganen bis zur Speicherung im Gehirn und Gedächtnis zu lernen.
● entscheidet über Form, Initiative, Quantität und Qualität der Beziehung zum Hohen Selbst.

- arbeitet mit Selbstsuggestion – Imagination – Telepathie – Entspannung – Lockerung – Meditation und Kontemplation.
- ist verantwortlich für den sorgfältigen Umgang mit Lebens- und Willensenergie.
- gestaltet aktiv ein harmonisches Verhältnis und eine positive, immerwährende Kommunikation zwischen Mittlerem – Unterem – und Hohem Selbst.
- bestimmt durch Liebe die eigene Evolution. Durch permanente, positive Arbeit, Denken, Fühlen, Affirmationen und aktiv aufbauende Handlungen werden die eigenen Schwingungen feiner, höherwertig, intensiver, und das Mittlere Selbst wird irgendwann zum Hohen Selbst.

Schwachpunkte des Wachbewusstseins:

- Mangel an Imagination, Visualisierung, Umwandlung von Gedanken und Worten in klare, einfache Bilder und Symbole für das Untere Selbst.
- Das Untere Selbst wird verwirrt, da keine klaren Zielvorstellungen bestehen, zu viele Kompromisse gemacht werden, ein ständiges Durcheinander widersprüchlicher Wünsche, Pläne, Befürchtungen und Hoffnungen an das Hohe Selbst vorhanden ist.
- Eigen gemachte und eigen zu verantwortende Schuldgefühle verletzen das Untere Selbst, bauen Blockaden auf, fressen von innen her auch den physischen Körper auf (Krebs, Asthma, Angina pectoris).
- Es besteht kein fester Wille und kein klares Konzept zur Sühne und zur Vergebung auch sich selbst gegenüber (Täter-Opfer-Syndrom).
- Es gibt keinen Willen zur Besserung, z. B. zur Kontrolle von negativen Gedanken, Gefühlen, Worten und Taten.
- Negatives Denken: nicht, nie, niemals, wahnsinnig, unheimlich, unglaublich, unsinnig, irrsinnig, furchtbar – derartige Worte sollten kontrolliert und vermieden werden.
- Hass, Angst, Furcht, Depression, Neid, Geiz, Misstrauen, Interesselosigkeit, Eifersucht, Rachegelüste, Missgunst und weitere negative Gedanken- und Gefühlsmuster müssen positiv umgepolt werden.
- Schuldgefühle des Mittleren Selbst blockieren den Weg zum Hohen Selbst, da das Untere Selbst nicht mehr handelt, welches normalerweise die telepathische Kommunikation zu diesem aufrechterhält.
- Der einzelne Mensch und sein Wachbewusstsein können gegenüber Gott und dem Hohen Selbst nicht sündigen, nur gegenüber sich selbst und dem Unteren Selbst. Sühne muss deshalb immer zuerst vom Mittleren Selbst durch Kompensationen eingeleitet werden, die aus der Sicht des Unteren

Selbst wehtun, sowie zusätzlich durch Leistungen, welche die Vergebung des Opfers oder dessen Familie zur Folge haben.

- Fehlender Wille zu Entscheidungen, Aktionen und Handeln
- Das Mittlere Selbst kontrolliert eigene Sinnesempfindungen, Worte, Töne, Gefühle, Gedanken zu wenig, die starke emotionale Auswirkungen haben. Das Untere Selbst beherrscht deshalb mit seinen Emotionen das Mittlere Selbst (Hass, Furcht, Angst, primitiver Sex, Depressionen, Gewalt, etc.)

Negative Gedanken durch das EGO des Mittleren Selbst nur zu meiden, reicht nicht aus. Es entsteht ein Vakuum. Negative Aspekte müssen willentlich und permanent in positive, liebende, glückliche, erfolgreiche, vertrauensvolle Energien und Schwingungen umgewandelt werden.

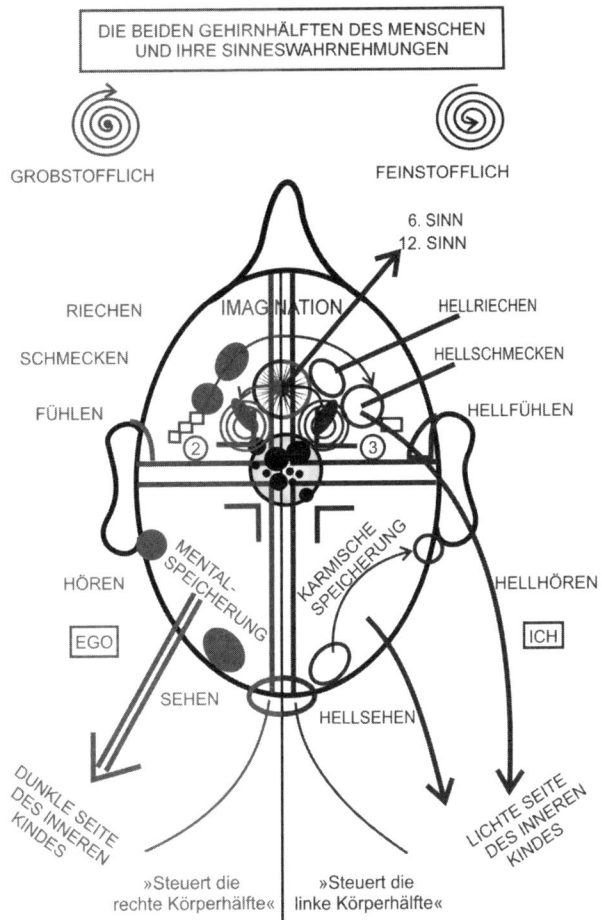

DIE BEIDEN GEHIRNHÄLFTEN DES MENSCHEN
UND IHRE SINNESWAHRNEHMUNGEN

GROBSTOFFLICH

FEINSTOFFLICH

6. SINN
12. SINN

RIECHEN   IMAGINATION   HELLRIECHEN

SCHMECKEN   HELLSCHMECKEN

FÜHLEN   HELLFÜHLEN

②   ③

MENTAL-SPEICHERUNG   KARMISCHE SPEICHERUNG

HÖREN   HELLHÖREN

EGO   ICH

SEHEN   HELLSEHEN

DUNKLE SEITE DES INNEREN KINDES

LICHTE SEITE DES INNEREN KINDES

»Steuert die rechte Körperhälfte« | »Steuert die linke Körperhälfte«

Das Wachbewusstsein hat seinen Sitz im Kopf. Dabei werden die beiden Gehirnhälften durch den sogenannten Balken (Corpus Callosum) als Verlängerung des Hirnstammes (Pons) und der sog. Medula Oblongata in ihren Funktionen getrennt.

Die linke Gehirnhälfte ist zweidimensional immer nach vorne gerichtet aufgebaut, verarbeitet in Folge Einzeleindrücke und verkörpert die nach außen orientierte EGO-Komponente von Intellekt, Logik, Analytik und Verstand. Die rechte Gehirnhälfte ist dreidimensional ausgerichtet und sieht immer den Gesamteindruck über den Details. Es ist identisch mit der nach innen gerichteten ICH-Komponente von bildhafter, nonverbaler Kommunikation, Imagination, Intuition und Inspiration.

Aufgaben und Funktionen der beiden Gehirnhälften im Bereich des Wachbewusstseins Polar aufgebaut als	
EGO und ICH	
Die linke Gehirnhälfte	Die rechte Gehirnhälfte
Arbeit mit der zweidimensionalen linken Gehirnhälfte von Logik und Analytik durch Imagination	Arbeit mit der dreidimensionalen rechten Gehirnhälfte von Inspiration und Intuition
Verarbeitet Informationen nacheinander	Verarbeitet Informationen gleichzeitig
Hält sich an eine Reihenfolge	Geht simultan vor. Erfasst ein komplexes Bild
Registriert Einzelheiten	Erfasst das Ganze, nicht einzelne Details
Zergliedert die Welt in überschaubare benennbare Ausschnitte und Teile	Verbindet die Welt zu einem Gefüge von Ganzheiten
Ist logisch, sieht Ursache und Wirkung	Ist analog: sieht Entsprechungen und Ähnlichkeiten
Spricht auf quantitativ verifizierbare Aspekte der Welt an z. B.: 2 x 2 = 4	Spricht auf qualitative, nicht quantitative Aspekte der Welt an: z. B. auf Gefühls-zustände
Zeichnet informative Bereiche von Umfeld und Umwelt auf	Verzeichnet emotionale Aspekte des Denkens: „Mit dem Herzen denken und mit dem Verstand fühlen."
Begriffliches Denken Denkt linear in regelgeleiteter Ideenbildung. Hält sich an vorgegebene, festliegende Strukturen. Ist weitgehend abhängig von gespeicherter, organisierter Information und in der Vergangenheit gemachten Erfahrungen	Bildhaftes Denken Denkt bildhaft in transformativer, offener Ideenbildung. Hält sich an qualitative, nicht quantifizierbare Strukturen, die nicht in eine bestimmte Reihenfolge gebracht werden, sondern sich um stark gefühlsbesetzte Bilder gruppieren

EGO	und	ICH
Die linke Gehirnhälfte		**Die rechte Gehirnhälfte**
Ist syntaktisch aufgebaut, d. h. verknüpft Wörter nach grammatischen Regeln		Hat nur eine begrenzte Syntax, reagiert aber auf den Bildgehalt von Wörtern oder ruft Sätze als geschlossene Einheiten ab: den Wortlaut eines Liedes, Gedichte oder Reime
Zerlegt: wichtig sind Unterscheidungen		Fügt zusammen: wichtig sind Verbindungen
Kann komplexe Bewegungsfolgen erinnern		Kann komplexe Bilder erinnern
Redet und redet und redet		Ist stumm – benutzt Bilder und keine Worte
Bewusst, *was* ich bin		Bewusst, *dass* ich bin
Nach außen strebend		Nach innen gehend
Materiell verhaftet in atomaren Strukturen mit Masse und Ladung		Ideell verhaftet ohne Masse mit Ladung
Gibt Verantwortung ab		Übernahme von Verantwortung
Lebt im Mangel, in der Spaltung, Disharmonie, in Ungleichgewicht und Krankheit im Rahmen negativer Basis-programme und der „künstlichen Matrix"		Im Einklang mit der Struktur Gottes, Geistigen Gesetzen, Kosmischen Plänen und positiven Basisprogrammen
Negativprogramme im Denken und Fühlen		Ohne Widerstand zu suchen positives Denken, positive Mantras und Affirmationen, regelmäßiges Beten
Sieht nur das Außen, nicht das Innen		Sieht hinter der äußeren Fassade den inneren Kern
Altes weiterbildend und nur dadurch Neues schaffend		Kreativ-schöpferisch Neues schaffend
Trennung und Isolation von Außen und Innen		Hält den Kontakt zum Inneren Kind und dem Hohen Selbst
Beeinflussung durch alte karmische Negativ-speicherungen von Schuldkomplexen, Phobien, Blockaden, Glaubenssätzen, Traditionen und Gewissenkonflikten		Streben nach Verschmelzung im kosmischen Bewusstsein
Starke Manipulation durch die „dunkle Seite des Inneren Kindes" und alte „Splitter-Egos"		Führung der „lichten Seite des Inneren Kindes". Kontrolle des Ego

EGO	und	ICH
Die linke Gehirnhälfte		**Die rechte Gehirnhälfte**
Leben in der Dunkelheit Freier Wille wird nur eingesetzt im Außen, um sich vergängliche materielle Werte zu schaffen und sich in diesen zu spiegeln (oft auf Kosten anderer)		Enge Verbindung zum Licht und der Liebe Gezielter, positiver Einsatz des freien Willens als Wahlmöglichkeit
Ohne Vertrauen Ohne Vertrauen zu sich und anderen		Urvertrauen, Liebe, Freude
Leben in Spaltung, Trennung, Selbstisolation, Angst, Sorgen		Harmonie und Gleichgewicht
Disharmonie, Ungleichgewicht, Krankheit, Depressionen		Anhaltende Gesundheit
Starke Abhängigkeit und Beeinflussung durch die negativen Basisprogramme der „künstlichen Matrix"		Leben im Einklang mit den Geistigen Gesetzen und der universalen Ordnung
Leben im Mangel, mit materiellen Sorgen und Ängsten		Fülle und Gottesglaube
Nur grobstofflich		Fein- und Grobstoffbereich

**Die wichtigste Aufgabe des Ichs ist es,
das Ego zu kontrollieren und liebevoll zu führen.**

**Gott ist Geist.
Der Mensch ist Geist vom Geiste Gottes.
Gott wirkt durch den Menschen,**

durch dessen freien, menschlichen Willen

– im Rahmen der Geistigen Gesetze
– im Rahmen der Kosmischen Pläne
– ohne jeglichen Eingriff von außen in dessen ausschließlicher,
eigener Verantwortung.

**Denke mit dem Herzen
und fühle mit dem Verstand,
dann wirst du eins in dir!**

122

2.1.3 Die Ebene des Unterbewusstseins mit der Steuerinstanz des *Unteren Selbst* oder *Inneren Kindes*

Aufgaben:

- Steuerung der autonomen Körperfunktionen wie Atmung, Herzschlag, Blutdruck, Kreislauf, Stoffwechsel und Verdauung, Entgiftung, Zellerneuerung.
  Die Ursachen aller psychosomatischen Krankheiten liegen im Unteren Selbst. Dieses ist ausschließlich für das physische und psychische Wohlergehen zuständig.
- Abspeicherung aller Informationen in den positiven (Alpha), den negativen (Beta) und den *Weiß-nicht*-Speicher. Gespeichert wird nach (mentaler und emotionaler) Priorität, die vom Mittleren Selbst vorgegeben wird, bzw. nach Gefühlsintensität (Angst, Stress).
- Liebe, Licht, Freude, Urvertrauen usw. stärken die *lichte Seite des Inneren Kindes* (Alpha-Speicher). Angst, Zorn, Leid, Selbstmitleid, Sorge, Trauer, Aggression, Zweifel usw. stärken die *dunkle Seite des Inneren Kindes*[12] (Beta-Speicher). Worte und Gedanken wie *wahnsinnig schön* kommen in den *Weiß-nicht-Speicher*, da sie nicht eindeutig dem Alpha- bzw. Betaspeicher zugeordnet werden können.
- Auf Wunsch und Veranlassung des Mittleren Selbst können Programmteile (individuelle Software) verändert, ausgetauscht oder gelöscht werden, z. B. bei der Reinigung von Blockaden sowie der Änderung und Stornierung von überholten, persönlichen Gedanken- und Gefühlsmustern.
- Das Untere Selbst ist darauf aus, Schmerz zu vermeiden sowie Lebenslust und Lebensfreude zu gewinnen. Es nimmt freiwillig auch Schmerz auf sich, wenn das neue, zu erzielende Ergebnis für das Untere Selbst subjektiv positiver und besser erscheint als das vorher erduldete Leid.
- Es ist Träger aller animalischen Triebe, Süchte und übersteigerter Lustgefühle, von Instinkten, Abhängigkeiten, Unbeherrschtheit, Wut und Jähzorn.
- Es kennt keinen Schlaf. Es kommuniziert nachts mit dem ruhenden Mittleren Selbst oft in symbolhaften Traumbildern. Im Traum führt es Astralreisen durch.
- Das Untere Selbst tritt als Verbindungsglied zwischen dem Mittleren und dem Hohen Selbst auf.

---

12 Vgl. hierzu: WOLINSKY STEPHEN: *Die dunkle Seite des Inneren Kindes.* Verlag Alf Lüchow, Freiburg 1997.

ÜBERSICHT DER DREI BEWUSSTSEINSEBENEN ODER SELBSTE
(weitestgehend aus dem HUNA-Gedankengut entnommen)

Das Überbewusstsein oder Hohes Selbst
= *Heiliger Geist*, Lichtenergie, *Gott in uns*
Kosmischer Plan
Inspiration
Nonverbale, telepathische Kommunikation mit:
Erzengeln, Engeln, Sternengeschwistern, Geistführern, spirituellen Beratern, etc.
Verwaltung und Überwachung des individuellen Kosmischen Planes

Das Wachbewusstsein oder Mittleres Selbst
= *Denkender, sprechender Geist*
Willensenergie *Was will ich?*
Imagination
Sinneswahrnehmung, Kontrolle, Führung und Leitung von EGO und Unterem Selbst,
Lebensplanung und -sinn, Zielsetzung und Willensausrichtung

Linke Gehirnhälfte	*Rechte Gehirnhälfte*
Verstand, Logik	ganzheitliches Erfassen
begriffliches Denken	bildhaftes Denken
nach außen gerichtet	nach innen gerichtet
Kontakt zur „dunklen Seite	Kontakt zur „lichten Seite
des Inneren Kindes"	des Inneren Kindes"
EGO	ICH
ohne Eigenverantwortung	Eigenverantwortung
Mangeldenken	kreativ-schöpferisch
negative Programme, Spaltung, Trennung	positives Denken, Affirmationen
Depression	freier menschlicher Wille, Wahl
ohne Vertrauen, „innerer Saboteur"	Liebe, Freude, Urvertrauen
„Ich bin nichts wert"	Gebet, Meditation
„Die anderen sind nichts wert"	Glaube an Gott
	Ganzheit, Bewusstheit, Fülle
Grobstofflich	Feinstofflich
negative Gedankenprogramme	*positive Gedankenprogramme*

Das Unterbewusstsein/„Inneres Kind" / Unteres Selbst
Fühlender Geist, Lebens- und Vitalenergie
Intuition
Regelung autonomer Körpervorgänge, Gewissen, Gedächtnis, Gefühle, Speicherung
Nonverbale, telepathische Kommunikation mit: Naturgeistern, Elementarwesen,
Mineralien, Pflanzen, Tiere, etc.
Gefühle, Emotionen, Psyche

„dunkle Seite des Inneren Kindes"	„lichte Seite des Inneren Kindes"
– (Beta)-Speicher	+ (Alpha)-Speicher
verbunden mit dem EGO des	verbunden mit dem ICH des
Wachbewusstseins	Wachbewusstseins
Phobien, Neurosen, Psychosen	Freude
Schuldkomplexe	Fröhlichkeit
Schmerz und Leid, Selbstmitleid	Glück, Fülle
Angst, Blockaden, Mangelbilder	Harmonie, Zufriedenheit
Zweifel, Unsicherheit, Ungleichgewicht	Vertrauen
emotionale Starre, Trennung, Spaltung,	Fülle, Erfolg, Gleichgewicht,
Selbstisolation, Wut, Trauer, alte	emotionale Beweglichkeit,
Muster, Dogmen, Traditionen, religiöse	Geborgenheit, Licht, All-Einssein
Ethik, Familienmoral, Flüche, Gelübde	
negative Gefühlsmuster	*positive Gefühlsmuster*

- Negative Vorgaben des Mittleren Selbst wie Angst, Zweifel, Kleinmut, Sorgen, Selbstzweifel, Unsicherheit, mangelnde Eigenliebe und Hoffnungslosigkeit mindern die Energie des Unteren Selbst und belasten es schwer.
- Es hat ein eigenes Wachstum und eine individuelle Evolution. Es lernt dabei unter der liebenden Führung des Mittleren Selbst. Nach Beendigung seiner Entwicklung als Unteres Selbst transformiert das Innere Kind nach seinem Weggang in der Anderswelt zu einem Mittleren Selbst und kommt als solches wieder in einem physischen Körper auf die Erde.
- Es freut sich über Lob und Anerkennung. Eine enge, vertrauensvolle Zusammenarbeit ist die Voraussetzung für Erfolg, Glück, Harmonie und Gesundheit im Leben, *denn gemeinsam schaffen wir alles!*

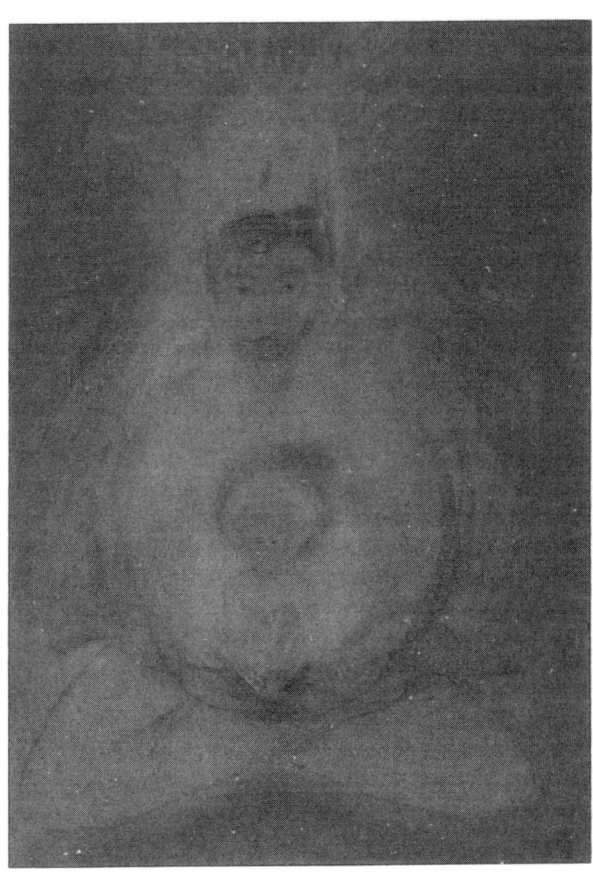

DIE DREI SELBSTE DES MENSCHEN

2.2 Göttliches Bewusstsein

Unser eigenes Bewusstsein als Präsenz des Göttlichen Geistfunkens in uns ist Teil eines allumfassenden, universalen Göttlichen Geistpotentials, welches wie eine große Kugel oder ein riesiger Würfel Impulse des menschlichen Bewusstseins als innere Realität in der äußeren Wirklichkeit spiegelt. Deshalb reflektiert jedes Ereignis und das Verhalten jedes Menschen in der äußeren Spiegelung der erfahrbaren, sichtbaren Realität nur das Innere der eigenen geistigen Welt, für welche jeder Einzelne ausschließlich selbst verantwortlich ist, *im Kleinen wie im Großen – wie innen so außen – unten wie oben* gemäß dem Geistigen Gesetz der Entsprechung.

**Gott in mir wirkt durch meine Gedanken,
die mein Inneres mit dem Äußeren verbinden.**

Die Präsenz Gottes wirkt und zeigt sich in jedem Menschen, da letzterer im Geist mit der Urquelle allen Seins immer verbunden ist. Handelt der Einzelne mit seinem freien menschlichen Willen immer im Einklang mit dem Willen Gottes, indem er auf seine eigene innere Führung achtet und gemäß seiner Intuition handelt, so ist er als „aufstrebender Mensch" im Sinne der Zahl 7 der Zahlenmystik auf dem Weg zurück in die Welt des Lichtes.

2.3 Das Zusammenwirken von menschlichem und Göttlichem Bewusstsein

Menschliches Bewusstsein ist Teil des universalen Göttlichen Bewusstseins und damit ein wichtiger Aspekt Gottes, mit der Fähigkeit, im Hier und Jetzt kreativ schöpferisch aktiv zu werden und Tatsachen zu schaffen, die zur materiell verdichteten Wirklichkeit werden.

Jedes Ereignis und jeder Mensch, mit dem ich – wann auch immer – in Berührung komme, existierte zuerst als Produkt meines Wachbewusstseins in meinem Geist und spiegelt deshalb immer dieses und diesen, also mich selbst, wider. Absolut alles, mit was ich in meinem Leben in Berührung komme, existiert zuerst als Produkt meines Wachbewusstseins in meinem Geist und spiegelt deshalb immer dieses und diesen, also mich selbst, wider. Absolut alles, mit dem ich in meinem Leben in Berührung komme – wann auch immer – nimmt aufgrund meiner bewussten Einstellung Form und Gestalt an und wird konkrete Wirklichkeit, positiv und negativ.

In allen meinen Bewusstseinsebenen sind die folgenden Erkenntnisse verankert, die mein Leben bestimmen:

> Ich bin der eigentliche Schöpfer meiner eigenen Wirklichkeit
> und deshalb als einziger auch dafür verantwortlich,
> was mir und in meinem Umfeld geschieht.

> Ich bin mir bewusst, dass ich Geist vom Geiste Gottes
> bin
> und dieser durch mich wirkt.

> Meine Erfahrungen sind Seine Erfahrungen.
>
> Sein kreativ-schöpferischer Wille gestaltet die Welt
> mit Hilfe meines freien menschlichen Willens
> im Rahmen der universalen Struktur und Ordnung.
>
> Ich bin mir meiner aus dieser Tatsache resultierenden
> Verantwortung voll bewusst und übernehme sie ohne
> jegliche Einschränkung.

3. Die Spiegelung von Außen und Innen

Ohne Begrenzung durch Raum und Zeit, damit ohne jegliche Definition und Erfassbarkeit existierte die

Gottheit in Ruhe und Stille
im Zustand des ewigen Seins.

Licht stellte dabei die Substanz, Liebe die Essenz Gottes in diesem Netz dar, welches permanent Leben erschuf und auch heute noch erschafft.

Liebe ist die stärkste Energie und größte Kraft im Universum. Da sie als unpolarisiertes Nullpotential reine Essenz, reine Energie, reine Information im Nullpotential des Weltgeistes ohne stoffliche Struktur ist, bildet sie keinerlei Resonanz, auch nicht zu den feinstofflichsten Teilchen oder Ebenen.

Sie *ist* einfach nur – wie die Gottheit selbst und durchdringt alles Sein im Kosmos. *In Wahrheit ist alles nur Liebe.* Licht ist auch stärker als Dunkelheit und alle ihre Mächte, Kräfte und negativ polarisierten Energiepotentiale.

Danach folgend steht als zweiter Schöpfungsakt das Einatmen der Gottheit: linksdrehend, passiv von außen nach innen, Symbol für die weibliche Komponente des Weltengeistes, die Weisheit. Sie zeigt sich in der Ordnung und Struktur des Universums, mit welcher sich das vorliegende Buch beschäftigt.

Die Spiegelung der *Inneren Gottheit* erfolgt durch die Grenzen von Universum und Stoff. Im Göttlichen Bereich, wie im gesamten Kosmos, spiegelt sich also das Innere im Äußeren.

Im Rahmen der persönlichen Spiegelung ist alles und jedes, was ein Mensch gespiegelt sieht, er selbst als realisiertes Abbild seiner Geisteshaltung. Sämtliche in diesem Theaterstück *Spiegelung – Selbstfindung der individuellen Identität* vorkommenden Ereignisse und auftretenden Personen haben einzig und alleine nur für mich selbst Bedeutung, ergeben sich und handeln ausschließlich nur aus Liebe zu mir, damit ich endlich erkenne, wann und wo ich selbst lieblos denke, sowohl in Bezug auf mich selbst oder hinsichtlich anderer.

In diesem *Theaterstück des Lebens auf Erden* bin ich selbst sowohl Drehbuchautor, Regisseur, Hauptdarsteller als auch Kritiker und Zuschauer mit Logenplatz. Es dreht sich alles nur um mich und meine bewusste Lernerfahrung, dass ich lerne zu erfahren, meine Reflexion und mein Gegenüber mit Liebe anzuschauen und sein Verhalten als Ausdruck einer transpersonalen, multidimensionalen und allumfassenden Liebe zu verstehen, in welcher sich die Gottheit im Außen spiegelt als Reflexion der Gottheit in meinem Inneren. **Gott in mir spiegelt sich im Gott in dir.**

Ich bin ein Aspekt der Urquelle, ein Göttliches Wesen, genauso wie du und alles Sein im Universum. Aus Liebe zu mir zeigen sich in der Spiegelung des Außen dunkle Punkte und negativ polarisierte Aspekte, Gedankenmuster und karmische Leitsätze in meinem Inneren, zu denen ich lernen muss, nein zu sagen – aus Liebe zu mir, um sie durch eine bewusste Lernerfahrung auflösen zu können, dadurch meine eigene Schwingungsfrequenz zu erhöhen und mich als das zu erfahren, was ich in Wirklichkeit bin, nämlich:

Ein Abbild Gottes, ein Lichtwesen, welches dieses Leben auf der Erde auf eigenen Wunsch erhalten hat, um glücklich zu sein, Liebe zu empfangen und auszustrahlen

---

Damit jeder Mensch zu seiner wahren, individuellen Identität in diesem Leben auf Erden findet, müssen noch vorhandene dunkle Aspekte in seiner Seele, oft aus früheren Leben kommend, angenommen und mit Hilfe von bewussten Lernerfahrungen neutralisiert und aufgelöst werden. Dies gilt insbesondere für alte Ängste, Schuldkomplexe, Schmerz- und Leidensprogramme. Unangenehme Situationen und negatives Handeln von Personen geschehen nur deshalb, um mir zu zeigen, wo ich selbst negativ, selbstschädigend und lieblos handle und gehandelt habe.

Eine der bedeutendsten Aufgaben in diesem Lebensabschnitt auf Erden ist die Annahme der eigenen Polarität als Energiepotentiale, Persönlichkeitsaspekte und Seelenanteile aus früheren Existenzen und Inkarnationen. Es gilt dabei, bewusst die dunklen Anteile der eigenen Identität in Liebe in die lichten Bereiche des eigenen Selbst aufzunehmen. Die dabei zum Tragen kommende Einstellung und Vorgehensweise heißt **Integrieren statt Ausgrenzen.**

Wir alle haben nicht nur positive Dinge in der Gesamtheit aller unserer Leben gewollt, gedacht, gefühlt, gesagt und getan, sonst hätten wir keine polaren Erfahrungen machen können und wären jetzt nicht hier auf Erden, um negatives Karma aufzulösen. Es hat keinen Sinn, diesen Sachverhalt zu leugnen, die eigenen negativen Seelenanteile zu negieren und damit auszugrenzen. Sie werden sich dann nur noch intensiver zu Wort melden, was im Extrem zu Bewusstseinsstörungen, Nervenkrankheiten, Depressionen und Persönlichkeitsspaltungen führen kann.

Wir müssen unsere eigenen dunklen Seiten anschauen, annehmen, in unsere Identität aufnehmen, als Teil von uns selbst in Liebe integrieren und in unserem positiven lichten Wesensbereich neutralisieren und ausgleichen. Ohne weitere Zufuhr von Aufmerksamkeit und damit Energie werden sich diese dunklen Aspekte von uns in uns selbst dann langsam auflösen. Tue ich aber so, als würde ich nur aus lichten Aspekten bestehen (was in der Regel nicht der Wirklichkeit entspricht), so grenze ich bewusst einen wichtigen Persönlichkeitsaspekt von mir aus. Ich bin gespalten, getrennt in ein Innen und ein Außen. Diese starke Betonung der eigenen Polarität entfernt mich noch mehr von meinem Ziel der Verschmelzung im Licht und der grenzenlosen Liebe der Urquelle. Alle Aspekte meines Seins müssen von mir angenommen und im Kern des *ewigen Lichtes in meinem Herzen*, des *Gottes in mir*, in Liebe integriert werden.

Beispiel:
Die Statue des Hl. Michael in der gleichnamigen Kapelle neben der Stadtkirche von Stadt Haag in Niederösterreich spiegelt die offizielle Lehrmeinung der Kirche im späten Mittelalter wider. Ein androgyn wirkender Erzengel hat sein Flammenschwert mit seinem aktiv ausführenden rechten Arm zum Schlag erhoben. Er steht mit dem linken Fuß auf einem mit Greifenklaue und Pferdefuß ausgestatteten Dämon den Blick ziellos in die Ferne sowie die linke, aufnehmende Hand nach vorne gerichtet. Die dunkle Seite wird nicht beachtet, ausgegrenzt und bekämpft, damit das Problem der dunklen Anteile in Welt und Mensch weggeschoben. Ein derartiges Vorgehen ist jedoch keine Lösung. Diese sieht anders aus.

Ich selbst aus der lichten Seite meines inneren Wesens heraus muss der im Außen befindlichen dunklen Seite meines Lebens liebevoll die Hand zur inneren Versöhnung und Selbstvergebung reichen. Erst dann ist die innere Verschmelzung auf allen Ebenen möglich.

Beispiel:
In der Burgkapelle auf dem ST. MICHAEL'S MOUNT vor Marazion in Cornwall/Südengland auf einer der berühmten Michael-Leylinien gelegen, befindet sich eine kleine Statue. Sie zeigt den Erzengel Michael in der rechten Hand ein Schwert haltend, welches Himmel und Erde verbindet, ohne auf einen Gegner gerichtet zu sein. Auf dem Boden zu Füßen des Erzengels liegt ein dunkler Dämon, seinen rechten Arm abwehrend zur Verteidigung nach oben erhoben. Der lichte Erzengel streckt im vollen Bewusstsein seiner Stärke dem liegenden dunklen Dämon seine linke, aufnehmende Hand zur Versöhnung entgegen. Blick und Aufmerksamkeit sind in diesem Moment auf die dunkle Seite gerichtet, jedoch nicht strafend und richtend, sondern liebe- und verständnisvoll.

130

Das Beispiel dieser kleinen Statue zeigt uns, was wir zu tun haben. In der Stärke der eigenen lichten Komponente unseres Wesens, dem Christusbewusstsein und der Christusenergie in uns, müssen wir die eigene Polarität überwinden. Das bedeutet für uns, unsere dunkle Seite, die luziferische Komponente unseres Wesens, unabhängig von Raum und Zeit, Vergangenheit und Zukunft in der Gegenwart bewusst anzunehmen, zu integrieren und durch Verzeihung, Versöhnung, wechselseitiger Vergebung und Selbstvergebung in Licht und Liebe aufzulösen. Nur über die Anerkennung, Annahme und den nachfolgenden Ausgleich der Polarität führt der Weg zurück zur Einheit und Verschmelzung mit der Urquelle.

Besonders wichtig nach dem Prinzip der Spiegelung sind dabei die Worte und Sätze von Menschen, die man liebt und schätzt und die in Gegenwart von einem selbst immer in *Ich*-Formulierungen sprechen. Mit ihrem eigenen Ich meinen sie in Wirklichkeit mich, wohingegen Du-, Er- oder Sie-Sätze meinen Gegenüber selbst angehen, jedoch nicht mich. *Ich*-Sätze, die ein geliebter Mensch in meiner Gegenwart sagt, sind wertvolle Botschaften für mich selbst. Sie zeigen eine wichtige Wahrheit über mich *selbst* auf, deren ich mir bisher nicht bewusst war.[13] Die mir tag-täglich begegnenden menschlichen Spiegelbilder zeigen immer nur, wie ich mich selbst behandle. Was im Außen ist, ist in mir. Wie ich mit Menschen umgehe, so gehe ich in Wirklichkeit mit mir selbst um. Aber eigentlich gibt es keine *anderen*, weil es mich als alleiniges, isoliertes *Ich* in der Realität gar nicht gibt.

Gottes Geist ist auch mein Geist und dieser ist als Essenz nur reine Liebe zu mir und zu allem Sein im Universum außerhalb von mir. Denke und handle ich nur in und aus Liebe zu mir nach innen und zu dir nach außen, sende ich Liebe aus, dann ziehe ich nach dem Geistigen Gesetz der Resonanz und dem Spiegelungsprinzip auch nur Liebe an, in mir und in meinem Umfeld, in Ereignissen, Situationen und im Verhalten meines menschlichen Gegenübers.

Gottes Geist und Essenz ist reine Liebe.
Ich bin ein Teil von Gottes Geist,
und deshalb bin auch ich in Wahrheit nur reine,
bedingungslose Liebe.

---

13 Vgl. hierzu auch: WALSCH, Neale Donald: *Gespräche mit Gott*, 3 Bände, Arkana – Wilhelm Goldmann Verlag, München 1998.

Bedingungslose Liebe

Ich liebe dich, wie du bist, während du auf der Suche bist nach deiner eigenen besonderen Art, mit der Welt um dich herum in Beziehung zu treten.

Ich ehre deine Entscheidungen, auf welche Weise du deine Lektionen lernen möchtest.

Ich weiß, dass es wichtig ist, dass du genau der Mensch bist, der du sein möchtest, und nicht der, den ich oder andere erwarten.

Es ist mir klar, dass ich nicht weiß, was für dich das Beste ist, obwohl ich vielleicht manchmal meine, es zu wissen.

Ich war nicht dort, wo du warst und ich habe das Leben nicht aus deinem Blickwinkel gesehen.

Ich weiß weder, welche Lernaufgaben du dir ausgesucht hast, noch, wie oder mit wem du sie lösen möchtest, noch, welche Zeitspanne du dir dafür vorgenommen hast.

Ich habe nicht aus deinen Augen geblickt – wie könnte ich also wissen, was du benötigst?

Ich lasse dich durch die Welt gehen, ohne deine Handlungen in Gedanken oder Worten zu beurteilen.

Die Dinge, die du sagst oder tust, betrachte ich nicht als Irrtum oder Fehler.

Von meinem Punkt aus sehe ich, dass es viele Möglichkeiten gibt, die verschiedenen Seiten unserer Welt zu betrachten und zu erfahren.

Ich akzeptiere rückhaltlos jede deiner Entscheidungen in jedem beliebigen Augenblick.

Ich fälle keinerlei Urteil – denn wenn ich dir dein Recht auf deine Entwicklung abspräche, so würde ich damit dasselbe auch mir und allen anderen absprechen.

Jenen, die einen anderen Weg wählen als ich, auf den ich vielleicht nicht meine Kraft und Energie lenken würde, werde ich doch niemals die Liebe verweigern, die Gott in mich gesenkt hat, damit ich sie der ganzen Schöpfung schenke.

Wie ich dich liebe, so werde auch ich geliebt. Was ich säe, das werde ich ernten.

Ich gestehe dir das universale Recht auf freie Entscheidung zu, deinen eigenen Pfad zu wandeln und voranzuschreiten oder eine Weile auszuruhen, je nach dem, was für dich gerade das Richtige ist.

Ich werde mir kein Urteil erlauben, ob diese Schritte groß oder klein sind, leicht oder schwer, aufwärts oder abwärts führen, denn das wäre nur meine eigene Sichtweise.

Es könnte sein, dass ich dich tatenlos sehe und dies für wertlos halte, und doch könnte es sein, dass du großen Balsam in die Welt bringst, wie du so dastehst, gesegnet vom Lichte Gottes.

Nicht immer kann ich das größere Bild der göttlichen Ordnung sehen, denn es ist das unveräußerbare Recht aller Lebensströme, ihre eigene Entwicklung selbst zu wählen, und ich anerkenne voll Liebe dein Recht, deine Zukunft selbst zu bestimmen.

In Demut beuge ich mich der Erkenntnis, dass das, was ich für mich als das Beste empfinde, nicht bedeutet, dass es auch für dich das Richtige sein muss.

Ich weiß, dass du genauso geleitet wirst wie ich und dem inneren Drang folgst, der dich deinen Pfad erkennen lässt.

Ich weiß, dass die vielen Rassen, Religionen, Sitten, Nationalitäten und Glaubenssysteme unserer Welt uns großen Reichtum bescheren und uns aus solcher Vielheit großen Nutzen und viele Lehren ziehen lassen.

Ich weiß, dass wir jeder auf einmalige Weise lernen, wie wir Liebe und Weisheit zu dem großen Ganzen zurückbringen können.

Ich weiß, wenn etwas nur auf *eine* Art getan werden könnte, es hierzu nur *eines* Menschen bedürfte.

Ich will dich nicht nur dann lieben, wenn du dich so verhältst, wie es meiner Vorstellung entspricht, und wenn du an die gleichen Dinge glaubst wie ich.

Ich begreife, dass du in Wahrheit mein Bruder, meine Schwester bist, auch wenn du an einem anderen Ort geboren wurdest und an einen anderen Gott glaubst als ich.

Die Liebe, die ich fühle, gilt der ganzen Welt Gottes. Ich weiß, dass jedes lebende Ding ein Teil Gottes ist, und tief drinnen hege ich Liebe für jeden Menschen, jedes Tier, jeden Baum und jede Blume, für jeden Vogel, jeden Fluss und jeden Ozean und für alle Geschöpfe in aller Welt.

Ich verbringe mein Leben in liebendem Dienst und bin dabei das beste Ich, das ich sein kann, und ich verstehe die Vollkommenheit göttlicher Wahrheit immer ein bisschen mehr und werde immer glücklicher in der Heiterkeit bedingungsloser Liebe.

Sandy Stevenson – Australien

Ins Deutsche übertragen von Sigrid Heiermann-Waltjen – England

V. Hilfreiche Lebensweisheiten für den Alltag

Wir kommen durch bewusste Lernerfahrungen auf unserem individuellen, spirituellen Weg zur eigenen Erleuchtung voran. Es steht nirgendwo geschrieben und es gibt keinerlei Gesetzmäßigkeiten, die vorgeben, dass Erfahren und Lernen mit Schmerzen und Leid verbunden sein muss. Schmerz und Leid sind quasi „menschliche Erfindungen" für die persönliche Evolution. Höre ich auf meine *„innere Stimme"*, achte ich bewusst auf Fügungen, nehme ich jede Situation, Institution, Menschen, Bücher, Gespräche u.s.w., mit welchen ich konfrontiert werde, dankbar als wichtige Botschaften für mich an, so ergeben sich weiterbringende Erfahrungen auch ohne Leid und Schmerz. Anders ist dies allerdings, wenn ich Leid und Schmerzen als eine Art Opfer erwarte, eine entsprechende Sühnebereitschaft in mir trage und im individuellen Programm meiner Speicherdaten, Gedanken- und Gefühlsmuster Bestrafungszwang, Helfersyndrom und Opferrolle vorgesehen habe. Aber alle alten Muster kann ich jederzeit durch die Kraft meines Willens verändern, der sich ausdrückt in meinen Gedanken. Der Gedanke steht am Anfang jedes Entscheidungsprozesses und zu Beginn jeder Änderung alter Glaubenssätze und Gefühlsmuster.

Bekanntlich ist die wichtigste Aufgabe eines Menschen *Entwicklung durch Erfahrung*. Erfahrungen zu machen ist jedoch nach dem *2. Geistigen Gesetz der Polarität* nur möglich in der Spiegelung der Gegensätzlichkeit. Die Geistigen Gesetze der universalen Ordnung waren und sind auch heute noch ausschließlich positiv. Um sie erfahren zu können, war es also in der Evolution der Menschheit zwingend notwendig, negative Erkenntnisse zu sammeln und dies in der direkten Spiegelung der wichtigsten Geistigen Gesetze.

Durch die Verdichtung der entsprechenden Negativerfahrungen entstanden im *morphogenetischen Feld* der Spezies Mensch Datensammlungen, die schließlich zur Entstehung der negativen Basisprogramme der *künstlichen Matrix* führten. Diese Negativinformationen sind so lange für jeden einzelnen Menschen bestimmend, solange er noch mit diesen in Resonanz steht. Durch diese Tatsache ist er auch von außen manipulierbar.

Negative Basisprogramme der *künstlichen Matrix* spiegeln also für jeden Einzelnen die noch nicht (ganz) erledigten „Hausaufgaben" seines Lebens aus der Vergangenheit bis in die Gegenwart wider. Wir müssen diese Botschaften anschauen, annehmen, Lernerfahrungen machen und zur Umpolung notwendige bewusste Willensentscheidungen treffen. Umprogrammierung und Neutralisation im individuellen *Weg der Mitte* sind möglich durch die Verinnerlichung und praktische Anwendung positiver Basisprogramme im persönlichen Denken, Fühlen, Sprechen und Handeln. Die zweite Möglichkeit ist die uneingeschränkte Anwendung des Nullpotentials der bedingungslosen Liebe, die alle Extreme ausgleicht.

Es ist notwendig, aus eigenen und den Erfahrungen anderer zu lernen.

Es gibt Lebensweisheiten, die für jeden Menschen im Alltag hilfreich sind.[14]

Es gibt unzählige Lebensweisheiten, aber auch hier wurden im vorliegenden Buch wiederum gemäß der Zahl der Göttlichen Weisheit nur die 28 wichtigsten ausgewählt und bearbeitet.

Lebensweisheiten sind keine Geistigen Gesetze. Sie zeigen aber Erfahrungen der Menschheit von allem Anfang an im Umgang und die praktische Auseinandersetzung mit diesen in Form spezieller Dateien, die in das *morphogenetische Feld* der Menschheit eingegangen sind und somit bei Bedarf jedem einzelnen als praktische Lebenshilfe zur Verfügung stehen.

---

14 Sieben von ihnen, in der nachfolgenden Auflistung fett gedruckt, sind bekannt aus dem Gedankengut von DR. SERGE KAHILI KING sowie der hawaiianischen HUNA-Weisheit und -Lehre.
VGL. hierzu:
KING, Serge Kahili: *Der Stadt-Schamane*, Verlag Alf Lüchow, Freiburg 1991.
KING, Serge Kahili: *Begegnung mit dem verborgenen Ich*, Aurum-Verlag, Braunschweig

1995.
KING, Serge Kahili: Kahuna-Healing, Verlag Alf Lüchow, Freiburg 1996.

28 Lebensweisheiten

1.	ERKENNTNIS	Ich bin Ich: Ein wichtiger Vertreter Gottes auf Erden.
2.	FREIHEIT	Das Universum ist ohne Grenzen.
		Im Universum ist grundsätzlich alles möglich.
		Sag niemals nie – es ist nie zu spät.
3.	ACHTSAMKEIT	Beobachte und kontrolliere jeden Gedanken, denn er schafft Realitäten.
4.	BEWUSSTHEIT	Denke positiv.
5.	ZIELSETZUNG	Setze Prioritäten: Tue das Wichtigste zuerst.
6.	GLAUBE	Glaube schafft Wirklichkeit und verbindet dich mit der einen Wahrheit in Liebe.
7.	KREATIVITÄT	Lernen im Leben durch Erschaffung neuer Sachverhalte.
8.	GEBET	Die Macht des Gebetes:
		Gebete schaffen die Verbindung zu Gott.
9.	VERANTWORTUNG	Für das eigene Leben – und nur für dieses – ist jeder Mensch selbst verantwortlich.
10.	ABGRENZUNG	Lass es nicht zu, dass andere ihr Problem zu deinem machen.
11.	VERTRAUEN	Uneingeschränktes Gottvertrauen führt zu grenzenlosem Selbstvertrauen.
12.	SELBSTACHTUNG	Es ist alles und jedes in dir.
13.	ERWARTUNG	Unrealistische Vorstellungen führen zu Frust und Ärger.
14.	VERWENDUNG	Setze keine Energie in objektiv unhaltbare Situationen.
15.	SELBSTBEHAUPTUNG	Lerne, nein zu sagen.
16.	REALITÄTSNÄHE	Wirksamkeit ist das Maß der Wahrheit.
17.	DISZIPLIN	Tue alles, was du tust, so gut du es kannst, und tue es gerne.
18.	GLEICHHEIT	Behandle andere und anderes so, wie du selbst behandelt werden möchtest.
19.	ZUMUTBARKEIT	Jedem Menschen wird immer und überall nur so viel zugemutet, wie er (unter objektiven Gesichtspunkten) in der Lage ist, zu ertragen.
20.	ENERGIE	Energie folgt der Aufmerksamkeit.
21.	ENTSCHEIDUNGSZEIT-PUNKT	Im Jetzt liegt immer der richtige Moment des Handelns.
22.	AKZEPTANZ	Es ist alles gut, so wie es ist.
23.	WAHRHEIT	Alles, was man sagt, sollte wahr sein, aber nicht alles, was wahr ist, sollte man sagen.
24.	LOSLASSEN	Loslassen ist wahre Freiheit.
25.	VERZEIHUNG	Im Verzeihen liegt die Heilung – Die Vergebung führt zu ihr und schließt sie ab.
26.	VERGEBUNG	Nur durch Vergebung und Selbstvergebung lernen wir, uns selbst und andere zu lieben.
27.	FRIEDE	Innerer Friede hat nichts mit äußeren Verhältnissen zu tun.
28.	LIEBE	In Wahrheit ist es nur Liebe. Tue alles, was du tust, mit und aus Liebe.

1. Erkenntnis:
Ich bin Ich:
Ein wichtiger Vertreter Gottes auf Erden

Der ewige „Name" der Urquelle ist:

Ich bin, der Ich bin.

Der „Name" des Menschen als göttliches Ebenbild, Essenz und Auszug der Anrufungsschwingung des universalen Schöpfers lautet:

Ich bin Ich

In diesen Worten, insbesondere laut und deutlich ausgesprochen, liegt sehr viel Kraft. Damit erschuf die Gottheit nicht nur die universale Schöpfung, sondern sie wurde selbst zur Welt an sich. Ersetzt man das zweite Ich durch ein Wunschbild, wie gesund, glücklich, reich, liebenswert oder Arzt, Musiker, Heiler usw., ist damit energetisch die beste Voraussetzung für eine Wunschvorstellung geschaffen, die Realität wird, beispielsweise *ich bin gesund* oder *ich bin Heiler.*

Unsere derzeitigen Lebensumstände sind ein Ergebnis unserer vorausgegangenen Gedanken, Situationen und Ereignisse, die sich aus entsprechenden Gedankenimpulsen als Ursachen ergeben. Menschen, mit denen wir konfrontiert werden, sind lediglich Spiegelbilder unseres eigenen Bewusstseins. Im Universum gibt es nur einen Geist, nämlich den der Urquelle. Auch der Mensch als Ebenbild Gottes ist mit seinem individuellen Bewusstsein Geist vom Geiste Gottes. Damit werden wir Menschen in der Anwendung unseres freien Willens selbst zum Schöpfer unserer eigenen Welt. Jeder Mensch erschafft sich mit seinen Gedanken seine eigene Realität, individuelle Formen, Situationen und Umfeldbedingungen. Deshalb spiegelt alles um ihn herum auch nur ihn selbst wider.

Eine wichtige Aufgabe jedes einzelnen Menschen in der jetzigen Zeit ist es, sich seiner eigenen Göttlichkeit bewusst zu sein, diese uneingeschränkt anzunehmen sowie im Innen und Außen auch anzuwenden, z. B. mit dem Gedanken *„Ich bin bereit, meine eigene Göttlichkeit uneingeschränkt zu leben".*

Der Gott im Inneren spiegelt sich im Gott im Äußeren.
Der Gott in mir zeigt sich im Gott in dir.

Es gibt nichts, was von einem selbst getrennt ist. Das und der andere bin ich immer selbst. Nachdem ich im anderen immer nur mir selbst begegne, ist es naheliegend und normal, den anderen zu lieben, denn damit liebe ich ja mich selbst. (Es sei denn, ich lehne es ab, mich selbst zu lieben.) Je mehr Menschen ich liebe, desto intensiver liebe ich mich selbst. Das, was ich selbst am meisten ersehne, bekomme ich dann, wenn ich es anderen Menschen gebe: Liebe, Verständnis, Mitgefühl, Geborgenheit, Anerkennung usw. Es ist notwendig, mit dem Verstand fühlen und mit dem Herzen denken zu lernen.

Im Spiegel meines Umfeldes erkenne ich im konkreten Ausdruck realer Wirklichkeit meine eigenen Gedanken, die damit für mich sichtbar werden. Mit diesem Denkansatz fällt es leichter, auch unangenehme Situationen anzunehmen, denn ich selbst habe sie geschaffen, um erkennbarer für mich selbst bewusste Lernerfahrungen machen zu können. Die Erlösung aller Schmerzen und Leiden liegt dann ausschließlich in Gedanken und Gefühlen der Liebe. Es liegt an mir selbst, negative Ereignisse und unangenehme Eigenschaften anderer Menschen abzulehnen, zurückzuweisen, zu ignorieren, zu tolerieren oder gar als Resonanz von mir selbst anzunehmen, vielleicht sogar zu lieben. Ich sollte dabei jedoch vermeiden, die Probleme anderer zu meinen eigenen Problemen zu machen, wenn das zentrale Lernthema beim anderen liegt und nicht bei mir. Dies herauszufinden ist wichtig, denn es zeigt trotz aller Gemeinsamkeit die Individualität karmischer Gedanken- und Gefühlsmuster des anderen und von mir im Wechsel auf. Ich darf und soll dem anderen nicht seine Arbeit abnehmen.

Im eigenen Bewusstsein gibt es *bewusste* und *unbewusste* Sachverhalte. Das Entscheidende dabei ist, diese anzusehen, sie anzunehmen, sich für sie als dafür zuständig zu erklären und für sie die ausschließliche Verantwortung zu übernehmen. Sie sind Ergebnisse und Auswirkungen eigener Willensentscheidungen. Was wir in der Gegenwart erleben, sind immer nur unsere realisierten Gedanken aus der Vergangenheit.

2. Freiheit:
Das Universum ist ohne Grenzen. Im Universum ist grundsätzlich alles möglich.

Im Kosmos ist in jedem Moment grundsätzlich alles erreichbar. Im Rahmen des Kosmischen Lichtgitternetzes ist nach dem 1. Geistigen Gesetz alles mit allem wechselseitig vernetzt. Jeder Gedankenimpuls ist im *morphogenetischen Feld* durch den Geist Gottes als Essenz bereits vorhanden. Er kann damit in Resonanz gehen und grobstoffliche Wirklichkeit werden. Gedankenimpulse bewegen sich telepathisch ohne Begrenzung durch Raum und Zeit, wie es das bekannte Apollo-13-Telepathie-Experiment mit dem sensitiven Astronauten Dan MITCHELL wissenschaftlich bewiesen hat. Dies bedeutet, dass sie auch schneller als Lichtgeschwindigkeit sind und sich damit außerhalb des vierdimensionalen *Einstein'schen* Raum-Zeit-Kontinuums bewegen.

Grundsätzlich sind Gedanken im Kosmos ohne Beschränkungen, in der Praxis jedoch sind es eben jene, welche man sich in seinen Gedanken selbst setzt. Aufgrund der langen individuellen Entwicklung und dem immer allgegenwärtigen Drang nach Sicherheit haben sich im Unterbewusstsein gespeicherte Glaubenssätze, Denkstrukturen, Gedankenmuster und Verarbeitungsrichtlinien als Beschränkungen und individuelle Grenzen im Gedächtnis eingespeichert. Dies grenzt jeden und alles im Hier und Jetzt ein und verhindert, dass in den eigenen Gedanken das *Unmögliche möglich wird*. Möchte man *groß* werden, ist die erste, unbedingt notwendige Voraussetzung, dass man auch *groß* denkt. Sonst ändert sich nichts an der bestehenden Situation.

Beispiel:

Stellen Sie sich vor, Sie fahren Ski und stehen oben an einem Schneehang, der ohne Hindernis steil nach unten geht. Was hindert Sie daran, direkt ohne Furcht nach unten zu fahren? Ihre alten Muster. Wahrscheinlich fahren Sie im Bogen vorsichtig nach unten. Glauben Sie, beim zweiten Anlauf fahren Sie direkt nach unten? Sicherlich nicht. Vielleicht machen Sie noch einige Bogen mehr. Unsere Gedankenmuster sind wie Slalomstangen. Wir begrenzen unsere Möglichkeiten durch unser Denken.

Es steht jedem Einzelnen jederzeit frei, alte, eingrenzende Gedankenstrukturen durch neue, freie und ausdehnende zu ersetzen. Jeder ist selbst der Lenker seines Schicksals aufgrund seiner Gedanken.

**Mit seinen Gedanken bestimmt man sein Schicksal,
nicht das Schicksal bestimmt die eigenen Gedanken.**

Jeder Mensch ist selbst als Ebenbild Gottes ein kreativer Schöpfer durch seine Gedanken. Dieser Tatsache muss sich jeder Einzelne nur in jedem Moment auch bewusst sein und danach handeln.

Jeder Mensch entscheidet selbst darüber, wie er den anderen sehen will. Er kann ihn subjektiv werten, abschätzen, ihm vermeintliche Fehler vorhalten, ihn hassen oder ihn als Spiegelung des eigenen Selbst erkennen, als Reflexion des Gottes in ihm durch denselben Gott im anderen. Er kann immer nur Gott in ihm sehen, das Licht der Liebe, oder eben auch das Gegenteil. Jeder Mensch entscheidet selbst und in ausschließlich eigener Verantwortung in jedem Moment über sein Leben, mit Hilfe und durch seine Gedanken im Hier und Jetzt der Gegenwart.

Unsere eigenen Glaubenssätze, Gedankenmuster und subjektiven Denkprogramme hindern uns daran, vollkommen zu sein, denn dem eigenen Denken sind aus der Sicht des Universums grundsätzlich keinerlei Grenzen gesetzt.

**Im Kosmos ist also grundsätzlich alles möglich,
denn das Universum ist ohne Grenzen.**

Grenzen setzt man nur durch die eigenen Gedanken. Schafft man es, Gedanken der Angst, Furcht, Sorgen, Krankheit, Armut, Selbstzweifeln usw. zu überwinden, oft in einem länger andauernden Prozess, so ändert man damit langsam, aber sicher seine Wirklichkeit und das Leben. Die Schwingungen, die man aussendet, kommen zurück. Ändert man die ausströmenden Impulse, kommen auch andere zurück.

Man kann Ereignisse, Situationen und weitestgehend auch Menschen nicht ändern, jedoch immer die eigene Einstellung dazu. Die Wirklichkeit von Umfeld und Umwelt ist, wie sie ist. Entscheidend bleibt, wie man wissentlich und willentlich dazu steht und was man individuell aus dieser feststehenden Tatsache macht. Das, was man immer wieder an Gedanken und Gefühlen aussendet, das zieht man an. Das, wovor man Angst hat, wird eintreten, aber nicht, weil dies das Schicksal oder ein kosmisches Prinzip verlangen, sondern weil es eine Folge und Wirkung der eigenen Gedanken ist. Wenn man vom Leben immer das Beste erwartet, kann nicht dauernd das Schlechteste eintreten. Vertrauen zu und der Glaube an sich selbst sind der Schlüssel zur Welt des Erfolges, der Gesundheit und des Glücks.

Es gibt im Leben jedes Menschen immer auch unangenehme Situationen. Ihre Betrachtung, Annahme und Spiegelung ist die Voraussetzung für wichtige Lernerfahrungen durch bewusstes Handeln. Durch Ablehnung, Ausgrenzung, Nicht-zur-Kenntnis-Nahme, Wegschicken usw. macht man derartige Umstände nicht ungeschehen. Es ist notwendig, auch vermeintlich Negatives im Leben anzunehmen und anzusehen, es ist jedoch nicht notwendig, sich diesem zu unterwerfen. Fehlschläge und Niederlagen im Leben sind nützlich, um wichtige Lebenserfahrungen zu machen und aus ihnen zu lernen. Alles im Kosmos hat zwei Seiten. Hinter jedem vermeintlich Negativen steckt immer auch etwas Positives. Es ist wichtig, das Positive hinter dem Negativen zu erkennen und nicht nur das Negative zu sehen.

Es ist keine Lösung, anderen Menschen oder Institutionen für die eigenen Lebensumstände die Schuld zuzuweisen und die Verantwortung zu übertragen. Schuld und Verantwortung für das eigene Denken, Handeln und Leben trägt man immer nur selbst. *Der Mensch ist und wird, was er denkt.*

Die Angst ist unser stärkster Gegner, wenn wir in ihre Resonanz einsteigen. Das größte Hindernis auf dem Weg zu Glück und Erfolg ist der Zweifel – vor allem der Zweifel an sich selbst und den eigenen Fähigkeiten. Danach kommt das Selbstmitleid als erster Schritt zur Selbstaufgabe. Alte Muster und Programme sind Produkte der Vergangenheit, die Einfluss auf die Gegenwart haben. Sind diese negativ ausgerichtet, muss man sie Schritt für Schritt durch entsprechende Visualisierung und Verbalisierung neutralisieren und in das positive Gegenteil umprogrammieren.

Gleiches zieht Gleiches an.
Lachen bewirkt Lachen.
Harmonie führt zu Harmonie.
Liebe bringt Liebe.
Positives Denken realisiert positive Folgen.

Nicht ungünstige Umstände sind unabdingbare Gegebenheiten, sondern die jeweilige, persönliche Einstellung zu ihnen. Aber die eigene Einstellung kann man ändern und damit auch vermeintlich negative Situationen. Das gegenwärtige Denken und Handeln ist eine Folge von Mustern, Erfahrungen und Erkenntnissen aus der Vergangenheit heraus. Handeln aus gespeichertem Wissen kann und muss permanent überprüft, gegebenenfalls im Rahmen der Programmierung und Verhaltensweise verändert und neuen Gegebenheiten angepasst werden. Eigene Probleme stehen immer in einer direkten Beziehung zu einem selbst. Sie sind eine Wirkung von in der Vergangenheit als Ursache gesetzten Gedanken, Gefühlen, Worten und Taten.

Es ist notwendig, nicht im Konjunktiv von Möglichkeiten, sondern in der Gegenwart zu denken und zu fühlen. In dem Moment, in welchem der Begriff *unmöglich* aus Gedanken und Gefühlen gestrichen wird, sind die Voraussetzungen für die Erreichung aller Ziele gegeben. Also:

„Ich kann nicht!"
„Das geht nicht!"
„Ich verdiene es nicht!"
„Es steht mir nicht zu!"
Grenzen oder Nichtgrenzen entstehen im eigenen Denken!"

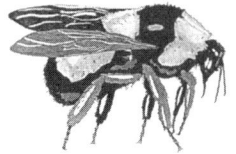

Die Hummel ist hierfür ein gutes Vorbild:
Sie hat 0,7cm² Flügelfläche bei 1,2g Gewicht. Nach den Gesetzen
der Aerodynamik ist es unmöglich, bei diesem Verhältnis zu fliegen.

Die Hummel weiß das aber nicht
und fliegt einfach!

Es ist wichtig, die eigenen Gedanken auf Danksagungen und nicht auf Bittgesuche auszurichten, denn jeder Mensch hat ein Recht auf Glück, Erfolg, Reichtum und Gesundheit. Geistige Gesetze unterstützen diesen Prozess. Fügungen und Botschaften von außen sind wichtige Helfer auf dem eigenen Lebensweg. Der Dank an sie mit dem ersten Gedanken am Morgen und dem letzten am Abend garantiert die permanente Verbindung zum Inneren Kind des Unterbewusstseins und dem Hohen Selbst des Überbewusstseins mit der mentalen Ebene von Verstand, Logik und Analytik des eigenen Wachbewusstseins. Entscheidungen trifft nur der Verstand, aber Unter- und Überbewusstsein sind wichtige Helfer. Negative Gedanken und permanente Überlegungen darüber, was andere über einen selbst denken oder sprechen, machen abhängig und unbeweglich. Man lebt dann nicht mehr selbst, sondern wird gelebt, manipuliert und bestimmt. Es ist absolut unmöglich, es immer allen recht zu machen, also sollte man es gar nicht erst versuchen, sonst geht es auf Kosten der eigenen Individualität und Identität. Man entscheidet dann nicht mehr selbst über das eigene Leben, sondern lässt andere entscheiden, mit allen sich daraus ergebenden Folgen. Man versucht, den Erwartungen anderer zu entsprechen, und richtet danach oft unter starker Einschränkung der eigenen Identität und Individualität sein persönliches Rollenspiel aus, meist ohne Lob, Dank und Anerkennung zu erhalten. Man funktioniert und reagiert nur, ohne eigene Aktion und Selbstäußerung zu zeigen.

Das eigene Leben ist das, was man daraus macht.

Jeder Mensch ist alleinig verantwortlich für seine Freundschaften und Feindschaften, seinen Erfolg oder Misserfolg, seine Armut oder seinen Reichtum, seine Krankheit und seine Gesundheit. Jeder Mensch ist einmalig. Es ist sinnlos, andere Menschen ändern zu wollen und ihnen durch die eigenen Erwartungen vorzuschreiben, was sie zu tun haben.

Jeder Mensch entscheidet über sein Leben selbst.

Der gute Wille alleine ist kein Freibrief für persönliches Handeln im Namen anderer, insbesondere nicht hinsichtlich der eigenen Kinder. Man nimmt diesen ansonsten bereits sehr früh die Möglichkeit der eigenen Entscheidungsfindung und die Chance, aus individuellen Lebenserfahrungen zu lernen.

Beispiel: Kinesiologischer Armtest

Bitten Sie einen kräftigen Mann als Rechtshänder, seinen rechten Arm gerade auszustrecken und mit aller Kraft in dieser Position zu halten. Sie stellen sich hinter ihn, legen Ihre linke Hand leicht auf seine linke Schulter und legen Ihre rechte Hand auf seine rechte, ausgestreckte Hand. Nach einer entsprechenden Ankündigung drücken Sie seine Hand mit aller Kraft nach unten, was Ihnen wahrscheinlich nach kurzem Widerstand gelingen wird.

Nun bitten Sie die Person, sich bildlich und mit den entsprechenden Sinnesempfindungen in das Bewusstsein zu versetzen *Ich bin krank* und dies auch öfters laut auszusprechen. Versuchen Sie nun wieder, die ausgestreckte Hand des Mannes herunterzudrücken, was Ihnen diesmal leicht gelingen dürfte.

Danach machen Sie denselben Versuch, verbunden mit dem Bewusstseinszustand, Sinnesempfindungen und den Wortwiederholungen *Ich bin nicht krank*. Diesmal dürfte Ihnen das Hinunterdrücken von ausgestrecktem rechtem Arm und Hand ebenfalls leicht fallen, aber wahrscheinlich nicht ganz so leicht, wie direkt vorher.

Als letzte Übung wiederholen Sie den gleichen Ablauf noch einmal mit dem Bewusstseinszustand, den Sinnesempfindungen und Wortwiederholungen von: „Ich bin gesund". Dieses Mal dürften Sie Probleme haben, Arm und Hand herunterzudrücken, falls Sie tatsächlich einen starken Mann vor sich haben. Üblicherweise ist durch die positive Programmierung die Kraft, dem Herunterdrücken des Armes Widerstand entgegenzusetzen, größer als im neutralen Zustand ohne jegliche Programmierung. Positive Gedanken lassen die Mentalebene der Aura nach rechts, die darüber- bzw. darunter liegende Spiritual- bzw. Astralebene nach links drehen. Die grobstofflichere Ätherebene der Energiesteuerung und -speicherung dreht sich dann parallel zur Mentalebene gleichfalls nach rechts und baut somit aktiv Energie auf.

Dieser Test zeigt die außergewöhnliche Bedeutung positiven Denkens und Sprechens. Das autonome Nervensystem wird vom Unterbewusstsein gesteuert. Dieses ist nach dem binären Code im Kosmos ausgerichtet und nimmt Verneinungen quasi nicht zur Kenntnis. Bei der Programmierung: Ich bin *nicht* krank klammert es das *Nicht* praktisch ein, sodass die Affirmation lautet: *Ich bin (nicht) krank* mit dem entsprechenden körperlichen Effekt. Interessant ist ebenfalls, dass Arm und Hand zu Beginn ohne Programmierung nicht schwerer nach unten zu drücken sind als mit der Programmierung: *Ich bin gesund.* Also, noch einmal:

**Positives Denken führt dem menschlichen
System auf allen Ebenen Energie zu.**

3. Achtsamkeit:
Beobachte und kontrolliere jeden Gedanken, denn er schafft Realitäten

Mit unseren Gedanken programmieren wir Augenblick für Augenblick unser Leben. Jeder Gedanke hat Auswirkungen auf unser derzeitiges Dasein. Daraus ergibt sich die einmalige Möglichkeit, durch bewusstes und gezieltes positives Denken alte, negative Muster und Strukturen zu neutralisieren und durch neue, positive zu ersetzen. Damit verändert sich unser Leben vom vorher Negativen ins Positive. Jeder geistige, seelische oder körperliche Zustand, in dem ich mich befinde, ist eine Folge meiner eigenen Gedanken. Neben dem rein linearen, logisch-analytischen Denken der linken Gehirnhälfte spielt dabei das intuitive und assoziative Denken der rechten Gehirnhälfte, das räumlich-bildhafte Erfahren von Sinnesempfindungen, eine besondere Rolle. Angezogen wird immer das, womit man sich am meisten und intensivsten in Gedanken und nachgeschalteten Gefühlen beschäftigt. Das bestimmt u. a. das Geistige Gesetz der Resonanz.

Der wichtigste Aspekt des Denkens ist dabei immer die Zielsetzung.

Jeder Gedanke ist ein elektromagnetischer Impuls mit der Tendenz zur Realisation. Der Sinn jeglichen Denkprozesses ist dessen angestrebte Verwirklichung. Ordentliches und sinnvolles Denken hält sich an Geistige Gesetze und Naturgesetze. Befindet sich der einzelne in Harmonie mit diesen

Gesetzen, dann muss sein eigenes Denken auf optimale Ernährung, ausreichende Bewegung, bewusste Atmung, ökologische Kleidung, positives Denken und sinnvolles Verhalten ausgerichtet sein. Das eigene Verhalten ist somit eine Folge des Denkens. Mit dem Denken kann man ein bewusstes Energiefeld von Licht und Liebe aufbauen oder das Gegenteil. Dies gilt sowohl für das äußere Umfeld als auch für den Zustand des individuellen physischen Körpers.

Unser Denken ist stark beeinflusst von unserem Weltbild, unserer eigenen Lebensphilosophie und Moralauffassung. Glauben wir an kein Leben nach dem Tod, dann erfahren und sehen wir zahlreiche vermeintliche Ungerechtigkeiten, Not und Leid, für welche wir Gott schuldig sprechen. Dieser trägt dafür jedoch keine Verantwortung, da er die kreative Schöpfungskraft durch die Weitergabe des freien Willens an den Menschen abgegeben und sich aus dem gesamten Evolutionsprozess weitestgehend zurückgezogen hat. Was wir an Leid und Schmerzen erfahren, sind die Folgen früherer Gedanken, Gefühle und Taten, für welche ausschließlich wir Menschen verantwortlich sind. Und *es geschieht uns nach unserem Glauben.*

Glauben wir daran, dass das Leben mit der Geburt beginnt und mit dem Tod endet, dann sehen wir unseren Lebenssinn vor allem darin, so lange und so intensiv wie möglich zu leben, sowie viel Vergnügen und Spaß zu haben. Halten wir es jedoch für möglich, dass es frühere Existenzen mit Karmaentstehung gab, und glauben wir an ein Leben nach dem Tod, dann ändert sich das Bild und wir müssen zwangsläufig die Verantwortung für unser Dasein übernehmen. Dieses wird jedoch bestimmt durch die unendliche Schöpfungskraft, welche uns die Gottheit mit der Übertragung des freien menschlichen Willens als geistigem Erbe übertragen hat. Es gibt nur einen Geist. Unser Geist ist Teil des Geistes Gottes. Mit unseren Gedanken erschaffen wir unsere Realität und beeinflussen wir Umfeld und Kosmos. Wir sind kreative Göttliche Schöpfer durch unsere Gedanken und Zielvorstellungen und gestalten mit diesen unsere Wirklichkeit, unser Leben und unser Schicksal. Das Leben selbst ist ohne Anfang und ohne Ende. Es ist unsterblich und dauert ewig. Es bekommt einen anderen Sinn, wenn wir an eine Existenz danach glauben. Dann ergibt sich die Erkenntnis, dass es nicht der Sinn dieses Erdenlebens sein kann, möglichst viel Besitz anzuhäufen und extrem zu leben, denn am Ende müssen wir doch alles zurücklassen. Wir kommen in diesem Leben an, nackt mit Nichts und gehen eines Tages genauso nackt mit Nichts in eine andere Dimension. Wir haben unseren Körper nur als Leihgabe für dieses Leben erhalten. Aber wir sind mehr. Wir sind Bewusstsein: Geist vom Geiste Gottes und damit allumfassende, schöpferische und unsterbliche Wesen als Spiegelung der Urquelle. Im Glauben, der unser Denken und Fühlen miteinander verbindet, verschmelzen wir dann endgültig mit dem Weltengeist.

Die Wirklichkeit ist subjektiv und objektiv strukturiert. Sie entwickelt sich unabhängig von der gerade vorherrschenden Glaubensrichtung und Politik. Wirklichkeit ist das Maß der Wahrheit. Diese beweist sich aus sich selbst heraus. Wissen ist Ansammlung von Fakten und Tatsachen, kommt und geht. Was bleibt, ist die Weisheit, die Erkenntnis aus den Erfahrungen vieler Leben, indem wir

**lernen und lehren – helfen und heilen
und dabei
den Menschen helfen, sich selbst zu helfen.**

Wir sind in jedem Moment sowohl Lehrende als auch Lernende und haben in beiden Positionen dieselbe Bedeutung. Einer ist nicht mehr wert als der andere. Wir sind alle gleich wichtig, gleich bedeutend und gleich berechtigt in jedem Moment.

Ein zielloses, unkontrolliertes „Herumdenken" führt zu „vagabundierenden" Gedankenströmen, die vom Unterbewusstsein nicht verarbeitet werden können und einen potentiellen Störfaktor im System darstellen. Es ist deshalb sinnvoll und notwendig, in jedem Augenblick die eigenen Gedanken zu kontrollieren und Mentalhygiene zu betreiben. Das bedeutet, jeden einzelnen Gedankenaspekt achtsam zu beobachten und bewusst positiv zu denken.

Beispiel:

Beim objektiven Sachverhalt eines zur Hälfte gefüllten Glases Wasser macht es einen großen Unterschied, ob ich negativ polarisiert denke: „Das Glas Wasser ist halb leer", oder – positiv ausgerichtet –: „Das Glas Wasser ist halb voll", denn die eigene negativ oder positiv ausgerichtete Gedankenladung bestimmt die Polarität des Wassers im Glas.

Positive Erkenntnisse

Ich arbeite regelmäßig und ausdauernd in meinen Gedanken an meinem Bewusstsein und akzeptiere voll und uneingeschränkt, dass
● jede Situation im sichtbaren Äußeren nur eine Spiegelung meiner eigenen Gedanken und meiner inneren, geistigen Welt ist,

- ich ausschließlich alleine und als Einziger für den Zustand meiner Geisteshaltung und damit meines Lebens verantwortlich bin,
- ich als Einziger die Pflicht habe, in meinem eigenen Interesse und meiner persönlichen Bewusstheit Ordnung zu schaffen,
- ich von Gott als einmaliges Geschenk meinen eigenen, freien menschlichen Willen erhalten habe und damit die Wahl meiner Überzeugungen,
- ich durch die Zielfunktion meiner Gedanken und die Anreicherung mit Willensenergie mit denselben kreativ-schöpferischen Fähigkeiten ausgestattet bin wie Gott selbst. Mein Bewusstsein und das Göttliche Bewusstsein sind ein und dasselbe.
- ich mit meinen Gedanken und meiner Geisteshaltung die Lebensumstände und Menschen anziehe, die ich selbst aussende, also bin ich allein auch für das Ergebnis verantwortlich.
- mit jedem Gedanken, den ich denke – bewusst oder unbewusst –, ich mich der Macht kreativer, göttlicher Schöpfungskraft in mir bediene und dadurch mein eigenes Umfeld und meine persönlichen Lebensumstände erschaffe.

Mit meinem Denken bestimme ich mein Leben im Hier und Jetzt und in der nahen Zukunft. Ist mir eine Situation unangenehm, muss ich mein Denken ändern, damit ich andere (positive) Impulse aussende, dadurch andere (positive), also angenehme Resonanzen anziehe und die Situation ändere.

Alles, was ich an Gedanken aussende, ziehe ich an –
es kommt zu mir zurück.
„Das, was du säest, das wirst du ernten", steht in der Bibel.

Die eigenen Gedanken im Hier und Jetzt stehen am Anfang jeglichen kreativen Schöpfungsprozesses. Deshalb ist es unumgänglich, auf die eigenen Gedanken zu achten und sie zu kontrollieren. Je klarer und eindeutiger, je positiver sie formuliert sind, desto erfolgreicher, angenehmer, harmonischer können sie sich realisieren. Lebensmut, Gelassenheit, Selbstvertrauen, Freude, Glück und Wohlergehen sind als Folge entsprechender Gedanken für jeden erreichbar. Nicht äußere Umstände, Umfeld und Umwelt bestimmen das menschliche Leben. Es ist genau umgekehrt. Probleme sind dazu da, gelöst zu werden. Schicksalsschläge sind durch Ruhe, Ausgeglichenheit, Gott- und Selbstvertrauen, Ausdauer sowie durch die Kenntnis und Anwendung von Geistigen Gesetzen und Lebensweisheiten zu überwinden. Diese führen zu innerer Sicherheit, Lebensfreude, notwendigen Erfahrungen, damit zur Übernahme der ausschließlichen und alleinigen Verantwortung für das eigene Leben und nur für dieses.

> **Für jeden Menschen gilt als oberste Maxime:**
>
> *Achte auf deine Gedanken,*
> *sie werden zu Gefühlen.*
>
> *Achte auf deine Gefühle,*
> *sie werden zu Worten.*
>
> *Achte auf deine Worte,*
> *sie werden zu Taten.*
>
> *Achte auf deine Taten,*
> *sie werden zu Gewohnheiten.*
>
> *Achte auf deine Gewohnheiten,*
> *sie bilden deinen Charakter.*
>
> *Achte auf deinen Charakter,*
> *er bestimmt dein Schicksal.*

4. Bewusstheit: Denke positiv!

Bei allen menschlichen Abläufen und Gegebenheiten steht am Anfang immer das Denken. Der Gedanke „Du bist, was du denkst" ist immer zuerst.

„Du bist, was du denkst."
„Du bist, was du denkst, dass du bist" und
„die Welt ist so, wie du denkst, dass sie ist,
in deiner subjektiven Wirklichkeit."

Der dem Menschen von Gott gegebene freie Wille drückt sich aus in den Gedanken. Mit ihnen wirkt der Mensch in jedem Augenblick als kreativer Schöpfer im Göttlichen Auftrag. Die Folgen aller umgebenden Umstände, positiv oder negativ, ergeben sich aus der Ursache eigener Gedanken. Freude, Reichtum, Glück, Harmonie, Erfolg und Gesundheit sind Wirkungen vorgeschalteter positiver Gedanken, wobei Zeit und Raum hierbei nur eine relativ geringe Rolle spielen. Gedankenimpulse als elektromagnetische Schwingungen unterliegen nicht unserem üblichen Raum-Zeit-Kontinuum, nur ihre Wirkungen. Unglück, Sorgen, Angst, Furcht, Leiden, Schmerz, Krankheit, Ärger, Zwietracht, Armut usw. sind immer und alleinig Folgen negativer Gedanken.

Gedanken bilden immer die Form für ein sich noch zu realisierendes Ereignis, die mit Gefühlsimpulsen und Seinsempfindungen aufzufüllen ist.

Grenzen setzt man nur durch die eigenen Gedanken.

Schafft man Gedanken von Angst, Sorgen, Krankheit, Selbstzweifel usw. aus dem Weg, entsteht nach einem längeren Prozess der Umpolung und Neuorientierung die andere Wirklichkeit und ein verändertes Leben. Man kann Umfeld, Ereignisse und Menschen nicht festlegen, jedoch immer die eigene Einstellung zu ihnen. Jeder Mensch ist einmalig, und man sollte nicht mit vorgeschriebener Erwartungshaltung anderen erklären, was sie zu tun und zu lassen haben. Das Vertrauen und der Glaube an sich selbst bringen erst Erfolg, Gesundheit und Glück.

Das Ziel ist die optimale Erfüllung des eigenen Kosmischen Plans.

Vermeintliche Fehlschläge sind notwendig, um wichtige Lebenserfahrungen zu machen und daraus zu lernen. Verhaltensmuster und Fehlverhalten aus der Vergangenheit haben Einflussnahme auf die Gegenwart. Negativ ausgerichtete Muster müssen durch Visualisierung, Verbalisierung und positive Denkweise umprogrammiert werden. Darum sollte man den Begriff *unmöglich* aus den Gedanken und Gefühlen streichen. Die eigenen Gedanken erschaffen die Wirklichkeit durch den freien Willen, den Gott jedem Menschen gleichermaßen gegeben hat.

Wir bestimmen über unser Schicksal, nicht das Schicksal über uns.

Menschen, Situationen und Ereignisse, mit denen wir konfrontiert werden, sind Spiegelbilder unseres eigenen Bewusstseins. Es ist wichtig, mit dem Herzen zu denken und mit dem Verstand zu fühlen.

- Das Leben ist schön, lebe es achtsam, bewusst und intensiv.
- Freude im Leben bringt Erfüllung.
- Loslassen, was im Leben hinter einem liegt – aber behalten, was die Vergangenheit als wertvolle Lernerfahrung brachte.
- Positiv denken, fühlen und handeln, das Leben lieben – nach innen und nach außen, ist die wichtigste Maxime.
- Das Bewusstsein und die Gedanken ändern, wenn man das Umfeld wechseln möchte, ist die Voraussetzung für einen Wechsel im Außen.

Erst das TUN verändert die Welt, denn Wissen alleine bewirkt noch keine Veränderung der gegebenen Situation. Wir leben im Hier und Jetzt, um kreativ in der Gegenwart tätig zu sein. Jeder Mensch hat das Recht auf sein eigenes Leben, denn innerhalb des Universums ist alles wechselseitig vernetzt. Jedes ist mit jedem verbunden – im Kosmos ist grundsätzlich alles möglich.

Es gibt nichts Gutes, es sei denn, man tut es.

Negative Gedanken und Gefühle verbrauchen sehr viel mehr an Energie als positive. Ist die Aufmerksamkeit auf eine Begebenheit in der Vergangenheit gerichtet, fließt die Energie unweigerlich dorthin und fehlt woanders. Denn diese Energie ist nicht uneingeschränkt vorhanden. Sie muss mühsam durch Atmung, Ernährung, Meditation, positives Denken und Fühlen, Gebet, Empfindungen und Bewegung aufgebaut werden.

Beispiel:

Der als elektrischer Impuls vertikal in Wellenform ausgerichtete Gedanke stellt quasi die äußere Form eines Luftballons dar, welcher mit magnetischer, horizontal als Welle geformter Gefühlsenergie aufgefüllt wird. Wiederholt man denselben Gedanken oftmals identisch, dann verstärkt sich im vorliegenden Beispiel der Gummi des Luftballons. Wird Luft in den Luftballon eingebracht, bleibt er so schwer wie die Außenwelt. Wird Heliumgas eingefüllt, steigt er auf, bei Radon bleibt er am Boden liegen. Wird zuviel Luft oder Gas hinein gegeben, kann der Luftballon zerspringen, ist es zu wenig, wirkt er unansehnlich und zeigt nicht seine endgültige Gestalt. Aber ohne Form verpufft die Luft. Beide Faktoren sind also notwendig, um ein reales Gebilde zu erhalten, aber die Form steht am Anfang und ist beim Realisationsprinzip wichtiger als der Inhalt. Deshalb steht der Gedanke als wichtigster Impuls am Beginn jedes kreativen Schöpfungsprozesses.

Stört mich mein Umfeld, muss ich meine Gedanken ändern, damit sich mein Umfeld ändert, denn sonst ändert womöglich irgendwann mein Umfeld mich selbst, also:

**Ändere dein Umfeld (mit deinen Gedanken),
bevor dein Umfeld dich ändert.**

Die Welt um einen herum ist so, wie sie ist. Die persönliche Einstellung dazu bestimmt das eigene Leben. Jeder Mensch hat das Recht auf Harmonie, Fülle, Erfolg und Gesundheit. Er muss dies für sich selbst nur annehmen und beanspruchen. Darum ist es notwendig, bewusst Ja zu sagen zum eigenen Leben und Sein, als Voraussetzung dafür, dass dies auch eintreten kann und wird. Das, was jeder Mensch an Gedanken, Gefühlen, Worten und Taten aussendet, das zieht er gemäß dem Geistigen Gesetz der Resonanz auch an. In diesem Wissen und Erkennen liegt die wichtigste Erfahrung des Seins.

Es gibt viele Wege und Möglichkeiten zu einem gemeinsamen Ziel. Ich allein kann für mich und jeder andere auch für sich selbst darüber entscheiden, mit der Kraft der Gedanken sein bzw. unser persönliches, subjektives, individuelles Zuhause zu schaffen.

Im dritten Aurabereich, der Mentalebene, laufen alle Gedanken, Ideen, bewusste und unbewusste Denkprozesse, rationale und intuitive Erkenntnisse ab. Sie werden dort als Farben, jedoch nicht als Formen erfahrbar. Glaubenssätze, Moralvorstellungen, Wertungen, die Steuerung von Verhaltensmustern, nach denen wir leben, sollten regelmäßig neu überdacht werden.

Sinneseindrücke und Impulse vom Hohen Selbst werden verarbeitet. Das Energiefeld des Mentalkörpers durchdringt den Emotional- oder Astralkörper, den Ätherkörper und den physischen Körper. Es besteht eine starke Wechselwirkung. Erkrankungen im physischen Körper können so ihre Erklärung finden. Leben Menschen lange mit Gedankenmustern, die ihre Energie blockieren, prägen sie sich als Muster in die Auraschicht ein. Zum Beispiel: Stress durch den Gedanken: *Ich schaffe das nicht mehr – oder: Ich schaffe es trotz eines Berges von Arbeit jeden Tag! Der Gedanke steht immer zuerst.* Wir sind Sklaven unserer eigenen Gedankenmuster geworden und dabei schaffen wir sie selbst. Ich muss alle Gedanken dort ändern, wo sie entstanden sind. Habe ich sie emotional losgelassen, muss ich im Hier und Jetzt ein mentales Neumuster bilden. Ich muss meine Gedanken anschauen, neu ordnen, (mit einem Plus oder einem Minus davor). Gedankensplitter dürfen dabei nicht vergessen werden. Geduld ist dabei sehr wichtig, denn Gedankenmuster werden in vielen Leben geschaffen.

Transportmittel für meine Gedankenkraft ist die Willensenergie. Für ihren Aufbau ist Lebensenergie nötig. Es bieten sich viele Atmungstechniken, Meditationen und Gebete oder einfach nur die Kraft der Gedanken an, Lebensenergie aufzubauen, um Willensenergie verfügbar zu haben. Auch das Hohe Selbst im überbewussten Bereich benötigt Willens- und Lebensenergie, um visualisierte Gedankenwünsche in stofflicher Form realisieren zu können. Und ein *Danke* zum Abschluss sollte nie fehlen.

Jeder Mensch ist ein Produkt seiner Gedanken, sowohl im Rahmen der Spiegelung des Umfeldes als auch in der eigenen Persönlichkeitsentwicklung. Lebe ich diese Aussage, so wird alles Erlebte aus der Umwelt zu meinem eigenen. Wird mir dies bewusst, habe ich viele, viele Möglichkeiten, mein Leben jederzeit neu zu gestalten. Aber bei allem, was ich tue, sollte ich immer wissen, wohin ich will.

Der Weg ist das Ziel: Liebe.

Um die Möglichkeit einer großen Veränderung in mir wachsen zu lassen, muss ich immer wieder in mir selbst nach Harmonie suchen. Jeder Einzelne kann jederzeit für sich alles verändern. Dies gilt auch für die Zukunft. Ich kann meine Realität für die Zukunft bereits erschaffen, indem ich diese bildhaft denke, mir vorstelle und visualisiere.

Träume sind Wirklichkeiten ohne Masse, daher auch eine Art Realität. Und – jeder Gedanke wird im Traum sofort Wirklichkeit. Das, was ich abends kurz vor dem Einschlafen denke und fühle, arbeitet unbewusst und lässt es nachts auch Realität werden. Bewusstes Verändern der Träume vor dem Einschlafen durch eine entsprechende klare Programmierung liegt in unserer eigenen Entscheidung. Möglichkeiten stehen uns dabei genügend zur Verfügung.

Jede Krankheit zeigt Ursachen in unharmonischem Denken, Fühlen und Handeln. Sie lehrt uns, loszulassen und umzudenken, denn Dinge, die um mich herum passieren, Situationen, die ich durch meine Mitmenschen in Form von Worten und Taten erlebe, sind Botschaften an mein eigenes Selbst. Es sind Spiegelungen meiner ausgesandten Gedanken- und Gefühlsimpulse. Umzudenken im Bereich Körper, Seele, Geist und Bewusstsein, ist für die Einhaltung des eigenen Kosmischen Plans, des Lebensziels und Lebenssinns von hoher Bedeutung.

Krankheit kann als tiefgreifende Veränderung oder als Wachstumsprozess eines Menschen in diesem Leben dienen. Dies gilt insbesondere dann, wenn er auf Impulse und Fügungen nicht reagiert, wenn er Situationen, die immer wiederkommen, nicht wahrnimmt, wenn er sich gegen seinen eigenen Lebensplan stellt.

Um das klare Ziel, *gesund zu sein*, zu erreichen, muss ich an das Endziel anhaltender Gesundheit glauben und nicht an den möglichen Weg dahin. Daneben ist ein unerschütterlicher Wille nötig, um die eigene Gedankenkraft als positives Werkzeug auf diesem Weg zur Erreichung des angestrebten Zieles gezielt einzusetzen.

Manche Krankheiten dienen den Menschen auch als Weg, jemandem den Übergang von dieser Daseinsebene in eine andere zu ermöglichen. Die vermeintlich oft unbewusste Wahl „Tod" ist auch eine Entscheidung des einzelnen Individuums. Sie kann durchaus gewollt und gut für den jeweiligen Menschen sein, besonders wenn er in diesem Leben gemäß seinem Kosmischen Plan sein darin gesetztes Ziel bereits erreicht hat.

Wir als Einzelne dürfen uns nicht anmaßen, für andere Menschen die Vorstellung unserer Wirklichkeit auf eine Ebene stellen zu wollen, die für alle Gültigkeit und Richtigkeit hat. Jeder hat auch hier seine ganz persönliche eigene Entscheidungskraft und darf sich seine subjektive Wirklichkeit schaffen. Das ist oft für uns, die wir vielleicht einen engen Kontakt zu dieser Person hatten, schwer zu verstehen, vor allem, wenn es sich um Kinder und junge Menschen handelt.

Am einfachsten ist diese Möglichkeit der Schaffung der eigenen Wirklichkeit zugunsten persönlichen Wohlergehens und Reifens in diesem Leben bei Alltagsproblemen zu erreichen, wie sie sich tagtäglich auf mannigfache Art und Weise ergeben, beispielsweise beim Kochen, Spülen, Aufräumen, Mülleimer-Leeren, Bügeln usw.

Eine gesunde Bewusstheit und Achtung für unseren Körper ist die Voraussetzung für das Wachsen unseres Bewusstseins in einer uns umgebenden materiellen Welt, wo wir unsere Dualität, die wir leben sollten, nicht leben. Ein gesunder Umgang mit uns selbst und der Erde bringt uns dem physischen, emotionalen und spirituellen Wohlergehen näher. Naturvölker wussten um diese Weisheit, wir suchen wieder intensiv danach. Auch Kinder verstehen sehr schnell, woher wir Menschen kommen, was wir in Wirklichkeit sind und was wir mit unseren Gedanken und Vorstellungen zu jeder Zeit erreichen können. Unsere Kleinsten gehen bereits diesen Weg. Ihre alte, weise Seele kennt alle Voraussetzungen dafür. Wir müssen ihr nur helfen, diese Weisheiten zu leben in einer Welt, wo Konsum und Technik die erstrebenswertesten Ziele darstellen.

Es ist notwendig, dass Kinder und Jugendliche von uns die universalen Wahrheiten vorgelebt bekommen, um in dieses Lebensbild hineinwachsen zu können. Liebevoll gestaltete Kurzgeschichten und Hörspiele, Musik und einfach geführte Meditationen helfen jedem Kind, sich mit Themen wie Aura, Hellsehen, Hellhören, Gedankenübertragung, dem Seelenvogel, dem Lebenstagebuch und den drei Selbsten in sich auseinanderzusetzen und mit Wissen und dieser Hilfe ihre eigene Welt gedanklich bereits in jungen Jahren bewusst mitgestalten zu können.

Habe ich gelernt, meine kleine, großartige Welt, mein kleines, wunderschönes Leben auf dieser Erde in jeder Sekunde, Minute, Stunde zu lenken, sofern ich das möchte und brauche, dann habe ich gelernt, mein Schicksal selbst in die Hand zu nehmen und gespiegelte Botschaften aufmerksam zu erfahren.

Leben, ich liebe dich!
Leben, ich liebe dich!
Leben, ich liebe dich!
Leben, ich liebe dich!
Leben, ich liebe dich!
Leben, ich liebe dich!
Leben, ich liebe dich!

Leben, ich liebe dich!

Die Umpolung negativer Gedanken

DU-Botschaften sind ICH-Botschaften

Ich bin aufgrund meiner Gedanken verantwortlich für meine Realität, meinen eigenen Zustand auf physischer, energetischer, psychischer, mentaler und spiritueller Ebene.

Mein Umfeld spiegelt mir meine verwirklichten Gedanken wider. Also kann ich nicht äußere Ereignisse oder andere Menschen für unangenehme Tatsachen oder Situationen in meinem eigenen Leben verantwortlich machen, sondern nur mich selbst. *Ich bin der Schöpfer und Gestalter meiner Wirklichkeit.*

Verantwortung für Geschehnisse im eigenen Leben auf andere abzuschieben ist zwar bequem, aber keine Lösung.

Zu versuchen, **mein eigenes Problem** zum Problem anderer zu machen, wird mir vielleicht für einen gewissen Zeitraum Lebensenergie vom anderen zufließen lassen – falls diese mitmachen – aber dies verlagert mir meine gestörte, augenblickliche Situation in die Zukunft und verlängert somit mein selbst verursachtes Leiden.

In **Selbstmitleid** zu versinken, Gott und die Welt für meinen selbst gewählten Zustand verantwortlich zu machen, mag mir vereinzelte Aktionen von Mitleid und Mitgefühl einbringen und damit die so schrecklich erwünschte Aufmerksamkeit im äußeren Bereich, aber ändert in keinem Fall meinen Zustand im eigenen Inneren. *Im Gegenteil:* Es hält mich davon ab, in den Spiegel zu schauen, nach innen zu gehen und endlich Verantwortung für meine Gedanken und mein Leben zu übernehmen.

Ich bin es, der aufgrund meiner eigenen Gedanken meine Wirklichkeit erschafft und mein Leben gestaltet.

Sind mir Gedanken bekannt wie:
- Ich muss Schmerz und Leid auf mich nehmen, um weiterzukommen.
- Ich muss um alles im Leben kämpfen.
- Glück und Erfolg stehen mir nicht zu.
- Geld macht unglücklich.
- Ich bin es nicht wert, geliebt zu werden.
- Ich bin zu alt zum Lernen.
- Ich schaffe es nicht.
- Ich bin zu ungeschickt.
- Ich bin so allein, warum kümmert sich denn niemand um mich.
- Ich bin so einsam.
- Ich bin verletzt.
- Ich komme mir wertlos vor.
- Ich bin unglücklich.
- Ich fühle mich von Gott verlassen.
- Ich habe Angst, verlassen zu werden.
- Ich bin allein nichts wert.
- Wenn ich allein bin, bin ich unglücklich.
- Um geliebt zu werden, muss ich erst eine Leistung bringen.
- Nur wenn ich die Erwartungen der anderen erfülle, werde ich geliebt (geachtet).
- Wenn ich nicht die perfekte Figur habe (zu dick bin), bin ich nicht liebenswert.
- Wenn ich älter werde, bin ich für mich und andere nichts mehr wert.
- Das Recht auf Glück und Lebensfreude muss ich mir durch Leidenserfahrungen, schmerzvolle Erlebnisse und Schuldgefühle erst verdienen.
- Die Erde ist ein Jammertal.

Nach dem Geistigen Gesetz der Resonanz ziehe ich genau das, was ich aussende, auch an und realisiere es in meinem Umfeld als Wirklichkeit.

Wenn ich nicht weiterhin so leben möchte wie bisher – woran mich *Niemand*, außer mir selbst – hindern kann, muss ich meine Spiegelbilder im Außen ansehen und verändern, indem ich die Gedanken, die sie hervorgerufen haben, aufgebe und durch entsprechend positive Überzeugungen ersetze.

Oft kann ich Situationen oder die Meinungen anderer Menschen im Außen nicht ändern, aber immer meine eigene Einstellung dazu. Nur diese allein bestimmt meine nach außen wirkenden Schwingungen.

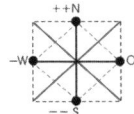 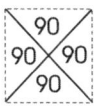

UMPROGRAMMIERUNG
ALTER GEDANKEN- und GEFÜHLSMUSTER

1. TAFELMETHODE

1. ALTES PROGRAMM
MIT ALLEN SINNEN ERFAHREN

schwarzer Grund

2. NEUTRALISIEREN
UMPOLUNG

23 GRÜNE ANDREASKREUZE
grauer Grund

3. NEUES PROGRAMM

weißer Grund

4. TEST:
WAS IST JETZT GESPEICHERT

BITTE ?

bunter Grund

2. DIAMETHODE

- ALTER ZUSTAND   = ANSCHAUEN - ANNEHMEN
- 23 ANDREASKREUZ   → BEWUSSTE LERNERFAHRUNGEN
                       → KOMPENSATION
- NEUER ZUSTAND   → ENERGIEAUSGLEICH
                       → AUFLÖSUNG
                       → ERLÖSUNG
                       → VERGEBUNG

3. BILDMETHODE

EGO ME ABSOLVO

4. ZURÜCK ZUR ALTEN WIRKLICHKEIT

HEUTE ⟶ GESTERN ⟶ VORGESTERN
DAMALS VOR DEM EREIGNIS

»ICH BIN HEIL«
VOLLKOMMEN IST ALLES GESCHAFFEN

157

Solange ich vor dem Spiegel ein trauriges Gesicht mache, wird mir kein lachendes Gesicht entgegensehen!

Wie veränderst du dein Spiegelbild?

...indem du etwas am Spiegelbild änderst?
...indem du etwas an dir änderst?

5. Zielsetzung:
Setze Prioritäten = Tue das Wichtigste zuerst

Im menschlichen Leben ist es von großer Bedeutung zu wissen, was man möchte, Prioritäten zu setzen, nicht zu viel oder gar alles gleichzeitig machen zu wollen und sich nicht zu verzetteln. Die Zielfunktion des persönlichen Handelns sollte sich ausrichten an einer optimalen Erfüllung des eigenen Kosmischen Plans. Dieser wird auf der Ebene des individuellen Überbewusstseins vom Hohen Selbst verwaltet und kontrolliert. Er enthält die eigene Bestimmung, jedoch nicht das persönliche Schicksal. Die eigene Bestimmung ist jedem in einem gewissen Rahmen unabänderlich vorgegeben, das persönliche Schicksal nicht. Letzteres kann jederzeit beeinflusst und mit individuellen Gedanken verändert werden. Es sei denn, man denkt, dass man abhängig ist vom persönlichen Schicksal, dann ist man dies auch, aber nur aufgrund gerade dieser Gedanken.

Geht ein Mensch in sich und bittet er sein Hohes Selbst um Unterstützung und Auskunft, dann kann er bei jeder in die Zukunft gerichteten Aktion abklären, ob diese in Einklang ist mit dem eigenen Kosmischen Plan oder nicht. Dies geschieht intuitiv – sensitiv unter aktiver Mitwirkung der eigenen bewussten Ebene. Je öfter man es versucht, desto besser funktioniert es. Auf diese Art und Weise kann man in einem persönlichen *brain-storming* das eigene Lebensziel im großen und kleinen Rahmen festlegen. Der „Zehnjahresplan" ist unterteilt in Jahres-, Monats-, Wochen- und Tagespläne. Es ist sinnvoll, derartige Wochen- bzw. Tagespläne mit der vorgegebenen Zielsetzung tatsächlich einmal gewissenhaft schriftlich zu erarbeiten. In der detaillierten Planung werden dann die für den zugrunde liegenden Zeitraum erwarteten Aufwendungen an Zeit, Energie, Geld, Materie usw. für die einzelnen Vorkommnisse festgehalten. Es ist dabei wichtig, auf möglichst viele potentielle Einwirkungen zu verzichten, die uneingeplant zu Reaktionen führen müssen, ohne dass sie als Aktion vorgesehen waren. Sie bringen sonst die gesamte schöne Planung durcheinander. Also sollte man beispielsweise die persönliche Handy-Nummer nicht zu vielen Leuten geben. Dies zwingt einen ansonsten zur Reaktion ohne geplante Aktion. Erfahrungsgemäß geht auch jeder Anrufer davon aus, dass sein Problem, zumindest im gegebenen Moment, das Wichtigste ist. Für ihn trifft dies auch zu, wenn auch nicht für jeden anderen und damit auch nicht für mich.

Sinnvoll ist es, gelegentlich einen *Soll-ist-Vergleich* zu machen und unkorrekt eingeplante Daten regelmäßig der Realität anzupassen. Mit der Zeit bekommt man durch derartige Vorgehensweisen Struktur in das eigene Denken und Leben. Alles wird einfacher. Gehen die Planung und die Vorgabe des *Lebensziels* noch konform mit den eigenen Moralvorstellungen und der persönlichen Ethik, so ergibt sich damit auch der *Lebenssinn*. Auf der Suche nach ihm, einer sinnvollen Aufgabe im Leben, sind in der jetzigen Zeit sehr viele Menschen, und das ist auch gut so.

Gedanken als Form, gefüllt mit Sinnesempfindungen und Emotionen als Inhalt, müssen eine Zielvorgabe haben, sonst ergibt sich keine Realisation. Eine derartige Absichtserklärung in den entsprechenden Gedankenimpulsen muss durch eine Kraft weitergetragen und aktiviert werden. Dies geschieht durch die menschliche Willensenergie, die sich aus kondensierter Lebensenergie aufbaut. Sie wirkt quasi wie der Antrieb einer Rakete, die sinnbildlich für die eigene Wunschvorstellung steht und diese in Richtung hin zur Realisation bewegt. Im Universum wird diese Zielfunktion in Form einer Ziffer als Vervielfältigungs-Multiplikator fixiert, dem sogenannten Attraktor. Er bestimmt nach dem Geistigen Gesetz Makrokosmos = Mikrokosmos Realisationsform und -geschwindigkeit, die dann zu einer grobstofflichen Wirklichkeit führt. Genauer erklärt diese Entwicklung die Chaostheorie.

Probleme und Schwierigkeiten sind unumgängliche Notwendigkeiten, also Aufgaben, die das Leben selbst stellt und die durch entsprechende Lernerfahrungen zu lösen sind. Man kann sagen, dass jedes Problem ein Geschenk des Lebens an jeden einzelnen Menschen ist. Jedes Problem ist dazu

da, gelöst zu werden. Es ist nicht nur unumgänglich, Schwierigkeiten anzuschauen, anzunehmen und aus ihnen zu lernen, sondern gerade, weil dies so
ist, stellen sie immer auch eine wichtige Aufgabe und große Chance im
Leben dar, Änderungen vorzunehmen und dadurch zu lernen. Es ist sinnvoll,
Probleme in dem Moment zu lösen, in dem sie sich stellen, den Augenblick
sinnvoll zu erfüllen und sich dem Lauf des Lebens anzupassen. Im Ausgleich von Polarität und Dualität in der Harmonie im *Weg der Mitte* liegt die
Weisheit sowie der optimale Umgang mit beschränkt vorhandener Lebensenergie.

Beispiel:

Eines Tages hält ein Zeitmanagementexperte einen Vortrag vor einer
Gruppe Studenten, die Wirtschaft studieren. Er möchte den Studenten mit
Hilfe einer Vorstellung, die sie nicht vergessen sollen, einen wichtigen
Punkt vermitteln.

Als er vor der Gruppe dieser angehenden Wirtschaftsbosse steht, sagt er:
„Okay, Zeit für ein Rätsel." Er nimmt einen leeren 5-l-Wasserkrug mit
einer sehr großen Öffnung und stellt ihn auf den Tisch vor sich. Dann legt
er zwölf etwa *faustgroße Steine* vorsichtig einzeln in den Wasserkrug. Als
er den Wasserkrug mit den Steinen bis oben hin gefüllt hat und kein Platz
mehr für einen weiteren Stein ist, fragt er, ob der Krug jetzt voll ist. Alle
sagen: „Ja!"

Er fragt: „Wirklich?", greift unter den Tisch und holt einen Eimer mit *Kieselsteinen* hervor. Einige hiervon kippt er in den Wasserkrug und schüttelt
diesen, so dass sich die Kieselsteine in die Lücken zwischen den großen
Steinen setzen. Er fragt die Gruppe erneut, ob der Wasserkrug voll sei?
Jetzt hat die Klasse ihn verstanden und einer antwortet: „Wahrscheinlich
nicht!" „Gut", antwortet er, greift wieder unter den Tisch und bringt einen
Eimer voller *Sand* hervor. Er schüttet Sand in den Krug und wiederum
sucht sich der Sand den Weg in die Lücken zwischen den großen Steinen
und den Kieselsteinen. Anschließend fragt er: „Ist der Krug jetzt voll?"
„Nein!", ruft die Klasse und noch mal sagt er: „Gut!" Dann nimmt er
einen mit Wasser gefüllten Krug und gießt das Wasser bis zum Rand in
den anderen Krug. Nun schaut er die Klasse an und fragt: „Was ist der
Sinn meiner Vorstellung?"

Ein Angeber hebt seine Hand und sagt: „Es bedeutet, dass, egal wie voll auch dein Terminkalender ist, wenn du es wirklich versuchst, kannst du immer noch einen Termin dazwischen schieben." „Nein", antwortet der Dozent, „das ist nicht der Punkt. Die Moral dieser Vorstellung ist: Wenn du nicht zuerst mit den großen Steinen den Krug füllst, kannst du sie später nicht mehr hineinsetzen. Was sind die großen Steine in eurem Leben? Eure Kinder, Personen, die ihr liebt, eure Ausbildung, eure Träume, würdige Anlässe, Lehren und Führen von anderen, Dinge zu tun, die ihr liebt, Zeit für euch selbst, eure Gesundheit, eure Lebenspartner? Denkt immer daran, diese großen Steine *zuerst* in euer Leben zu bringen, sonst bekommt ihr sie nicht alle unter. Wenn du zuerst mit den unwichtigen Dingen beginnst (Kieselsteine, Sand), dann füllst du dein Leben mit kleinen Dingen und beschäftigst dich mit Sachen, die keinen Wert haben und wirst nie für große und wichtige Dinge (große Steine) wertvolle Zeit finden.

Wenn du über diese kleine Geschichte nachdenkst, stelle dir folgende Frage: Was sind die großen Steine in meinem Leben? Wenn du sie kennst, dann fülle deinen Wasserkrug zuerst damit."

Diese Geschichte zeigt an einem einfachen Beispiel auf, wie wichtig es ist, sich in einem ersten Schritt zunächst in Eigenverantwortung darüber bewusst zu werden, was eigentlich die persönlichen *Zielsetzungen* sind, welche umgesetzt werden sollen, und so subjektive Prioritäten zu setzen. Bereits hier ist eine Strukturierung der eigenen Gedanken, welche schließlich verwirklicht werden, unabdingbar, und es ist deshalb bei dieser individuellen Vorauswahl und Festlegung höchste Sorgfalt zu wahren.

6. Glaube schafft Wirklichkeit und verbindet dich mit der einen Wahrheit in Liebe.

Jeder Mensch erschafft sich seine eigene Wirklichkeit selbst.

Wie ich über mein Leben denke, so ist mein Leben. Die Menschen, die in mein Leben kommen, zeigen die *Spiegelung* meiner Gedanken. In diesen Personen sehe ich mich selbst. Alles, was mir an diesen Menschen nicht gefällt, ist das, was mich bei mir stört und was ich verbessern möchte. Auf meinem spirituellen Weg lerne ich fortwährend neue Menschen kennen und alte Freunde gehen aus meinem Leben heraus. Das Prinzip ist einfach: Wer mir auf meinem Weg folgen kann und will, der bleibt neben mir. Auf der anderen Seite, wer nicht mit mir zusammen wächst, der bleibt stehen und ich gehe alleine weiter. Wir sollten uns immer bewusst sein, dass wir nie allein sind. Gott und das eigene Hohe Selbst sind als Licht- und Liebesqualität immer bei uns. Die Frage ist nur, ob wir dies auch immer erkennen.

Mit unseren Gedanken gestalten wir unseren Alltag. Das, was wir aussenden, ziehen wir auch an. Wenn ich denke, dass ich keinen Job finden werde, dann finde ich auch keinen. Wenn ich denke, dass es für mich im Universum eine Möglichkeit gibt, einen Job zu finden, dann werde ich auch einen finden. Wichtig ist dabei auch, ob ich eine klare Vorstellung darüber habe, was ich möchte oder nicht. Wenn meine Vorstellungen und Gedanken klar sind, dann werde ich auch eine passende Stellung finden. Wenn ich mir aber irgendwas wünsche, nur um Geld zu verdienen, dann werde ich irgendeinen Beruf bekommen, mit welchem ich wahrscheinlich nicht zufrieden sein werde. Immer, wenn ich etwas erreichen will und keinen Zweifel darüber habe, es zu erreichen, erreiche ich auch mein Ziel. Sobald ich aber anfange zu zweifeln und zu viel über das *Wie* nachzudenken, entferne ich mich auch wieder von meinem Ziel. Falls ich nur denke: *Es wäre schön, wenn…, ich könnte.., würde, sollte* etc. und dabei nichts mache (keine Aktion), dann kann auch nichts passieren.

Ich muss mich mit meinen Gedanken und Aktionen durch alle Dimensionen bewegen, damit ich am Ende das erreiche, was ich möchte, oder das, was ich denke, dass es meine Aufgabe ist. Das Prinzip heißt, Entscheidungen treffen. Es gibt eigentlich nur eine einzige falsche Entscheidung und das ist, keine Entscheidung zu treffen. Das Universum belohnt immer Menschen, die sich durch Zeit und Raum bewegen. Leben im Hier und Jetzt heißt auch, aktiv zu hören, was andere Menschen uns sagen und mitteilen wollen. Dies bedeutet vor allem, alle Ereignisse und Situationen von außen als Botschaften für uns selbst zu verstehen: ein Wort, ein Satz, ein Lächeln, ein Stichwort, eine Krankheit, Müdigkeit, Frust, Wut, Groll etc. Wir selbst wählen Menschen als Freunde, Mitarbeiter und Lebenspartner aus, die uns in der Folge durch ihr bloßes Sein zu Lernaufgaben zwingen.

In uns gibt es eine Kraft, die uns liebevoll zu vollkommener Gesundheit, vollkommener Partnerschaft, vollkommenen Karrieren, Glück, Erfolg und Wohlstand führen kann. Um diese Dinge zu erlangen, müssen wir zuerst glauben, dass auch für uns grundsätzlich alles möglich ist. Wir müssen bereit sein, uns von jenen Lebensmustern zu lösen, die von uns nicht gewünschte Umstände erzeugen. Dies erreichen wir, indem wir uns nach innen wenden und dann die innere Kraft anzapfen, die immer weiß, was für uns das Beste ist. Wenn wir bereit sind, unser Leben dieser Kraft in uns anzuvertrauen, die uns liebt und erhält, können wir Liebe und Wohlstand auch erreichen.

Der Glaube stellt eine Verschmelzung von Gedankenprogrammen des Kopfhirns und gleichgeschalteten Gefühlsmustern des Bauchhirns dar. Diese innere Einheit vermittelt Sicherheit.

Sich in den Zustand des Fallenlassens zu versetzen, im absoluten Vertrauen darauf, dass ich aufgefangen werde, heißt Glauben. Erst der Glaube führt zur Überwindung jeglicher Spaltung, erst der Glaube führt zur absoluten Verschmelzung im kosmischen Bewusstsein, der Vision des *All-Einseins* und der All-Verbundenheit. Der Glaube steht am Ende jeden Willensprozesses. Er bedeutet das subjektive Loslassen und das bewusste Übergeben einer individuellen Wunschvorstellung an höhere Mächte, Hohes Selbst, Lichtwesen oder Gott. Diese können dann ohne Einwirkung von außen die Realisierung einer subjektiven Wirklichkeit im Einklang mit der Struktur des Universums, den Geistigen Gesetzen und Kosmischen Plänen durchführen oder auch nicht. Dies gilt für alle Gedanken und Wünsche, auch hinsichtlich Gesundheit, Glück und Erfolg. Der einzelne Mensch übergibt damit bewusst seinen als Willen in Gedanken festgelegten Wunsch einer höheren Macht als *dein Wille geschehe* oder *es geschehe nach deinem Willen*. Erfolg und Wahrscheinlichkeit einer Wunschrealisierung sind somit maßgeblich vom bildhaft vorgestellten Glauben an deren Verwirklichung abhängig, der so genannten positiven Finalvorstellung.

In der Bibel wird oftmals Jesus bei Heilungen mit den Worten zitiert:

Alles ist möglich dem, der da glaubt, bzw.
dein Glaube hat dir geholfen,
oder noch besser:
dir geschehe nach deinem Glauben.

Wie oft vergessen wir (oder wissen wir nicht), dass unser individuelles Bewusstsein ständig mit dem einen Weltgeist verbunden ist und dass uns deshalb alles Wissen und alle Weisheit jederzeit verfügbar sind. Verbunden sind wir mit diesem Weltgeist, dieser universalen Kraft, die uns erschaffen hat, durch jenen Lichtfunken in uns, den wir Hohes Selbst nennen, unser Überbewusstsein. Das ist eine Kraft des Guten, die alles in unserem Leben lenkt. Sie weiß nicht, wie man hasst, lügt oder straft. Sie ist reine Liebe, Verständnis und Mitgefühl. Es ist wichtig, dass wir unser Leben unserem

Hohen Selbst übergeben, denn dadurch erlangen wir selbst erst das Gute. Wir müssen uns bewusst sein und wir müssen erkennen, dass wir in jedem Moment und in jeder Hinsicht die Wahl haben, diese Kraft auf jede mögliche Art und Weise zu nutzen. Wenn wir uns dafür entscheiden, in der Vergangenheit zu leben und ständig all die negativen Situationen und Zustände von damals zu wiederholen, dann kann sich nichts zum Besseren verändern. Wenn wir uns also bewusst dafür entscheiden, nicht länger Opfer unserer eigenen Vergangenheit zu sein und uns daran machen, unser Leben neu zu gestalten, unterstützt uns diese innere Kraft. Neue, glückliche Erfahrungen stellen sich ein.

Wille ist Wahl – Wahl ist Wille.

Verantwortung ist unsere Fähigkeit, auf eine Situation angemessen zu reagieren. Wir haben stets die Wahl. Willensentscheidungen sind immer Wahlmöglichkeiten, die Festlegung auf eine bestimmte von vielen Alternativen. Das bedeutet nicht, dass wir leugnen sollen, wer wir sind und was sich in unserem Leben abspielt. Es heißt lediglich, dass wir unseren eigenen Beitrag zu dem, was sich bislang in unserem Leben ereignet hat, anerkennen. Indem wir die Verantwortung für unser Denken und Handeln übernehmen, erwerben wir auch die Kraft zur Veränderung. Es kommt nur darauf an, wie wir diese einsetzen.

Gedanken, die wir haben, erzeugen unsere Gefühle. Dann leben wir unser Leben gemäß diesen Gefühlen und Glaubenssätzen. Es geht nicht darum, dass wir uns wegen Dingen, die in unserem Leben falsch laufen, Vorwürfe machen. Fehler sind notwendig, um Erfahrungen machen zu können. Wenn wir unsere Probleme und Krankheiten als Chancen nutzen, darüber nachzudenken, wie wir unser Leben ändern können, haben wir Macht. Viele Menschen, die eine schreckliche Krankheit erlebt haben, sagen zurückblickend, wenn alles schon einige Zeit zurückliegt, dass es die wunderbarste Sache war, die ihnen passieren konnte, weil sie dadurch eine Chance erhielten, ihr Leben tiefgreifend zu verändern. Andererseits laufen viele Personen herum und sagen, dass sie arme Menschen sind. Solche Menschen werden es schwer haben, gesund zu werden und ihre Probleme in den Griff zu bekommen.

Glaube gibt Herzenssicherheit.

7. Kreativität:
Lernen im Leben durch Erschaffung neuer Sachverhalte

Creare: lat. = *schaffen* bzw. *gebären von Neuem, was es vorher nicht gab.*
Der Kreator ist der universale, göttliche Schöpfer. In der Kreativität zeigt
sich die göttliche Schöpfungskraft, im Menschen oft verbunden mit Gefühlen von Glück, Selbstfindung, Erfolg und Harmonie. Dabei ist

Weisheit in Form von Phantasie wichtiger als Wissen (EINSTEIN).

Kreativität fußt auf intuitiver Wahrnehmung, auf Achtsamkeit und Aufmerksamkeit als Durchbrechung von sich wiederholenden Routinehandlun-
gen durch Aktionen in oft visionärer und inspirativer Einmaligkeit.

Sie geht aus von der rechten Gehirnhälfte, die in mehrdimensionaler Ausrichtung von außen nach innen strebt im Bewusstsein, *dass ich bin* als Ebenbild Gottes, in seinem Geiste an seiner Stelle kreativ schöpferisch tätig.
Ohne den Widerstand im materiell-körperlichen Außen das, *was ich bin*, zu
suchen, wird im Einklang mit der Struktur des Universums, den Geistigen
Gesetzen und Kosmischen Plänen bisher Unbekanntes, Neues geschaffen.
Bewusst und achtsam in der dankbar-erfüllten Erfahrung des Augenblicks
zu leben wird in enger Zusammenarbeit mit dem Inneren Kind als *intuitive*,
gemeinsam mit dem Hohen Selbst, dem Botschafter Gottes in uns, als *inspi-*
rative Arbeit empfunden.

Die zweidimensionalen Aspekte des Wachbewusstseins der linken Gehirnhälfte werden vertrauensvoll und in uneingeschränkter, individueller
Verantwortung geführt und falls notwendig, auch kontrolliert und korrigiert.
Kreativ-schöpferisches Neues wird aktiviert durch Modelle und Techniken
des positiven Denkens, regelmäßiges und inbrünstiges Gebet, positive Mant-
ras und Affirmationen, permanenten, engen Kontakt zum Hohen Selbst und
positive Speicherdaten der *lichten Seite des Inneren Kindes.* Im Streben nach
der Verschmelzung im Zustand des All-Einsseins von kosmischem Bewusstsein, universaler Harmonie, Fülle, Urvertrauen, Freude und Liebe wird gezielt der eigene, freie menschliche Wille im „universalen Internet" der *mor-*
phogenetischen Felder des kosmischen Gitternetzes gesucht und gefunden.
Aus diesem Bereich kommen dann bildhaft und nonverbal Geistesblitze, Visionen, gezielte Inspirationen, Wissen und Weisheit. Informationen werden
in diesem Bereich gleichzeitig synchron verarbeitet, simultan werden komplexe Bilder erfasst, die Welt wird in einem harmonischen Gefüge von Ganz-
heitsaspekten erfahren. Entsprechungen, Ähnlichkeiten und Gemeinsam-

keiten sind wichtiger als festliegende Strukturen und trennende Einzelheiten. Die Interessen des großen Ganzen spiegeln auch automatisch das Beste und Optimale des einzelnen Individuums wider. Egozentrik, Wettbewerbsdenken und Konkurrenzverhalten haben in dieser Welt keinen Platz. Qualitatives Vorgehen in bildhaftem Denken ersetzt quantitatives, rein materiell ausgerichtetes Handeln in linearen Vorstellungen, logisch-analytisch aufgebaut, aber sich in Einzelheiten und nachfolgend verarbeiteten Informationen verlierend. Bilder treten anstelle von Worten, nonverbale, telepathische Kommunikation ersetzt sequentiell aneinandergereihte, gesprochene Worte in – nach festen grammatikalischen Regeln aufgebauten – syntaktischen Sätzen. Erfahrungen ergeben sich nicht nur aus logisch aufgebauten, gespeicherten Informationen der jüngsten Vergangenheit, sondern auch aus archetypischen Urmustern und universalen Zusammenhängen *morphogenetischer Felder* im Kosmischen Lichtgitternetz.

8. Gebet – Die Macht des Gebets: Gebete schaffen die Verbindung zu Gott.

Jedes Gebet, in positive Willensentscheidungen, Gedanken, Gefühle, Worte und Taten eingebunden, stellt ein außerordentlich großes Energiepotential in sehr feinen und damit außergewöhnlich starken Energiefrequenzen dar, welches immer zuerst zum Hohen Selbst, der individuellen Ebene des Überbewusstseins, und danach zu höheren himmlischen Ebenen bis hin zu Gott geht. Darin liegt seine außergewöhnliche Macht und Kraft.

Bei vielen Naturvölkern und in zahlreichen alten Kulturen war ein Gebet immer eine Danksagung für all das, was einem Gott gegeben hatte. Dies wurde oft bereits im sprachlichen Ausdruck augenscheinlich, da das Wort für Gebet und Danksagung dasselbe war, beispielsweise bei den altägyptischen Pharaonen, der traditionellen HUNA-Weisheit Hawaiis, in Tibet und Zentralafrika. Damit wurde das Augenmerk des Menschen gezielt vom Außen zum Innen gelenkt, die Gemeinsamkeit mit dem Gott im Außen und Innen im Eins-Sein mit Ihm gesucht und nicht in der Spaltung des Mangels.

In unserer heutigen Welt ist ein Gebet nur noch selten eine Danksagung, jedoch fast immer ein Bittgesuch im physischen, materiellen Bereich. Es geht dabei fast immer um körperliche Leiden, Unglück, Misserfolg, Disharmonie, fehlende materielle Mittel, Geld usw. Damit wird die subjektive Konzentration auf das Außen, auf Spaltung und Mangel gelenkt und damit die

Trennung von Gott im eigenen Inneren noch mehr betont. Oft sind derartige Bittgesuche in Form einer geschäftlichen Transaktion aufgemacht: Erfüllst du mir meine Bitte, bekommst du von mir ein Opfer, Geld, eine Schenkung usw. Und trotzdem werden auch derartige Bittgesuche oftmals erfüllt, wenn sie intensiv genug wiederholt und klar definiert vorgebracht werden und im Einklang mit Geistigen Gesetzen und Kosmischen Plänen stehen.

Ein Gebet entsteht aus dem Wachbewusstsein heraus, oftmals unter aktiver Mitarbeit der unterbewussten Ebene des Inneren Kindes als eine in Gedanken zuerst formulierte Willensentscheidung. Dabei steht der entsprechende Gedanke quasi in der äußeren Form immer zuerst. Diese Form wird nunmehr mit Substanz versehen: dem Gefühl. Die Inbrunst und Intensität dieser Emotion bestimmt nunmehr Dichte und Beschaffenheit des Inhalts der Gedankenform. Die positive Finalvorstellung des angestrebten Zieles, verbunden mit der entsprechenden Willensenergie, bringt nun Form und Inhalt in Bewegung bis hin zur Realisierung und Verwirklichung.

Der Glaube daran und das Loslassen der Wunschvorstellung als Übergabe in Demut an höhere Mächte schließt den Gebetsvorgang ab. Je öfter dieser wiederholt wird, intensiv und gefühlvoll, möglichst unter Einbindung der jeweiligen Sinnesempfindungen, desto höher ist die Wahrscheinlichkeit der Gebetserfüllung.

Nichts erledigen, Probleme verdrängen, so tun, als gäbe es sie nicht, den Kopf in den Sand stecken – das sind keine Lösung. Gedanken- und Gefühlsimpulse sollte man nicht verdrängen, sondern annehmen und durch bewusste Lernerfahrungen umwandeln, transformieren und auflösen, denn wir lernen aus unseren Fehlern und

**Es gibt eine Lösung für jedes vermeintliche Problem.
Außerdem ist es nie zu spät.**

9. Verantwortung:
Für das eigene Leben – und nur für dieses –
ist jeder Mensch selbst verantwortlich.

Die göttliche Urquelle hat dem Menschen den freien Willen gegeben u. a. verbunden mit der Auflage, für alle weiteren Entwicklungen aus Entscheidungen des freien Willens heraus auch uneingeschränkt selbst verantwortlich zu sein. Demzufolge sind die gegenwärtigen Umstände des eigenen

Lebens und die derzeitige Situation, die persönliche spirituelle, mentale, emotionale, energetische und körperliche Verfassung auch eine Folge und Wirkung der individuellen Gedanken. Diese sind die erste und ursächliche Ausdrucksform des eigenen freien Willens. Es nützt also absolut nichts, sich aus der Verantwortung für die eigene Situation herauswinden zu wollen und immer andere für das eigene Missgeschick verantwortlich zu machen. Damit verlagert man das eigene Problem nur nach außen, was wohl momentan bequem sein mag, aber keine durchgreifende und endgültige Lösung darstellt. Die Verantwortung für das eigene Leben und das materielle Umfeld auf den Staat, die Eltern oder Kinder, den Freund oder Ex-Ehemann abzugeben, hilft langfristig ebenfalls nicht weiter. Es hindert einen im Gegenteil sehr oft daran, sich wirklich mit sich selbst und seinem Leben zu beschäftigen, umzudenken und eine sinnvolle Lebensaufgabe zu finden.

Depression = Mangel an Eigenverantwortung

Depression ist eine Aggression gegen sich selbst. Die Depression hat ihre Ursache in Störungen der Zusammenarbeit und in mangelnder Kommunikation zwischen den Selbsten. Sie basiert auf starkem Egoismus, ausgeprägter Egozentrik und einer unrealistischen und überzogenen Erwartungshaltung, die nur die eigenen Probleme sieht und davon ausgeht, die Umwelt und das Umfeld sowie alle anderen müssten das genauso tun – was natürlich nicht der Fall ist. Dieser eigenverschuldete Widerstand führt zu Frust, Groll, unterdrückten Aggressionen, Schmerz und Leid. Auch hier, wie bei der Aggression, nimmt die ICH-Komponente des Wachbewusstseins ihre liebevolle Führungs- und Kontrollfunktion über das EGO nicht oder nur unzulänglich wahr.

Mangel an Eigenverantwortung führt zu:

● einem ausschließlichen Leben in der eigenen subjektiven Wirklichkeit
● einer übersteigerten Erwartungshaltung
● Disharmonie, Frust und Ärger, falls diese auf Widerstand trifft
● Aggression, Wut und Zorn nach außen und danach nach innen
● Melancholie und Trauer
● Schuldzuweisungen an andere im Außen
● Gleichgültigkeit
● Selbstmitleid
● Abgrenzung und Selbstisolation
● einer äußeren und inneren Spaltung
● einer leichten Depression

Bis zu diesem Punkt ist eine Umkehr aus eigener Kraft noch möglich.

168

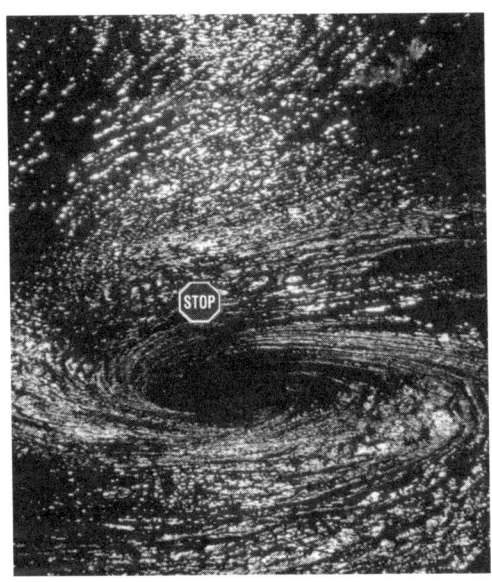

Wird nichts unternommen, so führt dies zu

- einem spiralförmigen Eintauchen in die Dunkelheit des EGO ohne jegliche Kontrolle durch das eigene ICH
- einer langsamen Aufgabe der eigenen Identität
- Angst, Spaltung, Mangel und Problemen im materiellen Umfeld
- Selbstaufgabe
- Apathie
- Flucht in Illusionen, Träume und Schweinwelten
- Ruhigstellung durch Medikamente, Drogen, Alkohol, Suchtmittel usw.
- Weg in die schwere und manische Depression
- schwerer Krankheit, Klinik oder Anstalt
- Selbstmord
- absoluter Selbstaufgabe
- Wahnsinn
- Fallenlassen – Auffangen durch Luzifer, den Lichtträger und Stellvertreter Gottes in der Dunkelheit

Bei der Depression fehlen das Licht, die Lichtenergie und der Kontakt zum Hohen Selbst. Die Angstzentren als körperliche Organe wie *Amygdala* im Kopf und *Ileum* im Bauch sind überdimensional aktiv. Ab dem Zustand der leichten Depression ist ein klar ersichtliches Krankheitsbild vorhanden und die betreffende Person benötigt Hilfe von außen. Sonst entstehen schwere und manische Depressionen, die bis zur totalen Selbstzerstörung, zur absoluten Willenlosigkeit, Apathie, kompletten Selbstaufgabe, Isolation in der Dunkelheit bis zum Selbstmord führen können. Körperlich belastet sind wiederum Leber, Gallenblase, Nieren, Milz, Kopf und Bauchbereich. Sämtliche Energiekreisläufe sind nur schwach aktiv, insbesondere Licht-, Willens- und Lebensenergie. Was den Menschen noch am Leben hält, ist die Vitalenergie. Wie bei der Aggression müsste auch hier die Behandlung über alle Bewusstseinsbereiche gehen, insbesondere der Kontakt zum *Hohen Selbst* wieder aktiviert, der ICH-Aspekt und die lichte Seite des Inneren Kindes müssten gestärkt werden.

Sehr wichtig ist in diesem Zusammenhang das persönliche Gespräch. Die Bedeutung der Eigenverantwortung als Gegengewicht zum praktizierten Egoismus muss erläutert und mögliche Ursachen für die selbstgewählte Isolation, Schuldkomplexe, Sühnebereitschaft und Bestrafungszwänge im Innen und im Außen müssen gefunden, angesehen, angenommen und transformiert werden. Notwendig ist auch eine aktive Beschäftigung und Bewegung in der Natur, zuerst in kleinem, später in größerem Rahmen. Durch aktives Tun muss langsam wieder ein Sinn im Leben und ein Blick für die Schönheit allen Seins vermittelt werden. Manchmal ist dies jedoch ein langer Weg.

Die HUNA-Lehre stellt bei der Behandlung von Aggression und Depression eine große Hilfe dar, da sie beide Phänomene klar, einfach, pragmatisch, logisch nachvollziehbar und verständlich erläutern kann. Durch Erkennen und Verstehen der eigenen Situation ist damit auch Hilfe und Selbsthilfe möglich.

10. Abgrenzung:
Lass es nicht zu, dass andere ihr Problem zu deinem machen.

Wie wir wissen, ist im täglichen Leben das *Geistige Gesetz der Resonanz* eines der häufigsten und permanent wirkenden Ordnungskriterien. Oft steht dieses Resonanz- oder Spiegelgesetz zusätzlich noch in einem engen Zusammenhang mit dem Prinzip: *Energie folgt der Aufmerksamkeit*.

Der Kampf um Energie ist so alt wie die Menschheit. Energie ist ein sehr kostbares und nicht jederzeit beliebig vermehrbares Gut. Es muss gezielt aufgebaut, achtsam und bewusst eingesetzt und verwaltet werden. Im menschlichen Bereich werden dabei folgende Energieformen unterschieden, die sich durch spezifische Frequenzen bzw. Wellenlängen kennzeichnen lassen:

1. LICHTENERGIE = Mana Loa, Rei, Atman bzw. Shekhem

   kommt direkt aus dem Kosmischen Gitternetz und setzt den Menschen direkt in Verbindung mit der Göttlichen Urquelle, deren Substanz als Licht und Essenz als universale, grenzen- und selbstlose, wertfreie und unpolarisierte Liebe.

2. WILLENSENERGIE = Mana Mana bzw. Djet und Tet

   entsteht durch Gedankenkraft, Imagination und Visualisierung aus der Kondensation und Konzentration von gespeicherter Lebensenergie heraus. Sie verbindet beide Gehirnhälften miteinander und dient als Transportmittel für Gedankenimpulse, die immer am Beginn des individuellen Schöpfungsprozesses subjektiver Wirklichkeit stehen.

3. LEBENSENERGIE = Mana, Prana, Od, Orgon bzw. Ankh

   ergibt sich aus der permanenten dynamischen Bewegung der geladenen Elementarteilchen der kleinsten Lichtquanten, auch Photonen genannt, also den negativ polarisierten Elektronen und den positiv ausgerichteten Positronen. Diese besitzen bekanntlich Ladungsungleichgewichte, aber keine Ruhemasse. Hier spiegelt sich die Polarität der universalen Urquelle wider, die mit der darin enthaltenen Kraft jedes Atom in Schwingung versetzt und damit Leben erst ermöglicht. Diese Energie ist grundsätzlich in allen lebenden Systemen vorhanden und gespeichert, auch in Steinen, Pflanzen und Tieren. Sie wird über Ahnen und Natur zum Teil bereits bei der Geburt mitgegeben und bleibt über den physischen Tod hinweg erhalten.

4. VITALENERGIE = Ki, Chi bzw. Qui

   ist direkt mit dem physischen Körper verbunden. Sie entsteht mit dem ersten Atemzug nach der Geburt und endet mit dem Tod. Sie kommt aus dem Magnetfeld der Erde und wird über die Atmung im Stoffwechselprozess der *kalten Verbrennung* (Metabolismus) im Körper aus festen und flüssigen Nährstoffen sowie aus Sonnenlicht gewonnen. Vitalenergie wird für die autonomen Körperfunktionen, die auch im Schlaf ablaufen, sowie für körperliche Muskelarbeit benötigt.

   Positives Denken führt zu einem aktiven Aufbau positiver Lebensenergie, da der Bereich der Ätherebene von Energie und Steuerung parallel und gleichgeschaltet mit der Mentalebene von Willensentscheidungen und Gedanken verbunden ist. Positive Gedanken setzen dabei rechtsdrehende, im Uhrzeigersinn ablaufende, aufbauende Prozesse und Energiepotentiale in Gang. Negative Gedanken bewirken das Gegenteil. Es ist selbstverständlich einfacher, Energie von anderen Menschen abzuziehen, als sie mühsam selbst aufzubauen, insbesondere dann, wenn man nicht gelernt hat bzw. in der Lage ist, positiv zu denken. Dies kann auch geschehen über die Lebensweisheit *Energie folgt der Aufmerksamkeit*, was sich Babys bzw. kleine Kinder meist unbewusst als Maxime setzen.

Es gibt kaum Menschen ohne Probleme. Viele von diesen sind uralt und haben ihre Ursache in früheren Leben, sind also karmischer Natur. Zugrunde liegen meist archetypische Urprogramme wie bereits auf Seite 72 ff. dargestellt, u. a.:

1. SEIN: Mangel an Urvertrauen = Zweifel und Unsicherheit, fehlende Übernahme von Eigenverantwortung, *auf der Erde ankommen*, absolute Lebensbejahung und -annahme
2. ANGST – PHOBIEN: emotionale und/oder materielle Urängste, oft durch Ahnen-, Vater- oder Mutter-Muster bedingt, Furcht, Zwangsvorstellungen
3. SCHULD: alte, unaufgearbeitete Schuldkomplexe, Neurosen, Blockaden, Opferrollenspiel, Helfersyndrom
4. WUT: tiefsitzende Wut, Zorn, Ärger, Groll und Aggressionspotentiale, oft nach innen und gegen sich selbst gerichtet. Jede Depression beginnt als nach innen gerichtete Aggression.
5. MACHT UND GEWALT: Druck von außen und innen, Manipulation, Selbstbestrafung, Zerstörung
6. WISSEN: Mangel an Wissen, Halbwissen, Weisheit und Lebenserfahrung, oft durch Faulheit, Dummheit und Bequemlichkeit begründet, auch und besonders in früheren Leben, Gedankenmanipulation, mentaler Hochmut, Ruhm, Konkurrenzneid, Minderwertigkeitskomplexe
7. ARMUT: Besitzorientierung, gespaltenes Verhältnis zum Geld, materielle Verhaftung, unbewusste (karmische) Reichtumsablehnung
8. GIER: Neid – Geiz – Missgunst, Niedertracht, Schadenfreude
9. SUCHT: Rache, Hass, Unverzeihlichkeit, Eifersucht, Selbstsucht, Eitelkeit, Abhängigkeit, LUST, Triebhaftigkeit, Wollust
10. SEXUALITÄT UND SCHAM: Nichtannahme der eigenen Geschlechtlichkeit bzw. unausgeglichene eigene Polarität, egoistischer Sex
11. TRAUER – MELANCHOLIE – LEERE – VERLUSTVERHAFTUNG
12. SCHMERZ UND LEID: unaufgearbeitete alte Schmerz- und Leidprogramme

Diese negativen Basisprogramme, gespeichert im *morphogenetischen Feld* der Menschheit als *künstlicher Matrix*, stellen einen absolut objektiven Spiegel für jeden einzelnen Menschen dar. Immer dann, wenn er sich von einem Thema angesprochen fühlt und dazu in Resonanz geht, hat er in sich, in seinen eigenen Speicherdaten, noch derartige negative Gedankenprogramme und Gefühlsmuster bzw. zumindest Teile davon gespeichert.

Dies zeigt sich über das Ego der linken Gehirnhälfte bzw. über die so genannte dunkle Seite des Inneren Kindes. Beide stellen unbestechliche Korrektive als Spiegelung im Außen dar und weisen darauf hin, dass gewisse dunkle Aspekte im eigenen Inneren noch unbearbeitet sind, deshalb ein Resonanzverhalten besteht und Manipulationen über die *künstliche Matrix* denkbar und möglich sind.

4. Ausgeglichen werden können diese negativen Basisprogramme immer und ohne detaillierte Festlegung über das Nullpotential der bedingungslosen Liebe, wie es an verschiedenen Stellen dieses Buches ausführlich beschrieben ist, oder über die bewusste und gezielte Aktivierung entsprechender Basisprogramme (wie auf Seite 82 ff. aufgeführt).

Da diese archetypischen Urprogramme weit verbreitet sind, ist es oftmals sehr einfach, andere Menschen in Resonanz zu eigenen Problemen zu bringen. Die eigene negative Situation wird dabei unbewusst, oft aber auch sehr bewusst, auf andere übertragen. Verfügt der andere dabei über mehr Lebensenergie als man selbst, fließt diese automatisch zur Stelle mit dem niedrigeren Niveau, bis dieses ausgeglichen ist, also zu mir. Mir geht es besser, dem anderen vielleicht schlechter, aber das mache ich als Egozentriker wiederum nicht zu meinem Problem.

Es handelt sich hier also um eine sehr subtile Art des Energieraubes. Um dieser belastenden Situation entgegenwirken zu können, ist es notwendig, sich den zugrunde liegenden Sachverhalt bewusst zu machen. Auch wenn ein archetypisches Urmuster aus derselben Kategorie kommt, ist es doch im persönlichen Bereich nicht identisch. Dieser Sachverhalt muss dem eigenen Unterbewusstsein, dem persönlichen Inneren Kind, klar und eindeutig vermittelt werden, um so den ansonsten möglichen und wahrscheinlichen Energieraub zu verhindern.

Auch wenn andere versuchen, durch persönliche Beleidigungen, lautes Reden oder Schreien, körperliche Angriffe oder eindeutige Provokation, ihr Problem zum eigenen zu machen, darf man diesem Impuls nicht nachgeben bzw. die Kontrolle über sich selbst verlieren. Das kostet unweigerlich wieder kostbare, individuelle Lebensenergie.

Achtsamkeit und Bewusstheit sowie ein gesundes Maß an Selbstvertrauen, aus grenzenlosem Urvertrauen kommend, begründen die wirkungsvollste Methode des persönlichen Schutzes und der eigenen Abgrenzung.

Beispiel:

Im Alltag spielt sich die nachfolgende Szene so oder ähnlich sehr oft ab: Zwei Menschen kommen zusammen. Einer will vom anderen Energie rauben, indem er ihn beleidigt, um ihn so aus der Kontrolle zu bringen, von der Opfer in die Täterrolle zu zwingen und dadurch negative Gefühlsausbrüche mit entsprechender Energieabgabe zu provozieren. Aber das gelingt nicht. Warum?

Der Dialog läuft wie folgt o. ä. ab:

A „Sie sind ein Idiot!"
B: „Wer sagt, dass ich ein Idiot bin?"
A: „Ich!"
B: „Wer denkt und fühlt, dass ich ein Idiot bin?"
A: „Ich!"
B: „In wessen Gedanken- bzw. Gefühlsmustern ist gespeichert, dass ich ein Idiot bin?"
A: „In meinen!"
B: *„Was geht das dann mich an?"*

Der Angegriffene macht das Problem des anderen nicht zu seinem. Er geht nicht in Resonanz. Er steigt nicht in das Boot des anderen ein. Durch ein derartiges Vorgehen wird Energieklau vermieden.

---

11. Vertrauen:
Uneingeschränktes Gottvertrauen führt zu grenzenlosem Selbstvertrauen.

Eine gesunde Skepsis und ein gewisser räumlicher und emotionaler Abstand sind besonders in der heutigen Zeit im menschlichen Leben sehr wichtig. Permanentes Misstrauen und die Angewohnheit, in jeder Situation und bei allen Mitmenschen nur immer vom Schlechtesten auszugehen, engen ein und machen auf Dauer krank. Berechtigte Einzelfälle sind kein Grund für generelle Verallgemeinerungen.

Mit dem Herausfallen aus der Ganzheit als Lichtfunke durch das Ausatmen der Gottheit begann der individuelle Lebensweg. Der Schock der Trennung von der Einheit und Ganzheit der Urquelle sitzt auch heute noch tief. Kommt vielleicht noch hinzu, dass man die Gottheit für bestimmte unverständliche Situationen und grausame Ereignisse in früheren Leben oder im heutigen Dasein verantwortlich macht, schon ist dann das persönliche Gottvertrauen angeschlagen oder verschwunden. Dies muss zwangsläufig zu Desorientierung und Unsicherheit führen und damit zu mangelndem Selbstvertrauen. Ist durch die freiwillig übernommenen Schmerz- und Leidenserfahrungen der Kontakt zur Göttlichen Urquelle in uns selbst, *dem ewigen Licht in unserem Herzen,* gestört, führt dies automatisch zu Eigenliebemangel und psychosomatischen Störungen, insbesondere an Milz und Herz.

SPUREN IM SAND

Ich träumte eines Nachts,
ich ging am Meer entlang
mit meinem Herrn.
Und es entstand vor meinen Augen,
Streiflichtern gleich, mein Leben.

Nachdem das letzte Bild an uns
vorbeigeglitten war, sah ich zurück
und stellte fest,
dass in den schwersten Zeiten
meines Lebens
nur eine Spur zu sehen war.

Das verwirrte mich sehr,
und ich wandte mich an den Herrn:
„Als ich dir damals, alles,
was ich hatte, übergab,
um dir zu folgen, da sagtest du,
du würdest immer bei mir sein.
Warum hast du mich verlassen,
als ich dich so verzweifelt
brauchte?"

Der Herr nahm meine Hand:
„Geliebtes Kind,
nie ließ ich dich allein,
schon gar nicht
in Zeiten der Angst und Not.
Wo du nur ein Paar Spuren
in dem Sand erkennst,
sei ganz gewiss:
„ICH HABE DICH GETRAGEN."

Nur jener Mensch, der einmal selbst so viel Verzweiflung, Schmerz, Dunkelheit, Depression und Leid erfahren hat, dass er lethargisch zu keinem Gedanken oder Gefühl mehr fähig war, sich selbst total aufgab und komplett fallen ließ, weiß, dass es einen Gott gibt und dass es immer weiter geht im Leben. Dieser Punkt oder Abschnitt in der absoluten Dumpfheit und Dunkelheit eines menschlichen Daseins lässt *Licht am Ende des Tunnels* erkennen, das sichere Gefühl, dass einen jemand aufgefangen hat, der nur Licht und Liebe ist, nämlich Gott. Vielleicht schleicht sich dann auch ein Hauch dieses verlorengegangenen Gefühls der absoluten Geborgenheit, der verlorenen Einheit und Ganzheit wieder ein.

Aber hierfür müssen wir selbst die entsprechenden Voraussetzungen schaffen, indem wir bewusst in die Aktion gehen.

Beispiel:

In einem kleinen Dorf gibt es eine große Überschwemmung. Das Wasser steigt, der Pfarrer rettet sich auf das Dach seiner Kirche und betet. Ein Boot kommt vorbei. Die Insassen bedeuten dem Pfarrer einzusteigen. Dieser lehnt ab und betet weiter. Das Wasser steigt unaufhaltsam. Ein Feuerwehrboot kommt vorbei. Wiederum laden die Insassen den Pfarrer ein einzusteigen. Dieser lehnt noch einmal ab und betet weiter. Das Wasser steigt unaufhaltsam und erreicht das Kirchendach. Ein Polizeihubschrauber möchte den Pfarrer vom Kirchendach aufseilen. Dieser lehnt wieder ab und verbleibt im Gebet versunken. Das Wasser steigt weiter, der Pfarrer ertrinkt. Im Himmel angekommen beschwert sich der Pfarrer bitterlich bei Gott wegen seines Todes. Dieser antwortet ihm: „Lieber Pfarrer, selbstverständlich habe ich dein Gebet erhört. Ich habe dir daraufhin ein Boot geschickt, danach die Feuerwehr und zuletzt noch einen Polizeihubschrauber. Kannst du mir sagen, was ich noch hätte tun können, um dir zu helfen?"

Aus Gottvertrauen „ernährt" sich weitestgehend das Selbstvertrauen, auch wenn die Devise heißen mag:

Hilf dir selbst, sonst hilft dir keiner.

Sehr oft lautet sie nämlich richtiger und im kosmischen Zusammenhang gesehen treffender:

Hilf dir selbst, dann hilft dir Gott!

Ein wichtiges Hilfsmittel hierfür ist das richtige Gebet. „Bittet, so wird euch gegeben", heißt es in der Bibel. Jedes Gebet, sinnvoll verinnerlicht und visualisiert, trägt seine Erfüllung potentiell bereits in sich. *Bittet und glaubt, dass ihr empfangen habt, so wird es euch werden*, steht an anderer Stelle. Im Moment des Gebetes ergibt sich dessen geistige Erfüllung durch die Vereinigung des eigenen mit dem universalen Bewusstsein, der Schilderung der persönlichen Situation und der Danksagung für die erhaltene Gabe, der Verwirklichung der individuellen Wunschvorstellung durch eine höhere Führung.

Haben wir mangelndes Selbstvertrauen, dann nicht als Ergebnis aufgetretener Schwierigkeiten. Das Gegenteil ist der Fall. Schwierigkeiten sind die unvermeidliche Folge mangelnden Selbstvertrauens. Wir sind hier auf Erden, um glücklich zu sein. Die Identifikation mit dem Göttlichen Ursprung, Gottvertrauen also, führt zwangsläufig zu Selbstvertrauen, denn ich erkenne den *Gott in mir* und erfahre mich als seinen Ausdruck. Jede Erfahrung von mir ist gleichzeitig auch eine Erfahrung des Gottes in mir und damit der universalen Urquelle allen Seins. Aus diesem Grund ist jeder Mensch wichtig, bedeutend und einmalig. Seine Aufgabe ist es, den *Gott in sich* zu leben, auszudrücken und glücklich zu sein. Glücklichsein ist also ein Zustand des Selbstvertrauens. Er äußert sich in der permanenten Suche nach Selbsterfüllung, der Verfolgung notwendiger Ziele mit Mut und Verständnis, dem kontrollierten Umgang mit eigenen Fehlern, in spiritueller, mentaler und emotionaler Freiheit, dem Erkennen und der laufenden Erfahrung der Bedeutung der eigenen Individualität und Identität, einem fortwährenden, uneingeschränkten Ja-Sagen zum Leben sowie dem persönlichen Aufgehen in einer sinnvollen Aufgabe. Jeder Mensch hat ein Recht auf Glück, bestimmt es und zieht es an mit seinen Gedanken. Andererseits kann niemand einen Menschen ohne dessen unbewusste Zustimmung unglücklich machen. Jeder kann immer vermeintlich Negatives als wichtige Botschaft und Lernerfahrung ansehen und es damit in die Polarität des Positiven umkehren.

Vertrauen beinhaltet positives Denken und Handeln. Es ist wichtig, sich immer an die zurückliegenden Erfolge im eigenen Leben zu erinnern, nicht an die Misserfolge. Erfolg zieht Erfolg an, die Erinnerung an eigene Erfolge baut Selbstvertrauen auf. Vertrauen basiert auf vergangener Lebenserfahrung und nichts führt zu mehr Erfolg als Erfolg selbst und der Gedanke daran.

Vermeintlich negative Erfahrungen tragen das Potential wichtiger Lernthemen als Herausforderung in sich. Vertrauen und die Rückbesinnung auf eigene Stärken und zurückliegende Erfolge geben die Motivation und Kraft, um auch schwierige Situationen zu überwinden und eventuelle Misserfolge als Voraussetzung für weitere Erfolge anzunehmen. Hierzu gehören Ausdauer und Durchhaltevermögen. Die negative Polarität wird nicht ausgegrenzt, weggeschoben, übersehen oder negiert, sondern angenommen und durch positive Gedanken- und Gefühlsmuster zur stimulierenden Kraft des eigenen Erfolges umtransformiert.

Menschen, die sich durch Missgeschick oder negative Auswirkungen von Situationen oder Ereignissen aus der Bahn werfen lassen und sich in Selbstmitleid ergehen, zeigen damit nur ihr mangelndes Vertrauen in die eigenen Fähigkeiten, ihre begrenzte Motivation und den fehlenden Glauben an den eigenen Erfolg. Das Treffen eigener Entscheidungen ist eine Voraussetzung für das persönliche Weiterkommen, aber es schließt auch das Recht anderer Menschen ein, ebenfalls (möglicherweise andersgeartete) Entscheidungen zu treffen und eigene Handlungen vorzunehmen. Jeder Mensch hat das Recht auf sein eigenes Leben. Diese Tatsache anzuerkennen, stärkt auch das individuelle Selbstvertrauen.

Hinzu kommt, dass es gemäß den Kosmischen Prinzipien und Naturgesetzen der Selbstorganisation immer mehrere Wege zu einem Ziel gibt.

**Es gibt viele Wege nach Rom,
aber nur ein Rom,** oder:
**Viele Ansatzpunkte führen auf dem Jakobsweg nach
Santiago de Compostela.**

Auch für ein einzelnes Individuum gibt es für die eigene Zielerreichung immer verschiedene Möglichkeiten, die alle zum selben Endpunkt führen und stimmig sind. Es ist deshalb wichtig und richtig, voller Achtung und Respekt auch andere als die eigenen Entscheidungen zu akzeptieren und anzunehmen. Sie sind genauso „richtig" oder „falsch" wie die eigenen. So gesehen gibt es eigentlich gar keine „falschen" Entscheidungen. Die einzige mögliche „falsche" Entscheidung ist demnach, keine zu treffen und nichts zu tun.

Die Kontrolle der eigenen Erwartungen führt zu Unabhängigkeit, Freiheit und Vertrauen. Die Annahme auch unangenehmer Situationen führt zur Auseinandersetzung mit ihnen, dadurch zu neuen Erkenntnissen und dem Aufbau neuer Muster. Damit ist man automatisch aus dem alten Resonanzverhalten ausgestiegen.

Es ist nicht notwendig, negative Handlungen gutzuheißen und sich mit ihnen zu identifizieren, sondern es ist wichtig, die eigene Einstellung zu ihnen zu ändern, damit eigene Verurteilungen, Vorurteile, Wut und Trauer loszulassen und bewusst die neuen Erfahrungen anzunehmen. Sie sind ein weiterer Schritt auf dem langen spirituellen Weg zur eigenen Evolution und dem inneren Wachstum. Ohne Vertrauen ist dieser Weg nicht möglich, denn dann übernehmen wieder Angst, Depressionen und die alten Muster die Steuerung des persönlichen Verhaltens.

Uneingeschränktes Gottvertrauen und grenzenloses Selbstvertrauen aufzubauen braucht Zeit und erfordert die Überwindung vieler Hindernisse. Die Erinnerung an eigene Erfolge und positive Ergebnisse im Leben helfen beim Vorwärtskommen auf diesem schwierigen Weg.

12. Selbstachtung:
Es ist alles und jedes in dir.

Wie schon des Öfteren festgestellt, ist innerhalb des Universums alles wechselseitig vernetzt. Jedes ist mit jedem verbunden. Gleichfalls ist grundsätzlich *im Kosmos alles möglich*. Aber das *Innere spiegelt sich im Äußeren*. Die reale Wirklichkeit der Materie ist für viele Menschen sehr oft die einzig anerkannte Realität. Sie übersehen dabei, dass alles Irdische, jeder physische Körper, alles Stofflich-Greifbare endlich und vergänglich ist. Jede Materie ist nur eine Illusion, trotz der Gizeh-Pyramiden oder vielleicht gerade wegen ihnen.

Manchen Menschen mag eine lebensübergreifende Betrachtungsweise illusionär erscheinen, da für sie nur das zählt, was sie anfassen und mit den Sinnesempfindungen erfahren können.

Denken wir weiter und wollen wir mehr, dürfen wir uns jedoch nicht nur als isolierte Einzelwesen und eine materielle Verdichtung von Energie verstehen, sondern als ein kreativ-schöpferisches Ebenbild der Urquelle. Wir müssen wieder still werden, locker sein, uns entspannen und nach innen gehen, um den *Gott in uns* zu suchen und zu finden. Dann ist wirklich alles möglich. Die Steigerung von Eigenwert und Selbstachtung ist mit jeder gelungenen Aktion die Folge. Wenn wir uns selbst gefunden haben, haben wir auch Gott gefunden und umgekehrt. Selbstvertrauen kommt aus Gottvertrauen. Gott ist ein Teil von uns, wir sind ein Teil von ihm. Er ist unser wahres Selbst. Wenn wir uns dieser Tatsache bewusst werden, ruhen wir im *Bewusstsein unseres wahren Selbst*. Dann gehen wir sorglos, sicher in uns, zentriert auf unserem Lebensweg Schritt für Schritt vorwärts in der Bewusstheit der eigenen göttlichen Vollkommenheit. Wir leben dann selbstbewusst und in grenzenloser Selbstachtung, wenn wir das Göttliche Selbst in uns durch uns wirken lassen. Wir sind vollkommen erschaffen und müssen lernen, das loszulassen, was nicht vollkommen in uns und an uns ist.

Wie die Betrachtung der Schöpfung den Menschen als Spiegelung der *zehn Aspekte Gottes* zeigt, können wir intuitiv-sensitiv, telepathisch und nonverbal ohne Worte über die Ebene des Unterbewusstseins, des eigenen Inneren Kindes, Kontakt aufnehmen zu Mineralien, Pflanzen und Tieren, zu Elementarwesen, Naturgeistern und verstorbenen Seelen. Über die Ebene des Überbewusstseins, des eigenen Hohen Selbst, ist Kontakt und telepathische Kommunikation möglich zu höheren feinstofflichen Ebenen und himmlischen Hierarchien, zu Erzengeln, Engeln, Sternenwesen, Geistführern, spirituellen Beratern, aufgestiegenen Meistern usw. Nachdem als Essenz das gesamte Wissen bereits in der Präsenz der Urquelle vorhanden ist, alle bisherigen energetischen Impulse von Gedanken, Gefühlen und intellektuellem Wissen im *morphogenetischen Feld* bzw. der universalen *Akasha-Chronik* gespeichert und über das Kosmische Lichtgitternetz auch zugänglich sind, kann jeder Mensch vom Ansatz her alles jederzeit erfahren. Der Weg führt jedoch über die *innere Welt*, nicht über den äußeren, vergänglichen Scheinzustand von Stoff und Materie. Um im Kosmischen Lichtgitternetz in das universale Außen gehen zu wollen, müssen wir den Zugang dazu erst im eigenen Inneren finden.

13. Erwartung:
Unrealistische Vorstellungen führen zu Frust und Ärger.

Jeder Mensch lebt in einem subjektiv geformten Wertungsrahmen. Schon aus ersten Existenzen heraus ergaben spezifisch persönliche Wertungen typische individuelle Strukturen und Muster, die alle als *Ego-Software* im Unterbewusstsein gespeichert werden. Sie ergeben einen wichtigen Bestandteil des in der Seele, der *wahren Aura*, dem Sitz der eigenen Identität, festgehaltenen Wissensgutes aus allen Leben heraus, auch als *individuelle Akasha-Chronik* bezeichnet. Diese bilden zusammen die Facetten der persönlichen *Individualität*. Hinzukommen die ebenfalls im eigenen Unterbewusstsein gespeicherten, sich aus dieser spezifischen Eigenprogrammierung ergebenden Erfahrungen aus vielleicht Hunderten von Leben! Aus all dem folgt, dass jeder Mensch anders ist, absolut einmalig. Mit seinen Erwartungen schafft er sich einen sehr persönlichen Ereignishorizont mit individueller Prägung. Diesen wendet er auf sein Leben umfassend an und programmiert damit Enttäuschungen unweigerlich vor. Er geht nämlich davon aus, dass andere Menschen genauso denken, fühlen, sprechen und handeln wie er selbst, und versteht es nicht, dass dem nicht so ist. Da man die Ursache dafür nicht im zu eng und zu individuell gesteckten eigenen Erwartungsrahmen, sondern vielmehr in der Reaktion des anderen sieht, führt dies zu persönlichem Unverständnis, Frust, Wut und Groll. Dies zeigt sich auch und besonders bei vermeintlich unwichtigen Dingen im Umgang mit anderen Menschen, z. B. im Straßenverkehr oder bei der subjektiven Bewertung von Ritualen anderer.

Eine zu persönliche, subjektiv ausgerichtete Erwartungshaltung wirkt wie ein mentales Gefängnis. Es schränkt die Freiheit der eigenen Gedanken, Aktionen und Reaktionen in starkem Maße ein. Es ist deshalb notwendig, diese Situation allgemein anzuschauen und langsam zu ändern. Die Zurücknahme der eigenen Erwartungshaltung ist ein bewusst eingeleiteter Prozess, der Schritt für Schritt zu mehr Bewegungsfreiheit auf allen Ebenen, weniger Konfrontationspotential und damit zu geringerem Verbrauch von nur beschränkt vorhandener, eigener Lebensenergie führt. Die Folge sind weniger Ärger, Frust und Groll, damit weniger Allergien, Entzündungen, Gallen- und Nierensteine.

Unsere wichtigste Aufgabe in diesem Leben ist es, glücklich zu sein! *Das Leben ist schön.* Hierzu gehört *loszulassen*, vor allem Dinge, Erkenntnisse, Gedanken- und Gefühlsmuster, Glaubenssätze und Bedingungen, die einen davon abhalten, glücklich zu sein. Sie schränken jeden Einzelnen in der individuellen Freiheit ein. Sie machen unfrei und lassen keinerlei Wahlmöglichkeit. Nur wer frei ist, hat die Wahl bzw. jeder, der in jedem Moment und in jeder Hinsicht die Wahl hat, der ist wirklich frei.

Wir sollten einmal als Fehler erkannte Verhaltensweisen nicht wiederholen, sondern aus ihnen lernen und bewusste, neue und für uns bessere Erfahrungen machen, denn

- **Der Kluge lernt aus seinen Fehlern.**
- **Der Weise lernt aus den Fehlern der anderen.**
- **Der Narr lernt weder aus dem einen noch aus dem anderen.**

Unrealistische eigene Erwartungen gegenüber Umwelt und Umfeld führen unweigerlich zu Widerstand. Dieser bildet die Ursache für:
- Unsicherheit und Zweifel, denn sie trennen uns vom Zustand der Vollkommenheit und des Glücklichseins
- Sorgen und Ängste, denn das, was wir aussenden, ziehen wir an.
- Stress, denn dieser entsteht nur in einem selbst. Jeder Einzelne kann nur unter Stress gesetzt werden, wenn er dies auch zulässt bzw. wenn er sich zu viel vornimmt und selbst überschätzt. Stress entsteht nur durch falsche Planung und unrealistische innere Einstellung.

– Schmerz und Leiden, denn diese sind menschliche Empfindungen als ein
Weg zum Sammeln bewusster Lernerfahrungen. Aber es geht auch anders. Die Entscheidung trifft man immer selbst. Wichtig ist, dass es im
Kosmos kein Geistiges Gesetz des Mangels, des Schmerzes oder des Leidens gibt, sehr wohl aber ein Geistiges Gesetz der Fülle. *Alles, was man
wirklich benötigt, bekommt man auch im Hier und Jetzt.*
– Unvermögen, denn wir vermögen alles. Es ist alles in uns. Vermögend
sind wir nicht, weil wir etwas haben (denn dann besitzen wir etwas), sondern weil wir etwas vermögen.

14. Verwendung:
Setze keine Energie in objektiv unhaltbare
Situationen.

Wie bereits mehrfach festgestellt, ist die Aktivierung und Erhaltung von individueller Lebensenergie eine der wichtigsten Aufgaben im Leben eines
Menschen hier auf Erden. Gleichermaßen bedeutend ist die optimale Verwendung nur beschränkt vorhandener Energie und der Schutz vor ungewolltem Energieabzug. Hierzu gehört ebenfalls die Maxime, keine Energie mehr
in (objektiv) unhaltbare Situationen zu investieren. Dabei geht es nicht um
individuelle, subjektive Einschätzungen, sondern um Aussagen und Bedingungen aus karmischer Sicht entsprechend dem jeweiligen persönlichen
Kosmischen Plan.

In der jetzigen Epoche der Menschheitsgeschichte, die auf eine Zeitenwende und eine allgemeine Schwingungserhöhung hin ausgerichtet ist, laufen alle Entwicklungsprozesse schneller als bisher ab. Die Aufarbeitung
negativer karmischer Potentiale, das Neutralisieren und Loslassen alter und
für die Zukunft nicht mehr benötigter Gedanken- und Gefühlsmuster ermöglichen erst die Verarbeitung neuer und wichtiger Lernprozesse. Der Vergangenheit kommt dabei nur die Bedeutung zu, aus alten Erfahrungen zu
lernen und einmal gemachte „Fehler" nicht mehr zu wiederholen. Nur in der
Gegenwart, im Hier und Jetzt des Heute, können kreative, freie menschliche
Willensentscheidungen gemacht werden, welche als Ursache entsprechende
Wirkungen in der „kristallinen" Zukunft zur Folge haben. Emotionales und
mentales Loslassen alter Muster, lieb gewonnener Umfeldbedingungen,
festgefahrener Gewohnheiten und Rituale, überlebter Bekanntschaften und
Partnerschaften sind notwendige Voraussetzungen für sinnvolle Entwicklungen in Gegenwart und Zukunft.

In der heutigen Epoche sind viele Freundschaften und Lebensgemein-schaften nur auf Zeit angelegt, um notwendige karmische Prozesse und Sach-verhalte nochmals anzuschauen, auszuleben und wechselseitig stimmig auf-zulösen. In vielen langjährigen Partnerschaften haben sich diese überlebt und sind nur noch auf Kosten einzelner Beteiligter aufrechtzuerhalten. Gemeinsa-me Interessen bestehen nicht mehr, koordiniertes Handeln wird nur noch fas-sadengleich nach außen praktiziert, nur monetäre, finanzielle und vertragli-che Überlegungen halten das Gemeinschaftsleben aufrecht. Ein derartiges Verhalten, Schielen auf Nachbarschaft, Freunde, Familie und Verwandtschaft sowie Klammern an alte, überlebte Sachverhalte verstößt gegen fundamenta-le, persönliche Interessen des Einzelnen und kostet viel Energie. Besser ist

**ein Ende mit Schrecken
als ein Schrecken ohne Ende.**

15. Selbstbehauptung:
Lerne, *nein* zu sagen.

Eng verbunden mit der vorangegangenen Lebensweisheit der Verwendung ist jene der *Selbstbehauptung*.

Viele Menschen spielen Rollen, insbesondere Opferrollen und jene von Helfersyndromen, die nur nach außen gerichtet sind, um das eigene Innere nicht ansehen zu müssen. Oftmals liegen hierin Programme zugrunde, demzu-folge man bewusste, eigene Lernerfahrungen nur machen darf und kann, wenn sie mit Leid und Schmerz verbunden sind, bzw. man fühlt sich persönlich für den Schmerz und das Leid anderer und der ganzen Welt verantwortlich. Einem derartigen Verhaltenskodex, der über Jahrhunderte und Jahrtausende u. a. auch aus der Tradition christlich-kirchlicher Institutionen und Glaubenssätze ge-speist wurde, um Abhängigkeiten zu erzeugen, ist schwer beizukommen. Er ist in der individuellen Datenbank tief und fest verankert. Und trotzdem muss sich jeder Einzelne damit ausgiebig beschäftigen. Derartigen Schmerz- und Leidprogrammen liegen meistens alte karmische Schuldkomplexe zugrunde, die für ihre Aufarbeitung unbewusst zu einer persönlichen Sühnebereitschaft führen, die wiederum Eigenbestrafungstendenzen und Selbstzerstörungspro-zesse zur Folge haben. Körperlich schwächen diese Milz und Leber, eventuell auch die Nieren. Die Folge sind oft schwere physische und psychische Krank-heiten, Alkoholismus, übersteigerter Nikotinkonsum, Sucht- und Drogenver-halten, Depressionen und Lebensverneinungsprogramme.

Bis zu einem bestimmten Grad ist in einem derartigen krankhaften Verhalten Selbsthilfe möglich. Sie beginnt mit einer schonungslosen Bestandsaufnahme des eigenen Lebens, mit einer Beschäftigung mit den Fragen „Wer bin ich?" und „Wer möchte ich sein?" sowie nach Ziel und Sinn des eigenen Lebens. Die Verantwortung für das eigene Sein, für das persönliche Wollen, Denken, Fühlen, Sagen und Tun aus Vergangenheit und Gegenwart heraus, muss wieder uneingeschränkt selbst übernommen werden genauso wie für das eigene Nicht-Tun. Negatives Karma wurde und wird auch aufgebaut, wenn man Dinge zu tun unterlässt, obwohl man genau weiß, dass man sie tun sollte, bzw. wenn man bestimmte außergewöhnliche Fähigkeiten und damit Möglichkeiten besitzt, die man nicht zum eigenen Wohle und dem anderer einsetzt und auslebt.

Sei es, wie es wolle, in einer derartigen Situation ist es notwendig, Nein zu sagen, laut und deutlich, zu sich selbst und zu anderen. Bevor es wirklich zu spät ist, muss nach außen und innen die Stopptafel hochgehen: Halt! – so kann und darf es nicht weitergehen. Erst danach beginnen sich Umfeld und Umwelt zu verändern, und zwar nur deshalb, weil ich selbst mich verändert habe in meinem Denken, Fühlen, Sprechen und Handeln. Ich sende andere Schwingungen als bisher aus, was unweigerlich gemäß dem *Geistigen Gesetz der Resonanz* dazu führt, dass ich auch andere Schwingungen, Situationen und Lebensumstände anziehe. Letztendlich entscheidet jeder Mensch mit seinem Denken über sein Leben selbst – und nur er, niemand sonst. Aber dazu gehört auch, dieses Denken umzusetzen im Handeln und aus hinderlichen alten Umfeldbedingungen auszusteigen. Jeder Mensch ist vordringlich nur für sein eigenes Leben verantwortlich und nur für dieses, nicht für das Leben anderer. Eine wichtige Lektion bei der praktischen Umsetzung dieser Erkenntnis ist die Notwendigkeit, zu lernen, Nein zu sagen zu Dingen und Sachverhalten, die man eindeutig als Einschränkung, Belastung und Hindernis auf dem Weg einer optimalen Erfüllung des eigenen Kosmischen Plans in diesem Leben auf Erden empfindet und als solche erkannt hat.

16. Realitätsnähe:
Wirksamkeit ist das Maß der Wahrheit.

Grundsätzlich ist im Kosmos alles möglich. Nachdem in unserem Unterbewusstsein jedoch Gedanken- und Gefühlsmuster, Erinnerungen, Rituale, Gewohnheiten, Erfahrungen, Glaubenssätze, Überlegungen, Moralauffassungen, Überlieferungen und deren Verarbeitungsrichtlinien aus möglicherweise Hunderten von Leben gespeichert sind, ergeben sich automatisch auch eine Vielzahl von Einschränkungen. Für alle Menschen gibt es außerdem die Verhaftung mit Familie, Ahnen, religiösen oder ethnischen Gruppen, Tradition, Brauchtum und auch das kollektive Unbewusste in archetypischen Symbolen neben dem allgemeinen Gruppenbewusstsein. Hier werden Grenzen gesetzt, oft auch im Interesse und gemäß der Bestimmung des eigenen Kosmischen Planes.

Es zeigt sich die Notwendigkeit, für eigene Wunschvorstellungen eine Form zu finden, die als materielle und sachliche Realisation auch im Bereich des überhaupt Erfüllbaren liegt. Ziele können und sollen hoch gesteckt sein, aber sie müssen sich auch verwirklichen lassen.

Wunschvorstellungen sind klar, einfach, präzise, knapp, eindeutig, positiv und in der Gegenwartsform abgefasst vorzubringen. Es ist empfehlenswert, so wenige Einschränkungen und Details wie möglich einzubauen. *Was* man möchte, ist entscheidend, nicht das Wie, Wo, Womit oder Wann. Im übrigen ist es sinnvoll, für jeden Moment (Zeitaspekt) und in jeder Hinsicht (Raumkomponente) um die für einen selbst beste Lösung zu danken. Diese ergibt sich dann bei optimaler Erfüllung des persönlichen Kosmischen Planes unter Berücksichtigung der Geistigen Gesetze zum idealen Zeitpunkt im bestmöglichen (materiell-ausgerichteten) Rahmen.

17. Disziplin:
Tue alles, was du tust, so gut du es kannst – und tue es gerne.

Mit anderen Worten: *Mache keine halben Sachen.* Es gibt nur eine kreative, schöpferische Wirklichkeit und die liegt im Hier und Jetzt. Um erfolgreich sein zu wollen, ist es notwendig, Prioritäten zu setzen und das Wichtigste zuerst zu tun, und zwar nur dieses und keine fünf Dinge auf einmal. Hat man eine Aufgabe angefangen, muss man diese auch zu Ende führen, bevor man eine neue beginnt. Sonst verzettelt man sich und macht nichts wirklich gut und richtig. Hierzu gehört Disziplin, Geduld und Ausdauer. Es ist auch bei vermeintlich unangenehmen Aufgaben wichtig, diese, so gut es eben geht, voll konzentriert durchzuführen und sich so zu programmieren, dass man es auch gerne tut. Hinter jedem angeblich negativen Sachverhalt steckt immer auch etwas Positives. Dieses Positive dahinter ist zu entdecken und in die eigenen Gedanken zu integrieren.

Andere und anderes reagiert immer auf der Ebene und mit der Schwingung, mit der sie/es angesprochen werden. *Wie man in den Wald hineinschreit, hallt es heraus*, ist ein altes Sprichwort. Es antwortet im Umfeld immer die Dimension, die angesprochen wird. Sind es die Gedanken, antworten diese, sind es Gefühle, antworten jene, sind es Worte, kommen diese zurück, ist es Gott, wird Gott antworten. Dann grüßt der Gott in mir den Gott in dir. Auf der Ebene der eigenen Aus- und Ansprache kommt auf Dauer immer auch die Antwort zurück.

Das *Schicksal* ist der beste Lehrer, geduldig und konsequent. Eine Lektion zur Annahme und Transformation eines wichtigen Lernthemas wird immer wieder so lange wiederholt, bis die Lektion gelernt ist. Wenn die notwendige bewusste Lernerfahrung gemacht wurde und die ursprüngliche Ausgangssituation sich wiederholt, dann wird die eigene Reaktion darauf eine andere sein als früher, d.h., man hat die Lebenslektion angenommen und akzeptiert sowie andersartige frühere Muster geändert! Das Schicksal gewinnt immer. Das Leben geht immer weiter. Lernt man die notwendigen Lektionen schnell und beim ersten Mal, erübrigen sich zeitraubende und oft schmerzhafte Wiederholungen und lange Lernprozesse. Wir bestimmen mit unseren Gedanken über unser Schicksal, nicht das Schicksal über unsere Gedanken.

Unsere *Bestimmung*, niedergelegt in unserem persönlichen Kosmischen Plan, können wir nur bedingt beeinflussen und ändern, aber sehr wohl unser Schicksal. Dieses hängt ausschließlich von unserem Bewusstsein, unseren Gedanken und vom Wirken *Geistiger Gesetze* ab. Im Kontakt mit unserem Hohen Selbst und dem höchsten Bewusstein, dem Geist Gottes, erkennen wir, was richtig ist, und handeln danach.

Zur Disziplin gehört auch die **Beharrlichkeit**. Es ist grundsätzlich wichtig, so viel wie möglich im Leben richtig zu machen, d. h., in Übereinstimmung mit den Geistigen Gesetzen und dem Kosmischen Plan in der strukturellen Realität möglichst nahe an der objektiven Wirklichkeit zu leben. Dabei sollten wir alles, was wir im Leben beginnen, auch erfolgreich zu Ende bringen. Ist dies nicht gleich beim ersten Versuch der Fall, dann vielleicht beim zweiten oder gar beim dritten. Gelegentliche Misserfolge bergen immer die Chance bewusster Lernerfahrungen in sich, die dann zum Erfolg führen. Es ist sehr wichtig,

erfolgreich zu beenden,
was man einmal begonnen hat,
gleichgültig, was immer es ist!

In jedem Augenblick können wir unser Leben von Grund auf ändern, wenn wir dies wollen. Wir können deshalb grundsätzlich auch alles erreichen, was wir wirklich möchten, nämlich durch entsprechendes Bewusstsein und dahingehende zielgerichtete Gedanken. Sie bringen uns der eigenen Vollkommenheit immer näher, wenn wir diese als wichtigen Teil der universalen Vollkommenheit der Gottheit für uns in Anspruch nehmen.

Jedem geschieht nach seinem Glauben.

Derjenige, der ohne Zweifel erwartet, erfolgreich zu sein, hat die wichtigste Voraussetzung dafür geschaffen. Auch wenn es im Einzelfall verschiedener Anläufe bedarf, wird er sein Ziel erreichen. Der andere, der immer denkt und sagt: *Ich schaffe es ja doch nicht, es steht mir nicht zu, ich bin es nicht wert, ich verdiene es nicht*, hat damit die wichtigste Voraussetzung dafür geschaffen, dass dieser Wunsch in Erfüllung geht und er es nicht schafft. Letzterer gibt beim ersten Misserfolg auf, ersteren spornt dies noch mehr an, noch kreativer und einsatzfreudiger zu sein. Gleichgültig, was der einzelne glaubt, die *Geistigen Gesetze* und das Leben erfüllen Glaube und Wunsch.

Was wir glauben, realisiert sich
und
jeder Gedanke hat die Tendenz in sich,
Wirklichkeit zu werden.

Dies gilt für geistige und emotional-psychische Sachverhalte genauso wie für materiell-physische Dinge. Denke ich, es steht mir zu, reich zu sein und Geld zu haben, dann werden universale Gesetze und das Leben dafür sorgen, dass es dazu kommt, aber auch nur dann.

Es ist wichtig, seine Aufgaben gerne zu erledigen, mit und aus Liebe und einer positiven Grundeinstellung heraus, auch die vermeintlich unangenehmen und unwichtigen Dinge im Alltag.

Tue alles, was du tust, mit und aus Liebe,
d. h., tue es gerne…

Etwas gerne zu tun oder nicht, ist eine Sache der persönlichen Einstellung, der subjektiven Programmierung und eigenen Motivation. Nachdem im Universum, im Kosmos und damit auch in unserer Welt alle Dinge, Situationen und Ereignisse immer zwei Seiten haben, eine positive und eine negative, liegt es an uns selbst, sich für die eine oder andere zu entscheiden. Auch hinter einer vermutlich nur negativen Situation liegt immer auch etwas Positives. Man muss dies nur auf entsprechende Weise zu betrachten lernen.

Beispiel: Mülleimer-Leeren

Mülleimer stehen in der Wohnung, meist in Küche oder Bad, in jedem Haushalt. Sie sind schnell angefüllt und beginnen mit der Zeit, zu stinken und Tiere anzuziehen. Da sie die Angewohnheit haben, sich nicht selbst zu leeren, müssen sie von jemandem geleert werden. Normalerweise tut dies niemand gerne, was jede *Mülleimer-Leerung* zu einer mit Frust und Ablehnung verbundenen Aktion werden lässt, die viel Energie kostet. Das ist die eine Seite.

Die andere Seite: Ich sitze stundenlang in der Wohnung und arbeite ohne Sonne, frische Luft und Bewegung. Der volle Mülleimer eröffnet mir die Möglichkeit, mich zu bewegen, vielleicht Stufen zu steigen, an die Sonne und frische Luft zu kommen und gedanklich abzuschalten. Mit dieser Einstellung beginne ich die Aktion des Mülleimer-Leerens mit der Zeit positiv zu beurteilen und mich sogar darauf zu freuen. Dies führt mir Energie zu, anstatt sie abzuziehen. Wie man sieht, ist auch die vermeintlich unwichtigste Angelegenheit und Entscheidung ein Test für den *optimalen Umgang mit nur beschränkt vorhandener Energie.*

In uns selbst läuft permanent auf allen Ebenen die immerwährende Auseinandersetzung zwischen positiver und negativer Polarität ab. Jede Erfahrung, die wir dabei machen, ist gleichzeitig auch eine Erfahrung der Gottheit in uns.

Im Leben wird mir das Beste, das für mich Richtige, gemäß meinem Kosmischen Plan und meinem Lebensziel zugesprochen, auch wenn das nicht immer das Bequemste oder Angenehmste sein mag. Damit hat automatisch das Leben immer das Beste für mich vorgesehen, denn der liebende Gott in mir will immer nur das Beste für mich, wenn ich bereit bin, dies anzunehmen und zuzulassen.

Es ist alles gut, so wie es ist.

18. Gleichheit:
Behandle andere und anderes so, wie du selbst behandelt werden möchtest.

Diese Lebensweisheit ist sehr eng mit dem Resonanzgesetz verknüpft, denn,

wie ich in den Wald hineinrufe, so kommt es zurück.

Alles, was ich aussende, kommt unweigerlich zu mir zurück, wobei Zeit und Raum eine untergeordnete Rolle spielen. Die uneingeschränkte und volle Verantwortung für mein Leben trage ausschließlich nur ich selbst. Dies gilt für das, was ich tue, genau so wie für das, was ich nicht tue, aber aufgrund meiner Möglichkeiten und Fähigkeiten tun sollte.

Alles Sein kommt bekanntlich aus einer Urquelle. Deren Liebe als Information und Botschaft in der Essenz und Licht als tragende Substanz durchfluten im Universum grenzenlos, wertungsfrei und selbstlos jede Wesenheit. Jeder und jedes hat diesen Lichtfunken Gottes in sich und sei es vordergründig noch so klein und unbedeutend. Alles Sein lebt und wächst durch seine ewig und unaufhaltsam ausströmende Liebe. Gleichsam grüßt der Lichtfunke Gottes in mir permanent den Lichtfunken Gottes in dir und in allem Sein. Alles ist eins, gleich, vollkommen erschaffen und wechselseitig wieder mit allem vernetzt. Unterschiede ergeben sich nur aufgrund andersartiger Erfahrungen als Folge individuell voneinander abweichender Willensentscheidungen in vielen Existenzen und Leben. Der Göttliche Schöpfer macht jedoch keinen Unterschied. Er liebt jedes Wesen und alles Sein gleichermaßen, jeden Stein, jede Pflanze, jedes Tier und jeden Menschen.

Jedes Atom hat Bewusstsein und damit ebenfalls jegliche physische Existenz und Manifestation.

**Einer ist in allem
und alles ist in einem.**

Gott ist überall, im Außen und im Innen. Alle Dinge haben eine Innenseite und eine Außenseite, wie es der große christliche Denker Teilhard de CHARDIN ausdrückte. Gott ist von Gott nicht zu trennen, auch nicht Geist vom Geiste. Über das Kosmische Lichtgitternetz ist alles wechselseitig vernetzt. Der *Gott in mir* kommuniziert unaufhörlich mit dem *Gott in dir*. Konsequent weiter verfolgt bedeutet dies, dass ich alles, was ich einem anderen Wesen oder der Natur in Gedanken, Gefühlen, Worten und Aktionen antue, letztendlich mir selbst antue.

Jeder einzelne von uns ist ein Aspekt Gottes, einstmals erschaffen durch seinen kreativ-schöpferischen Willen in Form Göttlicher Gedankenkraft auf der Grundlage der Weisheit der Offenbarung im körperlichen Ausdruck der Schöpfung. Er ist in allem Sein, in jedem Raum, in jeder Zeit. Also sind wir alle gleich. Was ich einem anderen antue, tue ich deshalb mir selbst an. Jedes und jeder ist mein Bruder oder meine Schwester. Alles spiegelt nur mich selbst wider. Wenn ich aus diesem Grunde jeder Wesenheit, auch Steinen, Pflanzen und Tieren, mit Achtung, Respekt und Liebe begegne, so tue ich dies eigentlich in erster Linie für mich selbst und mir gegenüber. Sehe ich diesen Sachverhalt anders, trenne ich den Göttlichen Funken in meinem Inneren von jenem im anderen und allem Sein im Außen. Ich gehe also bewusst in den Zustand der Spaltung und Trennung hinein und damit bewusst aus dem angestrebten Zustand des kosmischen Bewusstseins mit der Erfahrung von All-Einssein und universaler Geborgenheit heraus.

19. Zumutbarkeit:
Jedem Menschen wird immer und überall nur so viel zugemutet, wie er (unter objektiven Gesichtspunkten) in der Lage ist zu ertragen.

Wir sind vollkommen. In der Bibel steht: *„Ihr sollt vollkommen sein, wie der Vater im Himmel vollkommen ist“.* Dieser Göttliche Auftrag wäre nicht gegeben worden, wenn er nicht erfüllbar wäre. Im Universum ist grundsätzlich alles möglich. Es hängt immer davon ab, wie und was wir denken und glauben. Es ist in jedem Moment und in jeder Hinsicht für jeden einzelnen alles da, wir brauchen es nur in Besitz zu nehmen, anzunehmen, zu erfüllen und zu realisieren. Unsere Bestimmung, die vom Kosmischen Plan vorgegeben wird, sieht für uns nur lösbare Aufgaben und erfüllbare Umstände vor, sonst wäre die Göttliche Planung sinnlos und chaotisch.

Harmonie ist das Grundprinzip der Schöpfung.

Unser Schicksal bestimmen wir selbst durch unser Denken und Handeln.

Probleme sind dazu da, gelöst zu werden.

Die Überwindung von Widerständen macht uns stark und vermittelt uns wichtige neue Lernerfahrungen. Gott aus seiner *objektiven* Sicht stellt keine

Aufgaben, die nicht zu erfüllen sind. Sind wir *subjektiv* anderer Meinung, so liegt dies an unserem momentanen, eingeschränkten Denken. Es liegt in unserer Macht, dies zu ändern und eine vermeintlich unlösbare Situation lösbar zu machen. Wir haben alle Möglichkeiten hierzu in uns.

Wenn ein Mensch glaubt, er schaffe eine Situation nicht, dann hat er nicht alle seine Möglichkeiten aktiviert und sich falsch programmiert. Man kann sich überfordert fühlen, aber das kommt im Leben jedes einzelnen Menschen des Öfteren vor, und dann findet sich doch immer wieder eine annehmbare Lösung.

Es ist notwendig und wichtig, die Welt so anzunehmen, wie sie ist, jeden Menschen so zu akzeptieren, wie er sich gibt. Jeder Mensch hat das Recht auf seine Individualität und jederzeit ebenfalls die Möglichkeit, seine Eigenheiten zu ändern. Es ist nicht unsere Aufgabe, andere Menschen zu beeinflussen, sondern uns selbst. Wir selbst entscheiden, wann wir wie auf welches Ereignis reagieren. Niemand zwingt uns zu einer bestimmten Reaktion, außer wir uns selbst.

Zu jeder Aktion und Reaktion gehören immer mindestens zwei Personen, eine, die etwas tut, und eine andere, die etwas mit sich tun lässt. Es ist wichtig, zu vermeiden, dass ein anderer seine Probleme auf einen selbst überträgt und damit zu den eigenen macht, denn dies ist die einfachste Methode des Energieraubes.

Beispiel:

Es ist wie beim Tennisspielen. Ein sinnvolles Spiel ergibt sich nicht beim Bewegen eines Balles gegen eine feste Wand, denn dann sind die Rückbewegungen des Balles kalkulierbar, sondern bei einem Spiel, in welchem ich mich auf überraschende Aktionen eines Partners einstellen muss. Erst dann sind wesentliche eigene Lernerfahrungen im Ergebnis möglich.

Jede Aktion (Tat) benötigt einen Teil, der aktiv agiert (Täter), und einen, der passiv reagiert (Opfer), sonst kommt keine Wirkung zustande. Ein potentieller Täter ist ohne die meist freiwillige Zurverfügungstellung eines potentiellen Opfers zu keiner Tat fähig.

20. Energie:
Energie folgt der Aufmerksamkeit.

Wie bereits eingangs aufgeführt, ist das wertvollste Gut, welches wir Menschen haben, unsere Energie, von der maßgeblich unsere Gesundheit abhängt. Diese Energie kommt vordergründig aus verschiedenen Quellen, obwohl letztlich jegliche Form von Energie sich durch Gedanken- und Gefühlsimpulse, Aktivierung der bewussten, willentlichen Zielfunktion sowie aufgrund kinetischer Bewegung ausdrückt. Sowohl die *Lichtenergie* Atma oder Mana Loa als auch die *Lebensenergie* Prana, Mana oder Orgon kommen aus kosmischen Ursprüngen. Die Lichtenergie enthält als Essenz die selbstlose allumfassende Liebesenergie der Urquelle. Es ist die feinste und damit stärkste Kraft innerhalb des Universums. Die Lebensenergie ergibt sich als Potential aus dem Spannungsausgleich der universalen Polaritäten Yin und Yang. Sie ist teilweise vererbbar und wird bei Geburt und Tod in bestimmtem Umfang mitgenommen.

Wissenschaftliche Forschungen der letzten Jahre von *Carey Reams* aus den USA und *Ulrich Warnke* von der Universität Saarbrücken in Deutschland haben eindeutig ergeben, dass je nach subjektiver Belastung, Beruf, Aufenthaltsort, Umwelt und Umfeldbedingungen jeder Mensch etwa 70 bis 80 % seiner Lebensenergie direkt aus dem Kosmischen Lichtgitternetz aufnimmt.

Der Haupteingangspunkt liegt im Kopfbereich und hier vor allem am Hinterkopf etwa in Höhe zwischen den Ohren. Die Lebensenergie wird danach durch den Zwischenhirnbereich geleitet, wo sie im Bereich von Basalkernen und Thalamus auf die durch das Kronenchakra einfließende höher schwingende Lichtenergie trifft, sich mit dieser teilweise vermischt, insbesondere im Zustand von Meditation und Kontemplation, um danach durch das Stirnchakra über der Nasenwurzel und vor dem Gesicht in die Thymusdrüse hineinzugehen.

Die *Willensenergie* entsteht durch Verdichtung bzw. Kondensation von Lebensenergie verbunden mit einer entsprechenden Absichtserklärung und einer nachfolgenden Visualisierung dieser verdichteten Energie. Sie dient zum Transport von Gedankenformen und -mustern.

Die *Vitalenergie* Ki oder Chi entsteht mit dem Leben zu über 30 % aus dem Magnetfeld der Erde und muss nach der Geburt mit entsprechenden Denk- und Gefühlsprozessen durch die Atmung und dem Sonnenlicht aus fester und flüssiger Nahrung im Prozess einer „kalten Verbrennung" im Körper ständig neu aufgebaut werden. Nach dem physischen Tod löst sie sich vollständig auf.

Sie ist nicht vererbbar. Vitalenergie entsteht bei der Geburt mit dem ersten Atemzug und endet beim körperlichen Tod mit dem letzten Atemzug.

Lenkt man seine Aufmerksamkeit auf andere Menschen, materielle Dinge oder geistige Projekte, so fließt nach den ersten entsprechenden Sinnesimpulsen sofort wertvolle Vitalenergie ab. Dies gilt besonders für eigene Reaktionen mit starkem Gedanken- oder Gefühlsengagement, z. B. einem Wutausbruch, Trauer, Neid, Eifersucht und unterdrückten Aggressionen. Letztere können auch Lebensenergie verbrauchen, falls besonders starke Gedanken- oder Gefühlsmuster und eine aktive Einschaltung des Unterbewusstseins vorliegen. Auch das ständige Festhalten an Erinnerungen aus der Vergangenheit kostet viel Energie.

Energiekontrolle ist aktiv und passiv durch bewussten Einsatz von Energieimpulsen sowie durch laufende Überprüfung der eigenen Aufmerksamkeitsreaktionen vorzunehmen. Wichtig sind dabei die periodische Überprüfung energieabsorbierender, geopathogener Störfelder vor allem im Wohn- und Arbeitsbereich sowie energieraubende Menschen. Letztere müssen dies nicht immer bewusst tun, denn Energieströme folgen physikalischen Gesetzen.

Lassen Sie sich im Alltag nicht durch auffälliges Verhalten, wildes Gestikulieren, lautes Sprechen (oder Hupen!) oder durch permanentes Auftauchen („Gesichtsmontage") bestimmter Menschen und Situationen ablenken. Sobald Sie ohne entsprechende Gegenprogrammierung, nur den Sinnesempfindungen folgend, Ihre Aufmerksamkeit auf eine bestimmte Person, Situation oder einen entsprechenden Gegenstand richten, fließt Ihre wertvolle Energie ungewollt und ungeplant von Ihnen weg. Sie fehlt dann sehr oft dort, wo sie eingeplant ist und benötigt werden würde.

Kleinkinder sind die größten Meister im Abziehen von Energie. Durch ihr lautes Weinen oder Schreien ziehen sie die Aufmerksamkeit und somit auch die Energien ihrer Eltern oder anderer Personen gekonnt auf sich. In diesem Fall ist das natürlich eine wichtige, legitime Strategie, die das Überleben des Babys sichert. Ähnliche Kriterien gelten für die Pflege alter Menschen. Wie stark die Energie ist, welche unserer Aufmerksamkeit folgt, zeigt das Beispiel, dass wir es spüren, wenn uns jemand von hinten ansieht. Wir spüren die dem Blick folgende Energie in unserer Aura.

Energieräuber im Alltag sind:

Personen, die sich sehr unangenehm auffällig verhalten,
Personen mit störendem, zu lautem Gerede,
Personen mit schriller, unpassender Kleidung und auffälligem Auftreten,
Personen mit uns angstmachendem Benehmen usw.

All diese Personen ziehen unsere Aufmerksamkeit auf sich, verursachen bei uns Unbehagen und saugen an unserer Energie. Dieses Absaugen der Energie muss nicht immer gewollt sein. Auch unbeabsichtigtes Energiesaugen kommt immer wieder vor. Ich schütze mich davor, indem ich mir mental den Auftrag gebe, keine Energie, wie auch immer, zu diesen Personen zu senden.

Weitere Energieräuber im Alltag sind:

Unordnung – das ewige Suchen kostet uns sehr viel Energie.
Unpünktlichkeit – kostet uns und anderen Menschen Energie.
Unerledigte Aufgaben, welche wir immer wieder vor uns herschieben und die täglich an unserer Energie zehren.
Unangenehme Gedanken, welche immer wieder längst vergangene Situationen durchspielen. Wertvolle Energie fließt in die Vergangenheit. Diese Energie ist verloren und kann keine positiven Ergebnisse bewirken.

Im Gegenzug können uns schöne Erinnerungen natürlich viel Kraft und Energien **bringen**.

Dass durch Willensenergie auch so genannte *tote Materie* (wir wissen natürlich, dass es diese nicht gibt) bewegt und beeinflusst werden kann, wurde schon vor geraumer Zeit durch Versuche nachgewiesen. Auch gibt es immer wieder Meldungen, wonach Gebrauchsgegenstände allein durch Willensenergie auf Tischen und dergleichen bewegt werden (Telekinese, Teleportation).

21. Entscheidungszeitpunkt:
Im Jetzt liegt immer der richtige Moment des Handelns.

Trotz des menschlichen Umfeldes eines vierdimensionalen Raum-Zeit-Kontinuums kann der Mensch kreativ-schöpferisch ausschließlich im *Hier und Jetzt* aktiv werden. Die Vergangenheit ist unwiederbringlich vorbei. Aus ihr kann man nur noch lernen, aber in ihr und an ihr ohne Synchronisationsexperimente nichts mehr verändern. Die Zukunft kommt erst noch. Das einzig Greifbare, was bleibt, ist die Gegenwart. *Im momentanen Augenblick ist alle Kraft, Wahrheit, Wissen und Weisheit konzentriert.* Also, jetzt handeln. Nur das Heute zählt im Entscheidungs- und Handlungsprozess.

Der Volksmund sagt hierzu sehr richtig:

Was du heute kannst besorgen, das verschiebe nicht auf morgen.

Erst das Tun verändert die Welt. Haben wir etwas als richtig erkannt, so müssen wir dieses als richtig Erkannte auch tun und in die Realität umsetzen. Wissen alleine bewirkt noch nichts, erst das konkrete Umsetzen im Tun verändert die gegebene Situation. Wir sind ursprünglich vollkommen und vollkommen erschaffen. Wir können wieder vollkommen werden und sein, wenn wir dies nur denken, fühlen, glauben und danach handeln, also Vollkommenheit leben im Tun.

Alle Erlebnisse, die wir in unserem Leben bis zu diesem Augenblick hatten, wurden durch unsere vergangenen Gedanken und Glaubenssätze erzeugt. Wir sollten die Vergangenheit als wesentlichen Teil des Reichtums und der Fülle unseres Lebens sehen. Ohne diesen Reichtum und diese Fülle wären wir heute gar nicht hier. Wir haben mit dem uns damals zur Verfügung stehenden Wissen unser Bestes gegeben. Wir sollten uns in Liebe aus der Vergangenheit lösen. Sie existiert nur in unseren Köpfen und in der Art und Weise, wie wir über uns denken. *Jetzt ist der Moment, in dem wir leben.* Dies ist der Augenblick, den wir gerade erfahren. Was wir jetzt in diesem Augenblick tun, legt den Grundstein für die Zukunft. Jetzt ist also der Moment, eine Entscheidung zu treffen. Wir können es nur heute tun. Jetzt! Immer kommt es darauf an, wofür wir uns jetzt entscheiden – für welche Gedanken, Glaubenssätze, Muster und Worte. Wenn wir damit anfangen, bewusst die Verantwortung für unsere Gedanken und Worte zu übernehmen, haben wir Werkzeuge zur Hand, mit denen wir arbeiten können. Der Kraftpunkt liegt immer im gegenwärtigen Augenblick.

Nur jetzt ist der Moment des Handelns.

Nur in der Gegenwart des Hier und Jetzt können wir mit unserem freien menschlichen Willen über entsprechende Gedankenimpulse kreativ Realitäten und (fein- und grob-) stoffliche Wirklichkeiten gestalten.

Wir sind, was wir denken. Wir können damit aufhören, alte Gedanken zu haben. Falls wir uns vorstellen, dass unsere Gedanken Wassertropfen sind, dann sehen wir, dass ein Gedanke oder ein Wassertropfen nicht viel bedeutet. Wenn wir aber die Gedanken ständig wiederholen, bemerken wir zunächst einen Fleck auf dem Teppich, dann eine kleine Pfütze, dann einen Tümpel, und wenn diese Gedanken weiter gehen, können sie zu einem See und schließlich zu einem Ozean werden. Was für einen Ozean möchten wir erschaffen? Einen, der verschmutzt und giftig ist, oder einen, der kristallklar und blau ist und zu einem erfrischenden Bad einlädt? Die Wahl liegt ausschließlich bei uns und nur bei uns.

Das Hier und Jetzt ist das einzig Entscheidende, was zählt. Alles Negative aus der Vergangenheit heraus: Schmerz, Wut, Neid, Eifersucht, Schuld, Angst, Depressionen usw. verschwinden, wenn wir nur in der Gegenwart leben und nicht mehr in der Vergangenheit und diesbezüglich alte Muster entsprechend verändern. Es liegt an unserem Denken und Wollen, Vergangenheit und Zukunft loszulassen und nur noch achtsam und bewusst in der Gegenwart zu leben. *Die Gegenwart ist der einzige Augenblick, der wirklich nur uns selbst gehört.* Nur das Heute zählt. Nur im Hier und Jetzt kann ich kreativ schöpferisch tätig sein im Göttlichen Auftrag, denn:

> **Heute ist das Morgen von gestern**
> **und heute ist das Gestern von morgen.**
> **Also:**
> **Lebe achtsam und bewusst im Augenblick.**
> **Genieße ihn, als wäre es dein letzter.**

Als **Beispiel** mag folgende Geschichte dienen:

Mein bester Freund öffnete die Kommodenschublade seiner Ehefrau und holte ein in Seidenpapier verpacktes Päckchen heraus. Nicht irgendein Päckchen, sondern ein Päckchen mit Unterwäsche darin. Er warf das Papier weg und betrachtete die Seide und die Spitze. „Dies kaufte ich, als wir zum ersten Mal in New York waren. Das ist jetzt 8 oder 9 Jahre her. Sie trug es nie. Sie wollte es für eine besondere Gelegenheit aufbewahren. Und jetzt, glaube ich, ist der richtige Moment gekommen!" Er näherte sich dem Bett seiner Gattin und legte die Unterwäsche zu den anderen Sachen, die von dem Bestattungsinstitut mitgenommen werden sollten. Seine Frau war gestorben!

Als er sich zu mir umdrehte, sagte er: „Bewahre nichts für einen besonderen Anlass auf! Jeder Tag, den du lebst, ist ein besonderer Anlass." Ich denke immer noch an diese Worte. Sie haben mein Leben verändert. Heute lese ich viel mehr als früher und putze weniger. Ich setze mich auf meine Terrasse und genieße die Landschaft, ohne auf das Unkraut im Garten zu achten. Ich verbringe mehr Zeit mit meiner Familie und meinen Freunden und weniger Zeit bei der Arbeit. Ich habe begriffen, dass das Leben eine Sammlung von Erfahrungen ist, die es zu schätzen gilt.

Achte gut auf diesen Tag,
denn er ist das Leben –
das Leben allen Lebens.
In seinem kurzen Ablauf
liegt alle Wirklichkeit
und Wahrheit des Daseins,
die Wonne des Wachens,
die Herrlichkeit der Kraft.
Denn das Gestern
ist nichts als ein Traum
und das Morgen nur eine Vision.
Das Heute jedoch – recht gelebt –
macht das Gestern
zu einem Traum voller Glück
und das Morgen
zu einer Vision voller Hoffnung.
Darum achte gut auf diesen Tag!

aus dem Sanskrit

22. Akzeptanz:
Es ist alles gut, so wie es ist.

Im Kosmos ist alles geregelt. Unser eigener Kosmischer Plan enthält unsere Bestimmung und ist Bestandteil größerer Kosmischer Pläne. Alle diese gehen ein in den universalen, allumfassenden Göttlichen Plan. Das Endziel dieses Planes ist die Rückkehr allen Seins in das reine Licht und die grenzenlose Liebe der Urquelle, die Verschmelzung mit der Einheit und Ganzheit und die Rückkehr in die Geborgenheit des Ursprungs. Unser eigener Kosmischer Plan wird von unserem Hohen Selbst verwaltet. Wenn wir dies mit unserem freien menschlichen Willen erbitten und ausdrücklich zulassen, führt uns unser Hohes Selbst auch auf unserem Weg zur optimalen Erfüllung dieses Planes in unserem Leben. Es zeigt uns durch Fügungen, Ereignisse, Träume und „wunderbare" Eingriffe Ziel und Sinn, auch und gerade in diesem Leben. Wir müssen dies nur wollen und zulassen, dabei unser eigenes Ego überwinden und egozentrisch-greifbare, im materiell-physischen Bereich verhaftete Erwartungen und Wünsche loslassen. Gott liebt uns unendlich, selbstlos und allumfassend so wie wir sind, mit allen unseren Schwächen, Eigenheiten und Fehlern. Er ist sich dessen bewusst, dass wir absolut einmalig sind, denn er ist unser Schöpfer. Sein Licht und seine Liebe begleiten uns in jedem Augenblick und immerfort. Begeben wir uns in seine Arme, sind wir niemals mehr alleine im Leben. Schließlich ist jede Erfahrung von uns gleichzeitig auch eine Erfahrung von Ihm.

Das Hohe Selbst ist der „Botschafter" Gottes auf der Ebene des Überbewusstseins als fest integrierter Bestandteil unserer Identität. Es bringt Gott als Schwingung und Energie in unsere Reichweite. Auch das Hohe Selbst als reines Lichtwesen liebt uns allumfassend und grenzenlos. In dem Moment, wo wir unsere kleinlichen materiellen Ängste und Sorgen loslassen, sind wir frei. Dann führen uns unser Hohes Selbst und Gott in der Gestalt und Schwingung dieses Lichtwesens. Wir entdecken die Liebe zu uns selbst, das *ewige Licht in unserem Herzen*, unsere Selbstachtung und Berufung. Materielle Sicherheit und Geld sollten uns niemals veranlassen, ungeliebte Aufgaben zu erfüllen. Unser Beruf sollte uns Berufung sein, unser Erfolg unsere Erfüllung. Eine sinnvolle Aufgabe im Leben muss Freude machen und uns dem Lebenssinn näher bringen. Sinnvoll ist dabei immer der selbstlose Dienst an uns selbst und am anderen.

Lernen und lehren, helfen und heilen
ist die eigentliche Botschaft von Jesus Christus.
Hilf den Menschen, sich selbst zu helfen,
darin liegt die eigentliche Berufung jedes einzelnen.

Um dies zu tun, ist es niemals zu spät. Oft ist es sinnvoll, langsam umzuschalten und zu Beginn die neue Berufung neben der alten, finanziell abgesicherten Arbeit auszuüben. Es ist anzustreben, mit dem eigenen Hohen Selbst immer in Verbindung zu stehen und bei allen Entscheidungen, insbesondere wenn diese in die Zukunft gerichtet sind (und welche sind dies nicht?), immer dem Hohe Selbst für

… die für mich beste Lösung (zu) danken,
in jedem Moment und in jeder Hinsicht.

Dann kommt im richtigen Augenblick *die* Lösung zu uns, die eine optimale Erfüllung unseres Kosmischen Plans beinhaltet. Diese neue Situation kann sehr radikal sein, zu Beginn ein schweres Schicksal beinhalten, aber langfristig ergibt sich immer die für uns beste Lösung. Diesem Sachverhalt müssen wir uneingeschränkt vertrauen, dann führt uns unser grenzenloses Gottvertrauen auch zu einem grenzenlosen Selbstvertrauen.

Folgendes kurze Gebet sollte regelmäßig laut oder leise gesprochen werden:

> *Geliebtes Hohes Selbst, ich danke dir dafür, dass du mich immer so führst, dass ich in meinen Gedanken, Gefühlen, Worten und Taten in jedem Moment und in jeder Hinsicht unseren gemeinsamen Kosmischen Plan uneingeschränkt und auf optimale Art und Weise erfülle.*

Wir haben uns freiwillig in die Hände mächtiger Helfer begeben, die stärksten, die es im Universum gibt. Dann ist wirklich alles und jedes gut, so wie es ist. Wir finden und leben Ziel und Sinn in diesem Dasein.

23. Wahrheit:
Alles, was man sagt, sollte wahr sein, aber nicht alles, was wahr ist, sollte man sagen.

Dieser Grundsatz gilt zweifelsfrei und in jeder Lebenssituation. Die Wahrheit, auch wenn sie noch so schwer zu ertragen sein mag, ist das beste Korrektiv und die einzige, reale Wirklichkeit. Am Ende des eigenen Selbsterfahrungsprozesses stehen immer wichtige persönliche, bewusste Lernerfahrungen:

- Das Leben ist schön, bewusst und intensiv.
- Freude im Leben bringt Erfüllung.
- Loslassen, was im Leben hinter einem liegt, behalten, was die Vergangenheit als wertvolle Lernerfahrung brachte.
- Positiv denken, fühlen und handeln. Das Leben lieben, die Liebe leben, nach innen und nach außen.
- Das Bewusstsein und die Gedanken ändern, wenn man das Umfeld ändern möchte.

Lüge ist Schwäche. Ehrlichkeit ist eine wichtige Tugend. Jeder Mensch hat ein Recht auf Wahrheit. Man sollte die Wahrheit jedoch immer auf eine Art und Weise weitergeben, dass sie anderen Menschen hilft und sie weiterbringt auf ihrem individuellen, geistigen Weg und nicht, indem sie ihnen schadet oder sie schockt.

Schweigen ist die Tugend der Weisen,
im Schweigen liegt die Kraft,

sagten bereits die alten Ägypter. Im ägyptischen Einweihungsweg nach dem Buche Toth stand zu lesen: *Wissen – Wollen – Wagen – Schweigen sind die typischen Charaktereigenschaften des Weisen.*

Rede nur, wenn du etwas Sinnvolles für dich
und für andere zu sagen hast, sonst schweige,

ist die Quintessenz aus all diesen Erkenntnissen. Aber alles, was notwendig und sinnvoll ist zu sagen, sollte auch gesagt werden.

Wir Menschen verlieren unsere eigene Angst, wenn wir daran glauben, dass die objektive Wahrheit sich niemals ändert. Da die Quintessenz dieser Wahrheit Liebe ist, selbstlose, allumfassende, göttliche Liebe in alle Ewigkeit hinein, brauchen wir auch den Tod als wichtige Erkenntnis nicht zu fürchten. Er ist das Ende eines bedeutenden Lebensabschnitts auf Erden und gleichzeitig der Anfang von etwas Neuem in einer höheren Schwingungsebene. Denn Gott ist ewig, und wir sind ein Teil Gottes. Der universale Geist ist ewig, und wir sind Geist vom universalen Geist, unzertrennlich mit ihm verbunden und damit ebenfalls ewig und unsterblich. Der Tod stellt das Ende dieses Lebensabschnittes dar, aber er ist gleichzeitig die Geburt einer neuen Existenz auf einer höheren, nicht grobstofflichen, feiner schwingenden Dimension, die uns der Vereinigung mit der Einheit und Ganzheit der Urquelle einen Schritt näher bringt.

24. Loslassen:
Loslassen ist wahre Freiheit.

Loslassen, nichts festhalten, ist die wichtigste Anwendung positiven Denkens im Leben. Loslassen macht frei, unabhängig, fröhlich und kreativ. Was man am meisten fürchtet, trifft ein. Was man am stärksten festhält, wird einem entrissen. Festhalten ist Abhängigkeit. Loslassen bringt Freiheit und Unabhängigkeit und ist der Beginn von Selbstbesinnung und innerer Harmonie. Viele Menschen glauben, durch gedankliches und gefühlsmäßiges Loslassen materielle Güter oder persönliche Bindungen zu verlieren. Genau das Gegenteil ist jedoch der Fall. Damit sich neue Realitäten bilden können, muss man zielgerichtete Wunschprogrammierungen im Stadium visualisierter, positiver Finalvorstellungen unbedingt loslassen, sonst bleibt man in der alten Wirklichkeit hängen.

Genießen Sie immer und mit allen Sinnesempfindungen, was Sie haben: Erfolg, Reichtum, Glück, Familie, Freunde, Harmonie, Gesundheit usw., aber versuchen Sie niemals, statisch und verkrampft daran festzuhalten. Entwicklungen im Kosmos verlaufen dynamisch. Das ist ein Geistiges Gesetz, gegen das Sie sich nicht stellen sollten, sonst richtet es sich gegen Sie.

Im individuellen Prozess des Erlernens von Loslassen im täglichen Leben liegt die Selbstbesinnung auf das Wesentliche. Verschwinden aus dem eigenen Leben Dinge oder Personen, so ist dies die unabdingbare Voraussetzung dafür, dass etwas Besseres nachkommen kann. Im individuellen Urvertrauen muss fest einprogrammiert sein, dass alles, was gut ist für einen selbst, immer bleibt. Auch dies ist ein Geistiges Gesetz.

Loslassen ist die erlernbare Fähigkeit, alles im Leben gelassen, leichter und lockerer zu nehmen. Eine derartige Denkweise verleiht Freiheit und Unabhängigkeit. Sie bedeutet, unabhängig von Gegenständen, Personen und Umständen zu sein, die man im Laufe seines Lebens angesammelt hat, die einen in der stofflich-materiellen Ebene festhalten und möglicherweise auf dem eigenen spirituellen Weg behindern. Je mehr man bereit ist loszulassen, desto mehr wird man im Leben erhalten. Wer gelernt hat, loszulassen, erhält mehr auf allen Ebenen gemäß seiner Bestimmung zurück und erfährt damit die höchste Freiheit. Loslassen bringt Gelassenheit. Gelassenheit ist die Grundlage für die Herrschaft des Geistes über den Körper.

Ich lasse los…

jetzt   lasse ich los

jetzt   beginne ich einen neuen Lebensabschnitt

jetzt   beginne ich ein sinnvolles Leben

in Freiheit

in Harmonie

in Gesundheit

in Glück

mit Erfolg

mit Lebensenergie

jetzt   lebe ich in Liebe und Licht

jetzt und das ist so

jetzt

Danke!

---

25. Verzeihung:
Im Verzeihen liegt die Heilung – die Vergebung führt zu ihr und schließt sie ab.

Nicht zu verzeihen ist das beste Rezept, um unglücklich zu sein und zu leiden, aber andererseits ist Verzeihen die wirkungsvollste Möglichkeit, um glücklich und gesund zu sein. Das Festhalten an alten Glaubenssätzen, Gedanken- und Gefühlsmustern, auch an subjektiv mit „gerechter Wut" bezeichneten Standpunkten, macht uns unfrei, verletzlich und krank. Das permanente Festhalten an Gedanken und Gefühlen von Hass, Rache, Neid und Eifersucht, aber auch von vermeintlichem Recht oder Unrecht, damit das Ablehnen von Liebe und das Verweigern von Mitgefühl, schadet uns selbst und unserer Gesundheit am meisten. Negativ polarisierte Gedanken und Gefühle verbrauchen sehr viel mehr Energie, als entsprechende, gegensätzlich positiv polarisierte aufbauen können. Deshalb sind im eigenen Interesse negative Gedanken, Gefühle, Worte und Taten zu vermeiden. Das bedeutet nicht, dass man eine als negativ eingeschätzte Tat gutheißen muss, es heißt nur, dass man durch eigene Bewertung nicht mehr in eine entsprechende Resonanz mit dieser Tat geht. Man lässt los aufgrund einer entsprechenden, bewussten Lernerfahrung und verzeiht. Damit hört man auf, in den Ängsten der Vergangenheit zu leben, man hört auf, mit jedem Gedanken und Gefühl an die zurückliegende Tat diesem Geschehen Energie zukommen zu lassen und damit dessen negatives Potential ständig zu vergrößern. *Energie folgt der Aufmerksamkeit* – gleichgültig wohin. Ist die Aufmerksamkeit auf eine Tat der Vergangenheit gerichtet, fließt die Energie unweigerlich dorthin und fehlt woanders. Aber sie ist nicht uneingeschränkt vorhanden. Sie muss vielmehr mühsam durch entsprechende Atmung, Ernährung und positive Programmierung immer wieder aufgebaut werden.

Verzeihen heißt, vollkommen uneingeschränktes Leben in der Gegenwart in Freiheit und Liebe ohne dauernde Auseinandersetzung mit den Schatten der Vergangenheit anzunehmen. Es bedeutet, frei zu sein von Wut, aggressiven Gedanken und selbstzerstörerischen Gefühlen. Es heißt, sich loszulösen in Liebe und Respekt aus einer in die Vergangenheit gerichteten, in dieser entstandenen und aus dieser immer wieder fließenden negativen Energie, ohne den zugrundeliegenden Sachverhalt anzunehmen, zu akzeptieren und mitzutragen. Es wird nur die energetische Verbindung zu dieser Tat gelöst, als Voraussetzung für die umfassende Vergebung, im Interesse von anderen, aber vor allem von einem selbst.

Mit dem Verzeihen beginnt die Heilung –
für andere, aber vor allem für einen selbst!

Gehe Schritt für Schritt alle Situationen durch, die dir einfallen, und erkenne konsequent – nicht selbstquälerisch – alle Fehler und Charakterschwächen deiner eigenen Person. Bringe jedes so erkannte Ereignis auf einen klar und eindeutig definierten Punkt. Erkläre deinem Inneren Kind die damalige Lebenssituation und mache ihm verständlich, dass du aufgrund deiner Sicht der Dinge nicht anders handeln konntest, es jetzt aber besser weißt! – und:

Akzeptiere das Geschehen!

Mach dir bewusst: Auch du bist nur ein Mensch. Jeder Mensch hat das Recht zu sein, wie er ist. Aus Fehlern wird man klug, man wächst an ihnen. Fehler sind dazu da, gemacht zu werden, um aus ihnen zu lernen. So gesehen gibt es nur einen einzigen Fehler, nämlich den, keinen zu machen. Du wärst heute nicht, wo du bist, ohne diese Erfahrungen. Danke Gott dafür, dass du sie machen durftest. Vergib dir selbst und schließe somit den Kreis.

Alles ist gut, so wie es ist.

Lass los, befreie und reinige dich und schaffe Altes, Verbrauchtes, Unbenötigtes aus der Welt! Es genügt jedoch nicht, sich geistig von Schuld frei zu machen. Man muss es tatsächlich tun! Das Wachbewusstsein muss voll Überzeugung sühnen, Opfer bringen, Liebe geben, um das Unterbewusstsein zu beeindrucken und zu überzeugen. Begangenes Unrecht muss in der Währung zurückgezahlt werden, in der es gemacht wurde. Sind Schulden real, müssen sie real bezahlt werden. Schuldgefühle sind eine Vorstellung, ein starres, einschränkendes Programm und können jederzeit durch eine entgegengesetzte Vorstellung ausgeglichen und neutralisiert werden.

Real seine Schuld bezahlen heißt, sich ent-schulden und damit ent-schuldigen. Das beinhaltet im Detail: zu jedem einzelnen Geschädigten hingehen und ihn um Verzeihung bitten, z. B. Telefonate führen, Briefe schreiben, Reue zeigen, ein versöhnendes Gespräch führen… oder, wenn dies nicht möglich ist, eine entsprechende, gute Tat vollbringen bzw. Fasten, Pilgerfahrten, eine etwas schmerzende Geldspende, Krankenbesuche…, die Entschuldigung über eine dritte Person usw. Das Innere Kind, als Verwalter der Speicherdaten des eigenen Gewissens, muss überzeugt und befriedigt werden, wie auch immer man dies erreichen mag!

Wenn man mit ehrlichem, gutem Willen die Vergebung anstrebt, werden einem vom Hohen Selbst die vergessenen und verdrängten Ereignisse aus Vergangenheit und Gegenwart, welche noch offen sind, durch Gnade geschenkt und ausgeglichen.

26. Vergebung:
Nur durch Vergebung und Selbstvergebung lernen wir, uns selbst und andere zu lieben.

Die eigene Erwartungshaltung und die individuelle Bewertung von Ereignissen, Sachverhalten, Dingen und Menschen engen uns im Gefängnis unserer eigenen Gedanken, Gefühle und Wertungen ein und machen uns unfrei. Unser subjektives Urteilen wird uns vom „inneren Saboteur" eingeflüstert und nützt nur unserem individuellen Ego, welches uns andauernd weismachen möchte, dass nur das Äußere zählt und wir von unserem Göttlichen Funken im Inneren und damit von der universalen Urquelle getrennt sind. Aber unser Leben ist ein Ganzes. Wir selbst sind ein wichtiger Teil eines größeren Ganzen, nicht ein unwichtiges, abgetrenntes Fragment. Die Ansicht unseres Egos, dass wir von anderem, von anderen und von Gott getrennt sind, ist eine Illusion, nicht umgekehrt.

Dem Verzeihen muss das Vergeben folgen, um eine energetische Verhaftung zwischen Opfer und Täter aus einer in der Vergangenheit geschehenen Tat vollständig aufzulösen. Dabei ist es eigentlich objektiv unwichtig, wer Opfer und wer Täter war. Um die für beide Seiten unheilvolle Energie aus einer solchen Tat heraus vollkommen aufzulösen, sind vier verschiedene Vergebungsschritte notwendig:

1. Opfer vergibt Täter
2. Täter vergibt Opfer
3. Täter vergibt Täter
4. Opfer vergibt Opfer

Nur an zwei dieser insgesamt vier Vergebungsschritte ist man direkt beteiligt, kann diese beeinflussen und bestimmen. Entscheidend ist jedoch, dass man sich selbst nach gründlicher Selbsterforschung und intensivem *In-sich-Hineinhören* subjektiv von Schuld freispricht, sei es als Opfer oder als Täter. Tut der Gegenpol dies nicht, vergibt er nicht, man sich selbst aber schon, löst man damit einseitig die negative, energetische Verhaftung aus der Tat heraus, so dass diese als Potential vollständig bei dem anderen Gegenpart verbleibt.

Durch die wechselseitige *Vergebung* wird das als elektromagnetisches Feld verdichtete Energiepotential einer Tat im Außenverhältnis aufgelöst. Damit sind jedoch die in der „wahren Aura" bzw. in Körperzellen gespeicherten Daten der persönlichen Tatbeteiligung individuell im Innenverhältnis noch nicht gelöscht. Dies geschieht erst durch die *Selbstvergebung*.

Endgültig abgeschlossen ist der gesamte Sachverhalt der vergangenen Tat mit dem Akt der *Selbstvergebung*. *Ich vergebe mir* – ist die endgültig befreiende Erkenntnis. Noch umfassender wirkt die lateinische Formulierung *ego me absolvo, ich spreche mich selbst frei von jeglicher Schuld.* Damit ist der gesamte Vorgang einer negativen Tat, ob als Opfer oder als Täter beteiligt, endgültig energetisch für den Vergebenden abgeschlossen. Was bleibt, als Speicherung in der individuellen und der kosmischen Akasha-Chronik bzw. dem menschlichen *morphogenetischen Feld*, ist nur die Essenz einer abgeschlossenen, wichtigen, bewussten und individuellen Lernerfahrung. Vergebung nützt deshalb nicht nur einem anderen Menschen, sondern vor allem einem selbst. Sie bringt uns weiter auf unserem persönlichen spirituellen Weg, dem Erreichen unseres Lebenszieles sowie der optimalen Erfüllung unseres eigenen Kosmischen Planes.

Ohne Vergebung trennen wir uns von einem liebevollen Gott, denn der *Gott in uns spiegelt sich in allem Denken, Fühlen, Sagen und Tun im Gott in unserem Gegenüber.* Gott ist überall, in allem Sein – auch in uns – und spiegelt sich aus unserem Inneren heraus im Äußeren unserer Umwelt und unseres Umfeldes. Vergeben, anderen und uns selbst, gibt uns die Chance, zu erkennen und zu erfahren, dass wir im Geist eins sind mit allem Sein, eins im Geist mit dem universalen Geist der Gottheit als Einheit und Ganzheit. Wir vergeben uns bewusst, dass wir uns auf eigenen Wunsch und mit unserem freien menschlichen Willen von einem liebevollen Gott getrennt haben.

Es ist niemals zu spät, zu verzeihen und zu vergeben, und niemals zu früh. Jeder Zeitpunkt ist der richtige. Man selbst bestimmt aufgrund des eigenen Glaubens auch den notwendigen Moment und Zeitraum für Verzeihen und Vergeben. Glauben wir subjektiv, dies dauere Monate oder gar Jahre, so wird es dies sein. Nehmen wir an, es dauert nur Sekunden oder Minuten, wird auch dies eintreffen, denn auch auf uns und den geschilderten Sachverhalt trifft die Lehre der Bibel zu:

… alles ist möglich dem, der da glaubt! oder
… dir geschehe nach deinem Glauben! bzw.
…dein Glaube hat dir geholfen.

Allumfassender Friede auf Erden ist erst möglich, wenn jeder Mensch die ausschließliche und uneingeschränkte Verantwortung für sein Leben übernimmt, sich von der (negativen) Vergangenheit lossagt und jedem – besonders aber sich selbst – vollständig verzeiht und umfassend vergibt.

Entscheidung zur Vergebung

Entscheide dich, zu verzeihen,
denn Nachträglichkeit ist negativ.
Nachträglichkeit vergiftet.
Hass und Groll zehren am Selbst
und lassen es schrumpfen.
Als erster musst du es sein, der vergibt,
der lächelt und der den ersten Schritt tut.
Und du musst das Glück blühen sehen
auf dem Gesicht deines Mitmenschen,
Bruders oder Schwester.
Sei du immer der erste.
Warte nicht, dass andere vergeben,
denn durch dein Verzeihen
wirst du Herrscher über das Schicksal.
Du gestaltest das Leben. Du tust Wunder.
Vergeben ist die höchste und schönste Form der Liebe.
Dafür wirst du unermesslichen Frieden erhalten
und vollkommenes Glücksempfinden.

Vergebung beendet das Spiel von Schuld und wechselseitiger Verurteilung. Sie bringt Heilung. Vergebung befreit von den Fesseln der Vergangenheit. In der Vergebung findet man alles, was man braucht. Vergebung ist gelebte Liebe. Vergebung ist wahres Verstehen und freies Geben im Verständnis des Wirkens Gottes.

Vergebung ist ein machtvolles Instrument der Transformation. Uns versucht das Ego einzureden, dass Vergebung Schwäche sei. Aber Vergebung macht uns frei und ermöglicht uns, den Ort des Friedens zu finden, an dem wir keinen Groll mehr hegen. Wenn wir anderen Menschen vergeben, vergeben wir auch uns selbst, da es ja unsere eigenen negativen Muster und Eigenschaften sind, deretwegen wir andere verurteilen. Indem wir uns vergeben, machen wir nicht länger andere Menschen für die Befriedigung unserer Bedürfnisse verantwortlich oder verlangen von ihnen, dass sie uns glücklich machen. Vergeben heißt, den inneren Frieden höher schätzen als den Wunsch, sich selbst und andere Menschen zu Geiseln alter Muster zu machen. Dann können wir endlich unsere Forderungen aufgeben, weil wir erkannt haben, dass der nächste Schritt unsere Bedürfnisse befriedigen und uns den ersehnten Erfolg bescheren wird.

Vergebung öffnet das Tor zum Himmel.

Vergebung ist für manche von uns sehr schwierig. Aber wenn wir erkennen, wie wichtig es ist, sich weiter zu entwickeln, werden wir auch erkennen, dass Vergebung ein unverzichtbares Instrument der Selbstheilung und der Heilung der Welt ist. Wenn uns Vergebung schwierig oder unmöglich erscheint, sollten wir uns auf den spirituellen Frieden besinnen, der im innersten Kern herrscht, oder Gott bitten, durch seine Gnade Vergebung zu erlangen. Ohne Vergebung sind wir gezwungen, ein Leben der Angst zu führen, das von einer Vergangenheit diktiert wird, welche sich immer und immer wieder auf unterschiedliche Weise wiederholt. Wenn wir vergeben, verändert die Gegenwart die Vergangenheit und damit wird die Geschichte unseres Lebens neu geschrieben. Dank wahrer Vergebung können wir sogar schwere Übergriffe aus der Vergangenheit vergessen und in unserem Leben voranschreiten. Das ist aber unmöglich, solange wir an Missverständnissen, Ängsten oder inneren Spaltungen festhalten. Vergebung ist wie ein Lösungsmittel, das festklebende Schuldgefühle, Urteile, Selbsthass und Groll aufweicht und uns damit aus unserem Schmerz erlöst. Solange unsere Muster nicht neutralisiert sind, werden sie sich weiter auf unser Leben auswirken. Vergebung ist eine der besten Möglichkeiten, um Veränderungen einzuleiten und von vorn anzufangen. Vergebung ist die Antriebskraft, die wir brauchen, um ein neues Kapitel unseres Lebens aufschlagen zu können.

Was verhindert Vergebung?

Das Ego hat gegenüber der Vergebung ein gespaltenes Verhältnis. Es rät uns: *Vergib', aber vergiss nicht!* Dies ist eine Doppelbotschaft: *Vergib nicht vollständig, sonst machst du dich verletzbar.* Hierin zeigen sich Gedankenmuster aus früherer Zeit, die immer noch starken Einfluss auf gegenwärtige Denkschemata, Aktionen und Handlungen ausüben. Treibstoff des Egos ist der mangelnde Wille zur Vergebung. Die Ego-Komponente unseres Wachbewusstseins braucht die ständige Verurteilung, da ihr Überleben vom Glauben an die Realität der Schuld – und nicht der Vergebung – abhängt. Das Ego praktiziert eine Pseudovergebung. In der Quintessenz heißt das: *Ich kann dir vergeben, weil ich dir überlegen bin. Deshalb schlucke ich meine Wut dir* gegenüber hinunter und verdränge den Wunsch, dir weh zu tun. *Das wäre es aber, was du eigentlich verdienen würdest.* Diese Pseudovergebung aber verstärkt nur die Schuld, denn sie sendet eine Doppelbotschaft aus, welche die Zerrissenheit zwischen den „Schuldigen" und den „Unschuldigen" ständig aufrechterhält. Die Schuld ist ein Muster, das wir erfunden haben. Sie bringt uns ins Gefängnis und ist selbst gleichzeitig das Gefängnis. Sie bringt uns Selbstverachtung und Depression ein. Das Ego versucht uns ständig weiszumachen, dass Vergebung gleichbedeutend mit einem Leben ständiger Aufopferung und des Leidens ist. Daher haben wir Angst, diese größte aller Heilkräfte einzusetzen.

Wie kann Heilung geschehen?

Vergebung ist nie einseitig. Je mehr man anderen Menschen vergeben kann, desto mehr vergibt man sich selbst, und je stärker man sich selbst vergibt, desto stärker kann man auch anderen Menschen vergeben. Vergebung ist eine Wahl, die neues, freies Geben und neues Empfangen entstehen lässt. Ohne Anklage gibt es keine Selbstangriffe und keine mangelnden Freiheiten. Vergebung ist eine zu schwierige Lektion, um sie ganz alleine zu lernen. Sich selbst zu vergeben, kann noch viel schwieriger sein.

**Der Kampf mit und gegen sich selbst ist der schwerste Kampf –
der Sieg über sich selbst ist der schönste und wertvollste Sieg.**

Beispiel:

Ein persönlicher Bewusstseinsweg zur Vergebung
Es gibt Zeiten, in denen ich nicht daran glaube, dass mir Vergebung hilft. Vor allem dann, wenn ich mich auf meine Ängste einlasse. Vor einiger Zeit befand ich mich in einem deprimierten Zustand. Ich fühlte mich von einem sehr nahe stehenden Menschen verletzt und abgelehnt. Es war ein sehr reales Gefühl und ich hatte nicht den Eindruck, dass es etwas mit Illusion zu tun hätte. Ich war der Meinung, Opfer einer Verletzung von außen zu sein. Obwohl ich mich viel mit Vergebung beschäftigt habe, konnte ich plötzlich nichts mehr damit anfangen und alles, was ich bisher glaubte, an Vergebung praktiziert zu haben, zerrann mir zwischen den Fingern, erschien mir leer und nicht mehr für mich relevant. Ich wurde überwältigt von großen Zweifeln, ob ich je etwas von einem spirituellen Weg verstanden habe. Diese Ereignisse jedoch gaben mir die Chance,

---

einen wesentlichen Schritt tiefer in das Erfahren und Erfassen von Vergebung, ihre wirkliche Bedeutung und auch die Chancen der Heilung einzutauchen. In dieser Zeit des völligen Zweifels fand ich den wirklichen Anker in meinem Hohen Selbst und das Vertrauen, Schritt für Schritt der Lösung näher zu kommen. Zuerst erkannte ich, welch große Bedeutung es hatte, mit meinem Hohen Selbst Verbindung aufzunehmen. Über diese Führung konnte ich nach und nach das Wesen der Vergebung erkennen und meine Gefühle auf eine höhere Ebene heben. Jedes Mal, wenn dieses Verletzungsgefühl wieder auftauchte, setzte ich mich sehr bewusst damit auseinander, nahm den Schmerz an und erkannte immer stärker die Zusammenhänge zu meiner Kindheit. Damit hob ich auch die Situationen, die diesen Schmerz mit bewirkten, langsam auf eine andere Ebene. Immer mehr Klarheit durchströmte mich und so konnte ich beginnen, Vergebung zu integrieren.

Folgende Übungen halfen mir, auf meinem Weg voran zu kommen:

Um Vergebung üben zu können, müssen wir uns auf inneren Frieden besinnen. Es gelten dabei drei Grundregeln:

1. Der innere Friede soll mein einziges Ziel sein.
2. Vergebung ist meine einzige Bestimmung.
3. Ich verschiebe jede Entscheidung meines Verstandes, bis sich mein Geist beruhigt und ich auf die Stimme meines Höheren Selbst gehört habe.

Rezept für den inneren Frieden:

1. Vergib deinen Eltern vollständig.
2. Vergib jedem, der da war, der da ist und da sein wird, einschließlich dir selbst, vollständig.
3. Vergib der Welt vollständig.
4. Vergib Gott vollständig.
5. Mach den ersten Schritt und glaube, vertraue in die Liebe, vertraue Gott.
6. Wenn du die Wahl zwischen Frieden und Konflikt hast, wähle den Frieden.
7. Wenn du die Wahl zwischen der Liebe und der Schuld hast, wähle die Liebe.
8. Suche bei anderen nicht die Fehler, sondern die Liebe.
9. Sei lieber ein Liebe Gebender als ein Liebe Suchender.
10. Lehre nur Liebe!

Auflösung von Seelenverträgen

1. Verbindung mit Innerem Kind und Hohen Selbst aufnehmen. Um deren Unterstützung bitten. Nach innen horchen.
2. Drei weiße Teelichter oder Kerzen anzünden
3. Jeweils 3 x laut Satz für Satz sagen:

Bitte (3 x)

„Ich bitte alle zuständigen himmlischen Wesen, freiwillig zu kommen und mich bei meinem Vorhaben zu unterstützen, insbesondere die Erzengel *Michael, Sarahel, Zadkiel, Gabriel und Raphael.*

Geliebtes Hohes Selbst, geliebtes Inneres Kind, alle Geistführer und Spiritualberater, bitte helft mir, alle noch geltenden und für mich negativ polarisierten Seelenverträge in wechselseitigem Einvernehmen zurückzugeben, mich von allen möglichen Verpflichtungen aus ihnen meinerseits zu entbinden, damit ich unbehaftet und frei bin, meinen individuellen Weg im Rahmen unseres eigenen Kosmischen Planes und des Göttlichen Schöpfungsplanes wieder uneingeschränkt weitergehen zu können.

Bitte helft mir, die mit mir verbundenen wechselseitigen Seelenverträge aufzulösen,

– die als karmische Prozesse abgeschlossen sind,
– die zur Erschaffung von kristalliner Zukunft nicht mehr benötigt werden.

Hiermit löse ich von meiner Seite alle Seelenverträge auf, die ich jemals geschlossen habe, wann, wo, welchen Inhaltes und mit wem auch immer, sofern diese heute negative Auswirkungen für mich haben, insbesondere jene mit
....…..........................…..(Namen nennen).
Ich entbinde alle damit verbundenen anderen Vertragsparteien, Seelen- und Seelenanteile, Wesenheiten, Energiepotentiale usw. von meiner Seite aus von ihren Verpflichtungen, sofern es solche noch gibt.
Ich meinerseits gebe alles zurück, was ich an Machtpotentialen, speziellen Informationen, Hilfsmitteln, persönlichen Bereicherungen, besonderen Energien, Fähigkeiten und Fertigkeiten aus diesen Seelenverträgen bekommen habe.
Alle eigenen und noch als Energiepotential existenten, negativen Identitäts-, Persönlichkeits- und Seelenanteile nehme ich in Licht und Liebe an und integriere sie vollständig in meinem eigenen Sein.

Alle noch vorhandenen, negativ polarisierten Energiepotentiale, Verdichtungen, Seelenanteile, Verbindungsfäden usw., wann, wo, wie, in welcher Art und mit wem auch immer entstanden, sind hiermit und nunmehr in wechselseitigem Verständnis, in Vergebung und Liebe aufgelöst und werden mit Dank an das Universum zurückgegeben bzw. in mir selbst integriert.

Ich bin jetzt frei, meinen individuellen Weg im Rahmen des Göttlichen und meines eigenen Kosmischen Planes ohne Hindernisse durch wechselseitige Seelenverträge zu gehen,
zum Wohle aller und mir selbst.
Ich bitte alle anderen Betroffenen um Vergebung.
Ich vergebe ihnen und ich vergebe mir.
So geschehe es – *jetzt*!

Geliebtes Hohes Selbst, geliebtes Inneres Kind,
bitte löscht hiermit alle energetischen Verdichtungen, Informationspotentiale und Daten aus unserer Aura, aus unserer individuellen Akasha-Chronik sowie aus allen Körperzellen, die mit den soeben aufgelösten Seelenverträgen und Individualanteilen verbunden waren, und lasst nur die Essenz der universalen Information bestehen.

Hiermit sind endgültig alle Folgen und Einschränkungen dieser Seelenverträge aufgehoben und beseitigt sowie alle außerhalb meiner Aura befindlichen Identitäts-, Persönlichkeits- und Seelenanteile in meinem Selbst integriert.

So ist es.
Ich bin frei – zum höchsten Wohle aller.
Danke! (3 x)

4. Die drei weißen Kerzen noch etwas abbrennen lassen und dabei in Liebe, Respekt und Dankbarkeit die Verbindung mit dem Hohen Selbst und dem Inneren Kind aufrechterhalten. In die Ruhe und Stille kommen.
5. Gegebenenfalls das vorliegende Ritual zu verschiedenen Zeitpunkten so lange wiederholen, bis alle negativ polarisierten Energiepotentiale ausgeglichen bzw. integriert und damit endgültig aufgelöst sind.

Gelübde-Auflösung
(immer nur ein einziges Gelübde auflösen, nicht mehrere zusammen!)

1. Verbindung mit Innerem Kind und Hohem Selbst aufnehmen.
   Um deren Unterstützung bitten. Nach innen horchen.
2. Vier weiße Teelichter oder Kerzen anzünden.
3. Jeweils 4 x *laut* einzeln jeden Satz sagen:

Bitte (4 x)

„Ich bitte alle zuständigen himmlischen Wesen, freiwillig zu kommen und mich bei meinem Vorhaben zu unterstützen, insbesondere die Erzengel *Michael, Sarahel, Zadkiel, Gabriel und Raphael.*

Geliebtes Hohes Selbst, geliebtes Inneres Kind, alle Geistführer und Spiritualberater, bitte helft mir, von mir in der Vergangenheit ausgesprochene Gelübde aufzulösen,
– die als karmischer Prozess abgeschlossen sind,
– die zur Erschaffung von kristalliner Zukunft nicht mehr benötigt werden.

Hiermit löse ich von meiner Seite insbesondere das folgende Gelübde auf:
Armut, Keuschheit, Gehorsam, Treue oder Schweigen (immer nur ein Thema)

Hiermit löse ich ebenfalls alle positiv oder negativ polarisierten Gelübde auf, wann, wo, wie und mit wem auch immer sie geschlossen wurden, sofern diese nicht meinem höchsten Wohl dienen bzw. in Gegensatz stehen zu Geistigen Gesetzen, meiner jetzigen Bestimmung bzw. unserem gemeinsamen Kosmischen Plan für dieses Leben.

Hiermit löse ich meinerseits alle Gelübde der genannten Art auf und entbinde alle damit verbundenen anderen Parteien, Wesenheiten, Energiepotentiale usw. ebenfalls von ihren Verpflichtungen.

**Ich bitte alle anderen Betroffenen um Vergebung.
Ich vergebe ihnen und ich vergebe mir.**

Alle durch Gelübde entstandenen Energiepotentiale und Verbindungsfäden, wann, wo, wie und mit wem auch immer, sind hiermit in wechselseitiger Vergebung und Liebe aufgelöst und mit Dank dem Lichte des Universums zurückgegeben.

So geschehe es – *jetzt*!
(sich diesen Vorgang intensiv bildhaft vorstellen)

Geliebtes Hohes Selbst, geliebtes Inneres Kind,
Bitte löscht hiermit alle mit diesem Gelübde verbundenen energetischen Verdichtungen, Informationspotentiale und Daten aus unserer Aura, aus unserer individuellen AKASHA-Chronik sowie aus allen Körperzellen und lasst nur die Essenz der universalen Information bestehen.

Hiermit sind endgültig alle Folgen und Einschränkungen insbesondere dieses Gelübdes aufgehoben und beseitigt.

Ich bin frei – *zum höchsten Wohle aller*.

Danke! (4 x)

4. Die vier weißen Kerzen noch etwas abbrennen lassen und dabei in Liebe, Respekt und Dankbarkeit die Verbindung mit dem Hohen Selbst und dem Inneren Kind aufrechterhalten. In die Ruhe und Stille kommen.
5. Gegebenenfalls dieses Ritual mit demselben Gelübde zu einem späteren Zeitpunkt wiederholen.

Fluch-Auflösung
Gottes-, Selbst-, Familien-, Fremd-Verfluchungen
(immer nur einen einzigen Fluch auflösen, nicht mehrere zusammen!)

1. Verbindung mit Innerem Kind und Hohem Selbst aufnehmen, um deren Unterstützung bitten. Nach innen horchen.
2. Vier weiße Teelichter oder Kerzen anzünden.
3. Jeweils 4 x *laut* einzeln jeden Satz sagen:

Bitte (4 x)

Ich bitte alle zuständigen himmlischen Wesen, freiwillig zu kommen und mich bei meinem Vorhaben zu unterstützen, insbesondere die Erzengel *Michael, Sarahel und Zadkiel.*

Geliebtes Hohes Selbst, geliebtes Inneres Kind, alle Geistführer und Spiritualberater, bitte helft mir, folgende Flüche in wechselseitigem Einvernehmen zurückzugeben, mich von allen möglichen Verpflichtungen aus ihnen meinerseits zu entbinden, damit ich unbehaftet und frei bin, um meinen individuellen Weg im Rahmen des Göttlichen Schöpfungsplanes wieder uneingeschränkt aufnehmen zu können.

Bitte helft mir, alle gegen Gott, gegen mich, meine Ahnen, meine Familie, (.......zusätzl. Name) ausgesprochenen Flüche aufzulösen,
– die als karmische Prozesse abgeschlossen sind,
– die zur Erschaffung von kristalliner Zukunft nicht mehr benötigt werden.

Insbesondere jene Flüche, bzw. jenen Fluch, der
– von (evtl. Name der Person heute) …..
  gegen mich ausgesprochen wurde(n) (möglichst Name(n) angeben)
– mit dem Inhalt …..
  (Thema angeben, so genau wie möglich)
– am …............................ (Datum bzw. Jahreszahl angeben, so genau wie möglich)
– gegen ….. (Name angeben)
  von mir ausgesprochen wurden (-> nur nötig, wenn ich selbst jemanden verflucht habe!)

Hiermit löse ich von meiner Seite alle Flüche auf, die *ich* in …................................
(genaue Ortsangabe) jemals veranlasst bzw. ausgesprochen habe, wann, wo und mit wem auch immer, bzw. die in …..
(genaue Ortsangabe) gegen mich, meine Familie, meine Ahnen …...........................
veranlasst wurden.

Ich entbinde alle damit verbundenen anderen Parteien, Wesenheiten, Energiepotentiale usw. von ihren Verpflichtungen.

> **Ich bitte alle anderen Betroffenen um Vergebung.**
> **Ich vergebe ihnen und ich vergebe mir.**

Alle durch Flüche der vorliegenden Art mit dem angegebenen Thema entstandenen Energiepotentiale und Verbindungsfäden, wann, wo, wie und mit wem auch immer, sind hiermit in wechselseitiger Vergebung und Liebe aufgelöst und mit Dank dem Lichte des Universums zurückgegeben.

So geschehe es – *jetzt!*
(sich diesen Vorgang intensiv bildhaft vorstellen)

Geliebtes Hohes Selbst, geliebtes Inneres Kind,
bitte löscht hiermit alle energetischen Verdichtungen, Informationspotentiale und Daten
aus unserer Aura, aus unserer individuellen AKASHA-Chronik sowie aus allen Körperzellen, die mit den soeben aufgelösten Fluchenergien verbunden sind, und lasst nur die
Essenz der universalen Information bestehen.

Hiermit sind endgültig alle Folgen und Einschränkungen des vorliegenden Fluches aufgehoben und beseitigt.

So ist es.
Ich bin frei – zum höchsten Wohle aller.

Danke! (4 x)

---

4. Die vier weißen Kerzen noch etwas abbrennen lassen und dabei in Liebe, Respekt und
   Dankbarkeit die Verbindung mit dem Hohen Selbst und dem Inneren Kind aufrechterhalten. In die Ruhe und Stille kommen.
5. Gegebenfalls das vorliegende Ritual mit demselben Fluch zu einem späteren Zeitpunkt
   wiederholen.

Verzichtserklärung
gegenüber universalen Institutionen, Mächten und Energiepotentialen

1. Verbindung mit Innerem Kind und Hohem Selbst aufnehmen, um deren Unterstützung bitten. Nach innen horchen.
2. Drei weiße Teelichter oder Kerzen anzünden.

Bitte (3 x)

Ich

....
(genauer Name und Geburtsdatum)
bitte alle zuständigen himmlischen Wesen, freiwillig zu kommen und mich bei meinem Vorhaben zu unterstützen, insbesondere die Erzengel *Michael, Gabriel, Raphael, Uriel, Zadkiel, Haniel, Metatron und Sarahel.*

Geliebtes Hohes Selbst, geliebtes Inneres Kind, alle Geistführer und Spiritualberater, bitte helft mir, folgende Verpflichtung(en) in wechselseitigem Einvernehmen zurückzugeben, mich von allen möglichen Verhaftungen aus ihnen meinerseits zu entbinden, damit ich wieder unbehaftet und frei bin, um meinen individuellen Weg im Rahmen des Göttlichen Schöpfungsplanes aufnehmen zu können.

Ich verzichte hiermit uneingeschränkt darauf, andere Institutionen, Organisationen, Seelen und Seelenanteile, Wesenheiten, Energiepotentiale usw:
– zu beeinflussen, zu manipulieren und mich in deren Angelegenheiten einzumischen, ohne darum ausdrücklich gebeten worden zu sein
– zu schädigen, indem ich mir auf deren Kosten einseitige Vorteile verschaffe
– mit meinen Willensentscheidungen, Gedanken- und Gefühlsimpulsen, Worten und Taten einseitig zu beeinflussen
– meine Göttliche Schöpfungskraft anders als zum Wohle des großen Ganzen und von mir selbst im Einklang mit dem Göttlichen, galaktischen, stellaren, terrestrischen und meinem individuellen Kosmischen Plan einzusetzen
– im Außenbereich egozentrisch und eigenwillig in der Illusion von Anerkennung, Ruhm, Erfolg, Liebe nur durch Leistung einzuwirken
– durch unklaren Ausdruck zu verwirren, dadurch zu manipulieren, zu verschleiern, unwahr zu denken, zu fühlen, zu sprechen und zu handeln sowie Halbwahrheiten zu verbreiten
– Versprechungen zu machen, die ich nach üblichem Ermessen und aus der eigenen Erfahrung heraus nicht einhalten kann
– zu verführen, willentlich und wissentlich Schaden zuzufügen
– Negativenergien zuzusenden bzw. deren eigene Energiepotentiale abzusaugen
– ohne Einklang mit dem großen Ganzen aufzutreten und zu handeln, dadurch „falsch" oder „unrecht" zu agieren und dies unabhängig von Ort, Zeit, Hinsicht oder Bestimmung
– durch Zaubermittel, Techniken der Manipulation, der „Schwarzen Magie", negative Symbole usw. zu beeinflussen
– auf die Missinterpretation Geistiger Gesetze
– auf bewusste Einwirkungen zur Hinderung des Flusses von Lebensenergie, Liebe, Harmonie, Erfolg, Gesundheit und Fülle bei mir und bei anderen
– auf Einschränkungen des Ausdrucks von freien, menschlichen Willensentscheidungen

Ich bin absolut frei in meinen eigenen Willensäußerungen, meinem Denken, Fühlen, Ausdruck, Sprechen und Tun.

Zu Institutionen, Organisationen, Mächten, Kräften, Wesenheiten, Verdichtungen, Energiepotentialen usw. der Dunkelheit bestehen keinerlei Verpflichtungen, Anhaftungen und Verbindungen mehr.

So geschehe es – jetzt!

> Ich bitte andere Betroffene, Institutionen, Wesenheiten usw. um Vergebung.
> Ich vergebe ihnen und ich vergebe mir.

Geliebtes Hohes Selbst, geliebtes Inneres Kind,
Bitte löscht hiermit alle energetischen Verdichtungen, Informationspotentiale und Daten aus unserer Aura, aus unserer individuellen AKASHA-Chronik sowie aus allen Körperzellen, die mit dem/den soeben aufgelösten Verbindungen zu universalen Institutionen, Mächten und Energiepotentialen verbunden sind, und lasst nur die Essenz der universalen Information bestehen.

Hiermit sind endgültig alle Folgen und Einschränkungen dieser Verbindung(en) aufgehoben und beseitigt.

Ich bin frei – zum höchsten Wohle aller und von mir selbst.

Danke! (3 x)

3. Die drei weißen Kerzen noch etwas abbrennen lassen und dabei in Liebe, Respekt und Dankbarkeit die Verbindung mit dem Hohen Selbst und dem Inneren Kind aufrechterhalten. In die Ruhe und Stille kommen.
4. Gegebenenfalls dieses Ritual zu einem späteren Zeitpunkt wiederholen.

27. Friede:
Innerer Friede hat nichts
mit äußeren Verhältnissen zu tun.

Individuelle Heilung, innere Selbstfindung und Harmonie ist nicht abhängig von äußeren Gegebenheiten. Sie ist ausschließlich abhängig von der eigenen Entscheidung zum und für den inneren Frieden, selbst im Chaos und vielleicht gerade dort. Gelingt dies nicht gleich beim ersten Mal, muss man es immer wieder versuchen, bis es gelingt. Ausdauer gehört zum Erreichen eines Stadiums des inneren Friedens genauso dazu wie das Recht und die Pflicht, auch Nein sagen zu können. Eigenwilliges Verhalten und ungesunde Gewohnheiten müssen und dürfen um des lieben Friedens willen nicht geduldet werden, sonst führen sie zum Gegenteil und es ergeben sich Abhängigkeiten. Das hat aber mit selbstloser Liebe nichts zu tun, sondern ist eine

Folge des Einwirkens unseres eigenen Egos. Die Voraussetzung für den inneren Frieden liegt im Lernen, Vergangenes loszulassen, zu verzeihen und zu vergeben.

Dies ist eine Lektion der inneren Führung, des eigenen Hohen Selbst, nicht des individuellen Egos. Dieses will uns im Stadium des Mangels, von Stoff und Materie, der Illusion des Äußeren, der Dunkelheit und in dem Gefühl des Getrenntseins halten. Das eigene Ego will weder loslassen noch verzeihen oder vergeben. Es klammert sich an alte Glaubenssätze, Gedanken- und Gefühlsmuster, an vergangene Erfahrungen und Erkenntnisse, an Dinge, die es kennt und an die es gewöhnt ist. Aber jeder einzelne von uns entscheidet in jedem Augenblick mit seinen Gedanken von neuem, was er will. Es ist immer und ausschließlich unsere persönliche Entscheidung, ob wir innerlich in Frieden sein möchten oder nicht, unabhängig davon, was sich in der Spiegelung des Äußeren ergibt. Niemand kann uns zu einer Entscheidung zwingen, nur wir selbst – für den eigenen inneren Frieden oder gegen ihn. Innerer Friede bedeutet Selbstfindung, Harmonie und anhaltende Gesundheit, das absolute Loslassen jeglicher Art von Angst. Hass ist nur ein vergleichsweise unbedeutender Aspekt der Gegenenergie von Freiheit, der viel wichtigere, umfassendere Gegenpol von Freiheit und Lebensfreude ist die Angst. Sie gilt es loszulassen, um inneren Frieden, Harmonie und Gesundheit zu erreichen und zu erhalten.

28. Liebe:
In Wahrheit ist es nur Liebe.

Die Essenz Gottes und allen Seins ist Liebe. Liebe ist die stärkste Kraft im Kosmos. Liebe ist die eigentliche, ausströmende Essenz der Gottheit im Universum ohne Grenzen, Erwartungen, Polaritäten und Wertungen. Liebe ist der Ursprung, der Weg und das Ziel.

Tue alles, was du tust,
auch das vermeintlich unwichtige und negative,
mit und aus Liebe.

Lieben heißt, etwas gerne zu tun und mit etwas glücklich zu sein. In jedem scheinbar Negativen steckt immer auch etwas Positives. Indem ich positiv denke, ausschließlich das Positive hinter dem vermeintlich Negativen sehe, kann ich mich in meinen Gedanken so programmieren, dass ich etwas gerne tue, obwohl dies normalerweise nicht der Fall ist. Eine derartige Vorgehensweise macht das Leben um einiges leichter. Denn mein eigenes Unterbewusstsein tut das, was ich ihm sage, aber es spürt genau, ob ich etwas ernst meine oder nicht.

Liebe dein Leben und lebe die Liebe.

Es ist unsere Aufgabe, unser Leben so zu gestalten, dass wir unserem Lebensziel möglichst nahe kommen und wir unseren Kosmischen Plan optimal erfüllen. Wir sollten im Rahmen unseres persönlichen Umfeldes die Welt in einem besseren Zustand verlassen, als wir sie vorgefunden haben, als wir in ihr ankamen. Es ist dabei wichtig, Positives für die Allgemeinheit und für andere Menschen zu tun, denn nach dem Spiegelgesetz

**... tue ich eigentlich für mich selbst,
was ich vermeintlich für andere tue, denn wir sind alle eins.**

Liebe ist die Bereitschaft und Fähigkeit, anderen Menschen die Freiheit zu lassen, zu sein, wie sie sind und was sie sein wollen. Liebe fängt immer beim eigenen Selbst an. Man kann anderen nur so viel Liebe geben, wie man bereit ist, sich selbst zu geben. Lieben heißt geben ohne Erwartung.

**Liebe deinen Nächsten wie dich selbst
ist vielleicht der wichtigste Satz der Bibel.**

Man muss sich zuerst einmal selbst uneingeschränkt annehmen und selbstlos lieben, um in der Lage zu sein, andere Menschen ebenfalls bedingungslos zu lieben. Es ist unmöglich, über etwas substantiell zu sprechen bzw. es zu leben, was man selbst nicht kennt. Eigenliebe ist nicht zu verwechseln mit Egozentrik oder Egoismus. Eigenliebe ist erwartungsfrei und selbstlos, ohne Festhalten und Nehmen. Sie erfüllt sich nur im Geben.

Liebe ist das Einzige, was mehr wird, wenn wir es verschwenden.

Liebe bejaht das Ganze im Menschen und stört sich nicht an Eigenheiten und Einzelheiten. Es zeigt das Ja zu sich selbst.

*Wer einmal sich selbst gefunden hat,
der kann nichts auf dieser Welt mehr verlieren.*
Stefan Zweig

Wir müssen uns bewusst machen, wer wir wirklich sind. Wir sind Geist vom Geiste Gottes, Bewusstsein in Bewusstheit als individualisierter Teil des universalen Bewusstseins, ausgestattet mit einem kreativ-schöpferischen, freien menschlichen Willen. Die Essenz des Alls, die grenzenlose, allumfassende, selbstlose Göttliche Liebe ist überall um uns herum und in uns. Sie ist in mir, in allem Leben, in allem Sein. **Sie *ist* nur**…

Affirmation:

Ich öffne mich der selbstlosen Göttlichen Liebe, ich nehme sie dankbar an, ich lasse sie in mir fließen, sich in mir ausbreiten, damit sie durch mich wirken kann.

Denn in Wahrheit ist es nur Liebe.

Ich weiß, erfahre und erkenne, dass Liebe die Quelle aller Heilung ist. Liebe bringt mich ab von der bisherigen Vorstellung, dass ich von allen anderen, von allem anderen und von Gott getrennt bin. Ich bin reine Liebe wie alles Sein im Universum. Alles ist Liebe oder schreit nach Liebe. Beantworte diesen Ruf nach Hilfe, diesen Schrei nach Liebe – mit Liebe.

In der Liebe gibt es keine Stagnation! Liebe ist ohne Gegenteil. Sie *ist* nur, im ewigen *Nullpotential Gottes als seine wichtigste Botschaft* an alles Sein.

Ich weiß, dass wir zeitweise Angst haben zu lieben, uns hinzugeben. Die Liebe ist aber nicht nur ein Geben, ihr *aktiver* Charakter zeigt sich auch darin, dass sie in allen ihren Formen stets folgende Grundelemente enthält: Verantwortungsgefühl, Fürsorge, Mitgefühl, Inbrunst, Reinheit, Klarheit, Barmherzigkeit, Erkenntnis und Achtung vor dem anderen.

Dass zur Liebe *Fürsorge* gehört, zeigt sich am deutlichsten in der Liebe der Mutter zu ihrem Kind. Keine Beteuerung ihrer Liebe käme uns aufrichtig vor, wenn sie es an Fürsorge für das Kind fehlen ließe, wenn sie versäumte, es zu ernähren, zu baden und für sein leibliches und seelisches Wohl zu sorgen. Liebe ist die tätige Sorge (= Kümmern) im Leben und das Wachstum dessen, was wir lieben. Wo diese tätige Sorge fehlt, ist auch keine Liebe vorhanden.

Liebe und Arbeit sind nicht voneinander zu trennen. Man liebt das, wofür man sich müht, und man müht sich für das, was man liebt. Neben der *Fürsorge* gehört noch ein weiterer Aspekt zur Liebe: das *Verantwortungsgefühl*. Heute versteht man darunter „Pflicht", also etwas, das uns von außen auferlegt wird. Aber in seiner wahren Bedeutung ist das Verantwortungsgefühl etwas völlig Freiwilliges. Es ist meine Antwort auf die ausgesprochenen oder auch unausgesprochenen Bedürfnisse eines anderen menschlichen Wesens. Sich für jemanden „verantwortlich" zu fühlen, heißt, fähig und auch bereit zu sein zu „antworten". Der liebende Mensch antwortet. Er fühlt sich für seine Mitmenschen genau so verantwortlich wie für sich selbst. In der Liebe zwischen Erwachsenen bezieht sich das Verantwortungsgefühl hauptsächlich auf die seelischen Bedürfnisse des oder der anderen.

Das Verantwortungsgefühl könnte leicht dazu verleiten, den anderen beherrschen und für sich besitzen zu wollen, wenn eine dritte Komponente der Liebe nicht hinzukommt: *Achtung und Respekt vor dem anderen.* Achtung hat nichts mit Ehrfurcht oder Furcht zu tun: Sie bezeichnet die Fähigkeit, jemanden so zu sehen, wie er ist, und seine einzigartige Individualität wahrzunehmen. Achtung bezieht sich darauf, dass man ein echtes Interesse daran hat, dass der andere wachsen, reifen und sich entfalten kann. Daher impliziert Achtung das Fehlen von Ausbeutung.

Ich will, dass der andere um seiner selbst willen und auf seine eigene Weise wächst und sich entfaltet, und nicht mir zuliebe. Wenn ich den anderen wirklich liebe, fühle ich mich eins mit ihm, aber so, *wie er wirklich ist*, und nicht, wie ich ihn als *Objekt* zu meinem Gebrauch benötige. Es ist klar, dass ich nur dann Achtung haben kann, wenn *ich selbst* zu innerer Unabhängigkeit gelangt bin, wenn ich ohne „Krücken" stehen kann und ich es daher nicht nötig habe, einen anderen auszubeuten und für mich quasi als meinen verlängerten Arm wirken zu lassen! Achtung gibt es nur auf der Grundlage der Freiheit.

Infantile, unreife Liebe:
Ich liebe dich, weil ich dich brauche. Ich liebe, weil ich geliebt werden möchte.

Reife Liebe:
Ich brauche dich, weil ich dich liebe.
Ich werde geliebt, weil ich liebe.

Unser ganzes Leben ist ein Lernprozess mit dem Zweck, uns vorwärts zu bringen in Richtung auf eine optimale Erfüllung des eigenen Kosmischen Planes in Liebe. *Liebe ist die stärkste Kraft im Universum.* Über Liebe kann hochkompliziert philosophiert werden, mit dem Ergebnis, dass niemand mehr weiß, was Liebe ist. Vor allem führt dies dazu, dass Liebe nicht aktiv praktiziert wird. Gelebte Liebe ist einfach, Liebe jedoch zu definieren, zu analysieren, ist hochkompliziert. So kompliziert, dass für die gelebte Liebe dann keine Zeit mehr übrig bleibt. Mit Hilfe der Liebe ist aber jedes menschliche Problem lösbar. Es ist nicht leicht, praktisch zu lernen, sich selbst zu lieben. Dies ist ein langer Weg, weil man oft lange gerade sich selbst vergessen hat. Es ist ein Weg, auf dem man viel über sich selbst lernt. Sich lieben heißt, sich selbst anzunehmen, wie man ist, mit allen Schwächen und Stärken, Fehlern und Eigenheiten.

Liebe ist wichtiger

Liebe ist wichtiger als Zwänge, Ängste
und alle noch so hochvernünftigen Erwägungen –
wichtiger als die Zukunft, wichtiger als Geduld und die besten Absichten,
wichtiger als Kompromisse, Hoffnungen und guter Wille,
so unermesslich wichtiger als alle Worte, aller Trost
und alle sogenannten Notwendigkeiten.

Frag nicht, warum.

Hans Kruppa

VI. Selbstorganisation im Kosmos

1. Grundlagen und Voraussetzungen

Das dritte *Universum* unserer Galaxis, die so genannte Milchstraße, ist nur eine von unzähligen Erscheinungsformen von dritten Universen, in welchen sich grobstoffliche, atomar aufgebaute Materie mit feinstofflicher Anti-Materie auseinandersetzt. Die heutige Wissenschaft geht davon aus, dass mehr als 99 % unseres Weltalls aus Anti-Materie oder Leere besteht und nur weniger als 1 % aus Materie. Dabei bildet das 3. Universum unserer Milchstraße die Rahmenbedingungen für unseren KOSMOS sowie alle Erscheinungsformen und Systemabläufe, die sich in diesem abspielen.

Wie eingangs ausführlich beschrieben wurde, ist in unserem Universum und Kosmos grundsätzlich alles geregelt. Dies gilt auch für systemimmanente Kriterien der Selbstorganisation. Die notwendigen Voraussetzungen hierfür sind:

- eine gewisse makrokosmische Prozessdynamik,
- ein ständiger Austausch von Umwelt und Umfeld,
- das Vorliegen eines Systems, entfernt vom so genannten thermodynamischen Gleichgewicht bei – 273.15 Grad Celsius,
- das organisatorische Wirken von „dissipativen Strukturen",
- Selbsttranszendenz in Form einer fortlaufendenEntwicklung systemimmanenter, evolutionärer Prozesse.

Der Zustand einer absoluten Ordnung und eines permanenten Ausgleichs, in der Wissenschaft auch als *Negentropie* bezeichnet, entspricht im *thermodynamischen Gleichgewicht* dabei in allen Systemen, Prozessen und Strukturen dem Stillstand, der Starre und dem Tod. Die Erklärung der Bedingungen des Gleichgewichts wird auch als *Homöostase* bezeichnet. Dabei findet keinerlei Austausch an Informationen, Energieimpulsen oder Veränderungen des Stoffes mehr statt. Dies ist der absolute Tod. Nachdem dieser Zustand aber bisher in unserem Kosmos nicht gefunden wurde, auch im Laborversuch nur in Annäherungswerten erreicht wird, ist der in unserer Welt vorherrschende Aspekt jener von Ungleichgewicht, Chaos und damit Leben. Diese Situation bezeichnet die heutige Wissenschaft mit *Entropie*. Durch ein so genanntes negatives Feedback wird dabei die *Homöostase* sichergestellt, d. h., Abweichungen vom Gleichgewichtszustand werden wahrgenommen und lösen eine im Sinne des großen Ganzen notwenige regulierende Handlung aus. So genanntes positives Feedback ergibt sich über Handlungen, die sich aus der Rückmeldung einer Abweichung vom geplanten Sollzustand entwickeln. Ungleichgewichtssituationen, möglichst weit entfernt vom *thermodynamischen Gleichgewicht*, lösen also selbstregulierende und dynamische Entwicklungen aus, die Wachstum, Evolution und Leben erst möglich machen. Dabei ist Leben eine Form des Erkennens, in welcher Systeme nicht wirklich existieren, sondern durch die individuelle Wahrnehmung des Menschen erst durch und mit dessen persönlicher und subjektiver Wirklichkeit geprägt, individuell *erschaffen* werden. Realität entsteht also vordergründig erst durch Beobachtung. Der Begriff *System*, welcher im Rahmen der Selbstorganisation im Universum sehr oft vorkommt, wird nach dem Systemtheoretiker WILLKE (1993) wie folgt definiert: „Ein System erklärt einen ganzheitlichen Zusammenhang von Teilen, deren Beziehungen untereinander quantitativ intensiver und qualitativ produktiver sind als ihre Beziehungen zu anderen Elementen. Diese Unterschiedlichkeit der Beziehungen konstituiert eine Systemgrenze, die System und Umwelt des Systems trennt."[15]

Diese lebensnotwendigen Zusammenhänge, die auch und gerade für uns Menschen entscheidend wichtig sind, ergeben sich allgemein formuliert wie folgt:

– Bestimmend ist das Vorhandensein offener Systeme, die Leben erst ermöglichen und Entwicklung zulassen.
– Grundsätzlich notwendig ist ein hoher Ungleichgewichtszustand.
– Im System laufen permanent so genannte autokatalysatorische Prozesse ab, die vorhandene Bewegungsabläufe und Fluktuationen verstärken. Katalysatoren sind Elemente, Strukturen oder Situationen, die bei einem Ereignis nicht direkt beteiligt sind, ohne welche dieses aber nicht ablaufen würde und kann.
Neue Strukturen entstehen dabei durch das Überwinden einer so genannten Instabilitätsschwelle bzw. eines Systembruchs, wodurch sich allgemein Evolution erst ergibt.
– In einer Phase der Kreativität und Innovation ist dabei die Durchsetzung des Prinzips der Individualität wichtiger als das Kollektivprinzip. Das einzelne Individuum übernimmt dabei im Kosmos, oft im Rahmen einer

---

15 WILLKE, H.: *Systemtheorie*. Fischer-Verlag. Stuttgart 1991.

Gruppe, immer mehr Verantwortung und Entscheidungsbefugnis. *Die anhaltende Übernahme von Eigenverantwortung jedes einzelnen Menschen stellt also einen wichtigen Entwicklungsfaktor für das gesamte System und die Menschheit als ganzes dar.*

– Von Bedeutung ist das Vorliegen selbst regulierender Systeme, die lernfähig sind und eine Art von Gedächtnis besitzen, zumindest über bereits in der Vergangenheit gemachte Erfahrungen. Hierzu gehören „dissipative Strukturen".

– Die Zusammenarbeit von Makrokosmos und Mikrowelt ist gemäß dem Wirken des entsprechenden Geistigen Gesetzes überall gegeben.

– Physikalische Austauschkräfte und grundlegende Energieformen wie Gravitation, Schwerkraft, Magnetismus und Elektrizität sowie deren Felder, ebenso starke und schwache atomare Strahlungen, wirken von außen kommend oft als Systembrüche an Instabilitätsschwellen. Hierzu gehören auch regelmäßig ablaufende, katalytische Hyperzyklen im jeweiligen Prozessverlauf, ähnlich dem Phänomen des Obertonsingens.

– Von Einfluss ist ebenfalls die vertikale Informationsübertragung über Fortpflanzung und Vererbung auf genetischer Grundlage, die in horizontal angelegten Gesellschaftsformen und Ökosystemen lebender Strukturen immer mehr die Evolution einzelner Gruppen und Arten bestimmt.

– Das Vorhandensein selbst regulierender Evolutionssysteme, die sich laufend in Bewegung befinden und damit zyklische und katalytische Umwandlungsreaktionen hervorrufen, ist notwendig.

– Das liebevolle Wirken eines globalen Bewusstseins in Form von objektiver Wahrheit und Wirklichkeit als *Göttlicher Geist*, welcher u. a. auch die jeweils vorliegenden Raum-Zeit-Strukturen von Materie in den verschiedenen Dimensionen koordiniert, ist anzunehmen.

2. Das Prinzip der „Dissipativen Strukturen"

2.1 Bedeutung und Aussage

Dissipative Strukturen wurden 1967 vom belgischen Nobelpreisträger russischer Abstammung, Ilya PRIGOGINE, formuliert und danach von ihm, NICOLIS u. a. in Arbeitsgruppen in Brüssel und Austin, Texas theoretisch und praktisch weiter erforscht. Ihren Erkenntnissen dürfte in der heutigen Zeit wissenschaftlich eine Bedeutung zukommen, welche nur mit jener der EIN-STEIN'schen Relativitätstheorien nach 1920 zu vergleichen ist.

> Dissipative Strukturen regeln einfache und komplizierte Sachverhalte spontaner Selbstorganisation in fortlaufender, dynamischer Evolution.

2.2 „Thermodynamisches Gleichgewicht" und Entropie

Eine Voraussetzung für das Vorliegen dissipativer Strukturen ist ihr Vorkommen weit entfernt vom so genannten „thermodynamischen Gleichgewicht". Dissipative Strukturen ergeben sich als absoluter Gegensatz zu Gleichgewichtszuständen. *Gleichgewicht ist Stillstand und Tod*, ohne jeglichen Austausch von Information, Energie und Materie, ohne jegliche Wechselbeziehung eines Metabolismus bzw. Stoffwechsels mit der Umwelt.

Statik bedeutet absolute Unbeweglichkeit als Zustand einer perfekten Ordnung (*Negentropie*) im absoluten Gleichgewicht. Physikalisch ist das „*thermodynamische Gleichgewicht*" bei einer Temperatur von 0 Kelvin = −273.15 Grad Celsius definiert.

Ein thermisches, chemisches und energetisches Gleichgewicht charakterisiert demzufolge den Stillstand lebender Prozesse. Ein Organismus im Gleichgewicht ist also ohne Leben. Er ist tot. Deshalb befinden sich lebende Systeme in einem permanent wechselnden Zustand dynamischer Entropie weit entfernt vom *thermodynamischen Gleichgewicht* in ständigem Fluss und Bewegung, jedoch phasenweise über längere Zeiträume hinweg in stabilen Verhältnissen. Trotz ständiger Veränderung und dynamischer Bewegung verbleibt eine vorhandene Gesamtstruktur im Rahmen ihrer spezifischen Bestandteile. Entfernt vom Gleichgewicht nimmt der Zustand der Unordnung, auch als Entropie bezeichnet, zu, das Gesamtsystem wird instabil, bewegt sich, atmet, lebt und es ergeben sich neue Ordnungsformen von ständig zunehmender Komplexität. Diese neuen, weiterentwickelten, dissipativen Strukturen stellen eine evolutionäre Form von *supramolekularer Organisation* dar. Dabei ergeben sich an den Übergangspunkten vom Gleichgewicht zum Ungleichgewicht, von Negentropie zu Entropie, an den so genannten Phasenübergängen, Korrelationen von großer Komplexität, die sich in diesem Moment und Zustand jedoch einheitlich als ein System im Ganzen synchron und konform verhalten. Es ergeben sich vielfache Verbindungen von

Rückkoppelungseffekten bei hohem Aufnahmegrad von Informationen, die von außen einwirken. Hierbei handelt es sich um multidimensionale Zusammenhänge, die mathematisch mit Gleichungen der Chaostheorie in rückgekoppelten Strukturen dargestellt werden und zu einem fern vom Gleichgewicht agierenden System einer nichtlinearen Thermodynamik führen, welches normalerweise mehrere Lösungsmöglichkeiten bereit hält. Ein höherer Grad an Nichtlinearität führt zu einer größeren Anzahl von Lösungen, so dass sich in jedem Augenblick neue Situationen ergeben können. Diese werden mathematisch durch einen sogenannten Gabelungspunkt (Bifurkation) charakterisiert, der zu sich verteilenden, neuen Zuständen führt. Dissipative Strukturen speichern Informationen. Das Verhalten des Systems am Gabelungspunkt hinsichtlich der Wahl einer bestimmten Abzweigung hängt von der Beschaffenheit der vorgegebenen Speicherdaten ab. Es handelt sich hier um ein „lernendes", sich selbst regulierendes Phänomen.

Unter Entropie wird in der Wissenschaft ein Ungleichgewichtszustand verstanden.

Entropie stellt in einem isolierten System das Maß für einen Teil von Gesamtenergie dar, der nicht frei verfügbar ist und nicht in zielgerichtete Wirkung bzw. Arbeit umgewandelt werden kann. Entropie ist dabei weder direkt messbar noch einfach und eindeutig definierbar. Im offenen System ist Entropie ein Maß für die Qualität der im System befindlichen Energie. Die Entropie eines isolierten Systems kann nur so lange zunehmen, bis das System theoretisch sein *thermodynamisches Gleichgewicht* erreicht hat. Dieser Zustand ergibt sich bisher jedoch lediglich in der Theorie, (noch) nicht in der Praxis, so dass es einen absoluten Stillstand, also den Tod, in unserem Kosmos bisher praktisch eigentlich (noch) nicht gibt. Jeder denkbare, zukünftige Zustand eines isolierten Systems kann nur entweder gleiche oder höhere Entropie aufweisen, jeder vergangene nur entweder gleiche oder niedrigere als die Situation im Augenblick. Ludwig BOLTZMANN definierte vor mehr als hundert Jahren Entropie als fortschreitende Desorganisation, als Entwicklung auf einen „wahrscheinlichsten" Zustand maximaler Unordnung hin.

Dabei kommt es an den Übergangsschwellen von Gleichgewicht zu Ungleichgewicht, also von Negentropie zu Entropie, zu gemeinsamen Handlungen und gleich gelagertem Vorgehen. Dies geschieht an so genannten Systembrüchen, Phasenübergängen oder Instabilitätsschwellen. Trotz hoher Komplexität und unterschiedlichen Einzelinteressen handelt das ganze System an diesen Stellen jedoch synchron und konform im Sinne des großen Ganzen. Es ergeben sich dabei vielfache Verbindungen von Rückkoppelungseffekten bei einem gleichzeitigen hohen Aufnahmegrad von Informationen, die von außen einwirken.

2.3 Ungleichgewicht und Nichtlinearität

Die Wirkungsweise dissipativer Strukturen kann man nur verstehen, wenn man sich klar macht, dass sie sich fern vom Zustand des Gleichgewichts, also im Bereich des Ungleichgewichtes, zumindest über einen gewissen Zeitraum hinweg in einem weitgehenden Zustand der Stabilität erhalten. Ein und dieselbe Konzeption und Struktur wird trotz dynamischem Verhalten, ständigem Fließen und fortwährender Veränderung der Einzelteile als Gesamtgebilde aufrechterhalten.

Nur im Rahmen eines weitestgehenden Gleichgewichtes, dem Zustand sehr geringer Unordnung (= Entropie), dem Vorliegen schwacher Fließprozesse in möglichst geschlossenen Systemen, gelten die Gesetzmäßigkeiten der klassischen Thermodynamik. Diese erfassen die Bestimmung von Entwicklungen durch mathematische Systeme in Form von linearen Gleichungen. In einem offenen Zustand fern vom Gleichgewicht, was in der Natur und bei biologischen Systemen die Regel ist, können sie mit Hilfe linearer Gleichungen mathematisch nicht mehr bestimmt werden.

Im System dissipativer Strukturen als Form *supermolekularer Organisationen* in offenen Systemen fern vom Gleichgewicht entstehen vielfache Rückkopplungseffekte mit hoher Komplexität, die nur in Form nichtlinearer Gleichungen mathematisch zu berechnen sind.

Im von PRIGOGINE entwickelten System einer nichtlinearen Thermodynamik kommen Techniken der neuen *Mathematik der Komplexität* zur Anwendung, die als nichtlineare Gleichungen in der Regel mehr als eine Lösung bereitstellen. Dabei gilt allgemein, dass sich der Grad der Nichtlinearität in der Anzahl der denkbaren und möglichen Lösungen niederschlägt, weil sich in jedem Moment einer augenblicklichen Betrachtungsweise neue Situationen ergeben können. Mathematisch gesehen werden Gabelungs- oder Bifurkationspunkte fixiert und das Systemverhalten an diesen Punkten in nichtlinearen Gleichungen festgelegt. Diese Technik schließt jedoch die Fixierung der jeweiligen Ausgangspunkte mit ein, sodass sämtliche bisher vorliegenden Bedingungen auch rechnerisch einbezogen und damit die selbstregulierenden, lernfähigen und datenspeichernden Eigenschaften des neuen Systems fixiert werden.

Dissipative Strukturen im Ungleichgewichtszustand leben von einzigartigen, sich nicht wiederholenden Vorgängen, die keinen bisher bekannten Naturgesetzen der klassischen Physik folgen. Sie zeigen Einzigartigkeit, Vielfalt, Einfallsreichtum und Individualität, also alles, was das Leben ausmacht.

2.4 Das Vorliegen „Offener Systeme"

„Offene Systeme" stehen permanent mit ihrer Umwelt und dem Umfeld in Kontakt, in Kommunikation und Austausch. Dies bezieht sich auf die Bereiche von

– Information, Ordnung, Geistige und Natur-Gesetze sowie Kosmische Pläne als Weisheit Gottes
– Energie, Kraft, Dynamik, Bewegung, Gleichgewicht und Ungleichgewicht (Entropie), Zielsetzung und Willensausdruck der Urquelle ,
– Materie, organische Formen, physische Körper und kristalline Strukturen masseführender Quanten (Atome und Moleküle) als stofflicher Ausdruck der Liebe des Weltgeistes.

Ordnung kann auch in Aspekten von Information ausgedrückt werden. In diesem Zusammenhang wird Information als Kommunikation zwischen jeder sich ergebenden, räumlichen Struktur und/oder jeder zeitlichen Beziehung zwischen verschiedenen Bezugsgrößen definiert. Dabei setzt sich Information aus Erstmaligkeit und Bestätigung zusammen, sodass Information immer neue Information erzeugt und damit automatisch zu selbst regulierenden Wirkungen führt.

Reine Erstmaligkeit bedeutet dabei auch Einmaligkeit. Ausschließliche Bestätigung führt zu keinerlei kreativ-schöpferischen neuen Erkenntnissen und bedeutet deshalb immer nur Stagnation. Dissipative Strukturen haben die wichtige Eigenschaft, dass sie Erstmaligkeit laufend in Bestätigung umwandeln, damit Stagnation ausschließen und den fortlaufenden, systemimmanenten Informationsfluss aufrechterhalten. Im Bereich der Selbstorganisation des Lebens geschieht dies nicht in linear ausgerichteten Prozessen, sondern in multidimensionalen Wechsel- bzw. Kreisstrukturen. Wirkungen praktisch umsetzbarer und damit wirksamer Information ergeben sich durch deren Annahme vom Empfänger. Letzteren verändert die aufgenommene Information, sodass er damit wieder automatisch zum Sender neuer Informationen wird. Im fortlaufenden Prozess entsteht somit ein sich selbst regulierendes und aktivierendes System.

2.5 Synergetik: vom Chaos zur Struktur

Syn-Ergetik beschäftigt sich mit Lösungen, die erklären, wie einzelne Teile in einem Gesamtsystem zusammenwirken und ihre Verhaltensweisen dabei selbst organisieren können, sodass sich für das gesamte System eine bestimmte Ordnung und Struktur ergibt, die danach neue, makroskopische Eigenschaften aufweist. Dieser Sachverhalt spielt beispielsweise im menschlichen Körper eine große Rolle.

Er zeigt die spontane Entstehung geordneter Strukturen in *offenen Systemen* und erklärt die zugrunde liegende Wirkungsweise. An Systembrüchen entsteht durch Einwirkung von außen für eine gewisse Zeit eine Übergangssituation vom mikroskopisch feststellbaren Chaos zur makroskopischen Ordnung. Diese wird durch bestimmte Faktoren bestimmt, die auch als „Ordner" bezeichnet werden.

Ein derartiges Vorgehen eines einzelnen beeinflusst unweigerlich wieder das Gesamtsystem. Im Sinne des Gesamtsystems wäre es also sinnvoll, wenn dem einzelnen Mitglied des Systems Handlungskriterien und damit Aktionsparameter nahegebracht werden könnten, die sein Denken so verändern, dass er als eigene Maxime das Programm setzt: *Was gut ist für das große Ganze, muss unweigerlich und automatisch auch gut sein für mich selbst als Individuum, denn ich selbst bin ein wichtiger Teil des großen Ganzen.* Hierdurch entsteht harmonisches Gruppenbewusstsein, wie es im sozialen Verband von Delfinfamilien praktiziert wird.

2.6 Irreversibilität und die Umwandlung natürlicher Vorgänge vermeintlicher Unordnung in Lebensprozesse hoher Komplexität

Im herkömmlichen, mechanistischen System des cartianischen Weltbildes[16] waren alle Vorgänge in Natur und Leben kausal und determiniert. Klar ersichtliche Ursachen führten zu eindeutig festgelegten Wirkungen. Zukunft und Vergangenheit waren wechselseitig austauschbar. Im Sinne des zweifelsfreien Determinismus eines Pierre Simon LAPLACE sind beide im gegenwärtigen Zustand der Welt und im Rahmen der mechanischen Bewegungsgleichungen von Isaac NEWTON enthalten.

Sämtliche in der Natur vorkommenden Prozesse sind jedoch irreversibel. Diese Irreversibilität zeigt sich u.a. im Reibungswiderstand, dem Fließungleichgewicht von Flüssigkeiten und im Feststellen von Wärmeverlusten.

---

16 Bezeichnet nach dem französischen Philosophen und Mathematiker DESCARTES (1596–1650), welcher das systematische, wissenschaftliche Denken der Neuzeit begründet hat.

PRIGOGINE zeigte im Rahmen der Anwendung dissipativer Strukturen, dass in lebenden Systemen irreversible Prozesse eine wichtige Rolle spielen. Sie stellen den Mechanismus dar, welcher Ordnung aus vermeintlichem Chaos entstehen lässt. Dies zeigt sich insbesondere bei chemischen Reaktionen und lebenden Systemen.

Nach PRIGOGINE sind dissipative Strukturen klare Ordnungsfaktoren in einem sie umgebenden Bereich fast ausschließlicher Unordnung mit der eindeutigen Zielsetzung, noch mehr Ordnung aufzubauen, gegebenenfalls auch um den Preis größerer Unordnung in der jeweiligen Umgebung. Lebende Organismen nehmen beispielsweise geordnete Strukturen in Form von Nahrung auf, wandeln diese im eigenen Stoffwechsel in Energie um und geben als Abfall Strukturen mit niedrigerer Ordnung ab. Ein anderes augenscheinliches Beispiel in der Natur sind die zu beobachtenden Turbulenzen in Wasserstrudeln und Luftströmungen, die zwar chaotisch ausschauen mögen, aber in Wahrheit ein hohes Maß an systemimmanenter Ordnung aufweisen. In lebenden Systemen entsteht somit Ordnung weitestgehend aus dem Ungleichgewicht. Gleichgewichtszustände führen zu Starre, Unbeweglichkeit und Tod.

Leben wandelt Chaos in Ordnung um. Ordnung wird wiederum in Unordnung verwandelt, um Lebensprozesse hoher Komplexität zu erhalten. Dieser Evolutionsmechanismus ist verbunden mit Prozessvielfalt, wunderschönen Lebensvorgängen und einem Reichtum an kreativ-schöpferischen Handlungen im Sinne des universalen Geistes eines allumfassenden und ewigen großen Ganzen – GOTT.

2.7 Symmetriebrüche als kosmische Ordnungsfaktoren und Informationsaktivatoren

Es herrschte der Glaube vor, Ungleichgewichtszustände enthielten keinerlei wichtige physikalische Informationen und bedeuteten nur eine vorübergehende Störung eines vorherrschenden Gleichgewichtszustandes. *Symmetriebrüche* stellen aber im Rahmen dissipativer Strukturen und vorhandener Übergänge zwischen ihnen wichtige Informationsaktivatoren und Ordnungsfaktoren dar, die in der Regel zu Stufen höherer Evolution führen. Dabei bedeutet
- *Irreversibilität* einen Bruch der *zeitlichen Symmetrie* zwischen Vergangenheit und Zukunft, wie dies für die Evolution klassischer, mechanischer Systeme gilt. Die Richtung der Zeit kann dabei nicht umgekehrt werden.
- *Instabilität* einen Bruch der *räumlichen Symmetrie*, wobei Übergänge zu neuen Strukturen geschaffen werden. Symmetriebrüche führen zur Aus-

bildung neuer dynamischer Formen, zu mehr Komplexität und Selbsttranszendenz.

● *Physikalität:* Auswirkungen physikalischer Kräfte können auch zu Systembrüchen führen. Dabei ergeben sich zwei direkt wahrnehmbare Kräftewirkungen, die beide mit dem Quadrat der Entfernung abnehmen, nämlich Gravitation und elektromagnetische Kräfte. Auf kurze Distanz wirken ebenfalls physikalisch starke Austauschkräfte zwischen Protonen und Neutronen im Atomkern ein. Schwache Austauschkräfte sind für gewisse radioaktive Zerfallsprozesse verantwortlich. Insgesamt bewirken diese physikalischen Systembrüche einen zeitlichen Ablauf kosmischer, evolutionärer Prozesse in Zeit und Raum. Es besteht ein Zusammenhang zwischen Energiedichte und Zeit. Es ergibt sich eine Gleichsetzung von Makro- und Mikroevolution im Universum.

● *Energetik:* Im Kosmos ist alles Schwingung in bestimmten Rhythmen. Systembrüche ergeben sich auch als Einflüsse von außen durch das Einwirken von Zeichen, Formen, Symbolen, Farben und Tönen. Sie alle senden Schwingungen aus, auf welche sich dissipative Strukturen ausrichten, um für kurze Zeit systemkonformes Verhalten und damit den Zustand höchster Ordnung der Aufnahme kosmischer Informationen zu zeigen. Diese werden wieder im System gespeichert. Vertikale Informationsübertragung liegt im qualitativen Aspekt der Bestätigung vor. Der quantitative Aspekt ergibt sich horizontal in Form der Erstmaligkeit einer Informationsübertragung.

> *Das grundlegende Prinzip des Lebens ist die Selbsterneuerung.*

Diese beruht nicht auf Materieübertragung organischer oder nichtorganischer Art, sondern ausschließlich auf Informationsübertragung. Dabei handelt es sich um die Programmierung von Prozessen zum Aufbau von Strukturen. Letztere bestehen sowohl aus materieller Substanz als auch aus Beziehungsnetzen, aus dynamischen Raum-Zeit-Strukturen also. Auf höherer Schwingungsebene ersetzt Information weitgehend Materie.[17]

Im Rahmen der Übertragung von Information ist der entscheidende Faktor der richtige Zeitpunkt des optimalen Ausgleichs der Komplementäraspekte pragmatischer Informationshorizonte, Erstmaligkeit und vertikale Bestätigung. Dabei entspricht die Mikroevolution dem komplementären

---

17 Vgl. die so genannte LOSCHSCHMITD'sche ZAHL von 10^{28} in der Homöopathie.

Aspekt der Makroevolution des Lebens. Bestätigung und Erstmaligkeit wechseln sich im Rahmen der Informationsübertragung fortwährend ab und tauschen sich aus.

Bei der Weitergabe von Leben steht nicht die Übertragung materieller Substanzen im Vordergrund, sondern die Abgabe und Aufnahme von Energie und vor allem kosmischer und genetischer Information. Dies gilt auch für das Gebiet der Ernährung.

2.8 Das Vorhandensein „auto- oder cross-katalysatorischer Prozesse"

Das Vorhandensein *auto- oder cross-katalysatorischer Prozesse* ist ebenfalls charakteristisch für die Entstehung dissipativer Strukturen. Diese liegen vor, wenn gewisse Molekülverbände an Reaktionen teilnehmen, in denen sie für die Neuformierung weiterer Molekülgruppen der eigenen Art notwendig sind (*Autokatalyse*) bzw. zuerst auf die Bildung von Molekülen einer anderen Art und danach erst auf welche der eigenen Beschaffenheit (*Crosskatalyse*) wirken.

Katalysatoren sind beispielsweise biochemische Substanzen, die an bestimmten Prozessen nicht direkt beteiligt sind, die aber ohne ihr Vorhandensein nicht ablaufen würden (Hormone und Enzyme). Es ergeben sich hierbei unter Umständen Effekte einer *positiven bzw. negativen Rückkopplung*, was bedeutet, dass Abweichungen von vorgegebenen Zielwerten nicht zurückgeregelt und wieder in Ordnung gebracht werden, sondern in der Folge immer wieder zu höheren Abweichungen führen. Dies ist beispielsweise der Fall beim Eintreten in strudelartige Prozesse von Selbstmitleid, mangelndem Eigenwert, schwacher und starker Depression, Panikattacken und Angstzuständen, ausgelöst durch negative Gedankenimpulse. Autokatalyse bedeutet den automatischen Aufbau von mehr pragmatisch-wirksamer Information durch pragmatisch-wirksame Information.

2.9 Die Notwendigkeit der Überschreitung kritischer Maßeinheiten von Zeit und/oder Raum

Zu kleine Systeme werden immer von ihren Rand- und Rahmenbedingungen beherrscht. Erst jenseits gewisser kritischer Maßeinheiten können sich Nichtlinearitäten ausdrücken und neue Strukturen in eigener Autonomie bilden. Dissipative Strukturen benötigen also für ihr Entstehen und ihre Ausbildung ein Mindestmaß an räumlicher Größe, also die Verwirklichung und Über-schreitung einer bestimmten kritischen Zeit- oder Raumeinheit. Das kann beispielsweise aber bereits auch ein genügend großes Reagenzglas sein.

2.10 Das „Prinzip der Selbstkonsistenz"

Während ihres Bestehens produzieren dissipative Strukturen Entropie, die nicht nur im eigenen Bereich zum Einsatz kommt, sondern Teil eines Sys-tems permanenten Energie- und Informationsaustausches mit der Umge-bung darstellt. Dabei ist der Umfang der Intensität ausschlaggebend. In den sich ergebenden Prozessketten ist jedoch immer das „Grundprinzip der Selbstkonsistenz" gegeben, was bedeutet, dass alles, was entsteht, immer mit sich selbst und allem Umgebenden vereinbar (konsistent) sein muss.

Austausch mit Umgebung und Umwelt ist als *offenes System* charakteris-tisch für dissipative Strukturen und kann nur im inneren Zustand des Un-gleichgewichtes aufrechterhalten werden. Im Gleichgewicht kommen be-kanntlich alle Entwicklungsprozesse zum Stillstand. Es ergeben sich in einer so genannten *logischen Organisation* typische Fließschemata vor allem in kreisförmig-geschlossener, zyklischer Form bzw. auf verschiedenen Wir-kungsebenen als unterschiedliche Prozesskreise. Derartige Organisations-bilder werden von Manfred EIGEN als *Hyperzyklus* bezeichnet, in dem zu-sätzlich selbstvermehrende (autokatalytische) Prozesse ablaufen.

Bewusstsein drückt sich als dynamische und evolutionäre Komponente der Materie aus.

Geist ist Dynamik und Bewegung im Kosmos.

Der Mensch „denkt" nicht, sondern „es denkt" in ihm.

Die Möglichkeit vielfältiger Bifurkationen, an welchen das System je-weils mehrere verschiedene Wege einschlagen kann, führt zu einem hohen Grad an Unbestimmbarkeit. Welchen Weg es dann einschlagen wird, hängt weitgehend von Einwirkungsfaktoren aus der augenblicklich bestehenden Umgebung sowie von der Speicherung historischer und bereits erlebter Pro-zessabläufe ab.

Neben der Unvorhersagbarkeit dieser Unbestimmbarkeit des Systemver-haltens an Gabelungspunkten ergeben sich auch mathematische Unsicher-heiten aufgrund der mangelnden Berechenbarkeit wiederholt auftretender Rückkoppelungsschleifen, so genannter Iterationen, was man auch aus der Chaostheorie kennt.

Wiederum zeigt sich, dass jegliche, momentan vorliegende, wissenschaft-liche Erkenntnis und alles menschliche Wissen nur einen Bruchteil der

Weisheit von Universum und Kosmos erfassen, erfahren und nachvollziehen kann. Die Einsicht in die Unbestimmbarkeit muss also genauso ein fester Bestandteil der Erkenntniswelt moderner Wissenschaft sein und werden, wie die offiziellen Vorstellungen von Irreversibilität und Zeit.

2.11 Prozessabläufe dynamischer Systeme

Die moderne Auffassung von der Entstehung des Lebens und der Dynamik der Evolution wurde von dem Jesuitenpater und Naturforscher Pierre Teilhard de CHARDIN gelegt. Dieser lehnte die bis dahin von der Wissenschaft vertretenen Ansichten der Entwicklung des Lebens im Kosmos als mehr oder weniger zufälligen und oftmals sinnlosen Vorgang ab. Für ihn hatten alle Dinge eine Außen- und eine Innenseite. Die Außenseite wird über Sinnesempfindungen wahrgenommen und informativ verarbeitet. Die Innenseite zum göttlichen Kern in allem Sein hin hat eine inhärente Präferenz zur Komplexifikation, also zur Entwicklung zum Höheren. Dies zeigt sich im kreativ-schöpferischen Bewusstsein in jedem Organ, jeder Zelle und jedem Atom. Alles Sein im Kosmos hat Bewusstsein, auch in seinem kleinsten, biologischen System und kristallin-stofflichen Teil, und ist mit dem universal göttlichen Geist im Universum in jedem Augenblick verbunden. Es gilt nur, sich an diesen Sachverhalt zu erinnern und Gott nicht nur in der im Außen liegenden Spiegelung vergänglicher Stofflichkeit zu suchen, sondern auch und besonders in der Stille des eigenen Inneren.

Der beschriebene Theorierahmen bildet auch die Grundlage für die Formulierung selbstorganisatorischer Systeme und Prozesse im Kosmos durch Manfred EIGEN sowie die Aufstellung der Theorie dissipativer Strukturen durch Ilya PRIGOGINE und P. GLANSDORFF. Der stetige Zwang zur Erneuerung und zur Auswahl neuer Formen, Strukturen und Prozesse ist damit ein systemimmanentes Prinzip von Materie und biologischem Leben. Allerdings kann die jeweilige Evolutionsrichtung des Systems nicht eindeutig bestimmt werden, da sie eine Folge akausaler Formfindungen, von außen einwirkender Systembrüche und unterschiedlicher Bifurkationen im jeweiligen Prozessverhalten ist.

Systeme mit mehr Freiheit in der Selbstorganisation ergeben mehr Ordnung.

Je weiter sich dissipative Strukturen vom *thermodynamischen Gleichgewicht* entfernen, desto größer wird die Möglichkeit und Wahrscheinlichkeit räumlicher Symmetriebrüche und entsprechender Verzweigungen (*Bifurkationen*).

An jeder Instabilitätsschwelle ergeben sich mindestens zwei Möglichkeiten. Vermindert sich das vorhandene Ungleichgewicht durch äußere Einflüsse, so wird sich das System an die jeweilige Ausgangssituation erinnern und sich wieder zurückbewegen, eventuell auf entsprechenden kürzeren Wegen im Rahmen des so genannten Hysterese-Effektes.

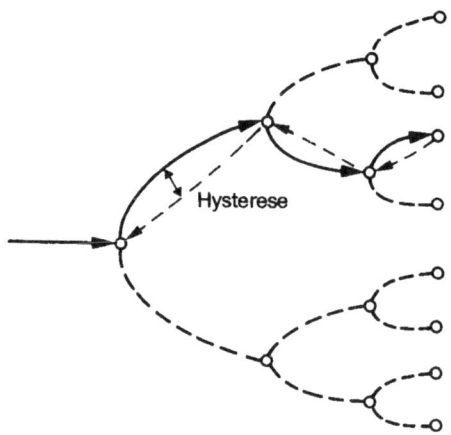

2.12 Selbsttranszendenz als Selbstüberschreitung durch schöpferische Weiterentwicklung der eigenen Identität

Dissipative Strukturen bilden durch *Selbsttranszendenz* eigene Systembedingungen der Evolution. Selbsttranszendenz heißt Selbstüberschreitung durch schöpferische Weiterentwicklung der eigenen Identität. Im Rahmen der kosmischen Selbstorganisation ist die Evolution des Systems das Ergebnis von Selbsttranszendenz auf allen Ebenen. Selbsttranszendenz ist nur über das Überwinden von Symmetriebrüchen möglich. Sich durch Symmetriebrüche ergebende, spezielle Raum-Zeit-Strukturen sind nicht von Dauer, sondern entwickeln sich vielmehr zu immer neuen Formen, wobei an jeder Schwelle der Selbstüberschreitung neue Auswahlmöglichkeiten bestehen. Komplexität ergibt sich durch eine Vielzahl von Prozessabläufen in der Zeit und spiegelt sowohl Erfahrungen der Vergangenheit als auch schöpferische Aspekte der Zukunft wider, charakterisiert durch die linke, logisch-analytische, und die rechte, intuitive Gehirnhälfte des Menschen.

Evolution erschöpft sich nicht in der Anpassung. Evolution an sich bestimmt ihre eigene Richtung und Dynamik sowie durch letztere ihren eigentlichen Sinn und Zweck. Dies beinhaltet, offene Göttliche Schöpfungsaktivität auch im Bereich grobstofflicher Materie zu beweisen.

3. Ordnung durch Fluktuation

In dissipativen Strukturen findet ein neues Ordnungsprinzip, welches jenseits vom *thermodynamischen Gleichgewicht* in *offenen Systemen* wirkt und bestimmte autokatalytische Stufen einschließt. Es ist das Prinzip *Ordnung durch Fluktuation*, welches dort insbesondere im Rahmen chemischer Reaktionsprozesse auch empirisch und wissenschaftlich anerkannt nachgewiesen werden konnte.

Dissipative Strukturen sind grundsätzlich stabil, solange ein ausreichender Informations- und Energieaustausch aufrechterhalten sowie die auftretenden Fluktuationen im Rahmen des vorgegebenen, dynamischen Prozesses aufgenommen und ausgeglichen werden. Überschreiten die Fluktuationen jedoch eine gewisse kritische Schwelle, so entstehen quantitative Ungleichgewichtsstrukturen mit gleichzeitig auftretenden, auch qualitativen Änderungen im dynamischen Verhalten des Systems. Jeder derartige Übergang zu einem neuen dynamischen Prozessablauf initiiert von neuem die im System eingebaute Fähigkeit zur Entropieerschaffung. Dieser Vorgang kann im weitesten Sinne als Leben angesehen werden, Leben, welches aus sich heraus entsteht und sich immer wieder selbst erschafft und bewegt aufgrund seines dynamischen, eigenen und systemimmanenten (Göttlichen) Bewusstseins. Die auftretenden Fluktuationen erschaffen somit fortwährend Ordnung im selbstregulierenden System.

Fluktuationen können aufgrund makroskopischer Parameter, kinetischer Bewegungsabläufe oder anderer äußerer Einwirkungen entstehen, wie etwa durch die Hinzunahme eines neuen Reaktionsteilnehmers oder durch Veränderungen der quantitativen Bedingungen des ehemaligen Funktionssystems. Sie können sich aber auch innerhalb des Reaktionsbereiches durch Rückkopplung ergeben. Ist diese positiv polarisiert, ausdehnend angelegt, wird sie auch als *evolutive Rückkopplung* bzw. als *evolutives Feedback* bezeichnet, wie folgendes Beispiel aufzeigt:

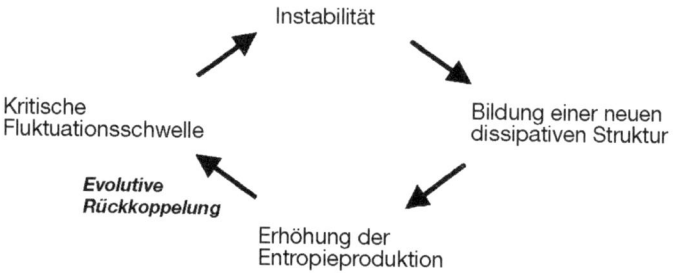

Instabilität

Kritische
Fluktuationsschwelle

Bildung einer neuen
dissipativen Struktur

*Evolutive
Rückkoppelung*

Erhöhung der
Entropieproduktion

Der beschriebene Vorgang kann sich fortwährend wiederholen, was zu steigender Ordnung durch Fluktuationen in einem lebenden, dynamischen, selbstregulierenden System führt.

4. Autopoiese: Die Eigenschaft lebender Systeme zur ständigen Selbsterneuerung in der Evolution

AUTOPOIESE stellt einen Sonderfall eines durch Fluktuationen evolvierenden, dynamischen Systems dar, nämlich einen, in welchem die Fluktuationen vom Gesamtsystem absorbiert bzw. durch die vorhandene Umgebung gedämpft werden. Interne Eigenverstärkung von Fluktuationen und deren in unterschiedlichen Größenordnungen auftretende Wirkung hängen wie *Autopoiese* vom Grad der Offenheit, der Entfernung zum „thermodynamischen Gleichgewicht" sowie vom Auftreten autokatalysatorischer Prozesse im System ab. Ohne derartige innere Verstärkungsmechanismen ergibt sich keine echte und nach außen wirkende Selbstorganisation.

5. Die Komplexität organisierter Informationen

Die Evolution strukturierter Hierarchien im Kosmos drückt sich in der Komplexität organisierter Information als *Wissen* aus. Das Ergebnis jeglicher Erfahrung ergibt sich als, in eine bestimmte Form gebrachte Information. Dabei ist diese zunächst vor allem durch ihre *Erstmaligkeit* bestimmt. Haben sich in ihr neue Strukturen gebildet, so sucht die Information in der nächsten Stufe *Bestätigung* durch *Erfahrung*. Aus diesem *Wissen* heraus wird das System gezielt die Abrufung und *Nutzung* jeder Information vorantreiben, die der eigenen Evolution und einem optimalen Austausch mit der jeweiligen Umwelt dienen.

Das der Re-ligio (*Rückerinnerung*) entsprechende ganzheitlich-holistische Wissen eines selbstorganisierenden Systems um die eigene Evolution wird auch als *In-tuition* (= „Lernen aus sich selbst heraus") bezeichnet. Dieses umfassende Systemgedächtnis der Intuition ist auch dissipativen Strukturen eigen. Es kann sich dabei auf metabolische und auf neurale Prozesse beziehen. Bereits einzellige Mikroorganismen zeigen Lernverhalten und gewisse Gedächtnisfunktionen.

Wissen beruht auf Erfahrung und wird aus ihr zur Weisheit. Durch die Dynamik aufeinander folgender und wechselseitig aufbauender Erfahrungen durch Information und Intuition wird die Ansammlung von Wissen selbst zu einem evolvierenden System, welches sich in der Abfolge vieler verschiedener Strukturen ausdrückt.

Die Geschichte der Gesamtevolution im Kosmos und das Ansammeln von Wissen mit der Bestätigung von Information durch Erfahrung ist die Folge des Auftretens unzähliger Symmetriebrüche. Dabei ergibt sich durch jeden einzelnen Symmetriebruch ein neues Raum-Zeit-Kontinuum für die Selbstorganisation der Systeme in der 4. Dimension. Symmetriebrüche können dabei jeweils als Einzelschritte in einem zeitlichen oder räumlichen Symmetrieablauf gesehen werden, welcher wiederum den Übergang zu einer neuen Ebene evolutionärer Prozesse im Rahmen der Gesamtentwicklung darstellt.

In der Evolution einer dissipativen Struktur stellt jede Instabilitätsschwelle mit deren systemimmanenten Übergängen zu neuen Strukturen den Bruch nachfolgender, zusätzlicher Symmetrien dar, die zu weiteren systemeigenen Entwicklungsschritten führen.

Im Menschen vereinigen sich zahlreiche autopoietische Ebenen der Mikroevolution im biologischen Bereich, die durch das neutrale Bewusstsein auch Ebenen der kosmischen Makroevolution einschließen. Im Rahmen der evolutionären Grundstruktur des Menschen ergibt sich somit eine klar aufgegliederte Hierarchie, in welcher jede Schwingungsebene eine eigene, selbstorganisierende Dynamik hat.

Gemäß der hinduistischen Lehre von den Chakras tritt der Mensch auf jeder einzelnen Bewusstseinsebene mit seiner Umgebung auf verschiedenste Art und Weise in Austauschbeziehungen. Diese zeigen sich im Rahmen der geistigen Gesetze vor allem im jeweiligen Resonanzverhalten. Das Ziel ist auch hier eine möglichst umfassende, harmonische Ausrichtung der einzelnen Energiezentren bzw. Schwingungsebenen im *Weg der Mitte* des neutralen Nullpotentials im so genannten Shushumna-Kanal.

Hierarchische Grundstruktur des Menschen

Nr.	Chakra	Lokalität	Aufgabe	Struktur	Dimension	Farbe	Ton
1	WURZEL	Rumpfboden	physisches Überleben	dissipative Strukturen	intrazelluläre Prozesse (1.)	Rot	G
2	SAKRAL	Pelvis	Stoffwechsel – Verdauung, Polarität – Sexualverhalten	Organellen	Prokaryoten (1.)	Orange	GIS A
3	SOLAR-PLEXUS	Nabelbereich	Energie-austausch – Machtverhalten	Zellen	Eukaryoten	Gelb (2.)	AIS
4	HERZ	Herzbereich	individ. und transpersonale Liebe	Steuerungs-mechanismen der Zellen	organismische Mentation (2.) (3.) (4.)	Grün	C
5	KEHL-KOPF	Hals	Kommunikation Ausdrucks-verhalten	Gestalthafte Perzeption	reflexive Mentation (3.)	Hellblau	CIS D
6	3. AUGE	Stirn	Innenschau, ASW	sozio-kulturelle Strukturen	selbstreflexible Mentation (3.)	Indigo	DIS
7	KRONEN	Scheitel	kosmische Kommunikation, Einheit mit dem Göttlichen	Eigen-evolution	Göttliche Selbsterfahrung (4.)	Violett	E F

6. Die Theorie der „morphogenetischen Felder"

Nach der konventionellen, mechanischen bzw. mechanistischen Sicht der Wissenschaft konnte angelerntes Wissen nicht vererbt werden. Evolution ergab sich durch mehr oder weniger „zufällige" Mutationen und die Notwendigkeit einer natürlichen Auslese mit dem Überleben des Stärkeren gemäß den von Charles DARWIN aufgestellten Prinzipien.

In Weiterentwicklung der Gedanken eines Antoine de LAMARCK, der Experimente von W. MC DOUGALL, F. A. E. CREW und W. E. AGAR formulierte der englische Biologe Rupert SHELDRAKE eine neue Theorie über die Weitergabe von Wissen und Erfahrungen. Die von ihm so benannten *morphogenetischen Felder* übertragen Informationen der *Gestaltbildung* zwischen einzelnen Individuen. Sie bauen faktisch einen Speicher auf, in welchem Einzelvorgänge und persönliche Erfahrungen unabhängig von Begrenzungen durch Raum und Zeit gespeichert werden.

Diese können danach beliebig von jedem Individuum abgerufen werden. Häufige Wiederholung eines Vorganges führt dabei zu stärker verdichteten Dateneintragungen in diesem Speicher und zu ausgeprägteren Informationsstrukturen im *morphogenetischen Feld* des jeweiligen Vorgangs. Ein stärker ausgeprägtes *morphogenetisches Feld* führt automatisch zur höheren Wahrscheinlichkeit der Wiederholung gerade dieses Vorganges, was wiederum einer Stärkung des *morphogenetischen Feldes* gerade dieses Vorganges entspricht. Formfindung und Weitergabe von Erfahrung ist somit wesentlich von der Existenz, Stärke und (feinstofflichen) Dichte *morphogenetischer Felder* abhängig.

Neben diesen systemimmanenten Tendenzen zur laufenden Selbstverstärkung haben *morphogenetische Felder* auch die interessante Eigenschaft räumlicher Ungebundenheit und zeitlicher Unabhängigkeit. Dem in der DNS enthaltenen Erbgut kommt dabei nur noch eine reine „Antennenfunktion" zum Empfang der in *morphogenetischen Feldern* enthaltenen Information zu. Die genetische Vererbung spielt nur noch eine untergeordnete Rolle.

Morphogenetische Felder speichern außerhalb der Begrenzung durch Raum und Zeit die Essenz wichtiger Erfahrungen auch früherer Leben. Sie zeigen einen Erklärungsrahmen für die Speicherung „karmischer Daten", die quasi als roter Faden für wichtige und bisher noch nicht vollständig harmonisch aufgearbeitete Lernthemen bzw. notwendige, aber bisher unterlassene Handlungen in diesem Leben gelten. Als potentielles, energetisches Störpotential führen diese Speicherdaten im individuellen *morphogenetischen Feld* zu mentalen, psychischen und physischen Ungleichgewichten bis hin zu körperlichen Krankheiten. Die regulierende Steuerinstanz stellt im Rahmen der universalen Geistigen Gesetze und der im eigenen Kosmischen Plan des Individuums vorgegebenen Bestimmung die Aktivität eines höheren Bewusstseins gemäß der im eigenen Inneren wirkenden Göttlichen Kraft der *Innenseite der Dinge* nach Teilhard de CHARDIN dar, also *Gott in allen Dingen*.

Bereits jeder Gedankenimpuls, der zu einer bewussten Wahrnehmung durch Sinnesorgane bzw. Gefühlsreaktionen führt, bildet entsprechende *morphogenetische Felder* aus. In größerem Ausmaß gilt dies selbstverständlich für Worte, Handlungen und Taten. Sind diese disharmonisch angelegt, bauen sie automatisch Informationspotentiale im Hinblick auf negatives Karma auf. Dessen gespeicherte, negativ polarisierte Feldverdichtungen erschaffen irgendwann und irgendwo über die Begrenzung physischer Menschenleben hinaus entsprechende Negativverdichtungen im individuellen, *morphogenetischen Feld*. Die zugrunde liegende Aktion kann nur durch eine entsprechend in Resonanz stehende, aber gegensätzlich polarisierte Reaktion aufgehoben werden. Der Ausgleich der Polarität im *morphogenetischen Feld* führt zu einer Auflösung des entsprechenden Störpotentials mit seinen negativen Auswirkungen und damit zur Karmaaufarbeitung, wobei die Information als Essenz im *morphogenetischen Feld* nunmehr ladungsneutral weiterhin gespeichert wird. Der wichtigste abschließende, willentliche Bewusstseinsakt liegt in der wechselseitigen Vergebung, insbesondere der am Ende stehenden Selbstvergebung. Dann sind die zugrundeliegenden, wechselseitigen Energiepotentiale aus einer Tat heraus aufgelöst und nur die Essenz der Information bleibt bestehen.

Jeder Informationsimpuls und alle Erfahrungsaussagen bilden eigene *morphogenetische Felder*. Dies gilt allumfassend und weit über den biologisch-genetischen Bereich hinaus. Eingeschlossen sind hierbei nicht nur die Gestaltwerdung biologischer Systeme, die Manifestation sämtlicher Organismen, die Realisation chemischer Vorgänge, die energetische Ausstrahlung kristalliner Schwingungen, sondern eben auch die Speicherung aktiver Wahrnehmungen aus der willentlichen Bewusstseinsebene heraus.

Im Rahmen von kosmischer Informationsübertragung und der zeitlosen Speicherung gemachter Erfahrungen ergeben sich nunmehr faszinierende neue Aspekte der Betrachtungsweise von einmal gesetzten Realitäten unabhängig von Raum und Zeit. Gestärkt werden hierdurch auch alle Selbsterneuerungsprozesse im Rahmen der Autopoiese, Gesetzmäßigkeiten im Bereich biologischer Realitäten sowie alle konventionellen Naturgesetze. Diese sind nun nicht mehr so sehr fest vorgegebene, von Gott eingesetzte, universale Prinzipien, sondern vielmehr der feinstoffliche und energetische Ausdruck von Informationen, verhaftet und gespeichert in sich selbst verstärkenden, *morphogenetischen Feldern*. Sie sind die nachvollziehbare Wirklichkeit der oftmaligen Wiederholungen energetischer Vorgänge aufgrund vorausgegangener, entsprechender Bewusstseinshandlungen. Wir werden somit nicht nur zum Gestalter informativer Erfahrungen und biologischer Realitäten, sondern zusätzlich auch noch zum kreativen Schöpfer jener Gesetzmäßigkeiten, nach welchen sich die angeregten Wirklichkeiten selbst steuern, regulieren und bestimmen.

Bewusstheit bezeichnet dann die aktive, individuelle Realitätsgestaltung mit Hilfe des persönlichen Bewusstseins und der subjektiven Wahrnehmungen über die eigenen Sinnesempfindungen. Bewusstheit schafft Realitäten. Die Auseinandersetzung mit diesen Informationen schafft Erfahrungen, die zu *Bewusstsein* führen, zu Selbstwertgefühl und damit wiederum zur aktiven Beherrschung bestimmter Realitäten. Gedanken sind also Kräfte, die auch Materie verändern können.

Dimensionen sind Ebenen der Wahrnehmung, die zum Aufbau von Beziehungsrelationen verwendet werden. Im Rahmen individueller Sinnesempfindungen sind sie immer relativ und subjektiv, abhängig vom persönlichen Standpunkt, eigenen Glaubenssätzen, Moralauffassungen, Gedanken- und Gefühlsmustern sowie der eigenen Erwartungshaltung. Dimensionen stellen in sich keine Gegensätze dar, sondern ergeben Werkzeuge gradueller Vergleichsmöglichkeiten innerhalb desselben Wahrnehmungsprinzips ohne jegliche Grenzen. Aus diesem Grunde kann die Absolutheit von Vorgängen in einer bestimmten Dimension nicht in derselben Dimension betrachtet und erfahren werden. Dies kann nur aus einer anderen, meist tieferstehenden Dimension heraus geschehen. Beispielsweise wird ein räumliches, dreidimensionales, auf DIA oder Foto festgehaltenes Landschaftsbild auf einer zweidimensionalen Fläche oder Leinwand sichtbar gemacht und subjektiv vom Menschen erfahren.

Biologische, materielle Realitäten werden mit Hilfe der Sinnesorgane wahrgenommen, sinnlich erfahren und als entsprechende Informationen gespeichert. Dabei entstehen mögliche Begrenzungen, auch durch Raum und Zeit, aufgrund unseres subjektiven Bewusstseins und unserer individuellen Gedanken. Es gibt jedoch darüber hinaus auch objektive Möglichkeiten der Wahrnehmung von Dimensionen. Es sind die im Kosmos festgelegten Strukturelemente der Geistigen Gesetze sowie die mathematisch und geometrisch festgelegten Ordnungsprinzipien des so genannten Weltgesetzes, der Zahlenmystik und der Sakralen Geometrie.

7. Ethik und Moral

Im kosmischen Zusammenhang gesehen ist *Ethik* als ein Kodex evolutionsgerechten Verhaltens aller lebenden Systeme zu verstehen. *Moral* ist die praktische Umsetzung dieses Verhaltens durch bewusste Lernerfahrungen in Einzelsituationen und in diesen zugrundeliegenden, subjektiven Entscheidungsprozessen. Wichtig ist, im harmonischen Zusammenwirken des Ganzen die vielschichtigen Elemente einer subjektiven Ethik und Moral mit jenen von Gesamtsystemen und der umfassenden Evolution konstruktiv zu verbinden.

In einer kreativ-schöpferischen Welt lebender Systeme steht GOTT, die Urquelle allen Seins, nicht außerhalb des gesamten Prozesses, ausschließlich nur in der stofflichen Spiegelung des materiellen Ausdrucks. Er befindet sich vielmehr als universal wirkender Geist auf allen Ebenen der Selbstorganisationsdynamik und in allen Dimensionen der Eigenregulierung von Systemen, Prozessen und Strukturen als harmonisches Nullpotential in ihrer Mitte.

Im Sinne des Göttlichen Geistes des Universums erschafft sich so der Kosmos im Rahmen der universalen Geistigen Gesetze und der Prinzipien der Selbstorganisation selbst.

Letztere aber stammen wiederum von einer Göttlichen Urquelle, also ist es wieder der universale Geist, der alles Sein und Leben bestimmt – GOTT. Nach dieser Auffassung ist Gott keine absolute Größe, sondern er befindet sich ebenfalls in ständiger Evolution. GOTT **ist** die Evolution.

8. Kontemplation und Meditation

Der individuelle schöpferische Prozess und die Rückbesinnung auf die Göttliche Präsenz in allem, auch und besonders dem eigenen Sein, ergibt sich für den Menschen aus den beiden unterschiedlichen, aber zum selben Ergebnis führenden Wegen von *Ekstase* und *Meditation*. Ekstase führt durch *Kontemplation*, den Weg der Stille nach innen zum Empfang visionärer Botschaften. Meditation mündet in schöpferische Prozesse der Gestaltung und Formgebung zeit- und raumüberschreitender Botschaften des universalen Schöpfers im Außen. Es ist der Weg nach innen, welcher die Verbindung zum Göttlichen Ursprung herstellt und die unbeschreibliche Erfahrung des Allein-Seins ermöglicht, denn

alles ist in einem und einer ist in allem.

Aber es ist sinnvoll, diesen Weg nach innen gleichrangig mit dem Weg nach außen zu verbinden und regelmäßig zu praktizieren, um die Gottheit im Inneren und in der Spiegelung des Außen erfahren zu können.

Leben ist im Rahmen der Selbstorganisation im Kosmos ein der universalen Dynamik innewohnendes Prinzip, welches für jegliches Sein, damit auch für den einzelnen Menschen gilt.

VII. Kommunikationssysteme im Kosmos

Kommunikation stellt Verbindungen zwischen verschiedenen Seinszuständen über die Weitergabe von Informationen durch Impulse her. Diese werden weitergeleitet durch Schwingungen in Wellenform bzw. durch kosmische Strahlen, sofern die elektromagnetischen Wellen eine bestimmte Geschwindigkeit überschreiten, z. B. 1000 Billionen Hertz.

Für die einzelnen Dimensionen stehen unterschiedliche Kommunikationssysteme zur Verfügung, die charakterisiert sind durch eigene Bereiche von:

- Energie
- Verdichtungsebene und stofflichem Ausdruck
- Spiegelungssystem von innen und außen
- Multiplikator = Attraktor als Ziffer
- Zahlenreihen
- Geometrische Grundprinzipien
- Formsymbolik

1. Kommunikation der 1. Dimension

Die Energieebene der 1. Dimension ist die *Gravitation oder Schwerkraft*, das System der wechselseitigen Einwirkung von Massen mit Anziehungs- und Abstoßungseffekten. Darauf baut *Magnetismus* auf.

Stofflicher Ausdruck und Verdichtungsebene bilden den *physischen Körper* in seiner materiell-grobstofflichen Form. Dies gilt für den gesamten Bereich des physischen Organismus im Reich von Mineralien, Pflanzen, Tieren und Menschen. Die Schwingungen in diesem grobstofflichen Bereich sind so niedrig, dass die Verdichtungen dieser „toten" bzw. „lebenden" Materie für den Menschen mit allen seinen fünf grobstofflichen Sinnesempfindungen gleichzeitig erfassbar und damit erfahrbar werden. Diese fünf Sinneswahrnehmungen sind: Tasten/Fühlen – Riechen – Schmecken – Hören – Sehen.

Die Grundlage für jegliche Existenz bildete von Anfang an bis heute ein *Göttlicher Schöpfungsplan* für alle Universen. Dieser allumfassende Gesamtplan stellte und stellt auch heute noch die Rahmendaten für kleinere Teilpläne dar, z. B. für jenen unseres Kosmos in den Grenzen des sogenannten 3. Universums. Dies galt und gilt weiterhin für die Einzelpläne galaktischer Systeme wie jene unseres Sonnensystems Helios als Teilbereich des größeren, stellaren System der Plejaden oder des Planeten Erde. Auch der partielle Plan der Menschheit gliederte und teilt sich auf in Einzelpläne von Nationen, Gruppen, Familien bis hin zum einzelnen Individuum.

Der Kosmische Plan eines einzelnen Menschen stellt für ihn als wichtigen Teil eines großen Ganzen seine *Bestimmung* dar, seine vorher festgelegten Rahmenbedingungen, in deren Grenzen er sich weitestgehend entsprechend seiner freien menschlichen Willens- und Wahlentscheidungen bewegen kann. Dies entspricht nicht seinem *Schicksal*. Das sogenannte Schicksal ergibt sich als Folge Geistiger Gesetze, insbesondere jenem der Kausalität von Ursache und Wirkung. Dies hat zur Folge, dass jeder Mensch bewusst sein Schicksal gemäß seinem freien menschlichen Willen ändern und lenken kann, der sich ausdrückt durch und in seinen Gedanken. Kein Mensch ist ein Spielball des Schicksals, sondern dieses ergibt sich erst als Wirkung und Folge seiner vorherigen Willensentscheidungen. Sollte jedoch jemand denken, sein Schicksal bestimme sein Leben, dann ist dies auch so, aber nur als Folge genau dieser Gedanken. Ändert er derartige Gedanken, ändert er damit auch sein Schicksal.

Die wichtigsten Rahmenbedingungen für jegliches Sein in den Universen bilden die *Geistigen Gesetze*. Sie regeln alle Grundlagen individueller Existenz im eigenen Sein nach innen und außen. Im Einklang mit ihnen zu leben, bildet die Grundlage für Harmonie, Gleichgewicht, Liebe, Freude, Erfolg, Glück und Gesundheit auf allen Ebenen. Im Widerspruch mit ihnen zu sein, im Ganzen oder nur in Teilaspekten, ist die wirkliche Ursache für Disharmonie, Ungleichgewicht, Hass, Schmerz, Leid, Trauer, Misserfolg, Unglück und Krankheit. Auch wenn man die Geistigen Gesetze nicht kennt und deshalb unbewusst gegen sie verstößt, kommt es zu den beschriebenen Folgen. Mit seinem freien Willen, ausgedrückt in seinen Gedanken, bestimmt jeder Einzelne, ob er die Geistigen Gesetze kennen lernen und nach ihnen handeln möchte oder nicht. Dem Kosmos ist dies egal, dem Individuum wohl weniger.

Der universale Geist drückt sich also aus in
● Göttlicher Schöpfungskonzeption und Kosmischen Plänen,
● Geistigen Gesetzen,

- Zahlenmystik und Sakraler Geometrie,
- Kosmischen Urinformationen über Symbole und
- Selbstorganisationsmechanismen.

Es gibt nur einen Geist, nämlich den Geist Gottes. Dieser hat den Menschen geschaffen nach seinem Ebenbild. Deshalb ist auch der Mensch Geist vom Geiste Gottes, untrennbar mit diesem verbunden. Gott wirkt über den Geist in und durch den Menschen, über dessen freien Willen und seine individualtypisch fixierten Wahlmöglichkeiten. Darin liegt eine große Verantwortung für jeden Einzelnen. Das Bewusstsein über diesen Sachverhalt zeigt sich in der Bewusstheit, einer der fundamentalen Lebensweisheiten. Ausgedrückt werden Geist, Bewusstsein, Bewusstheit und freier menschlicher Wille über die Gedanken. Sie stehen am Beginn jedes Schöpfungsprozesses.

Impulse werden durch Schwingungen in Form von Wellen weitergeleitet. Deren typischer Charakter wird durch die quantitativ bestimmte Wellenlänge und die Höhe des Wellenberges = Amplitude (z. B. nach dem metrischen System) festgelegt.

Die Fortbewegungsgeschwindigkeit wird quantitativ in der Zeit bestimmt. Beispielsweise entspricht ein Hertz (Hz) einer Schwingung vom Ausgangspunkt bis zum identischen Endpunkt einer Welle in einer Sekunde. Diese Bewegung der Welle in der Zeit wird auch als Frequenz bezeichnet.

Ein Hertz (Hz) = eine Schwingung pro Sekunde

DIE 8 GRUNDSCHWINGUNGEN

energieaufbauend

+   —

0 225 270 315 360°

Kurven verschieben sich
immer um 45° Sek

energieabbauend

Zweidimensionale, elektrische Wellen spiegeln die Energie der *Elektrizität* und damit der qualitativen, vertikal ausgelegten Willenskomponente im Kosmos wider. Magnetische Wellen, ebenfalls zweidimensional, entsprechen der Energie des *Magnetismus* und damit der quantitativen, horizontal ausgelegten Weisheits- und Gefühlskomponente im Kosmos. Sind beide miteinander verbunden, ergibt sich ein dreidimensionales Feld, welches Leben ermöglicht. Dieses elektromagnetische Feld bewegt sich im Rahmen der quantitativen und qualitativen Zeitkomponente, welche die 4. Dimension darstellt. Das derzeitige menschliche Leben spielt sich *gemäß de*n EINSTEIN'schen *Relativitätstheorien* (größtenteils) auf dieser Ebene ab:

$$\textit{Raum} \text{ (Länge x Breite x Höhe)} + \text{Zeit} =$$
$$\text{das vierdimensionale Raum-Zeit-Kontinuum}$$

Diesen Sachverhalt spiegelt das 1. *Geistige Gesetz* der *Einheit* und *Ganzheit* wider. Die einfachste Art der Spiegelung eines Punktes ist jene in einem anderen Punkt. Sind beide Ausgangspunkte genau definiert, spricht man in Bezug auf ihre lineare Verbindung von einer Strecke, sonst von einer Linie, also

$$\textbf{(-)} \qquad \textbf{(0)} \qquad \textbf{(+)}$$

$$\bullet \quad \rightleftharpoons \quad \bullet$$

$$\textbf{PUNKT A} \qquad\qquad \textbf{PUNKT B}$$

In dieser Situation realisiert sich das 2. *Geistige Gesetz der Polarität.* Durch die wechselseitige Spiegelung verändert sich das vorherige, neutrale Nullpotential in eine gegensätzliche Polarisierung von Minus und Plus. Eine Einhandrute, die im ersten Fall wahrscheinlich unbeweglich fixiert blieb, beginnt sich je nach Position nunmehr unterschiedlich zu bewegen, beispielsweise nach dem *System der kosmischen Energievektoren.* Dies geschieht wie folgt:

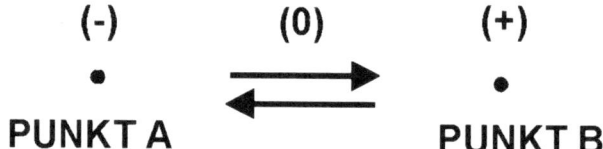

Der Vervielfältigungsfaktor, Multiplikator oder *Attraktor* der in der ersten Dimension wirkenden Zahlenreihe ist die

$$\text{Zahl PHI } \phi = 1.61803\ldots..$$
bzw. in ihrem reziproken Wert $0.61803\ldots$

Ihre zahlenmäßige Definition zeigt sich in der so genannten FIBONAC-CI-Reihe, benannt nach dem Franziskanermönch und Mathematiker am Hofe des Stauferkaisers Friedrich II. in Padua, Leonardo FIBONACCI (1160 bis 1240):

$$1 - 1 - 2 - 3 - 5 - 8 - 13 - 21 - 34 - 55 - 89 - 144 - \ldots \text{ etc.}$$

Eine neue Zahl ergibt sich aus der Addition der gegebenen mit der vorherigen Zahl also z.B. von $1 + 1 = 2$ oder $3 + 2 = 5$ oder $13 + 8 = 21$, oder aus der Multiplikation der gegebenen Zahl mit dem Attraktor PHI. Je höher die Ziffer ist, desto exakter ist der angenäherte Wert (vgl. die nachfolgende Tabelle). In etwa bei der Zahl 500 liegt der Attraktor bereits nahe an 1.6.

Die Fibonacci-Reihe

Nr	Wert	Nr	Wert	Nr	Wert	Nr	Wert
1	1	51	20.365.011.074	26	121.393	76	3.416.454.622.906.710
2	1	52	32.951.280.099	27	196.418	77	5.527.939.700.884.760
3	2	53	53.316.291.173	28	317.811	78	8.944.394.323.791.460
4	3	54	86.267.571.272	29	514.229	79	14.472.334.024.676.200
5	5	55	139.583.862.445	30	832.040	80	23.416.728.348.467.700
6	8	56	225.851.433.717	31	1.346.269	81	37.889.062.373.143.900
7	13	57	365.435.296.162	32	2.178.309	82	61.305.790.721.611.600
8	21	58	591.286.729.879	33	3.524.578	83	99.194.853.094.755.500
9	34	59	956.722.026.041	34	5.702.887	84	160.500.643.816.367.000
10	55	60	1.548.008.755.920	35	9.227.465	85	259.695.496.911.123.000
11	89	61	2.504.730.781.961	36	14.930.352	86	420.196.140.727.490.000
12	144	62	4.052.739.537.881	37	24.157.817	87	679.891.637.638.612.000
13	233	63	6.557.470.319.842	38	39.088.169	88	1.100.087.778.366.100.000
14	377	64	10.610.209.857.723	39	63.245.986	89	1.779.979.416.004.710.000
15	610	65	17.167.680.177.565	40	102.334.155	90	2.880.067.194.370.820.000
16	987	66	27.777.890.035.288	41	165.580.141	91	4.660.046.610.375.530.000
17	1.597	67	44.945.570.212.853	42	267.914.296	92	7.540.113.804.746.350.000
18	2.584	68	72.723.460.248.141	43	433.494.437	93	12.200.160.415.121.900.000
19	4.181	69	117.669.030.460.994	44	701.408.733	94	19.740.274.219.868.200.000
20	6.765	70	190.392.490.709.135	45	1.134.903.170	95	31.940.434.634.990.100.000
21	10.946	71	308.061.521.170.129	46	1.836.311.903	96	51.680.708.854.858.300.000
22	17.711	72	498.454.011.879.264	47	2.971.215.073	97	83.621.143.489.848.400.000
23	28.657	73	806.515.533.049.393	48	4.807.526.976	98	135.301.852.344.707.000.000
24	46.368	74	1.304.969.544.928.660	49	7.778.742.049	99	218.922.995.834.555.000.000
25	75.025	75	2.111.485.077.978.050	50	12.586.269.025	100	354.224.848.179.262.000.000

Anmerkungen in der Tabelle: Delta 36 (4), Theta 58 (6), Alpha 8-13 (7), Schumannwellen (8), Beta 13-34 HH-strom (9), Jupiter 367 Strom (14), Töne – Telefon (15), Zellen (20); Moleküle (51, 49); UVA (73); Atome (78).

Geometrisch ist die 1. Dimension charakterisiert durch die Länge einer Strecke und den Leitsatz vom *Goldenen Schnitt*. Dieser ist gegeben, wenn sich bei einer Streckenteilung in zwei unterschiedlich lange Abschnitte das Verhältnis des kürzeren Abschnittes AB zum längeren Abschnitt BC verhält wie jenes des längeren Abschnittes BC zum ganzen AC oder a:b = b:c

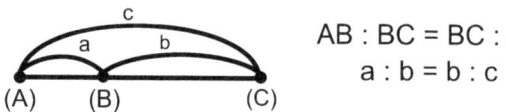

$$AB : BC = BC : AC$$
$$a : b = b : c$$

Als Verhältniszahl für diese Relation unterschiedlicher Streckenabschnitte zueinander ergibt sich beim Goldenen Schnitt immer die Zahl PHI = 1.61803… Die Zahl PHI ist keine ganze Zahl, sondern ein Fraktal und damit wichtig für die Formenlehre der fraktalen Geometrie. Universal gültige Erkenntnisse der Formgebung im Rahmen der verschiedenen Dimensionen sind seit Jahrtausenden bekannt und werden in Architektur und Baukunst angewendet. Sie werden als Sakrale, Heilige oder Verborgene Geometrie bezeichnet.

Wird im Rahmen der 1. Dimension der Nullpunkt nicht linear, sondern in Form einer 90 Grad-Spiegelung verbunden, so entsteht ein Winkel.

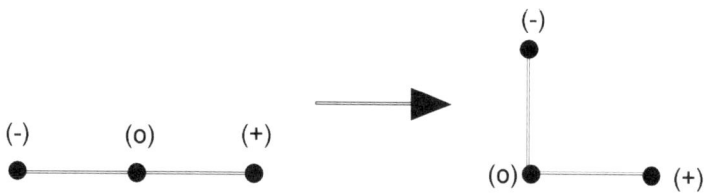

Im Kosmos steht der rechte Winkel immer für einen Zustandswechsel. Zur materiellen Form kommt nunmehr die *Vitalenergie KI oder CHI* hinzu, die engstens mit der grobstofflichen Form lebender Systeme verbunden ist.

Die Vitalenergie KI oder CHI reguliert die autonomen Körperfunktionen lebender Systeme, also auch des Menschen. Sie ist eng mit den Elementen verbunden, also mit Feuer im Norden (+ +), Luft im Osten (+), Wasser im Westen (–) und Erde im Süden (– –) sowie dem Magnetfeld der Erde.

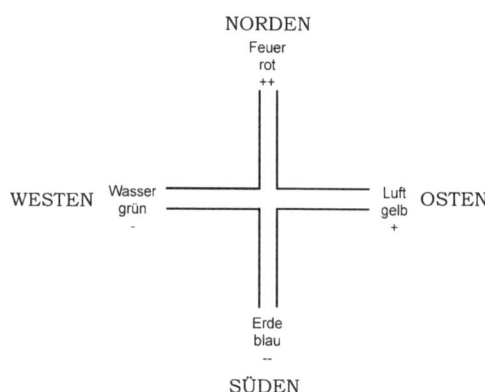

In der Formsymbolik entspricht eine Strecke bzw. ein Strich einem Stab-magneten. Zwei parallele Striche definieren bereits den *linearen Code* als fundamentales Kommunikationssystem im Kosmos. Dabei entspricht die Eins dem aktiven, männlichen, nach außen gerichteten, positiv polarisierten Impuls, dem Willen, die Zwei dem passiven, weiblichen, nach innen gerich-teten, negativ polarisierten Prinzip, der Weisheit. Das 3. Geistige Gesetz der Trinität oder permanenten Dreiheit ist erfüllt, wenn zum linearen Code noch die Schöpfung in Liebe als dazwischenliegendes, neutrales Nullpotential des Vakuums hinzukommt.

Nach diesem 3. Geistigen Gesetz der Trinität ist im Kosmos alles aufge-baut und Informationen im Kommunikationssystem der 1. Dimension wer-den so weitergeleitet.

In der Tätowierung, Kriegsbemalung und Heilung auf der rein physischen Körperebene bzw. im Bereich der Vitalenergie KI bzw. CHI werden seit al-ters her Symbole in Strich- und Winkelkombinationen angewendet. Sie hei-len durch und mit kosmischen Informationen.[18]

Verbindet man nunmehr die Zahlenreihe des Leonardo FIBONACCI mit dem rechten Winkel, so ergibt sich als Symbolform die sogenannte FIBO-NACCI-Sequenz als männlicher Ausdruck und die FIBONACCI-Spirale als ihr weibliches Gegenstück. In der universalen Formenlehre stehen lineare, gerade, zackige Elemente immer für die männliche Komponente, ebenso wie ungerade Zahlen, runde, in sich geschlossene Formen immer für das weibliche Prinzip, ebenso wie gerade Zahlen.

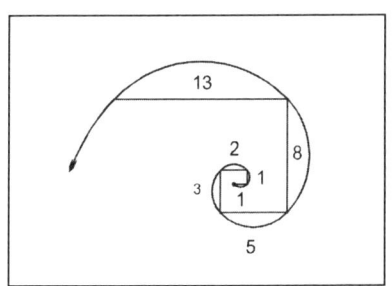
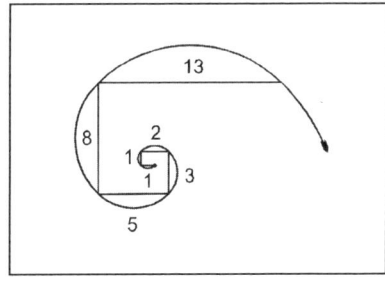

Fibonacci-Spirale:

ÖFFNEN　　　　　　WEIBLICH　　　　AUSATMEN

---

18 Vgl. hierzu: STELZL, Diethard: *Heilen mit kosmischen Symbolen.* Schirner-Verlag, Darm-stadt 2004.

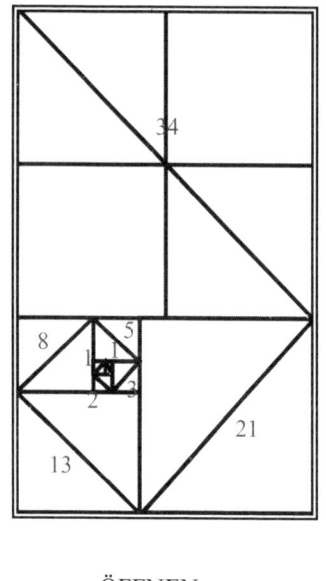 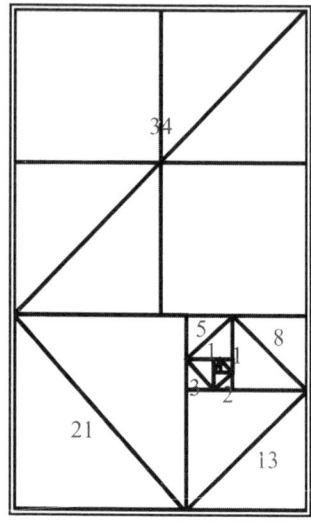

Fibonacci-Sequenz:
ÖFFNEN   = MÄNNLICH   AUSATMEN

In der Natur sind alle lebenden Körperstrukturen und organischen Formen nach diesem Prinzip aufgebaut, vom kleinsten Mikroorganismus bis zur
größten Spiral-Galaxie.

2. Kommunikation der 2. Dimension

Die Energiekomponente der 2. Dimension ist der Elektromagnetismus, die
Verbindung zwischen magnetischer, weiblicher Gefühls- und elektrischer,
männlicher Gedankenenergie.

Die fünf Sinneswahrnehmungen werden vom physischen Körper durch
entsprechende Organe aufgenommen und in verschiedenen Gehirnsegmen-
ten verarbeitet. Die Weiterleitung dieser Informationen geschieht durch
elektromagnetische Schwingungen in Wellenformen unterschiedlicher Längen, Amplituden und Frequenzen.

Diese 2. Dimension steht für die Aufnahme und Verarbeitung von Sinnesempfindungen, also auch für *Töne, Klänge, Musik, Farben, Düfte, Geschmack, Tasten und Fühlen.* Hier ist alles in Bewegung, voller Dynamik,
Kraft und Energie. Hier zeigt sich Wachstum und Leben genauso wie die

252

Steuerung des Körperorganismus in der feinstofflichen Ätherebene und die *Speicherung* (karmischer) verdichteter Gedanken- und Gefühlsformen in der Astralebene.

DAS MENSCHLICHE GEHIRN

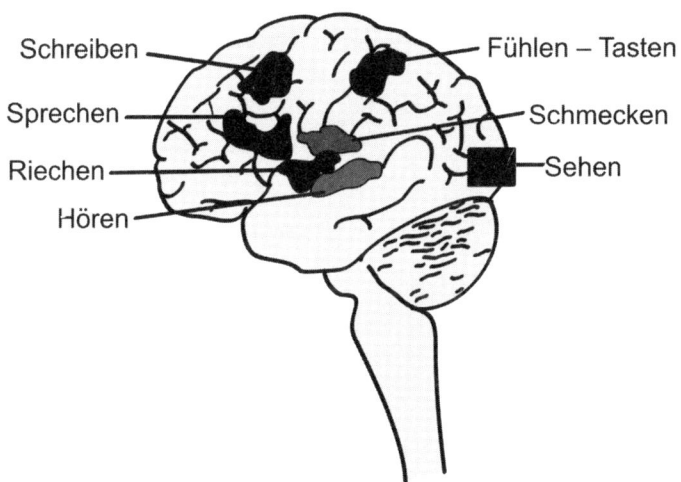

Zusätzlich zur körperverhafteten Vitalenergie KI oder CHI, die mit dem ersten Atemzug entsteht und mit dem letzten vergeht, kommt in der 2. Dimension die *Lebensenergie Prana oder Mana* hinzu. Sie entsteht aus den Ladungspotentialen des Lichtes und kommt aus der Lichtverbundenheit alles Materiell-Stofflichen mit Kosmos und Universum. Von Erde, Natur, Ahnen und Eltern bekommen wir bei der Geburt bereits viel Lebensenergie mit und tragen diese feinstofflich auch nach dem physischen Tod in uns. Als Biophotoneninformation übernehmen wir diese Energie aus dem Licht des Kosmos, gespeichert aus der Natur in Form von lebender, fester und flüssiger Nahrung.[18]

Der Attraktor der 2. Dimension ist die Zahl 2. Ihre zahlenmäßige Definition zeigt sich in der so genannten Oktavierungsreihe der Verdoppelung beispielsweise von Obertönen, also:

$$1 - 2 - 4 - 8 - 16 - 32 - 64 - 128 - 256 \dots \text{etc.}$$

Eine besondere Bedeutung kommt hierbei der Zahl 8 zu. Sie verbindet als weibliche plus männliche Komponente der „Vier Gesichter Gottes" im Schöpfungsprinzip die 1. mit der 2. Dimension, physischen Körper, organische Form und Vitalenergie mit Fläche, Verarbeitung von Sinneseindrücken, Wachstum, Bewegung und Lebensenergie. Sie verbindet ohne Anfang und Ende in zwei weiblich geformten Kreisen als Lemniskate die ausschließlich in weiblichen ganzen Zahlen aufgebaute Oktavierungsreihe der 2. Dimension mit den gemischten ungeraden (männlichen) und geraden (weiblichen) Zahlen der *Fibonacci-Reihe* der 1. Dimension.

Sie vereinigt die Energie des griechischen oder Markus-Kreuzes mit der Energie des Andreas-Kreuzes und führt zum heiligen Achteck, dem Bagua.

Oktavierungsreihen:
Die rechnerische Beziehung zwischen Tönen und Farben
Basis $a^1 = 440$Hz

	ORANGE		GELB		LIMONE		GRÜN
Nr	A	Nr	AIS	Nr	H	Nr	C
1	55	1	58	1	62	1	65,41
2	110	2	117	2	123	2	130,82
3	220	3	233	3	247	3	261,63
4	440	4	466	4	494	4	523,26
5	880	5	932	5	988	5	1046,52
6	1.760	6	1.865	6	1.976	6	2093,04
7	3.520	7	3.729	7	3.951	7	4186,08
8	7.040	8	7.459	8	7.902	8	8372,16
9	14.080	9	14.917	9	15.804	9	16744,32
10	28.160	10	29.834	10	31.608	10	33488,64
11	56.320	11	59.668	11	63.217	11	66977,28
12	112.640	12	119.337	12	126.433	12	133954,56
13	225.280	13	238.674	13	252.867	13	267909,12
14	450.560	14	477.348	14	505.733	14	535818,24
15	901.120	15	954.696	15	1.011.466	15	1071636,48
16	1.802.240	16	1.909.391	16	2.022.932	16	2143272,96
17	3.604.480	17	3.818.783	17	4.045.865	17	4286545,92
18	7.208.960	18	7.637.565	18	8.091.730	18	8573091,84
19	14.417.920	19	15.275.131	19	16.183.460	19	17146183,68
20	28.835.840	20	30.550.262	20	32.366.920	20	34292367,36
21	57.671.680	21	61.100.524	21	64.733.839	21	68584734,72
22	115.343.360	22	122.201.047	22	129.467.679	22	137169469,44
23	230.686.720	23	244.402.094	23	258.935.357	23	274338938,88
24	461.373.440	24	488.804.188	24	517.870.715	24	548677877,76
25	922.746.880	25	977.608.376	25	1.035.741.430	25	1097355755,52
26	1.845.493.760	26	1.955.216.753	26	2.071.482.860	26	2194711511,04
27	3.690.987.520	27	3.910.433.505	27	4.142.965.719	27	4389423022,08
28	7.381.975.040	28	7.820.867.011	28	8.285.931.438	28	8778846044,16
29	14.763.950.080	29	15.641.734.021	29	16.571.862.876	29	17557692088,32
30	29.527.900.160	30	31.283.468.042	30	33.143.725.752	30	35115384176,64
31	59.055.800.320	31	62.566.936.084	31	66.287.451.505	31	70230768353,28
32	118.111.600.640	32	125.133.872.169	32	132.574.903.009	32	140461536706,56
33	236.223.201.280	33	250.267.744.338	33	265.149.806.019	33	280923073413,12
34	472.446.402.560	34	500.535.488.676	34	530.299.612.037	34	561846146826,24
35	944.892.805.120	35	1.001.070.977.352	35	1.060.599.224.074	35	1123692293652,48
36	1.889.785.610.240	36	2.002.141.954.703	36	2.121.198.448.148	36	2247384587304,96
37	3.779.571.220.480	37	4.004.283.909.407	37	4.242.396.896.297	37	4494769174609,92
38	7.559.142.440.960	38	8.008.567.818.813	38	8.484.793.792.594	38	8989538349219,84
39	15.118.284.881.920	39	16.017.135.637.627	39	16.969.587.585.188	39	17979076698439,70
40	30.236.569.763.840	40	32.034.271.275.254	40	33.939.175.170.376	40	35958153396879,40
41	60.473.139.527.680	41	64.068.542.550.508	41	67.878.350.340.751	41	71916306793758,70
42	120.946.279.055.360	42	128.137.085.101.015	42	135.756.700.681.503	42	143832613587517,00
43	241.892.558.110.720	43	256.274.170.202.030	43	271.513.401.363.005	43	287665227175035,00
44	483.785.116.221.440	44	512.548.340.404.060	44	543.026.802.726.011	44	575330454350070,00
45	967.570.232.442.880	45	1.025.096.680.808.120	45	1.086.053.605.452.020	45	1150660908700140,00
46	1.935.140.464.885.760	46	2.050.193.361.616.240	46	2.172.107.210.904.040	46	2301321817400280,00
47	3.870.280.929.771.520	47	4.100.386.723.232.480	47	4.344.214.421.808.090	47	4602643634800560,00
48	7.740.561.859.543.040	48	8.200.773.446.464.960	48	8.688.428.843.616.170	48	9205287269601120,00
49	15.481.123.719.086.100	49	16.401.546.892.929.900	49	17.376.857.687.232.300	49	18410574539202200,00
50	30.962.247.438.172.200	50	32.803.093.785.859.900	50	34.753.715.374.464.700	50	36821149078404500,00

Für den Menschen hörbare Tonfrequenzen

Akustisches Fenster

Sichtbare Farben

Oktavierungsreihen:
Die rechnerische Beziehung zwischen Tönen und Farben
Basis $a^1 = 440$Hz

	HELLBLAU			BLAU		INDIGO		VIOLETT
Nr	C		Nr	D	Nr	DIS	Nr	E
1		69,30	1	73,42	1	77,78	1	82,41
2		138,59	2	146,83	2	155,56	2	164,81
3		277,18	3	293,66	3	311,12	3	329,62
4	Hörbare Töne	554,36	4	587,32	4	622,24	4	659,24
5		1108,72	5	1.174,64	5	1244,48	5	1318,48
6		2217,44	6	2.349,28	6	2488,96	6	2636,96
7		4434,88	7	4.698,56	7	4977,92	7	5273,92
8		8869,76	8	9.397,12	8	9955,84	8	10547,84
9		17739,52	9	18.794,24	9	19911,68	9	21095,68
10		35479,04	10	37.588,48	10	39823,36	10	42191,36
11		70958,08	11	75.176,96	11	79646,72	11	84382,72
12		141916,16	12	150.353,92	12	159293,44	12	168765,44
13		283832,32	13	300.707,84	13	318586,88	13	337530,88
14		567664,64	14	601.415,68	14	637173,76	14	675061,76
15		1135329,28	15	1.202.831,36	15	1274347,52	15	1350123,52
16		2270658,56	16	2.405.662,72	16	2548695,04	16	2700247,04
17		4541317,12	17	4.811.325,44	17	5097390,08	17	5400494,08
18		9082634,24	18	9.622.650,88	18	10194780,16	18	10800988,16
19		18165268,48	19	19.245.301,76	19	20389560,32	19	21601976,32
20		36330536,96	20	38.490.603,52	20	40779120,64	20	43203952,64
21		72661073,92	21	76.981.207,04	21	81558241,28	21	86407905,28
22		145322147,84	22	153.962.414,08	22	163116482,56	22	172815810,56
23		290644295,68	23	307.924.828,16	23	326232965,12	23	345631621,12
24		581288591,36	24	615.849.656,32	24	652465930,24	24	691263242,24
25		1162577182,72	25	1.231.699.312,64	25	1304931860,48	25	1382526484,48
26		2325154365,44	26	2.463.398.625,28	26	2609863720,96	26	2765052968,96
27		4650308730,88	27	4.926.797.250,56	27	5219727441,92	27	5530105937,92
28		9300617461,76	28	9.853.594.501,12	28	10439454883,84	28	11060211875,84
29		18601234923,52	29	19.707.189.002,24	29	20878909767,68	29	22120423751,68
30		37202469847,04	30	39.414.378.004,48	30	41757819535,36	30	44240847430,08
31		74404939694,08	31	78.828.756.008,96	31	83515639070,72	31	88481695006,72
32		148809879388,16	32	157.657.512.017,92	32	167031278141,44	32	176963390013,44
33		297619758776,32	33	315.315.024.035,84	33	334062556282,88	33	353926780026,88
34		595239517552,64	34	630.630.048.071,68	34	668125112565,76	34	707853560053,76
35		1190479035105,28	35	1.261.260.096.143,36	35	1336250225131,52	35	1415707120107,52
36		2380958070210,56	36	2.522.520.192.286,72	36	2672500450263,04	36	2831414240215,04
37		4761916140421,12	37	5.045.040.384.573,44	37	5345000900526,08	37	5662828480430,08
38		9523832280842,24	38	10.090.080.769.146,90	38	10690001801052,20	38	11325656960860,20
39		19047664561684,50	39	20.180.161.538.293,80	39	21380003602104,30	39	22651313921720,30
40	Sicht-	38095329123369,00	40	40.360.323.076.587,50	40	42760007204208,60	40	45302627843440,60
41	bare	76190658246737,90	41	80.720.646.153.175,00	41	85520014408417,30	41	90605255686881,30
42	Farben	152381316493476,00	42	161.441.292.306.350,00	42	171040028816835,00	42	181210511373763,00
43		304762632986952,00	43	322.882.584.612.700,00	43	342080057633669,00	43	362421022747525,00
44		609525265973903,00	44	645.765.169.225.400,00	44	684160115267338,00	44	724842045495050,00
45		1219050531947810,00	45	1.291.530.338.450.800,00	45	1368320230534680,00	45	1449684090990100,00
46		2438101063895610,00	46	2.583.060.676.901.600,00	46	2736640461069350,00	46	2899368181980200,00
47		4876202127791230,00	47	5.166.121.353.803.200,00	47	5473280922138710,00	47	5798736363960400,00
48		9752404255582450,00	48	10.332.242.707.606.400,00	48	10946561844277400,00	48	11597472727920800,00
49		19504808511164900,00	49	20.664.485.415.212.800,00	49	21893123688554800,00	49	23194945455841600,00
50		39009617022329800,00	50	41.328.970.830.425.600,00	50	43786247377109600,00	50	46389890911683200,00

Oktavierungsreihen:
Die rechnerische Beziehung zwischen Tönen und Farben

Basis $a^1 = 440Hz$

	PURPUR		MAGENTA		ROT		HELLROT
Nr	**F**	**Nr**	**FIS**	**Nr**	**G**	**Nr**	**GIS**
1	43,65	1	46,25	1	49,00	1	51,912
2	87,30	2	92,50	2	98,00	2	103,825
3	174,60	3	185,00	3	196,00	3	207,650
4	**349,20**	4	**370,00**	4	**392,00**	4	**415,300**
5	Hörbare 698,40	5	740,00	5	784,00	5	830,600
6	Töne 1.396,80	6	1480,00	6	1568,00	6	1661,200
7	2.793,60	7	2960,00	7	3136,00	7	3322,400
8	5.587,20	8	5920,00	8	6272,00	8	6644,800
9	11.174,40	9	11840,00	9	12544,00	9	13289,600
10	22.348,80	10	23680,00	10	25088,00	10	26579,200
11	44.697,60	11	47360,00	11	50176,00	11	53158,400
12	89.395,20	12	94720,00	12	100352,00	12	106316,800
13	178.790,40	13	189440,00	13	200704,00	13	212633,600
14	357.580,80	14	378880,00	14	401408,00	14	425267,200
15	715.161,60	15	757760,00	15	802816,00	15	850534,400
16	1.430.323,20	16	1515520,00	16	1605632,00	16	1701068,800
17	2.860.646,40	17	3031040,00	17	3211264,00	17	3402137,600
18	5.721.292,80	18	6062080,00	18	6422528,00	18	6804275,200
19	11.442.585,60	19	12124160,00	19	12845056,00	19	13608550,400
20	22.885.171,20	20	24248320,00	20	25690112,00	20	27217100,800
21	45.770.342,40	21	48496640,00	21	51380224,00	21	54434201,600
22	91.540.684,80	22	96993280,00	22	102760448,00	22	108868403,200
23	183.081.369,60	23	193986560,00	23	205520896,00	23	217736806,400
24	366.162.739,20	24	387973120,00	24	411041792,00	24	435473612,800
25	732.325.478,40	25	775946240,00	25	822083584,00	25	870947225,600
26	1.464.650.956,80	26	1551892480,00	26	1644167168,00	26	1741894451,200
27	2.929.301.913,60	27	3103784960,00	27	3288334336,00	27	3483788902,400
28	5.858.603.827,20	28	6207569920,00	28	6576668672,00	28	6967577804,800
29	11.717.207.654,40	29	12415139840,00	29	13153337344,00	29	13935155609,600
30	23.434.415.308,80	30	24830279680,00	30	26306674688,00	30	27870311219,200
31	46.868.830.617,60	31	49660559360,00	31	52613349376,00	31	55740622438,400
32	93.737.661.235,20	32	99321118720,00	32	105226698752,00	32	111481244876,800
33	187.475.322.470,40	33	198642237440,00	33	210453397504,00	33	222962489753,600
34	374.950.644.940,80	34	397284474880,00	34	420906795008,00	34	445924979507,200
35	749.901.289.881,60	35	794568949760,00	35	841813590016,00	35	891849959014,400
36	1.499.802.579.763,20	36	1589137899520,00	36	1683627180032,00	36	1783699918028,800
37	2.999.605.159.526,40	37	3178275799040,00	37	3367254360064,00	37	3567399836057,600
38	5.999.210.319.052,80	38	6356551598080,00	38	6734508720128,00	38	7134799672115,200
39	11.998.420.638.105,60	39	12713103196160,00	39	13469017440256,00	39	14269599344230,400
40	23.996.841.276.211,20	40	25426206392320,00	40	26938034880512,00	40	28539198688460,800
41	47.993.682.552.422,40	41	50852412784640,00	41	53876069761024,00	41	57078397376921,600
42	95.987.365.104.844,80	42	101704825569280,00	42	107752139522048,00	42	114156794753843,000
43	191.974.730.209.690,00	43	203409651138560,00	43	215504279044096,00	43	228313589507686,000
44	Sichtbare Farben **383.949.460.419.379,00**	44	**406819302277120,00**	44	**431008558088192,00**	44	**456627179015373,000**
45	767.898.920.838.758,00	45	813638604554240,00	45	862017116176384,00	45	913254358030746,000
46	1.535.797.841.677.520,00	46	1627277209108480,00	46	1724034232352770,00	46	1826508716061490,000
47	3.071.595.683.355.030,00	47	3254554418216960,00	47	3448068464705540,00	47	3653017432122980,000
48	6.143.191.366.710.070,00	48	6509108836433920,00	48	6896136929411070,00	48	7306034864245960,000
49	12.286.382.733.420.100,00	49	13018217672867800,00	49	13792273858822100,00	49	14612069728491900,000
50	24.572.765.466.840.300,00	50	26036435345735700,00	50	27584547717644300,00	50	29224139456983900,000

Wie den vorliegenden Tabellen der Oktavierungsreihe zu entnehmen ist, kann rein rechnerisch jedem Ton der chromatischen Tonleiter mit der Grundfrequenz 440 Hz für den Kammerton A aus dem so genannten Akustischen Fenster eine Farbe zugeordnet werden. In der 40. bzw. 41. Oktavierung treffen diese Vervielfältigungen auf das sogenannte Optische Fenster der für das menschliche Auge sichtbaren Farben zwischen 350 und 780 Bio Hz. Für jeden Ton ergibt sich dabei jeweils nur eine einzige Möglichkeit, mit Ausnahme der Farbe Magenta. Sie kommt zweimal vor bei etwa 370 und 740 Bio Hz und schließt damit den Farbkreis. Die Tonfolge der anderen Töne errechnet sich aus dem Kammerton A durch Multiplikation mit dem Attraktor knapp unter 1.060606..., genau 1.0594559.... Selbstverständlich ergeben sich je nach Ausgangswert für den Kammerton A unterschiedliche Frequenzen der anderen Töne. Zur Zeit des Barocks eines *Johann Sebastian Bach* war der Kammerton A auf 432 Hz festgelegt. 1936 wurde dieser Wert bei einem Treffen in London auf 440 Hz angehoben, was originale Barockmusik heute anders klingen lässt als zur Zeit ihrer Komponisten.

Auch Düfte könnten rechnerisch Tönen und Farben zugeordnet werden, wenn sie als Einzelkomponenten definiert werden würden. Ihr hauptsächliches Schwingungsband liegt zwischen 1 und $3\frac{1}{2}$ Mio Hz, also zwischen 1 und $3\frac{1}{2}$ Megahertz (MHz). Auch menschliche Körperzonen und Organe entsprechen Farben und damit auch Tönen, was für alternative und komplementäre Heilmethoden sehr wichtig ist.

Geometrisch ist die 2. Dimension bestimmt durch die Flächendimensionen Länge mal Breite bzw. die √2-Beziehung. Für die männliche Komponente sind wieder eckige Formen wie Quadrat und *Göttliches Dreieck*, für das weibliche Prinzip Halbkreis und Kreis charakteristisch. In beiden Elementen spiegelt sich der Punkt des *Gottes im Innen* im *Gott im Außen*.

Schwingungen als Träger von Informationen breiten sich wellenförmig aus, wobei Wellenberge von Wellentälern gefolgt werden, deren jeweilige Höhe durch die Amplitude festgelegt ist, die wiederum durch die Intensität der Schwingung bestimmt wird. Je höher die Amplitude eines Wellenberges

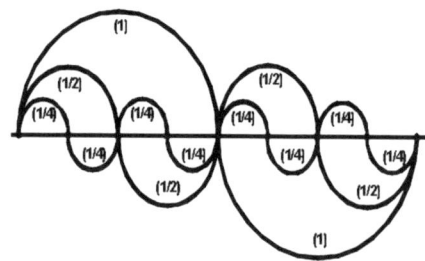

FARBZONEN DES MENSCHLICHEN KÖRPERS

Wellen-länge (Nm)	Frequenz (Bio Hz)	Farben	Körperregionen	Funktionen
400	750,00	magenta	Scheitel, Großhirnrinde, Corpus Callosum, Balken	Migräne, Nervenstra.. Synchronisation
410	731,71	Purpur	Limbische Region	Störung von Sinneswahrnehmungen
420	714,29	violett	Zwischenhirn = Thalamus, Hypothalamus	Koordinationsstörungen
430	697,67	dunkelblau	Zirbeldrüse = Epiphyse	Innere Uhr, ASW, Neurotransmitter
440	681,82	indigo	Hirnanhangdrüse = Hypophyse, Hippokampus	Hormonproduktion, Steuerung
450	666,67	blau	Med. Oblongata, Kleinhirn, Ohren, Augen, Nase	Uninformation, Instinkte, Triebe
460	652,17	hellblau	Zähne, Kiefer, Schilddrüse, Nebenschilddrüse	Schmerzen, Hormonproduktion
470	638,30	grünblau	Stimmbänder, Kehlkopf, Rachen, Schultern, Nacken	Halsschmerzen, Entzündungen
480	625,00	dunkelgrün	Thymusdrüse	Immunabwehr, Infektionen
490	612,24	grün	Bronchien, Speiseröhre, Luftröhre	grippale Infekte, Husten, Asthma
500	600,00	hellgrün	Obere Herzkammern, Herzkranzgefäße, Ob.Lungen	Herzleiden, Atmungsprobleme
510	588,24		Untere Herzkammern, -kranzgefäße, Untere Lungen	Entzündungen, Infarkte, Embolien
520	576,92	gelbgrün	Brustkorb und Brustraum, Nieren, Nebennieren	Entzündungen, Hormone, Schmerzen
530	566,04	gelb	Leber, Blutregeneration, Solar Plexus	Entgiftung, Verdauungssteuerung
540	555,56	gelborange	Gallenblase und Gallengänge	Verdauung, Stoffwechsel
550	545,45	orange	Magen, Bauchspeicheldrüse = Pankreas, Milz	Stoffwechselvorgänge
560	535,71	rotorange	Querliegender Dickdarm, Zwölffingerdarm	Vorverdauung
570	526,32	rot	Dickdarm, Lymphatisches System, Dünndarm	Stoffwechsel, Entschlackung
580	517,24		Harnleiter und Harnblase, unterer Bauchbereich	Wasserentsorgung
590	508,47		Ovarien, Eileiter, Gebärmutter	Weibliche Hormonsteuerung
600	500,00		Geschlechtsorgane, Genitalien, Hoden, Prostata	Männliche Hormonsteuerung
610	491,80	dunkelrot	Ichiasnerv, Hüftgelenke, untere Wirbelsäule	Nervensteuerung, Lymphozytenprod.
620	483,87		Kreuzbein, Mastdarm, Anus, After, Gesäß	Ausscheidungen
630	476,19	weinrot		
640	468,75		Oberschenkelknochen und -muskeln	Muskeln, Knochen, Sehnen
650	461,54			
660	454,55			
670	447,76			
680	441,18			
690	434,78			
700	428,57			
710	422,54	tiefrot	Knie	Gelenke, Miniskus
720	416,67			
730	410,96			
740	405,41			
750	400,00		Unterschenkel, Waden	Muskeln, Knochen, Sehnen
760	394,74			
770	389,61			
780	384,62			
790	379,75		Sprunggelenke, Achillessehne	Gelenke und Sehnen
800	375,00	magenta	Füße	Knochen, Muskeln, Akupunktur

259

bzw. Wellentales ist, desto höher ist die Schwingungsintensität. Gemessen wird dies ebenfalls in metrischen Maßen.

Überlagern sich zwei Wellensysteme, so können sie bei entsprechender Gleichartigkeit in eine harmonische Interferenz treten. Diese ist durch den Attraktor zwei bzw. die Oktavierungsreihe festgelegt. Harmonie drückt sich in der Verdoppelung bzw. Oktavierung von Klängen beispielsweise in Obertönen aus. Die Gesamtwirkung verdoppelt sich nicht nur, sondern potenziert sich sogar. Im Altertum wurde deshalb nicht nur mit Licht und Farben geheilt, sondern auch mit Tönen.

Sind die Wellenkämme eines Systems genauso wie die Wellentäler in einem harmonischen Gleichklang mit jenen eines anderen Systems, treten sie mit diesen in Interferenz, d. h., wo die Wellenkämme zusammentreffen, verstärken sie sich. Laufen sie genau entgegengesetzt, löschen sie sich dagegen aus. Auf diese Art bilden die Wellen von Schwingungszuständen Muster, aus welchen der Charakter ihres Gleichklangs, die Harmonie der weitergegebenen und aufgenommenen Informationen als Schwingung mit ihrem jeweiligen Resonanzcharakter abgelesen werden kann. Ähnliche Effekte können auch bei jeder anderen Art der Wellenausbreitung von Informationen festgestellt werden, beispielsweise auch bei Schall- und Lichtwellen.[19]

Geometrisch ist die 2. Dimension charakterisiert durch die Flächenbildung des *Göttlichen Dreiecks* als männlicher Komponente bzw. durch das so genannte *Fischauge*, lat. Vesica Piscis, als weibliche Form.

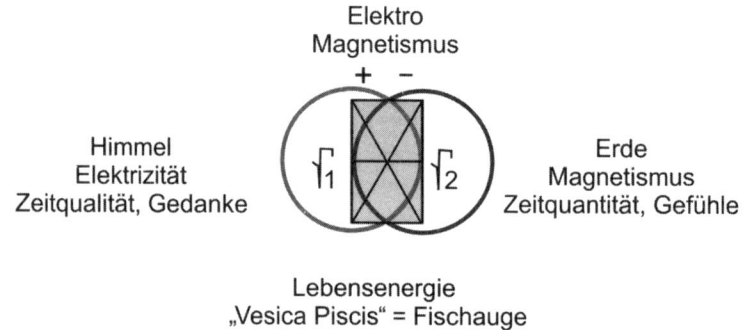

---

19 Dies trifft auch für Interferenzmuster im Zellplasma für kohärente Biophotonenphänomene zu. Über derartige Wellenmuster werden in den Zellen holographische Informationsspeicherungen vorgenommen. Als Antenne fungiert dabei wie immer die DNS in den Zellkernen.

Das *Göttliche Dreieck* ergibt sich als Fläche aus dem *Goldenen Schnitt.* Dieses Formprinzip war bereits bei den Baumeistern der ägyptischen Pharaonen bestens bekannt, stellt doch der Teilbereich des später nach einem Pythagoras-Schüler benannten EUDOXUS-Dreiecks aus dem *Göttlichen Dreieck* heraus das Grundelement des klassischen Pyramidenbaus dar.

Aus den Flächen über der Hypotenuse und den beiden Katheten ergibt sich der berühmte *Lehrsatz des Pythagoras*

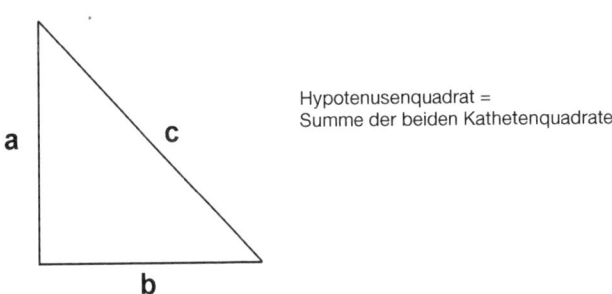

Hypotenusenquadrat =
Summe der beiden Kathetenquadrate

Unser Kosmos ist holographisch aufgebaut. Eine meist symbolhafte Grundform enthält alle Basisdaten im Kleinen, die so genannte kritische Informationsmenge. Ist diese gegeben, wird durch eine entsprechende Vervielfältigung nach dem Oktavierungsprinzip die Form im Großen entwickelt. Organisches Wachstum und Lebensenergie ergeben sich beispielsweise aus der Urform *der Saat* bzw. *des Samens des Lebens* bis zur *Blume des Lebens.*

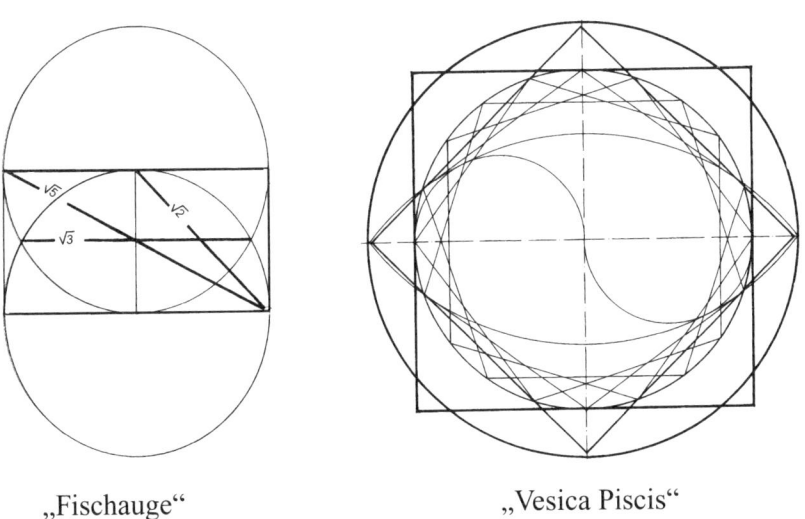

„Fischauge"   „Vesica Piscis"

Die Blume des Lebens

Das aussagekräftigste Symbol für die wechselseitige Vernetzung im Kosmos in der 2. Dimension ist *Metatrons Würfel*, in welchem im Muster von insgesamt 13 Kreisen der Mittelpunkt jedes einzelnen Kreises mit dem Zentrum jedes anderen verbunden ist.

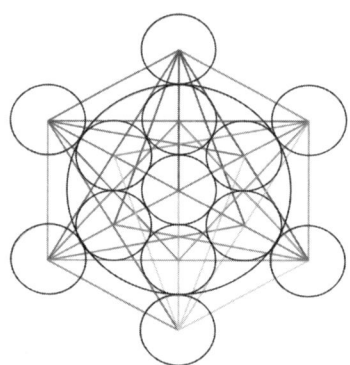

Mit Flächensymbolen der beschriebenen Art können Heilungsmethoden auf der Ebene der 2. Dimension von Steuerung, Speicherung von Blockaden durch negative Gefühlsmuster und karmische Komplexe und Phobien langfristig erfolgreich behandelt werden.[20]

---

20 Vgl. hierzu gleichfalls: STELZL, Diethard: *Heilen mit kosmischen Symbolen.* Schirner-Verlag. Darmstadt 2004.

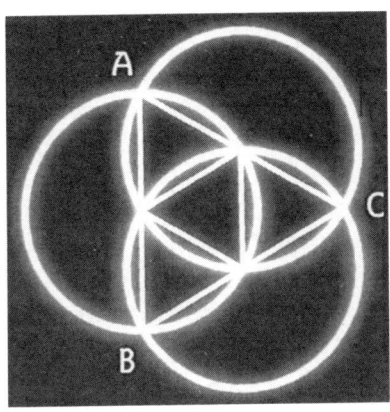

3. Kommunikation der 3. Dimension

Die Energieebene der 3. Dimension ist die *Elektrizität* in vertikaler Wellenausrichtung. Stofflicher Ausdruck ist die qualitative Komponente der *Mentalebene der Gedanken*.

Bewusstsein drückt sich in der Bewusstheit von Wahlmöglichkeiten freier menschlicher Willensentscheidungen aus. Diese benötigen für ihre Realisation Gedankenimpulse, welche immer am Beginn des individuellen Prozesses der Erschaffung eigener subjektiver Wirklichkeiten stehen. Sie schaffen den Rahmen für die äußere Form der späteren Wirklichkeit. Der quantitative Inhalt der magnetisch ausgerichteten Gefühle ergibt danach gemeinsam mit der elektrisch ausgerichteten äußeren Rahmenform der Gedanken ein elektromagnetisches Feld aus der Verbindung beider Komponenten, welches sich immer mehr verdichtet und durch wechselseitig abgestimmte Reduzierung der Schwingungsfrequenzen schließlich zur stofflichen Realität wird.

Die hier in der 3. Dimension wirkende Kraft ist die *Willensenergie*. Sie ist Motor und Trägermedium der zur Realisation drängenden Gedankenimpulse. Werden diese nicht mit Willensenergie, Mana Mana versorgt, entstehen Nebelschwaden herumvagabundierender Gedankensplitter ohne Steuerungs-, Sicherungs- und Realisierungsfunktion und damit unkontrollierbare Potentiale elektrischer Energie. Diese stellen einen erheblichen Störfaktor im menschlichen Bewusstsein und im kosmischen Raum dar.

RADIONIK –
Frequenzen nach der Potenzierungsregel und Farbschwingungen in Verbindung mit dem menschlichen Organismus

Farbe	Hz	Ton	Chakras	Körpersysteme	Organe	Eigenschaften	Krankheiten
Magenta	350			Hormonhaushalt		Empfindung, Spielsucht, Rauchen	Atrophie, Mandelentzündung
	355			Fettsucht			
	360	E		Lebensenergie			Zyste, Hautallergie
	365			Allergiezentrum			Allergien, Warzen
	370						Kiefervereiterung
	375			Wärme- und Kälteempfinden			Epilepsie, Fußpilz
	380			Sexuelle Steuerung (α)	Gallenblase		Lebensmittelallergie
Schokoladerot	385	F		Herzrhythmus	Herz		
	390			Herzmuskel	Herz		Herzrhythmusstörung
	395						Herzmuskelentzündung
	400			Herz-Kreislauf	Brustwirbelsäule		Schweiß
	405	Fis		Herzdurchblutung			Durchblutungsstörung
	410				Rechte Herzkammer		
Rot	415			Herzkranzgefäße			Herzschwäche
	420				Herzscheidewand		
	425					Ernsthaftigkeit	PMS
	430	G			Linke Herzkammer		Infarkt
	435					Stress	Herzschwäche
	440			Herzkranzgefäße	Herz		Angina Pectoris
	445			Blutverdünnung			Verschluss, Infarkt
Karminrot	450		(1)Basischakra	Knochenbau, Muskulatur, sex. Steuerung (♂)		Starre, Bewegung	Thrombose
	455	GIS		Muskelaufbau, Daumen, Stoffwechsel			Potenzproblem, Muskelschwund
	460			Durchblutung, Stoffwechsel, Kreislauf	Bronchien		Bettnässen, Gebärmuttersenkung
	465			Schultergelenk, Nägel			Offene Beine
	470			Wachstumsprozess			Krampfadern
	475			Denkzentrum, Hypothalamus	Hypothalamus		Wachstumsstörungen
Orange	480			Kreislauf			Meniskus
	485	A		Blutdruck niedrig			Kreislaufproblem
	490				Mageneingang		Hypotonie
	495						Hypotonie
	500			Blutversorgung	Limbisches System		
	505			Schlafsteuerung, Blutkreislauf			Sauerstoffmangel im Blut
	510	Ais			Hoden		Wetterfühligkeit
Gelb	515			Nervensystem			Potenzstörungen
	520			Haut	Pankreas	Kalkmangel	Multiple Sklerose
	525					Kunstzentrum	Diabetes, Hautproblem
	530			Stresshormone	Nebennieren	Stress	Kalkmangel
	535			Pigmentbildung, Haut			Nierensteine
	540				Nieren		Sinusitis, Pilze
Limone	545	H		Nierensystem	Nieren		Nierenschrumpfung
	550		(2)Milzchakra	Sexualzentrum		Phobien	Potenzschwäche
	555				Magenmitte		Leukämie
	560				Leber		Leberzirrhose
	565						Legasthenie
Hellgrün	570				Gebärmutter		Karies
	575	C		Speiseröhre	Nebenhoden	Kreativität	Gebärmutterkrebs
	580			Kreislauf, Stirnhöhlen, Immunsystem	Thymus		Grippe
	585			Hüftgelenk	Eileiter		Entzündungen
	590						Keuchhusten, Übersäuerung
	595					Homosexualität	Leukämie
Grün	600			Hörzentrum, Haut			Schwerhörigkeit, Psoriasis
	605			Hämorrhoiden	Mastdarm		Mastdarmkrebs
	610				Dickdarm		Dickdarmgeschwür
Türkis	615	Cis			Dünndarm	Angstneurosen	
	620			Motorisches System	Schilddrüse	Stottern	Schilddrüsenüberfunktion

264

Farbe	Nr.						
Hellblau	625			Blutdruck zu hoch	Nebenschilddrüse		Hypertonie
	630			Darmperistaltik	Darm		Colitis
	635			Nacken, Schultern	Gallenblase	Koma	Gallensteine, Neurodermitis, Koma
	640			Muskeln	Augen, Eierstöcke	Muskelverspannung	Arthritis, Ischias
	645	D		Rückenmark, Augenhornhaut			Diabetes, Hexenschuss
	650			Symphatikus, Vagus			Arterienverkalkung
	655			Retina, Sehnen, Netzhaut			Psoriasis
	660			Sehnen			Schnupfen
	665			Mundspeicheldrüsen, Retina			Netzhautablösung
	670				Zwölffingerdarm		Zwölffingerdarmgeschwür, Gallensteine
Blau	675			Sprachzentrum, Wirbelsäule, Halswirbel			Sprachstörungen
	680	Dis			Blase, After		Hämorrhoiden
	685			Bandscheiben			Bettnässen
	690			Thymus II, Zellerneuerung	Leber	Altern	Immunschwäche
	695			Zellerneuerung der Haut			Herpes, Osteochondrose
	700		(3)Halschakra	Sehstörungen, Kapillaren		Blutarmut	Anämie, Glaukom
	705						Mandelentzündung
	710			Hals, Rachen			
	715						Plattfüße
	720				Lunge		TB, Lungenödem
	725	E		Augen, Glaskörper		Traurigkeit, Freude	Sonnenbrand, Glaskörpertrübung
Dunkelblau	730			Magenausgang			Magengeschwür
	735			Entzündungszentrum			Polyarthritis
	740			Stoffwechselsystem	Nase, Kiefer		Gicht, Rheuma, Ischias
	745			Netzhaut, Magenschließmuskel			Netzhautablösung
	750			Atmungsorgane	Epiphyse, Hypothalamus	Intuition	Husten
	755			Zehennägel			Gicht, Rheuma, Ischias
	760	F		Lendenwirbel, Bindegewebe, Leiste	Bronchien		Leistenbruch
	765			Nervensystem, Thymus I	Zellerneuerung	Konzentration	Lähmungen

Der Attraktor der 3. Dimension ist die Zahl 10. Die ziffernmäßige Definition ergibt sich aus der *Potenzierungsreihe*

$$1 - 10 - 100 - 1.000 - 10.000 - 100.000 - 1.000.000 - \text{etc.}$$

oder

$$10^1 - 10^2 - 10^3 - 10^4 - 10^5 - 10^6 - 10^7 - 10^8 - 10^9 - \ldots \text{usw.}$$

Sie wirkt auch auf der Grundlage jeder Basiszahl. Diese muss danach nur potenziert, d. h., es muss das Komma nach rechts verschoben bzw. vor dem Komma müssen entsprechende Nullen angebracht werden.

Nach diesem Potenzierungsprinzip werden im Kosmos Informationen weitergeleitet. U. a. findet dieses Kommunikationssystem der 3. Dimension seine Anwendung in der Potenzierung von Heilsubstanzen in der Homöopathie, z. B. von

D-Potenz	=	$9 + 1$
C-Potenz	=	$90 + 10$
M-Potenz	=	$900 + 100$
L-Potenz	=	$9.000 + 1.000$
LM-Potenz	=	$90.000 + 10.000$ usw.

Dieser Potenzierungsvorgang für die Weitergabe natürlicher Heilinformationen kann im Bereich der Hochpotenzen so weit gehen, dass in der flüssigen Trägeressenz keinerlei stofflich-materielle Substanz mehr nachweisbar ist, jedoch immer noch Informationen des Ausgangsmittels. Diese Schwelle ist erreicht mit der so genannten LOSCHSCHMIDT'schen Zahl von 10^{28}.

Ein anderes Beispiel von Kommunikation der 3. Dimension ist die Potenzierung und das feststellbare Resonanzverhalten einzelner Körperzonen, Gewebestrukturen, Organe und Energiezentren gemäß den Tabellen auf Seite 264 und 265.

Geometrisch ist die 3. Dimension bestimmt durch die Struktur des begrenzten Raumes von *Länge x Breite x Höhe* bzw. die √3-Beziehung. Für die männliche Komponente stehen wieder eckige Formen wie im Extrem der Würfel, Kubus oder Hexaeder, für das weibliche Element die Kugel bzw. in der Annäherung daran der Zwanzigflächler des Ikosaeders.

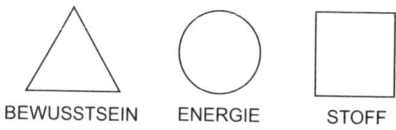

BEWUSSTSEIN   ENERGIE   STOFF

Die beiden Formen von (männlichem) Würfel und (weiblicher) Kugel gehen in das Innere und umhüllen das Äußere bestimmter begrenzter Raumkörper mit einem festgelegten Verhältnis von Kanten, Winkeln und Flächen, die nach der „Eulerschen Gleichung" immer die Zahl Zwei ergeben, also

$$E - K + F = 2$$
Anzahl der Ecken – Kanten + Flächen = 2

Diese Raumstrukturen bezeichnet man als *„Platonische Körper"*, den betreffenden Bereich der Geometrie als die *„tetraedale Geometrie"*, da sich alle fünf Raumkörper aus dem Tetraeder entwickeln.

KLASSISCHE FORMEN DER RAUMGEOMETRIE
die fünf „Platonischen Körper"

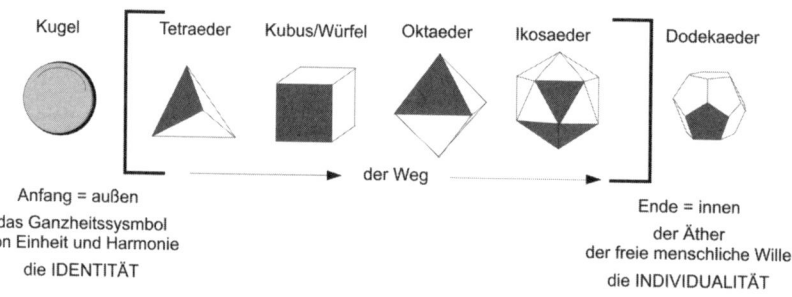

| Kugel | Tetraeder | Kubus/Würfel | Oktaeder | Ikosaeder | Dodekaeder |

der Weg

Anfang = außen
das Ganzheitssysmbol
von Einheit und Harmonie
die IDENTITÄT

Ende = innen
der Äther
der freie menschliche Wille
die INDIVIDUALITÄT

Voraussetzung zur Erstellung der „Platonischen Körper" sind Kanten mit gleichen Längen, Seiten mit gleichen Flächen und gleichgroße Eckenwinkel.

Die 5 *Platonischen Körper* sind:

Tetraeder: $4 - 6 + 4 = 2 = 96$

TETRAEDER
Farbe: Rot
Element: Feuer

Oktaeder: $6 - 12 + 8 = 2 = 576$

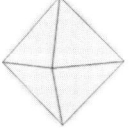

OKTAEDER
Farbe: Gelb
Element: Luft

Hexaeder/ $8 - 12 + 6 = 2 = 576$
Würfel:

HEXAEDER
Farbe: Blau
Element: Erde

Ikosaeder: $12 - 30 + 20 = 2 = 7200$

IKOSAEDER
Farbe: Grün
Element: Wasser

Dodekaeder: $20 - 30 + 12 = 2 = 7200$

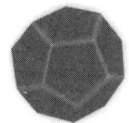

DODEKAEDER
Farbe:Magenta
Element: Äther

Aus der Aufteilung des Kreises in 180 Grad ergibt die Verdoppelung 360 und diese Verdoppelung 720 und deren Verdreifachung 2160. Dies entspricht der Periode eines Tierkreiszeichens für den Durchlauf der Erde. Die Multiplikation mit 12 Tierkreiszeichen ergibt 25920 – ein *Platonisches Jahr*.

$$360° \times 2 \times 3 \times 12 = 25920$$

4. Kommunikation der 4. Dimension

Die Energieebene der 4. Dimension ist die schwache oder *starke atomare Strahlung der Kernkraft*. Schwache atomare Strahlung liegt bei der Steuerung des radioaktiven Zerfalls beispielsweise in Kernkraftwerken zur Stromerzeugung vor. Die starke Kernkraft oder atomare Strahlung ist die stärkste Naturkraft. Sie hält die Bausteine des Atomkerns von positiv geladenen Protonen mit den im Nullpotential liegenden Neutrinos, Quarks und Gluonen zusammen. Als stärkste Kraft hat sie jedoch die geringste Reichweite im Unterschied zur Ursprungsenergie der 1. Dimension, der Gravitation. Diese ist die schwächste, derzeit bekannte Kraft, die jedoch unendlich weit reicht. Es gibt also einen Zusammenhang zwischen Kraftpotential und räumlicher Ausdehnung im Bereich der vier bisher festgestellten, ursächlichen Energieebenen.

(Fein-) Stofflicher Ausdruck der 4. Dimension ist die *Spiritualebene* des Überbewusstseins als verdichtetes Licht. Deren Steuerinstanz wird auch als Hohes Selbst bezeichnet. Es stellt die Verbindung zu höheren, himmlischen Hierarchien dar, übermittelt Informationen im Bereich der Hyperkommunikation und verwaltet den individuellen Kosmischen Plan.

Die in der 4. Dimension wirkende Kraft ist die *Liebesenergie* Atman, Mana Loa oder Rei. Sie fließt als göttliche Lichtsubstanz im Nullpotential des kosmischen Gitternetzes und verströmt unaufhörlich die Essenz der Urquelle. Diese ist grenzenlose, wertungsfreie, selbstlose Liebe.

Der Attraktor der 4. Dimension ist die Zahl 12. Die ziffernmäßige Definition ergibt sich aus der *Duodezimalreihe*

$$1 - 12 - 144 - \ldots. \text{ etc.}$$

Die Ziffer 12 begrenzt den Schöpfungskreislauf des ewigen Lebens in unserem Kosmos, einem der so genannten 3. Universen. Mit der 13 beginnt ein neuer Zyklus oder eine Evolution auf einer Parallelebene.

Geometrisch ist die 4. Dimension bestimmt durch die Struktur des unbegrenzten Raumes von Länge x Breite x Höhe x Tiefe, etwas, was die menschliche Vorstellungskraft normalerweise übersteigt, es sei denn, diese arbeitet im luziden Wachzustand mit virtuellen Bildern.

Alle diese Symbole aktivieren harmonische Heilungsenergien aus dem Kosmos. Das Wissen um ihre Wirkung ist uralt, die schamanische Tradition ihrer mündlichen Überlieferung so weit zurückliegend in die Vergangenheit hinein wie die Ursprünge der Menschheit selbst.

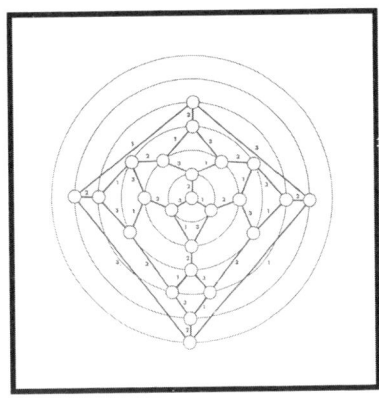

Verbindung mit dem Photonengürtel

Geometrische Darstellung der Maitreya-Photonen-Energie. Sie ist charakterisiert durch 4-D-Strukturen in der Form von Hologrammen. Seit urdenklichen Zeiten finden wir dieses Prinzip in den Energien alter, heiliger Symbole, verwirklicht beispielsweise im OM, dem Raumpentagramm oder dem *Sri Yantra*.

Lebensenergie im zwölfdimensionalen Raum

SRI YANTRA

EBENEN DES BEWUSSTSEINS
ERLEUCHTUNG- ERKENNTNIS- WEISHEIT
HILFE BEI ASTRALREISEN

Sri Yantra

OM

Ursilbe - Urwort - Urton
Urlaut der Schöpfung
Universale Schwingung
Meditation - Kontemplation - Erleuchtung
„Gott in mir"

5. Kommunikation der 5. Dimension

Die 5. Raumdimension ist nicht mehr geometrisch bestimmt in räumlichen Einzelgrößen, sondern steht für die *Strukturebene* als solche.

Die ziffernmäßige Definition ergibt sich aus dem System der *Primzahlen* und hier vor allem aus einer Vernetzung von so genannten Naturkonstanten wie $\sqrt{2}$, $\sqrt{3}$ und $\sqrt{5}$, also

$$\sqrt{1} = 1.000$$
$$\sqrt{2} = 1.414\dots$$
$$\sqrt{3} = 1.732\dots$$
$$\sqrt{5} = 2.236\dots$$

sowie der Euler'schen Zahl e = 2.718…
und der Zahl PI= π = 3.141…

Primzahlen stellen eine Strukturkonstante im Kosmos dar. Sie sind nur durch sich selbst und durch die Ziffer Eins teilbar. In der alternierenden Ordnung im Rhythmus von 2, 3 und 5 spielen sie auch in der Musik eine große Rolle, beispielsweise auch in Bezug auf den Bach'schen Kontrapunkt und die allgemeine Harmonielehre.

Jegliches Sein im Kosmos ist aufgebaut auf die folgende Zahlensymbolik:

$\sqrt{7}$ = siebenfach im Einklang des freien menschlichen mit dem Göttlichen Willen

$\sqrt{5}$ = fünffach in der individuellen Willensbildung

$\sqrt{3}$ = dreifach in Anlage, Aufbau und Ausbreitung gemäß dem 3. Geistigen Gesetz der Trinität und permanenten Dreiheit

$\sqrt{2}$ = zweifach in Erscheinungsbild, Darstellung und Erfahrung gemäß dem 2. Geistigen Gesetz der Polarität und Dualität

$\sqrt{1}$ = einfach im Sein, gemäß dem 1. Geistigen Gesetz von Einheit, Ganzheit, Vollkommenheit und wechselseitiger Vernetzung

Basisziffern des Zahlenraumes sind dabei[21]

$$81 : \underbrace{49 + 49}_{98} : 121$$

Der derzeit bekannte dreidimensional-begrenzte Bereich von *Raum und Zeit* ist in seiner größten, beobachtbaren und theoretisch errechenbaren Dimension durch den so genannten *Ereignishorizont* vorgegeben, welcher

---

21 Vgl.: ELBL DIETUS: *Orgasmen der Unendlichkeit.* CTT-Verlag 2000.

wiederum bestimmt wird durch die Lichtgeschwindigkeit von knapp 300 000 km pro Sekunde. Er liegt momentan etwa bei

$$1,5 \times 10^{26} \text{ Metern.}$$

Die kleinste derzeit beobachtete und errechnete Größe subatomarer Teilchen liegt demgegenüber bei 10^{-17} Metern.

Die Berücksichtigung sämtlicher Kommunikationsmöglichkeiten und Geschwindigkeiten aller atomaren Strukturen im menschlichen Organismus ergäbe ein gesamtes Informationspotential von 10^{32} Impulsen.

Die kleinste Zeitspanne einer feststellbaren Resonanz der mittleren Lebensdauer von sehr instabilen, subatomaren Partikeln ergibt sich derzeit bei

$$3 \times 10^{24} \text{ Sekunden.}$$

Die momentane Dimension einer menschlichen Beobachtung und mathematischen Bestimmung der Dimension des *Raumes* erstreckt sich also über 43 Potenzen, jene der *Zeit* über 41 Größenordnungen. Beide Zahlen liegen nahe an der Ziffer 10^{40}, welche der englische Physik-Nobelpreisträger DIRAC für Makrokosmos und Mikrokosmos als Korrelationskonstante dimensionsloser Zahlen im Raum-Zeit-Bereich in ständiger Evolution errechnet hat. 40 ist in der Zahlenmagie die Geheimziffer des ursprünglich von Gott als sein Ebenbild erschaffenen Menschen *Adam Kadmon*. Die Potenzierung von Ziffern steht des Weiteren nach der Zahlenmystik immer für die Eigenerlösung und Eigenevolution als Weiterentwicklung im Rahmen des universalen Ursprungs.

Multidimensionale, subatomare, grenzenlose Kommunikationssysteme ergeben kombinatorische Strukturhierarchien, die in der Anzahl möglicher Varianten auf jeder Ebene durch die Sequenz

$$3 - 7 - 12 - 7 - 2 - 1 \qquad \text{vorgegeben sind.}$$

Hierin spiegeln sich in einer numerischen Reihe kosmische Kräfte als Quantifizierung einer Göttlichen Schöpfungshierarchie. Dies erinnert als Reihe im Endstadium an den DIRAC'schen Korrelationsfaktor von 10^{40}, der Makro- und Mikrokosmos verbindet. BASTIN und NOYES erklären die erste Ebene als Ausdruck der Ladung im Kosmos, die zweite Ebene als Ausdruck der stofflichen Quantenzustände, die dritte Ebene als Ausdruck von Wechselwirkungen zwischen beiden und schließlich die vierte Ebene als die nahezu unendliche Vielfalt möglicher instabiler Konfigurationen im Kosmos.

Rupert RIEDL ordnete 1976 die konstante Quantität der Information im Kosmos mit 10^{91} Bits, also 10×91 potentiell möglichen Ja/Nein-Entscheidungen im Rahmen des universalen binären Codes an.

Primzahlentwicklung auf der Basis der Fibonacci-Reihe

2	3	5
4	6	7
8	9	11
10	12	13
14	15	17
16	18	19
20	21	23
22	24	25
26	27	29
28	30	31
32	33	35
34	36	37
38	39	41
40	42	43
44	45	47
46	48	49
50	51	53
52	54	55
56	57	59
58	60	61
62	63	65
64	66	67
68	69	71
70	72	73
74	75	77
76	78	79
80	81	83
82	84	85
86	87	89
88	90	91
92	93	95
94	96	97
98	99	
100		

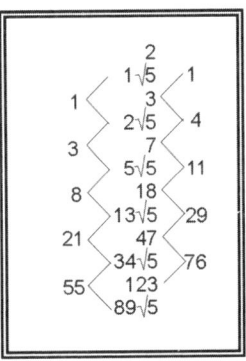

Quelle: ELBL,DIETUS: *Orgasmen der Unendlichkeit*. CTT-Verlag 2000.

6. Die nichtlineare Hyperkommunikation

6.1 „Einstein – Rosen – Brücken" und „Wurmlöcher"

Im Rahmen des multidimensionalen, absolut grenzenlosen und subatomaren *Kosmischen Lichtgitternetzes* ist auch eine nichtlineare Kommunikation außerhalb der bekannten fünf Sinne möglich, die direkt auf das Gehirn wirkt und auch von diesem ausgeht. Diese ist auch für das Phänomen der *Inspira-*

tion verantwortlich, einer nonverbalen, telepathischen Verbindung zwischen der kreativen, intuitiven Ich-Komponente der dreidimensional ausgerichteten rechten Gehirnhälfte als dadurch angesprochene Ebene des Wachbewusstseins und der „Göttlichen" Ebene des Hohen Selbst im Rahmen des Überbewusstseins der gesamten individuellen Identität. Neben den drei unterschiedlichen Bewusstseinsebenen der menschlichen Persönlichkeit Unter-, Wach- und Überbewusstsein spielen für diese nichtlineare *Hyperkommunikation* in Kosmos und Universum die menschliche Genetik sowie Auswirkungen der Gravitation bzw. Schwerkraft eine große Rolle.

Gemäß den Aussagen der *Speziellen Relativitätstheorie* von Albert EINSTEIN stellt die Lichtgeschwindigkeit von knapp 300 000 km pro Sekunde im Vakuum eine absolute Grenze in Kosmos und Universum dar. Danach kann sich weder ein Körper noch ein Impuls oder eine Information schneller als das Licht bewegen. Diverse Entdeckungen der Quantenphysik, der Lehre von Naturgesetzen kleinster Teile von Materie etc., rütteln jedoch zwischenzeitlich an diesem eisernen Dogma der fundamentalen Naturwissenschaft. Eine dieser Aussagen ist der Tunneleffekt. Dieser besagt, dass kleinste Mikrobausteine von Materie unter gewissen Bedingungen anders reagieren als makroskopische Körper. Elementarteilchen wie Elektronen beispielsweise werden durch Wellenmuster definiert, in denen angegeben ist, wo das einzelne Teilchen wahrscheinlich anzutreffen ist. Dabei wird ein eventueller Beobachter als direkter Mitspieler im Gesamtsystem integriert. Wellenmuster befinden sich dabei auch außerhalb der von elektromagnetischen Feldern vorgegebenen Grenzen.

Das Elementarteilchen kann sich also sowohl innerhalb als auch außerhalb des vorgegebenen Limits befinden und damit physikalisch eigentlich eindeutig vorgegebene Grenzen überwinden, was auch experimentell nachvollziehbar ist. [22]

Im Rahmen seiner *Allgemeinen Relativitätstheorie* beschrieb EINSTEIN eine neue Raum-Zeit-Geometrie, in welcher in einer höheren als der 4. Dimension von Länge x Breite x Höhe und quantitativ-linearer Zeit Formen im Universum durch Auswirkungen der Gravitation gekrümmt erscheinen, was er mathematisch bewies. In der Nähe besonders hoher Gravitationsverdichtungen, wie beispielsweise sogenannter *Schwarzer* oder *Weißer Löcher*, kommt es dabei im Kosmos zu Tunnelverbindungen zwischen unterschiedlichen, galaktischen Bereichen. Man bezeichnet diese nach ihren Entdeckern

---

22 Vgl. die Versuche mit Mikrowellen nach 1993 von *Prof. Günter Nimetz* an der Universität Köln bzw. nach 1995 von *Raymond Chiao* an der Berkeley-Universität mit Photonen.

auch als *Einstein-Rosen-Brücken*, einen *Tunneleffekt* auf Makroebene. In diesem Tunnel gibt es Raum und Zeit gemäß menschlicher Vorstellung der 4. Dimension nicht, denn diese steht ja gerade für Erfahrungen außerhalb dieses Bereiches. Tunnel- und /oder Einstein-Rosen-Brücken werden von Materieteilchen, Informationsimpulsen oder elektromagnetischen Feldgrößen grundsätzlich ohne Raumkomponente in Nullzeit durchquert. Verbindungskanäle geringerer Größenordnung zwischen zwei getrennten Orten im Kosmos werden als *Wurmlöcher* bezeichnet, ein Begriff, der auf den bekannten, amerikanischen Quantenphysiker John A. WHEELER zurückgeht.

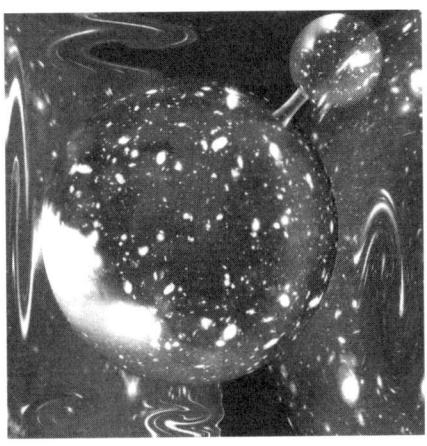

Nach dieser Auffassung kann auch in einem eigentlich leeren, interstellaren bzw. intergalaktischen Raum eines Vakuums die dort festzustellende Energie niemals zur Gänze auf Null absinken. Die immer vorhandene, empirisch nachweisbare Restenergie wird als *Quanten-Vakuumsfluktuation* bezeichnet.

Sie ist im Kleinen in Wurmlöchern, im Großen in Schwarzen bzw. Weißen Löchern, jedoch nur für Sekundenbruchteile nachweisbar, da sie ja außerhalb der normalen menschlichen 4. Dimension der quantitativen Zeitkomponente existiert.

Gerade *Wurmlöcher* u. a. sind es aber, die offensichtlich die elementaren, aber zeitlosen Kommunikationsverbindungen in Kosmos und Natur ermöglichen, in welchen Informationen unserer Raum-Zeit-Welt in Überlichtgeschwindigkeit auch ohne Raumbegrenzung im interstellaren Bereich weitergeleitet werden. Diese Kommunikationsmöglichkeit auch im so genannten Hyperraum wird deshalb als – im gesamten kosmischen Gitternetz universal einsetzbare – *Hyperkommunikation* bezeichnet. Diese stellt somit eine wissenschaftlich nachweisbare und erklärbare Vernetzung unterschiedlicher Bewusstseinsebenen und Intelligenzformen im Universum dar.

Computersimulation eines Wurmlochs

6.2 Die Antennenfunktion der DNS (Desoxyribonukleinsäure)

Als Antennen für diese raum-zeitlose, universale Kommunikation wirken im System menschlicher Zellverbände die Träger der Erbanlagen und Gene, im Riesenmolekül der DNS = Desoxyribonukleinsäure, organisiert. *Erste Hinweise auf diese kleinsten Bausteine des Lebens gaben im Jahre 1953* James WATSON *und* Francis CRICK, *indem sie ein Modell der Desoxyribonukleinsäure (DNS) vorstellten, was ihnen im Jahre 1962 den Nobelpreis einbrachte.*

In den DNS ist nach derzeitiger wissenschaftlicher Ansicht die gesamte Erbsubstanz lebender Systeme enthalten. Dieses Riesenmolekül besteht aus zwei parallel in Form einer Doppelhelix angelegten Strängen aus Phosphat- und Zuckerverbindungen. Diese werden in regelmäßigen Abständen durch so genannte Basenpaare von drei Hundertmillionstel Zentimetern Länge quer wie die Sprossen einer Leiter verbunden, die für die Erbinformation von entscheidender Bedeutung sind. Diese Leitern sind Stickstoffverbindungen wie *Adenin* (A), *Thymin* (T), *Cytosin* (C) und *Guanin* (G), wobei in einem binären Doppelcode immer nur *Adenin* und *Thymin* bzw. *Cytosin* und *Guanin* eine Basenbrücke bilden können.

Beim Menschen befinden sich auf der Länge eines DNS-Moleküls von nahezu zwei Metern drei Milliarden Basenpaare in Form codierter Informationen. Wie eine Spiralfeder ist dieser nur etwa sieben Trillionstel Zentimeter dicke Strang wie ein extrem dichtes Knäuel im Kern jeder menschlichen Zelle auf nur etwa einem Milliardstel Kubikzentimeter Raum eingerollt. Die im Zellkern liegende DNS teilt sich dabei buchstäblich auf. Die Gesamtzahl aller Erbanlagen eines Organismus wird als GENOM bezeichnet. Dieses ist in *Chromosomen* unterteilt, wovon der heutige Mensch in jeder Zelle 46 besitzt, davon 22 paarweise vorliegende Autosomen und zwei geschlechtsspezifische Chromosomen X und Y. Chromosomen sind Träger der GENE als kleinste, funktionale, genetische Einheit mit jeweils spezifischer Aufgabe. Im Rahmen der Vererbung ist es wichtig, dass alle Erbinformationen möglichst genau weitergegeben werden. Spezielle, von Bakterien hergestellte Restriktionsenzyme teilen die DNS-Stränge bruchstückhaft auf, wobei Anfang und Ende der Bruchstücke sich überlappen, damit Verwechslungen unterbunden werden. Andere Enzyme sind im Rahmen der Polymerase-Kettenreaktion (PCR) für die Vervielfältigung der RNS = Ribonukleinsäure zuständig, welche quasi als DNS-Kopien im Rahmen der Zellteilung die eigentliche Informationsübertragung durchführen.

Eine wichtige Rolle bei diesem komplizierten, chemischen Umwandlungsprozess spielen Informationsträgersubstanzen, die, aufgeladen mit speziellen Frequenzmustern, bis zum letzten einzelnen Zellkern in den biophysischen und biochemischen Ablauf im gesamten Organismus Kommunikationsimpulse auslösen, realisieren, steuern und kontrollieren. Im Rahmen der Aktivitäten dieser Biotransmitter, Hormone, Enzyme etc. spielen bei der Zellatmung und dem Elektronentransport in der Zelle das Protein Cytochrom eine besondere Rolle. Dies gilt ebenfalls bei der Weitergabe der in Erbsubstanzen enthaltenen, genetischen Botschaften bzw. Codes für die Desoxyribonukleinsäure (DNS oder engl. DNA).

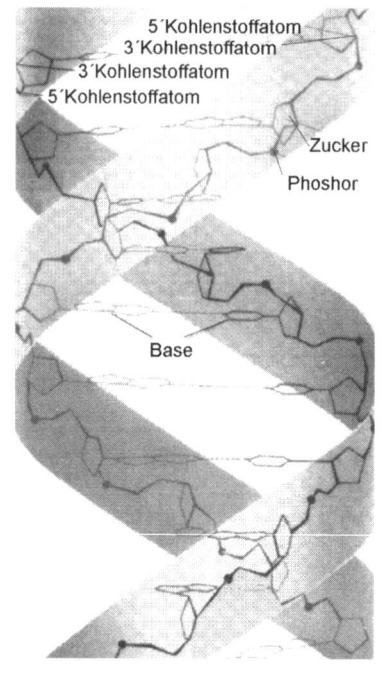

5´Kohlenstoffatom
3´Kohlenstoffatom
3´Kohlenstoffatom
5´Kohlenstoffatom
Zucker
Phoshor
Base

Die menschlichen Chromosomen, gebildet letztendlich aus DNS, schwingen in einem gesunden Körper bei einem Resonanzmaximum von ca. 350 Nanometern, was im Farbspektrum Violett entspricht. Durch vermehrte Eigenschwingung kann der Mensch mit der Farbe Dunkelrot (ca. 750 Nm) seine individuellen Gene dynamisieren. Eine gewisse „Idealschwingung" des menschlichen Systems stellt der Wellenlängenbereich von ca. 635 Nm dar, äquivalent der Farbe Rot. Hier ist auch laut F. A. POPP die Photonenemission am größten.

Den vier Basenpaaren der DNS kann man also auch unterschiedliche Farben und Töne zuordnen, welche auf den Bereich der Alpha-Frequenzen zwischen 5 und 8 Hertz herunter zu transformieren sind. Entgegengesetzt zur Oktavierungsreihe können aus dem Frequenzbereich des sichtbaren Lichtes zwischen 350 und 780 Billionen Hertz bei der 46. Teilung nach unten in niedrigere Frequenzbereiche Alpha-Ebenen berechnet werden. Diese Ziffer (46) entspricht bekanntlich wieder der Anzahl der menschlichen Chromosomen.

Einzelne Farben entsprechen dann den nachfolgenden menschlichen Gehirnfrequenzen:

FARBE	TON	Wellenlänge in Nanometern	Frequenz in Bio Hz	Gehirnfrequenz in Hz	
rot	G	690	435	6.2	
orange	A	620	484	6.4	THETA-Bereich
gelb	AIS	590	509	7.2	
limone	H	550	545	7.83*	
grün	C	520	577	8.2**	ALPHA-Bereich
türkis	CIS	490	612	8.4	
blau	D	460	652	9.56**	
indigo	DIS	440	682	10.0**	
violett	E	415	725	10.8	
purpur	F	780	768	12:12	
magenta	FIS	368	814	12.5**	

* 7.83 Hz entsprechen dem untersten Wert der elementaren „Schumann-Frequenz".
** 8.2, 9.56, 10.0 und 12.5 Hz sind ebenfalls *elementare* SCHUMANN-*Frequenzen*

278

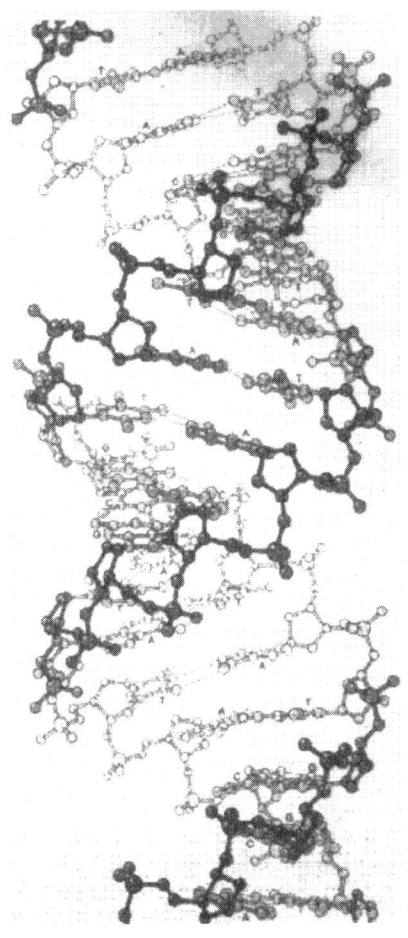

Als raffiniert verdrillte Molekülpackung im Zellkern liegt die DNS darin gut geschützt und lässt sich nur von wenigen Molekülen, die in die Zelle eindringen, verändern. Zu diesen Substanzen gehört beispielsweise der rote Farbstoff *Ethidiumbromid* (EB). Die Zugabe von EB an bestimmte Zellverbände verändert deutlich deren Photonenemission. Die verstärkte Verwendung von EB bewirkt in der Zelle eine Entspiralisierung der über Strukturen verbundenen *Superhelix* der DNS. Bei weiterer Zuführung von EB führt dies jedoch nicht zu einer vollständigen Auftrennung und damit Zerstörung der DNS, sondern vielmehr im Gegenteil zu einem erneuten Einrollen der Spiralen, nunmehr jedoch in entgegengesetzter Drehrichtung. Dieser bedeutende biophysikalische Vorgang geht gleichzeitig einher mit einer erhöhten Speicherung und Emission von Photonen in den mit EB versetzten Zellverbänden sowie einem deutlichen Ansteigen der luminiszenten Aurastrahlung der in Frage kommenden Zellen.

Nur etwa zehn Prozent der DNS bestehen aus Genen, die über die Eiweißsynthese der Zellteilung wie eine harmonische, vollkommene Blaupause zum organischen Körperaufbau verwendet werden. Der verbleibende größere Rest der DNS wirkt als Informationsspeicher und Kommunikationsmedium über eine bestimmte Trägerfrequenz auch im Rahmen der Hyperkommunikation ohne Begrenzung durch Raum und Zeit hinweg. Die DNS stellt dabei einen bedeutenden Speicher von Lichtenergie und körperinternen Strahlung von Biophotonenenergie dar. Sie ist außerdem ein wichtiger organischer Supraleiter.

Mit 3 Gigabits Speicherfähigkeit kann die DNS elektromagnetische Informationen aus der Umwelt aufnehmen, verarbeiten, speichern und wieder abgeben. Dies gilt auch für die in masselosen Lichtquanten = Photonen enthaltenen harmonischen Urinformationen des Universums und für vollkommen ausgerichtete kosmische Ordnungskriterien.

Menschliche DNS haben eine Eigenfrequenz von 150 Megahertz, welche im Bereich von Radar-, Telekommunikations- und Mikrowellenschwingungen liegen. Die 22. Oktavierung von 150 MHz führt zu Frequenzen im Spektralbereich des sichtbaren Lichtes entsprechend der Farbe Blau.

Lebendes Gewebe in Form der so genannten *Phantom-DNS* kann die Struktur des Vakuums verändern, indem sich *Wurmlöcher* an DNS-Teilstücke anheften und Informationen im Rahmen der Hyperkommunikation vermitteln, die als Essenz in ihrer Struktur über lange Zeit erhalten bleiben, und dies auch nach Entfernen der entsprechenden Gewebeteile. Der physikalische *Phantom-DNS-Effekt* erklärt die Erhaltung gewisser Licht-Spektralbereiche der DNS, auch wenn diese aus dem entsprechenden Frequenzbereich kohärenten Laserlichtes herausgenommen werden. Es erklärt auch die Wirkungen der harmonisch-vollkommen aufgebauten ätherischen Blaupause aller Körperzellen auf der energetischen Steuerebene.

DNS bauen magnetische *Wurmloch-Strukturen* im Vakuum und damit mikroskopisch kleine Informationskanäle für die Hyperkommunikation auf. Die DNS fungiert also u. a. als kosmische Antenne, Supraleiter, Licht-Informationsspeicher und Hyperkommunikationskanal. Sie reagiert dabei u. a. auch auf Schwingungen des gesprochenen Wortes, der Töne, Symbole, auf Licht und Farben sowie Signale im Rahmen *morphogenetischer Felder* und des menschlichen Gruppenbewusstseins.[23]

Der in der DNS festzustellende, physikalische Aufbau des Riesenmoleküls entspricht im Prinzip dem klassischen, von FARADAY entwickelten Modell der Erzeugung von Induktionsstrom durch die Schaffung elektromagnetischer Felder, hervorgerufen durch die polare Wechselwirkung von Anziehung und Abstoßung elektrischer und magnetischer Impulse. Üblicherweise wird ein derartiger Vorgang durch eine oder mehrere stromleitende Spiralen, die meist als Spulen aufgewickelt sind, eingeführt oder ausgelöst. Das Induktionsfeld, welches eine derartige Spule durchschneidet, muss zu dieser axial stehen. Auch bei sehr kleiner Spannung und Kapazität kann somit ein starker Strom erzeugt werden, sofern die Frequenz sehr hoch ist. Bei Schwingungen pro Sekunde in Bereichen von 380 bis 760 Billionen Hertz sind sicherlich eine sehr feine Frequenz und hohe Schwingung gegeben, damit potentiell die Möglichkeit, hohe Stromstärken und gewaltige elektromagnetische Felder durch die einzelnen Zellen im menschlichen

23 Vgl. hierzu die Forschungen und Veröffentlichungen von Prof. Dr. *Nieper*.

Körper aufzubauen. Laut Hans NIEPER, Hannover, beträgt die durch-
schnittliche Spannung in einem Kubikzentimeter Körperzellen ca. 90 000
Volt.[24]

Innerhalb der DNS entsprechen die aus Kohlenstoffatomen, Phosphat-
und Zuckermolekülen zusammengesetzten einzelnen Spiralbänder den Spu-
lenwindungen. Diese sind bei gleichem chemischem Aufbau durch polare
Positionen in bipolarer Anordnung aufgebaut und geladen. Die wie Treppen
horizontal eingelagerten Basenpaare entsprechen den jeweiligen wechselseitigen Induktionsfeldern des FARADAY'schen Modells. Auf die beschriebene Art und Weise wird innerhalb der DNS und damit in jeder einzelnen Zelle
ein elektrisches Potential von vergleichsweise enormer Stärke erzeugt. Diese
elektrischen Stromkreise in der Zelle schwingen auf unterschiedlichen Wellenlängen in hohen Frequenzen, deren spezieller Charakter von den Werten
der Spirale und der Kapazität im elektromagnetischen Feld der einzelnen
Zelle abhängt. Diese sind somit der Sitz hochfrequenter Schwingungen und
unsichtbarer, luminiszenter Strahlungen in Bereichen des durch das Auge
sichtbaren Farbfeldes und darüber hinaus.

6.3 „Gott in unseren Zellen"

Die beschriebene menschliche Evolution in der Verdichtung der Elemente
ergibt aus dem Licht kommend dessen so genannten Abstieg in die Materie.
Aus der (notwendigen) Erfahrung der Dunkelheit heraus bewegt er sich als
„aufstrebender" Mensch langsam wieder dem Licht entgegen, um schließlich als „vollkommener Mensch" seine eigene Identität aufzugeben und wieder mit der Urquelle zu verschmelzen.

In der althebräischen Schriftensammlung der *Kabbala* wird in ihrem
ältesten Teil, dem *Sepher Jezira*, der Schöpfungsprozess beschrieben. Der
amerikanische Forscher Gregg BRADEN hat in seinem kürzlich erschiene-
nen Buch *The God Code*[25] dargelegt, dass es eine direkte Beziehung zwischen den Buchstaben des hebräischen Alphabets und den chemischen Elementen gibt, die in der DNS enthalten sind. Er weist auch darauf hin, dass
der so genannte Abstieg in die Materie an bestimmte Elemente gebunden
ist.

24 Vgl: hierzu auch: Georges Lakhovsky: *Das Geheimnis des Lebens*, VGM Verlag, Essen.

25 BRADEN, Gregg: *The God Code*. Koha – Verlag, Burggrain 2004.

FEUER   wird in unserem 3. Universum in Verbindung gebracht mit der Sonne und als deren Brennstoff zu 71 % Wasserstoff (Ordnungs-zahl 1, Symbol H, Atommasse 1.008) und zu 27.1 % Helium (Ordnungszahl 2, Symbol He, Atommasse 4.003).

LUFT   besteht nach neuesten Forschungen[26] zu etwa 75% aus Stickstoff (Ordnungszahl 7, Symbol N, Atommasse 14.01), zu etwa 21% aus Sauerstoff (Ordnungszahl 8, Symbol O, Atommasse 16) und als Rest aus Argon, Kohlendioxid und Spurenelementen.

WASSER   enthält zwischen 85 und 89 % Sauerstoff (Ordnungszahl 8, Sym-bol O, Atommasse 16) und als verbleibenden Rest Wasserstoff und Spurenelemente.

ERDE   besteht im grobstofflichen Bereich vor allem aus Silikon, Sauer-stoff, Wasserstoff und Aluminium. Wasserstoff und Sauerstoff bilden auch den Hauptanteil des menschlichen Körpers. In die-sem wird Silikon durch die Elemente Kohlenstoff (Ordnungszahl 6, Symbol C, Atommasse 12.01) und Stickstoff (Ordnungszahl 7, Symbol N, Atommasse 14.01) ersetzt.

Die Grundbausteine der Alchemie entsprechen überwiegend den nachfol-genden chemischen Elementen, aus denen auch der Mensch erschaffen ist. Dies zeigt sich vor allem im Rahmen der Gematria der Zahlenmystik im so genannten kosmischen Wert einer Ziffer, der *theosophischen Addition*. Der so genannte kosmische Wert einer Ziffer ergibt sich nach der Zahlenmystik durch Additionen der Quersummen zu einer einstelligen Zahl, also wird 14 für Stickstoff zu 5,16 für Sauerstoff zu 7.

Element	chem. Zusammen-setzung	Ordnungszahl	entsprechender hebräischer Buchstabe
FEUER	Wasserstoff	1	J
LUFT	Stickstoff	5	H
WASSER	Sauerstoff	6	W
ERDE	Kohlenstoff	6	W (G)

Dem hebräischen Alphabet, welches seit über 3000 Jahre in einer heute noch lebenden Sprache und deren Schrift verwendet wird, können den nach-folgenden 22 Buchstaben nach der altjüdischen Tradition die angegebenen Zahlenwerte zugeordnet werden:

Symbol	Name	Klang	Wert	Symbol	Name	Klang	Wert
א	Alef	Still	1	ל	Lamed	L	30
ב	Beth	B/W	2	מ	Mem	M	40
ג	Gimel	G	3	נ	Nun	N	50
ד	Daleth	D	4	ס	Samech	S	60
ה	He	H	5	ע	Ajin	(kehlig)	70
ו	Waw	W	6	פ	Peh	P/F	80
ז	Zajin	Z	7	צ	Sade	Z	90
ח	Chet	Ch	8	ק	Quof	Q	100
ט	Tet	T	9	ר	Resch	R	200
י	Jod	J	10	ש	Schin	S	300
כ	Kaph	K	20	ת	Taw	T	400

In der *Sepher Jezira* ist geschrieben, dass Gott aus den drei Buchstaben seines Namens die wichtigsten Bausteine allen Lebens erschuf:

> *Und Er wählte drei Buchstaben...*
> *und stellte sie in Seinen großen Namen...*
> *ein großes, verborgenes, mystisch erhabenes*
> *Geheimnis, aus dem Feuer, Atem und Wasser*
> *hervorgehen, alles, was erschaffen wurde.*
>
> Sephir Jezira

Von vielen Wissenschaftlern werden heute Genom und DNS als genetische Blaupause des Lebens mit einer „Sprache verglichen, in der Gott das Leben erschuf".[27] Wie bereits erwähnt, sind die Grundbausteine des Lebens einfach aufgebaut, da sie nur aus vier chemischen Bestandteilen bestehen. Diese sind *Adenin* (A), *Thymin* (T), *Guanin* (G), und *Cytosin* (C), wobei *Guanin* mit *Cytosin* und *Adenin* mit *Thymin* verbunden sind. Als leiterähnliche Form bilden sie quasi die querliegenden Sprossen der DNS-Doppelhelixspiralen.

Der persönliche Name Gottes wird in der altjüdischen Thora mit den Buchstaben JHWH angegeben. Setzt man diese über den Zahlencode mit den entsprechenden chemischen Elementen in Verbindung, so ergeben sich für den Namen Gottes und des Menschen als dessen Ebenbild folgende Gemeinsamkeiten:

27 CLINTON, Bill: *Announcing the Completion of the First Survey of the Entire Human Genome*. Pressekonferenz des Weißen Hauses von 26. Juli 2000.

Y	JOD	Wasserstoff	10		Y	JOD	Wasserstoff	10
H	HE	Stickstoff	5		H	HE	Stickstoff	5
W(V)	WAW(WOD)	Sauerstoff	6		W(V)	WAW(WOD)	Sauerstoff	6
H	HE	Stickstoff	5		G	GIMEL	Kohlenstoff	3
	Gottesname 26 →		8			Menschenname 24 →		6

H, der letzte, vierte Buchstabe des Gottesnamens ist als einziger im Menschennamen durch G ersetzt. Also hat der Mensch auch über seine chemischen Bestandteile und seinen Namen eine starke Beziehung zu Gott. Die Quersummen ergeben dabei für den Gottesnamen als kosmischen Wert der Zahl die Acht, welche für die Unendlichkeit, die Auferstehung und die mentale Überwindung der Grobstofflichkeit und des physischen Todes steht sowie für den Menschennamen die Zahl Sechs, welche die dichteste Materie in der Dunkelheit und die grobstoffliche Masse charakterisiert. Demzufolge entwickelt sich der *aufstrebende Mensch* von der Sechs über die Sieben zur Acht, indem er die eigene Göttlichkeit in sich annimmt, bewusst lebt und im Innen und Außen ausdrückt.

Der Name GOTTES als *JHWH** in der DNS jeder Körperzelle des Menschen als *JHWG***
(nach dem hebräischen Alphabet)

DNS-Base	Chem. Element	Hebräischer Buchstabe	Anzahl der Atome		Polung	Element	Ebene
1. ADENIN (A)	*Wasserstoff* (H)	JOD (J)	5	JJJJJ	+ +	Feuer	Spiritual
	Stickstoff (N)	HE (H)	5	HHHHH	Positiv	△	Über-
→ JOD (J)	Sauerstoff (O)	WAU (W)	0	–	Männlich	rot	bewusstsein
	Kohlenstoff (C)	GIMEL (G)	5	GGGGG			
			Summe A= 15				
2. CYTOSIN (C)	Wasserstoff (H)	JOD (J)	6	JJJJJJ	+ –	Luft	Mental
→ HE (H)	*Stickstoff* (N)	HE (H)	3	HHH	Negativ	◇	Wach-
	Sauerstoff (O)	WAU (W)	1	W	Männlich	gelb	bewusstsein
	Kohlenstoff (C)	GIMEL (G)	4	GGGG			
			Summe C = 14				
3. THYMIN (T)	Wasserstoff (H)	JOD (J)	6	JJJJJJ	+ –	Wasser	Emotional
→ WAU (W)	Stickstoff (N)	HE (H)	2	HH	Positiv	O	Astral
	Sauerstoff (O)	WAU (W)	2	WW	Weiblich	grün	Unter-
	Kohlenstoff (C)	GIMEL (G)	5	GGGGG			bewusstsein
			Summe T = 15				
4. GUANIN	Wasserstoff (H)	JOD (J)	5	JJJJJ	– –	Erde	Physisch
→ GIMEL (G)	Stickstoff (N)	HE (H)	5	HHHHH	Negativ	□	materieller
	Sauerstoff (O)	WAU (W)	1	W	Weiblich	blau	Körper
	Kohlenstoff (C)	GIMEL (G)	5	GGGGG			
			Summe G = 16				

* JH = 10 + 5 = 15   Summe A + T = 15 + 15 = 30 bzw. Summe C + G = 14 + 16 = 30
→ zeigt den ewigen Aspekt des Gottesnamen

JHW = 10 + 5 + 6 = 21 → 3
JHWH = 10 + 5 + 6 + 5 = 26 → 8   steht für „den Unaussprechlichen"
** JHWG = 10 + 5 + 6 + 3 =24 → 6   steht für „Gott im Menschen"
WG = 6 + 3 = 9   steht für den „vollkommenen Menschen"

Die Botschaft des Lebenscodes in den DNS unserer Zellen gibt also in etwa zu Zweidritteln den alten Gottesnamen JHWH= *Gott, das Ewige* wieder. Das verbleibende ungefähr eine Drittel ist mit *das Innere im Körper* zu übersetzen, was den einzelnen Menschen wiederum als Spiegelung der Urquelle beschreibt.

Die Vercodung des alten jüdischen und christlichen Gottesnamens in den DNS unserer Zellen zeigt unsere Einbindung in Kosmos und Universum, unabhängig von Hautfarbe, Religion, Stand und ethnischer Zugehörigkeit. Vor Gott sind alle Menschen gleich, im Außen und im Innen. Darüber hinaus ist Er nicht nur geistig – spirituell ein Teil von uns, sondern auch grobstofflich – physisch. Wir selbst sind die Einheit allen Seins.

Die Basenpaare der DNS spiegeln im darin enthaltenen genetischen Code den herkömmlichen Gottesnamen (siehe Grafik auf Seite 284) wider.

6.4 Kosmisches Gitternetz und „morphogenetische Felder"

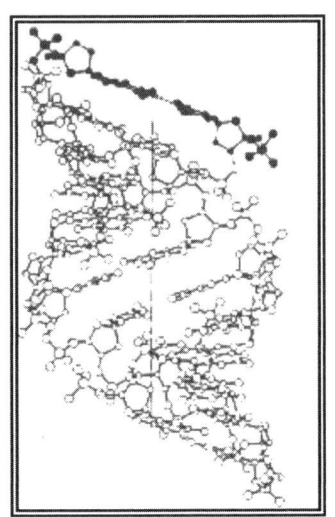 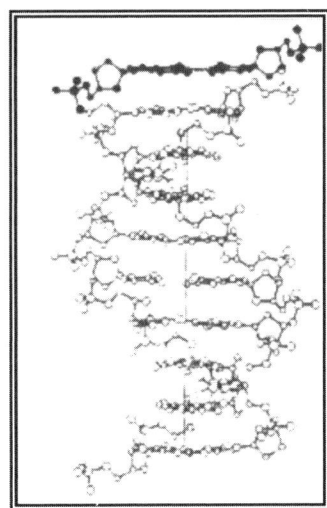

DNS-Helixstrukturen (Seitenansicht)

Die hohlraumartige Struktur beispielsweise einer Zelle oder eines spiralförmigen DNS-Moleküls speichert elektromagnetische Schwingungen bestimmter, von Struktur und Materialbeschaffenheit abhängiger Frequenzen,
Interferenz-, Ladungs- und Feldmuster durch wiederholte Schwingungsre-
flexion im Inneren für längere Zeit als stehende Wellen mit klarer Aussage-
qualität. Dabei ist die so genannte *Resonatorgüte* ein harmonikaler Ausdruck für das Speichervermögen eines **Hohlraumresonators** und für dessen
Fähigkeit der Informationsaufnahme, -speicherung, -verwendung und -ab-
gabe des jeweiligen Systems und der betreffenden Struktur.

Wie die moderne Biophotonenforschung um Fritz-Albert POPP wissenschaftlich nachgewiesen hat, wirken die DNS im Zellkern sowohl als universale Antennensysteme, ausgerichtet auch auf den Empfang von Informationen aus dem Kosmos über Lichtimpulse, Farben und Formen, als auch als
Energiespender, die permanent über elektromagnetische Wellen angeregt
werden. Leben ergibt sich dabei als Wechselspiel zwischen den Protonen,
Elektronen und Photonen in und außerhalb der Zellen.

Eine wichtige Rolle bei der jeweiligen Antennenfunktion der DNS spielt
ihre geometrische Form. Hierbei werden A- und B-Gebilde unterschieden.
Die übliche Form ist dabei die B-Version, bei welcher der Winkel zwischen
Basenebene und Helixachse fast genau 90 Grad beträgt. Dies ergibt im
Schnittbild senkrecht zur Achse die Gestalt eines *Zehnecks*, gebildet quasi
aus dem Übereinanderlegen von zwei verschobenen Fünfecken. Die selte-
re A-Form entsteht bei einer Überdrehung der Helixspirale mit der Folge,
dass die DNS dann keine RNS hervorbringt bzw. sich selbst nicht dupliziert.
Die dann entstehende Gestalt ähnelt einer Zwölfeckkonstruktion mit zwei
übereinander liegenden verschobenen Sechsecken.

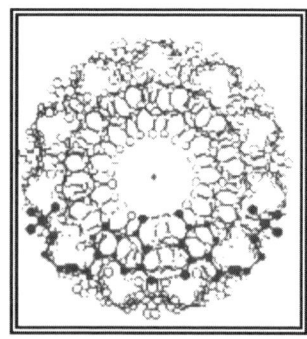 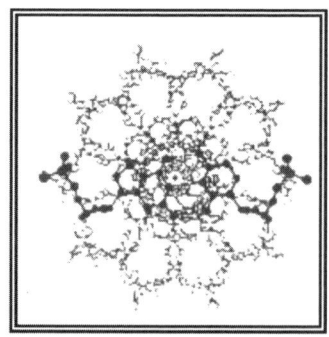

A-Form   DNS-Grundstrukturen (Aufsicht)   B-Form

Im *Kosmischen Lichtgitternetz* ist raum- und zeitüberschreitend, subatomar und multidimensional alles mit allem wechselseitig vernetzt. Jede mögliche Gedankenkombination ist bereits im Ansatz vorhanden. Menschliche Willensentscheidungen sind deshalb nur Festlegungen auf einzelne Wahlmöglichkeiten. *Wille = Wahl.* Für die sich ergebende Verbindung zweier Punkte gibt es dabei immer verschiedene „richtige" Möglichkeiten, nicht nur eine einzige gemäß dem jeweiligen Individualbewusstsein. Für biologische Systeme – wie auch den Menschen – hat der britische Biologe Rupert SHELDRAKE hierfür den Begriff der *morphogenetischen Felder* geprägt.[28] In diesen wirkt als bedeutende Komponente der Informationsübertragung und Kooperation im Rahmen des Gruppenbewusstseins von biologischen Systemen gerade die Hyperkommunikation. Sie ist auch das Übertragungsmedium und die Erklärung für menschliche *Kreativität, Intuition, Inspiration, Denken in virtuellen Realitäten, Visualisierung* und die Erschaffung realer Wirklichkeiten durch die telepatische Weitergabe von Bildern.

Beim Menschen geschieht dies vor allem durch die gezielte Aktivierung der **Großhirnhemisphäre der rechten Gehirnhälfte.** Dort sitzen die Bewusstseinszentren für die bildliche Wahrnehmung, Kreativität, Intuition, Inspiration, das mehrdimensionale Erfahren von Sinneswahrnehmungen, die Traumwelt, die Erschaffung bisher nicht gespeicherter Wirklichkeiten, die künstlerische Gestaltungskraft, die Welt des ICH-Anteils im Wachbewusstseinsbereich sowie die Kontaktaufnahme mit dem Unterbewusstsein des Inneren Kindes und dem Überbewusstsein des Hohen Selbst. Hier kann sich der Mensch als kreativer Schöpfer der göttlichen Urquelle darstellen, als *Geist vom Geiste und Ebenbild Gottes*, nach innen orientiert hin zur Welt der Stille.

In der **Großhirnrinde der linken Gehirnhälfte** liegen demgegenüber die Gehirnzentren für Sprachbildung und -verständnis, Logik, Analytik, Intellekt, Verstand sowie Denken aufgrund vorher gemachter Erfahrungen. Dieser Bereich steht für die Ego-Komponente des Wachbewusstseins, der Orientierung nach außen und auf die mit den grobstofflichen Sinneswahrnehmungen erfahrbare Materie.

Mit Hilfe der Hyperkommunikation auf Gruppenbewusstseinsebene werden menschliche Gene untereinander wechselseitig vernetzt, führen zu Symbolbildern aus der archetypischen Traumwelt des vom Schweizer Psychologen Carl Gustav JUNG so bezeichneten *Kollektiven Unterbewusstseins* außerhalb der Erfahrungswelt der individuellen Persönlichkeit.

Als Informationsübermittler wirkt wieder die menschliche Erbsubstanz DNS. Hierdurch kann jeder einzelne menschliches Urwissen, welcher Art auch immer, wie über ein riesiges, raum- und zeitübergreifendes Internet abrufen. Damit ist er u. a. zu außergewöhnlichen, künstlerischen, geistigen und

28 Vgl. hierzu auch die Ausführungen auf den Seiten 81 ff. und 240 ff.

spirituellen Leistungen fähig. Er kann unglaubliche Heilerfolge anregen oder Zugang zu karmischen Datenspeichern, beispielsweise der individuellen oder universalen AKASHA-Chronik, bekommen, in welcher alle individuellen bzw. kosmischen Informationsimpulse aus sämtlichen Existenzebenen essentiell gespeichert sind. *Hellsehen, Erfahrungen in Vergangenheit und Zukunft* bzw. *Karma-Readings* finden so ihre einleuchtende und logisch nachvollziehbare Erklärung.

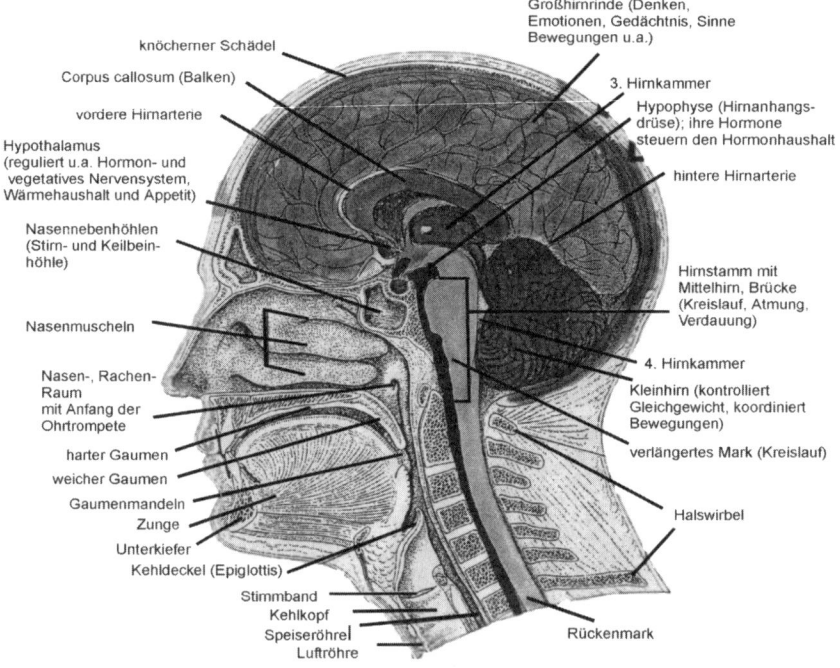

Im menschlichen Gehirn vor allem zuständig für die Hyperkommunikation sind gewisse Bereiche des Hinterhirns wie der so genannte *Hippocampus*, das *Kleinhirn*, auch als Ammonshorn, Mandelkern bzw. *Amygdala* bezeichnet, die *Mamillarkörper* sowie *Epiphyse* = Zirbeldrüse und *Hypophyse* = Hirnanhangsdrüsen im Zwischenhirn. In der modernen Neurophysiologie werden hier das mentale Angst- bzw. Schuldzentrum, der Umsetzungsbereich des freien menschlichen Willens, emotionale Speicherungen und die Verarbeitung unterschiedlicher Gefühlsregungen, Blockaden, Phobien, Traumata bzw. stark emotionsgeladener, innerer Bilder angenommen. Im Bereich der ELF-Frequenzen (extreme low frequencies) zwischen 1 und 10 Hz und hier insbesondere im Bereich der fundamentalen SCHUMANN-*Wellen*[29] mit ihrem untersten Wert von 7.83 Hz ist diese Art der Kommunikation besonders stark feststellbar. In diesem Bereich der *luziden Träume* knapp unterhalb der Alpha-Gehirnwellen-Frequenz von leichter Entspannung und Meditation zwischen 8 und 13 Hertz kommt es häufig zu Trancezuständen, veränderten Bewusstseinserfahrungen und Begegnungen mit unbekannten Wesenheiten im virtuellen Umfeld. Gedankenimpulse eines menschlichen Senders, die auf eine bestimmte Gehirnwelle aufgeprägt sind, können durch Resonanz mit SCHUMANN-*Wellen* verstärkt, von anderen, weit entfernten menschlichen Empfängern aufgefangen werden, die dann entsprechende Reaktionen auf die übermittelte Information zeigen. Bewusst oder unbewusst ergibt sich über das Medium der Hyperkommunikation, ausgelöst durch das Anlagern entsprechender Kommunikationskanäle in Form magnetisierter *Wurmlöcher* an menschliche DNS-Moleküle als Antennen, das Fließen von Informationen mit Hilfe des quantenmechanischen Tunneleffekts außerhalb der bekannten Begrenzungen von Raum und Zeit. Individuen derselben Gattung werden unter weitgehender Aufhebung der eigenen Identität vernetzt, ohne dass bewusste Sinneswahrnehmungen angesprochen sind. Dies kann zu unerklärlichen Angstzuständen, zu wiederkehrenden Alpträumen bzw. das Gefühl des Auflösens der individuellen Persönlichkeit, zu Verdrängungsphänomenen, posttraumatischen Stresssyndromen und zu menschlichen Grenzerfahrungen im erweiterten Bewusstseinszustand führen.

Alle diese Phänomene entstehen im Bereich des Vakuums durch die Ansammlung negativ geladener Massen, wodurch Gravitationskräfte instabil werden.

6.5 Das Phänomen von „Vakuumdomänen"

Bei der Informationsübertragung durch Hyperkommunikation spielt das *Licht* eine besondere Rolle. U. a. ist Licht zumindest auf subatomarer Ebene unter bestimmten Bedingungen in der Lage, sich in Materie umzuwandeln. Wahrscheinlich sind auf Lichtwellen aufgeprägte Informationsmuster auch

Die bereits auf Seite 278 und vorher erwähnten so genannten SCHUMANN-Wellen vermitteln einen Eindruck vom „Puls- und Herzschlag" und damit wichtiger Eigenfrequenzen der Erde. Sie liegen als Reihe bei: 7.83 – 8.20 – 9.56 – 10.0 und 12.5 Hertz, also alle ursprünglich im ALPHA-Gehirnfrequenzbereich und beschleunigen sich ähnlich wie Obertonfrequenzen seit der „Kosmischen Konvergenz" vom 17./18. August 1987 bzw. der „Kosmischen Konkordanz" vom 8./9. November 2003 kontinuierlich.

zur Materialisation makroskopischer Phänomene imstande, beispielsweise zu selbstleuchtenden Energieverdichtungen in besonderen Formen, die auch als *Vakuumdämonen* bezeichnet werden. Diese senden auch Frequenzen im Bereich menschlicher Gehirnwellen unter 10 Hz aus und ermöglichen u. a. den Zugang zum menschlichen Gruppenbewusstsein. Sie verbinden Magnetismus und die Rotationskraft aus so genannten Spin- und Torsionsfeldern miteinander. Dabei kann sich Elektrizität in Gravitation verwandeln und umgekehrt. Hierbei folgen *Vakuumdomänen* ähnlich wie Elementarteilchen manchmal den visualisierten Gedankenformen eines menschlichen Beobachters. Es entsteht ein gedankliches Zusammenwirken im Bereich bestimmter ELF-Wellen zwischen beiden Seiten, welches in Form selbstleuchtender Phänomene das Vorhandensein fester Materie vortäuscht. *Vakuumdomänen* werden durch das Vorhandensein stabiler *Wurmlochkanäle* gebildet.

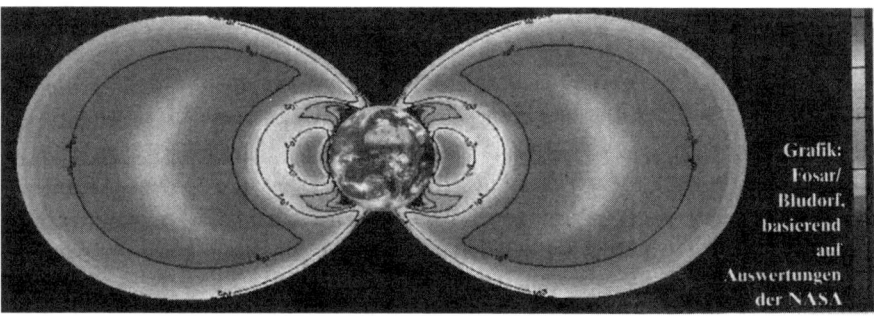

Quelle: raum & zeit, 134/2005, Seite 10

   Die Gravitations- oder Schwerkraft ist auf der Erde unterschiedlich verteilt. Die höchsten Werte können in hochenergetischen Gebieten wie dem Himalaya, Kaschmir, Peru, Georgien, dem Kaukasus und Yukatan, die niedrigsten im Atlantik in Südamerika und im Indischen Ozean festgestellt werden (siehe Darstellung auf der nächsten Seite).

6.6 Individuelles und kollektives Denken im Gruppenbewusstsein

Im Rahmen des menschlichen Wachbewusstseins wird, entsprechend der ausgeübten Funktionen des Gehirns, unterteilt in den zweidimensional-linearen, nach außen gerichteten *Ego-Bereich* der linken Gehirnhälfte und den dreidimensionalen, multidimensionalen, weitgehend nach innen und zum Unterbewusstsein des Inneren Kindes = *Intuition* bzw. dem Überbewusst-

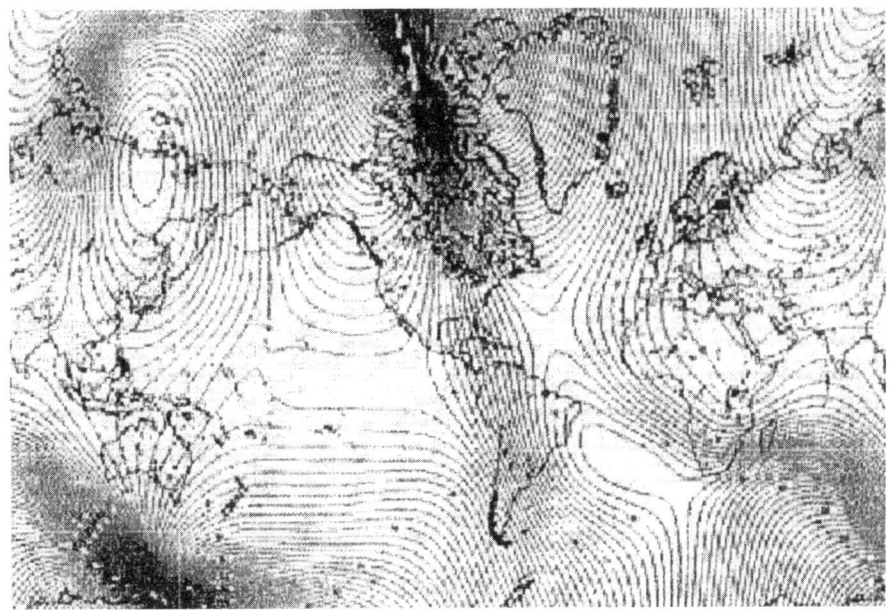

Magnetfeldverteilung auf der Erde im Jahre 1995

sein des Hohen Selbst = *Inspiration* gerichteten ICH-Anteil der rechten Gehirnhälfte. Die Kommunikation der linken Gehirnhälfte erfolgt verbal über den Sprechmechanismus gemäß den beschriebenen, linearen Kommunikationssystemen. Die Verständigung der rechten Gehirnhälfte geschieht nonverbal, telepathisch über die Visualisierung von Bildern in virtuellen, individuellen Wirklichkeiten durch Hyperkommunikation. Beide Bereiche des Wachbewusstseins gestalten und formen die menschliche Persönlichkeit und Individualität.

Neben dem individuellen Denken gibt es jedoch auch eine Art *kollektives Denken* mit Zugriffsmöglichkeiten auf Bewusstseinsinhalte, welche die einzelne Persönlichkeitsstruktur überschreiten und Verbindungen zu Informationen von einzelnen Gruppen oder gar der gesamten Menschheit ermöglichen. Wie in einem riesigen, erdumspannenden Internet geben Millionen und Milliarden von Menschen permanent Daten in dieses umfassende Netzwerk ein, beschäftigen sich selbst damit und mit den Eingaben anderer und ermöglichen es diesen, ebenfalls mit ihren eigenen, zur Verfügung gestellten Daten zu arbeiten. Warum, womit und von wem dies in Anspruch genommen wird, entzieht sich dabei der Kontrolle des einzelnen. Durch dieses globale, menschliche Nachrichtensystem ergibt sich die Möglichkeit, dass einzelne Persönlichkeiten teilweise ihr Individualitätsbewusstsein aufgeben und als Gruppe handeln. Es entsteht *Gruppenbewusstsein*, welches mehr darstellt als die Summe der Aktionen einzelner Teile von Bereichen des Individualbewusstseins. Erst der Zusammenschluss zu Gruppen und das wechselseitig abgestimmte Agieren in spezialisierten Verbänden ermöglichten die Evolution von Natur und Mensch. Nur durch eine ausgefeilte Spezialisierung und das gleichzeitige harmonische Zusammenwirken in einem Verband mit gleichgeschalteter Zielrichtung ist funktionierendes Leben möglich.

Richtet sich ein Einzelwesen nicht nach diesen Gesetzmäßigkeiten, versucht es beispielsweise, Vorteile auf Kosten anderer zu erreichen, schert es damit aus der gemeinsamen Zielfunktion und der harmonischen Ausrichtung der gesamten Gruppe aus und bringt deren kollektives Gesamtgefüge in mehr oder weniger große Schwierigkeiten, beispielsweise im Falle eines Krebsgeschwürs.

Gruppenbewusstsein im Nullbereich der göttlichen Schöpfungsquelle stellt die Gravitation dar, da sie als physikalische Kraft einzelne Materie-Bausteine = Quanten zwingt, sich miteinander auseinander zu setzen, z. B. sich wechselseitig anzuziehen, und dadurch erst makroskopisch erfassbare Materie zu schaffen. Sie ermöglicht somit höherwertige Organisationsstrukturen im Kosmos. Ohne Gravitation wäre das gesamte Universum nur mit unzähligen, winzigen Elementarteilchen ohne jeglichen Zusammenhalt durchsetzt.

Gruppenbewusstsein der ersten Stufe liegt beim Übergang vom einzelligen zum mehrzelligen Lebewesen vor, wie z. B. bei bestimmten Amöbenarten. Gemeinsame Überlebensinteressen führen regelmäßig zu freiwilligen Zusammenschlüssen mit Spezialisierungstendenzen. Dadurch werden höherwertige Organisationsstrukturen und Bewusstseinsformen geschaffen.

Gruppenbewusstsein der zweiten Stufe ergibt sich, wenn bereits höher entwickelte Lebewesen mit eigenen, materiell erfassbaren Körpern, sich freiwillig zu Verbänden zusammenschließen, um dadurch gemeinsam Vorteile auf einer Existenzebene höherer Ordnung zu erhalten. Oft sind dies angeborene Instinkte, die eine derartige Handlungsweise auslösen. Hierdurch wird eine permanente Anpassungsfähigkeit erreicht, welche die

Möglichkeit eröffnet, schnell auf veränderte Umweltbedingungen im Interesse aller, aber auch zum Vorteil des einzelnen, koordiniert zu reagieren. Durch dieses gemeinsame Handeln werden im Verbund Leistungen erzielt, zu denen ein einzelnes Lebewesen nicht in der Lage wäre. Bekannte Beispiele für dieses Vorgehen stellen Tiervölker wie beispielsweise Ameisen oder Termiten dar.

Gruppenbewusstsein der dritten Stufe ist charakterisiert durch ein oft kompliziertes Zusammenwirken von Individualitäts- und Gruppenbewusstsein. Ein wichtiges Beispiel hierfür sind Wale und Delphine, Lebewesen mit hochentwickelter, sozialer Intelligenz und künstlerischer Kreativität. Sie schließen bewusst Freundschaften mit Tieren und/oder mit Menschen, ohne dabei auf persönliche Vorteile bedacht zu sein. Das Gehirn eines ausgewachsenen Delphins wiegt etwa 1700 Gramm und damit durchschnittlich ungefähr 300 Gramm mehr als das eines erwachsenen Menschen.

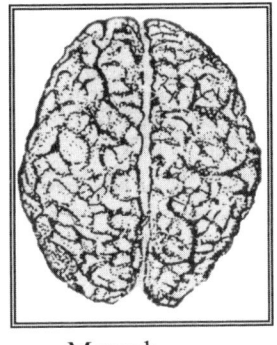

Mensch

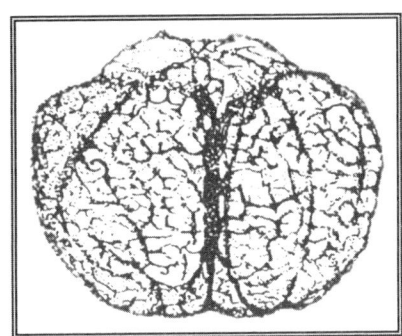

Delphin

Delphine verständigen sich mit einer hochentwickelten eigenen Sprache in Frequenzbereichen zwischen 10 und 150.000 Hz durch unterschiedliche Pfeif- und Knacklaute. Sie verstehen auch menschliche Worte und ahmen diese nach.

Delphine haben ein Einzel- und Gruppenbewusstsein. Sie handeln individuell, ändern dies jedoch, wenn es das Wohl des Ganzen erfordert. Sie leben nach der Devise:

> Was gut und richtig für die Gesamtheit aller ist,
> muss auch gut und richtig für mich selbst als Individuum sein.

Folgende praktische Lebensweisheiten können wir Menschen von den Delphinen lernen:[30]

1. Alles im Leben verändert sich permanent und auf diese sich verändernden Umfeldbedingungen flexibel zu reagieren, ergibt den Fluss des Lebens.
2. Das Leben ist ein Spiel. Wir brauchen unser Ego nicht so ernst zu nehmen. Ermüde dich nicht selbst, indem du gegen den Strom schwimmst. Agiere, ohne den Widerstand zu suchen, das Ziel immer fest vor Augen. *Das eigene Ego ist oft der größte Widerstand*, das ungern nachgibt, wenn man es lässt, insbesondere in Form starrer Gedankenprogramme, Rituale und einschränkender Gefühlsmuster von übersteigerter Erwartungshaltung und subjektiven Wertungen.
3. *Do not fight loosing positions* gilt auch für diese Ebene. Gerne gewinnen und Erfolg haben, aber nachgeben und Kompromisse eingehen und auch einmal verlieren, falls das gerade angesagt ist, entspricht der Handlungsweise von Delphinen. *Dem Fluss nicht im Wege stehen.* Elegante Lösungen suchen, konstruktiv und kreativ denken in fließenden Prozessen im Sinne von: NALA = dem *Weg der Mitte* der alten Hawaiianer bzw. dem

Panta rhei des HERAKLIT. Strategisches und taktisches Denken und Handeln hilft positivem, auf Erfolg ausgerichtetem, „machtvollen" Denken, das wiederum Erfolg durch wechselseitig „stimmige" Kooperation einschließt.

---

30 Vgl. hierzu die vorliegende ausführliche Literatur, z. B.:
SELKE, Iona: *Weisheit der Delphine*. Heyne – Verlag, München 2000.
OCEAN, Joan: *Dolphin Connection*. Hawaii 1989.
OCEAN, Joan: *Dolphins into the future*. Hawaii 1997.
KORTE, Andreas/HUBER, Karin: *Delphine und Wale*. Verlag Gesundheit und Entwicklung.
Schaffhausen 1999.
COCHRANE, Amanda/CALLEN, Karena: *Das Geheimnis der Delphine*. Scherz-Verlag,
Bern-München-Wien 1996.
BERGERAC, Olivia de: *The Dolphin Within*. Simon und Schuster, Australia 1998.
LYNCH, Dudley/KORDIS, Paul: *Delphin-Strategien*. PAIDIA Verlag, Fulda 1991.

4. Wir sind und werden intuitiv und, wenn es für alle Beteiligten sinnvoll ist, zum gemeinsamen Handeln geführt. Das wird sichtbar in Gruppenaktivitäten, wie z. B. bei gemeinsamen Meditationen, wo individuelle Zielfunktionen im Kollektiv verstärkt werden und damit weitreichender Einfluss nehmen, als individuell ausgeführte Meditationen es tun würden. Die einzelnen Vorstellungen und die übergeordneten, kollektiven Ziele werden dadurch erfüllt. Im Fluss ist es immer für alle „stimmig". Damit wird die nötige Harmonie erzeugt. Ein Denken und Handeln im Rahmen *dissipativer Strukturen* ergibt sich automatisch durch eine derartige Vorgehensweise.

5. *Funktionieren* gilt als oberste Maxime. Unsere Körper sind Tempel Gottes für dieses Leben auf Erden, oder wie auch immer man sie bezeichnen möchte, die wir leihweise vom Weltgeist zur Verfügung gestellt bekommen haben. Wir müssen dieses System optimal erhalten, um unser Bewusstsein an ein „anderes Ufer" zu befördern, d. h. lernen zu können, um uns schließlich durch *Erfahrungen zu entwickeln*.

6. *Anpassungsfähigkeit ist wichtiger als spezielles Fachwissen*. Es ist wichtig, auf einer Ebene zu kommunizieren, die nicht verstandesgemäß abläuft, da man manchmal an sprachliche Barrieren stößt, die nur mehr eine Herzkommunikation zulassen, und man auch Füße, Hände und Finger zu Hilfe nehmen muss, um sich verständlich zu machen. Die individuelle Terminologie und Ausdrucksweise ist oftmals ein schwieriges Hindernis im Rahmen einer wechselseitigen Verständigung.

7. *Anerkennung und Akzeptanz aller Aspekte in der Welt in der Ganzheit als Realität sehen*, d. h. Gedanken, Gefühle, Handlungen und Intuition mit Eleganz und Erfolg einsetzen. Zähigkeit, Charme, Erkenntnisfähigkeit, Intelligenz, Widerstandsfähigkeit, Wachsamkeit und Anpassungsfähigkeit, insbesondere jedoch *Achtsamkeit* und *Bewusstheit*, sind die wich-

tigsten Eigenschaften bei der Entwicklung eines neuartigen Bewusstseins. Im Paradigmenwechsel dieser Zeit werden diese Eigenschaften wieder voll aktiviert und lassen Negativmuster nur bedingt zu.

8. *Sage die Wahrheit jetzt, habe eine Vision*, handle nach dem großen Ganzen, verzeihe und vergib, zuerst dir selbst, denn Groll führt zum eigenen persönlichen Aufbau von Widerstand, danach anderen und anderem. Vergebung bist du, kooperierend mit der Evolution deiner Seele und der Tadellosigkeit der Schöpfung. *Vergebung ist das Wissen, dass es eigentlich nichts zu vergeben gibt. Es ist Zeit zu vergeben...*

9. Sinnerfüllung durch Meidung des *„schmerzhaften Schicksals"*. *Schmerz entsteht nur durch Widerstand.* Wo keine starren Blockaden sind, entstehen auch kein Schmerz und kein Leid. Die Suche nach Situationen und Strategien, die funktionieren und Sinn machen, ist sehr wertvoll.

10. *Jedes System sucht für sich das Richtige aus und ist wertfrei, solange man sich selbst und anderen durch seine Handlungen keinen Schaden zufügt.* Wir dürfen alles durchspielen in diesem Universum des freien Willens. Es bleibt jedem Individuum überlassen, seinen freien menschlichen Willen dafür zu nutzen, zu lernen und den Weg der Evolution, des spirituellen Wachstums und der Rückkehr zur Urquelle zu gehen oder in Einbahnen herumzuirren und lange Umwege zu machen.

11. *Wir haben und hatten immer die Wahl*, im „Teich des Lebens" zu schwimmen. Dabei konnten wir uns jederzeit aussuchen, ob wir Haie sein wollen, die in den Wassern der Übernahme schwimmen, Karpfen, die sich in den Bereichen der Aussteiger herumtreiben, „pseudoerleuchtete Karpfen", die sich im Nachgeben üben, oder Delphine, die den gesamten Teich als Lebensraum nutzen und, auf die jeweilige Situation abgestimmt, einmal diesen und einmal jenen Bereich aufsuchen.

12. Karpfen und Haie glauben an eine Welt des Mangels. Sie glauben, dass es von allem nur einen begrenzten Vorrat gibt und dieser dem Stärksten zusteht. Karpfen konzentrieren sich darauf, nicht zu verlieren, übernehmen dabei oft eine Opferrolle und keine Verantwortung für ihr persönliches Handeln. Sie wollen nicht verlieren und glauben fast hypnotisch an Grenzen. Helfersyndrom und Opferrolle wechseln sich potentiell ab. Typisch sind auch Spielverderber, die nicht spielen und andere daran hindern, zu gewinnen, dann wieder die „Netten" mimen, die ständig nachgeben und nichts zu Ende bringen, also die „nice-boy"- bzw. „nice-girl"-Mentalität bevorzugen.

13. Durch die Geistigen Gesetze der Polarität und der Resonanz gibt es im Teich natürlich auch die Haie, die von den Karpfen sehr angetan sind und sie „zum Fressen gern haben". Auch sie glauben an den Mangel und

versuchen deshalb in jeder Situation, so viel wie möglich zu bekommen. Zuerst wird versucht, den Gegner zu schlagen. Gelingt das nicht, versucht man, sich ihm anzuschließen. Haie glauben immer an Sieger und Besiegte und beanspruchen deshalb die Position des Verfolgers unter Eingang eines möglichst geringen Risikos. Täuschung, Leugnung, Verwirrung, Rechthaberei und Kontrolle sind häufige Taktiken der Haie. Macht ausüben – Ohn-Macht verbreiten. Karpfen und Haie sind in ihren jeweiligen Verhaltensweisen gefangen. Diese Muster sind schwer zu durchbrechen, aber grundsätzlich ist ja bekanntlich alles möglich in diesem wunderbaren Universum.

14. Das Phänomen der „pseudo-erleuchteten Karpfen" (PEK) ist wieder etwas anders. Sie glauben „geheilt" werden zu müssen, um „mächtig" zu sein. PEK erkennen die Polaritäten im Universum nicht an. Sie glauben an den absoluten Überfluss im Universum, nicht an das wirklich Böse und nicht an das Verlieren. Ihr Bedürfnis ist die Heilung. Sie glauben an ein gütiges Universum und drücken sich deshalb oft vor persönlicher Verantwortung. Das führt im Weiteren zu Enttäuschung, Schmerz, Verlust, Verleugnung und oft auch zu Wut und damit auch zu einer Opferrolle wie beim Karpfen. Mit ihrem Treiben ziehen sie deshalb die Aufmerksamkeit der Haie auf sich und enden oftmals wie die Karpfen.

15. Bei den Delphinen ist der „Glaube" weit gefächert. Sie „glauben" an den potentiellen Mangel und an den potentiellen Überfluss. *Alles ist für Sie potentiell vorhanden.* Sie „glauben" an Wahlmöglichkeiten und, dass das sinnvollste Ergebnis für eine Gruppe auch immer das sinnvollste Ergebnis für jeden einzelnen ergibt. Delphine versuchen, das Gleiche besser zu machen, d.h. hundertprozentiger Einsatz in jedem Moment. Delphine leben die Flexibilität, aus weniger mehr zu machen. *Delphine spielen mit Grenzen und nicht in Grenzen.* Man muss die Regeln kennen, um sie brechen zu können. Sie setzen ihr Gehirn so ein, dass sie *mehr mit weniger erreichen*, um alle Erwartungen zu übertreffen. Delphine arbeiten elegant und sinnvoll mit knappen Ressourcen. Sie üben Macht in und mit Würde aus und üben Vergeltung nur, wenn dies unbedingt notwendig und angebracht erscheint.

16. *Delphine vergrößern den Einfluss der Zukunft auf die Gegenwart.* Sie vermeiden unnötige Konflikte und bevorzugen Kooperation. Delphine üben schnell Vergeltung, vergeben aber auch schnell. Sie geben sich Mühe, nicht zu klug zu erscheinen. Delphine lieben Vertrauen und Verständnis, Rituale, den Gedankenaustausch, funktionierende Beziehun-

gen, Kooperation, Kreativität im Handeln und schätzen das Gefühl für den richtigen Zeitpunkt und die Erfüllung wechselseitiger Bedürfnisse.

17. Delphine handeln nach folgenden Maximen:
    - Vertrauen und Harmonie
    - Wahrheitsbedürfnis
    - klare Definition des gewünschten Ergebnisses und Verpflichtung auf sein Erreichen
    - im Konfliktfall Verankerung in der Gegenwart
    - Konzentration auf das Hier und Jetzt, wo sich die Lösungen zeigen
    - Flexibilität und hohe Reaktionsfähigkeit
    - Funktionalität ohne jegliche Schuldzuweisung: „Nur das Ergebnis zählt!"
    - Beobachtung auch negativer Emotionen und Erkennen einer konstruktiven Auflösung von ihnen
    - nutze den Widerstand und bekämpfe ihn nicht
    - Glaube an die eigene Schicksalslenkung
    - werte und urteile nicht
    - arbeite mit Humor
    - suche das Unerwartete
    - gestatte jedem, zu gewinnen
    - arbeite mit Intuition und Inspiration
    - suche alternative Möglichkeiten
    - erkenne Gewohnheiten und durchbreche sie
    - suche immer die richtige Lösung
    - akzeptiere Stress, aber lasse dich nicht von ihm beherrschen
    - lebe deine Visionen
    - Fügungen erkennen, annehmen und verwenden
    - Freigabe und Loslassen auf allen Gebieten

Delphine leben uns damit ein Paradebeispiel an Lebenslust und Lebensfreude vor. Wir dürfen sie uns zu unseren Vorbildern machen, um im Teich des Lebens mitzuschwimmen.

Delphine besitzen ein hochkompliziertes sonares Unterwasserortungssystem, welches regelrechte Röntgenbilder ersetzt und wechselseitige Gehirnfunktionen erkennen lässt. Dadurch ist es einem einzelnen Delphin unmöglich, Wissen zu besitzen, auf welches andere Delphine nicht auch zugreifen können. Alles, was ein Einzeltier an neuen Erfahrungen gesammelt hat, steht als Information auch sofort allen anderen Tieren zur Verfügung. Hohe intellektuelle Fähigkeiten im Rahmen des Individualitätsbewusstseins des Einzelwesens führen zu einem sich permanent zum Wohle aller sich entwickelnden Gruppenbewusstsein infolge einer globalen Bewusstseinsvernetzung der gesamten Gattung. Dadurch werden gleichfalls wieder Erfahrungen und Aktionen ermöglicht, welche einem Einzelwesen alleine niemals zugänglich wären. Derartige neuronale Netzwerke stehen auch den Menschen zur Verfügung, doch ist deren Bewusstseinsentwicklung offensichtlich noch nicht so weit fortgeschritten, dass sie diese zum Wohle aller, aber auch des Einzelnen sinnvoll einsetzen würden. Die Einzigartigkeit des Menschen und damit ein ausgeprägtes Individualitätsbewusstsein sind sehr wichtig, denn ohne dieses kann ein kollektives Gruppenbewusstsein gar nicht erst entstehen. Eine gezielte Hyperkommunikation bringt uns einzeln und als Gesamtheit dem *1.Geistigen Gesetz* von Einheit, Ganzheit und Vollkommenheit in globaler, wechselseitiger Vernetzung und damit Gott wieder näher.

Bewusstseinsentwicklung im Universum

Stufe	Physikalische Charakteristika	Kommunikationsform	Menschliche Erfahrungen
0	Nullpotential Gravitation Lichtquanten starke und schwache atomare Strahlung kosmisches Lichtgitternetz	Vakuumdomäne, Raum-Zeit-Tunnel, Hyperkommunikation, wechselseitige, universale Vernetzung	selbstlose Liebe, All-Eins-Sein, „Gott in mir"
1	Struktur, Ladungen, Massen, Magnetismus, Elektrizität	DNS-Kommunikation, Phantom-DNS-Effekte	Leben, Weisheit, Spaltung in Seele und Dualseele, Hohes Selbst, Identität
2	makro- und mikroskopische Körper, Elektromagnetismus, Gruppenbewusstsein, Zeitqualität	passive, archetypisch-symbolhafte Kommunikation	Wissen, Entstehung von Karma als energetisches Ungleichgewicht auf bestimmten feinstofflichen Ebenen, unbewusste Blockaden, Phobien, Traumata
3	Zeitquantität, Spaltung in EGO und ICH, bewusste Anwendung des freien menschlichen Willens, Inneres Kind	Kommunikation durch Denken und Sprechen, Logik-Analytik, Intuition, Imagination	Spiegelung im Außen, Zeitproblem, materielle Mängel, Ansammlung von bewussten Lernerfahrungen
4	Kosmisches Bewusstsein	Kosmische Kommunikation, Inspiration	Unmittelbare Seinserfahrung, Spiegelung im Inneren

VIII. Der „Doppelstrom der Zeit"

Die meisten Menschen glauben, dass die Zeit vergeht. In Wirklichkeit bleibt sie stehen, wo sie ist. Die Vorstellung des Verstreichens kann man Zeit nennen, aber es ist eine falsche Vorstellung. Da man die Zeit nur im Verstreichen sieht, begreift man nicht, dass sie stehen bleibt, wo sie ist.

Dogen Zenji

Die Betrachtung der Zeit führt zur Beschäftigung mit einem der großen, unbegreiflichen und unfassbaren Mysterien des menschlichen Seins.

Bereits bei den alten Pharaonen Ägyptens vor mehr als 3500 Jahren war bekannt, dass die Zeit aus zwei unterschiedlichen Komponenten bestand. Sie brachten den Charakter des *„Doppelstrom der Zeit"* in Verbindung mit Reinkarnation und Wiedergeburt des Menschen.

> NEHEH – das ist der Tag.
> DJET – das ist die Nacht
> I'LINKA ist alles Seiende.

Der *Doppelstrom der Zeit* wurde dabei als ein endlos anmutendes, doppelt gewundenes Seil angesehen, welches dem Mund der Gottheit entsprang und vom Menschen in den vielen Gesichtern der unterschiedlichen Leben in zahlreichen Inkarnationen erfahren und somit symbolisch mit den Händen angefasst und getragen wurde. Dargestellt war dies in verschiedenen Bildern der AMDUAT, des Pfortenbuches und im Rahmen des Ägyptischen Totenbuches. In der 6. Stunde des Pfortenbuches trugen beispielsweise zwölf (!) Götter den *Doppeltgewundenen*, den Zeitstrom. Aus diesem gingen *gemäß einer beigefügten Erklärung die Stunden hervor.* Die fünfzackigen Sterne waren Hieroglyphen, die jeweils einzeln als Stundenangaben zu lesen waren. Die Zeit, aus dem Mund der Gottheit entspringend, kam kontinuierlich und rhythmisch zu ihr wieder zurück. Sie schien also einen Kreislauf zu vollziehen.

Dem Eingeweihten war es durch ein vertieftes Eindringen in die Mentalebene KA und den *Schattenkörper des KA* (KHAIBIT) möglich, in Visionen nicht nur den räumlichen Aspekt seines momentanen Lebens zu einem bestimmten Zeitpunkt zu erfahren, sondern auch bereits durchlaufene Phasen

Szene aus der 6. Stunde des Pfortenbuches. Zwölf Götter tragen den Zeitstrom, den *Doppeltgewundenen*, der aus dem Munde Amuns herauskommt.

Dieselbe Szene findet sich beispielsweise auch im Grab des Haremhab.

früherer Leben zu betrachten. Durch diese „Rückwärtsschau" ergab es sich, den *Doppelstrom der Zeit* tatsächlich anschaulich zu erleben und die wichtigsten Lernerfahrungen aus vergangenen Leben zu konservieren.

Das Interessante am *Doppelstrom der Zeit* war nach altägyptischer Auffassung seine Verschmelzung in zwei miteinander verbundene und verflochtene, unterschiedliche Elemente, die sich wechselseitig bedingten. Wie beim 2. *Geistigen Gesetz der Polarität* war ein Element ohne das andere nicht existent. Alleine betrachtet führt ein Element isoliert nicht zum eigentlichen Begriff der Zeit. Also benötigt Zeit für ihre tiefere Betrachtung eine quantitative und qualitative Verbindung und Erfassung, Ruhe und den Weg in die innere Stille.

Der eigentliche Sinn der Erfahrung des *Polaritätscharakters des Begriffes Zeit* durch den altägyptischen Eingeweihten lag in der Tatsache begründet, dass nach seiner Auffassung *durch die Sonne um Mitternacht* ein Prozess der Reinkarnation den Kopf des neuen Lebens aus dem Rumpf des alten Seinzustandes entstehen ließ, der sich dann erst seinen neuen Körper erschuf. Der Mensch lebte in diesem Wechsel zwischen Rumpf und Kopf, Kopf und Rumpf, Tag und Nacht, Leben und Tod. Dies war eines der großen Geheimnise des Horus-, Isis- und Osiris-Mythos.[31]

1. Der qualitative Aspekt der Zeit

Im Rahmen der an die Masse von Materie, an Gravitation, Schwerkraft und Magnetismus gebundenen Messung der Zeit spricht man von ihrem quantitativen Aspekt, den die antiken Griechen mit KRONOS bezeichneten. Hierbei werden immer wiederkehrende, also zyklische Ereignisse, die wie der Lauf der Sonne von der Position eines individuellen Betrachters aus gesehen werden, gewissen Punkten auf einer vorher festgelegten Skala zugeordnet. Diese kann den Strichen und Zahlen einer Sonnenuhr, den Ziffern auf der Blattanzeige einer Armband- oder Digitaluhr bzw. eines anders ausgerichteten, quantitativen Zeitmessers = *Kronometers* entsprechen.

Jeder Mensch erlebt seine Wirklichkeit aufgrund der Annahme, Weitergabe und Verwertung von Informationen von außen, die er individuell über

---

31 Vgl. hierzu auch STELZL, Diethard: *Die Weisheit der Pharaonen.* Schirner-Verlag, Darmstadt 2005 und STELZL, Diethard: *Die Einweihungen der Pharaonen.* Schirner-Verlag, Darmstadt 2005.

seine fünf Körpersinne: Sehen, Hören, Riechen, Schmecken, Tasten aufnimmt, ausschließlich subjektiv. Bei einer momentanen Erdbevölkerung von mehr als 6 Milliarden Menschen ergeben sich also auch mehr als sechs Milliarden unterschiedliche, *subjektive Wirklichkeiten*. Auch das persönliche Zeitempfinden betrachtet und bewertet ausschließlich subjektiv nur den Ablauf von Ereignissen im individuellen Erleben. Es ist deshalb für jeden Menschen verschieden. Eine Situation, die für den einen sekundenschnell vergangen ist, kommt einem anderen endlos lange vor. Jede subjektive Wirklichkeit stellt deshalb nur eine individuelle Betrachtungsmöglichkeit im Moment dar, aber keine *objektive Wirklichkeit*. Diese würde sich nur als die eine, einzige, allumfassende Wahrheit aus der Sicht Gottes im Nullpotential des ewigen Seins ergeben.

Der quantitative Aspekt der Zeit spiegelt also die subjektive Wirklichkeit des Menschen als hintereinandergeschaltete Empfindungen ablaufender Einzelerfahrungen wider.

Dabei kann der Mensch im Durchschnitt etwa 16 bis 18 unterschiedliche Eindrücke in der Bewegung pro Sekunde als Ablauf definieren und empfinden, quasi als schnell laufende Einzelbilder eines Diaprojektors. Sind es mehr als 18 Eindrücke pro Sekunde, verschwimmen die Einzelbilder und es ergeben sich vermutlich gleichzeitig ablaufende Situationen von subjektiv empfundenen, kontinuierlichen Bewegungen und Zeitabläufen wie bei Schmalfilmkameras und Videofilmen. Abhängig ist dieses Phänomen vom *Zeitauflösungsvermögen* menschlicher Sinnesorgane, vor allem von Augen und Ohren, wie sich diese aufgrund der Jahrhunderttausende währenden Evolution des Menschen entwickelt haben.

Bei anderen Lebewesen ist dies gemäß deren Evolution anders geregelt. Bewegen sich diese im täglichen Lebensablauf langsamer als Menschen, dann nehmen sie entsprechend ihrer Sinnesorgane weniger Eindrücke auf als die des Menschen, also quasi nur im „Zeitraffertempo" (Beispiel: Schnecke). Läuft der tägliche Lebensablauf im Vergleich zum Menschen schneller ab, beispielsweise bei einem Vogel, so erfährt dieser die momentane Erlebniswelt im Vergleich zu jener eines Menschen quasi im Zeitlupentempo.

Hinzu kommt gemäß den Erkenntnissen von Albert EINSTEIN, festgelegt in seiner *Speziellen Relativitätstheorie*, dass es im Falle zweier sich gegeneinander bewegender Beobachter unmöglich ist, objektiv festzustellen, welcher von beiden sich tatsächlich bewegt und welcher still steht. Jeder kennt dieses Phänomen selbst aus der Erfahrung von Zugreisen. Bewegt sich der Zug auf dem Parallelgleis oder der eigene? Bewegt sich die Landschaft oder bewegt man sich selbst als Beobachter? Die chronologische, quantitativ ausgerichtete Zeitmessung ist also zusätzlich auch noch abhängig vom Bewegungszustand des Beobachters.

**Bei schnellerer Bewegung
läuft die (quantitative) Zeit langsamer ab.**

Den Rahmen des momentanen menschlichen Raum-Zeit-Kontinuums mit seinen vier Dimensionen, also bei drei Raum- und einer Zeitkomponente, bildet dabei die Lichtgeschwindigkeit von knapp 300 000 km/Sek. Dieser Sachverhalt wurde in zahlreichen, physikalischen Versuchen mit Elementarteilchen wissenschaftlich eindeutig bewiesen. Sollten in der Zukunft Raumschiffe in Über-Licht-Geschwindigkeit im interstellaren Raum unterwegs sein, so würden für die Astronauten im Raumschiff nur Monate vergehen, während dies auf der Erde Jahren und Jahrzehnten entsprechen würde. Aus der momentanen Sicht würden derartige Reisen in die Zukunft also in der Vergangenheit enden, auch dies ein Aspekt der notwendigen relativen Betrachtungsweise des quantitativen Aspektes der Zeit.

**Erfahrbar und damit subjektiv real ist deshalb immer nur der
Augenblick im Hier und Jetzt, den wir Gegenwart nennen.**

Die Vergangenheit ist aus der Sicht des Hier und Jetzt normalerweise rückwirkend nicht mehr zu verändern. Denke ich an sie, lenke ich meine Aufmerksamkeit dorthin, z. B. beim Betrachten von Fotos, Gegenständen oder eigenen, alten Filmen, so fließt auch meine Energie in diese Richtung, ohne dass sich in der Gegenwart etwas ändert. Die Vergangenheit besteht lediglich in einer Ansammlung von Erinnerungen. Ihr Wert liegt in der subjektiven Erfahrung, einmal vermeintlich gemachte eigene Fehler als solche zu erkennen, aus ihnen zu lernen und sie deshalb als *bewusste, persönliche Lernerfahrung* nicht mehr zu wiederholen.

Die Vergangenheit ist also eindeutig vergangen und in der Vergangenheit nicht mehr zu verändern. Dies kann nur in der Gegenwart geschehen. Um also negative Informationen und unausgeglichene Energiepotentiale der Vergangenheit neutralisieren und umprogrammieren zu wollen, beispielsweise im Rahmen eines negativen Karmas, muss das zugrunde liegende negativstarre Gedankenprogramm oder Gefühlsmuster in Gedanken in das Hier und Jetzt geholt, nochmals möglichst in sich bewegenden Bildern visualisiert und mit den entsprechenden Sinneswahrnehmungen und Gefühlsimpulsen unterlegt und ausgefüllt werden. Das gesamte negativ-starre, dunkle und unangenehme Ereignis muss nunmehr (noch ein letztes Mal?) angeschaut, angenommen, integriert und bewusst in Gedanken und Gefühlen positiv verändert werden. Wie bereits erwähnt, können alle negativen Muster durch entsprechende positive Gegenprogramme und vor allem mit dem Nullpotential der bedingungslosen und grenzenlosen Liebe aufgelöst werden. Es handelt sich dabei nur um Programme und

- jedes (Negativ)-Programm kann in jedem Moment und in jeder Hinsicht verändert werden.
- Es ist niemals zu spät, eine Situation (positiv) zu verändern.
- Der uneingeschränkte Wille und Glaube sowie die Bereitschaft zur Veränderung alter starrer Muster führen zu Harmonie und Heilung.

Die Zukunft ist aus der Sicht der Gegenwart unbestimmt. Sie ergibt sich als Tendenz und Wahrscheinlichkeit nach dem *Geistigen Gesetz der Kausalität: Jede Ursache führt zu einer Wirkung, jede Wirkung hat eine Ursache*, die so genannte *kristalline Zukunft*. Mit meinen Gedankenimpulsen, Gefühlsregungen, Worten oder Aktionen setze ich in der Gegenwart Ursachen, die in der Zukunft zu entsprechenden Wirkungen führen müssen, aber ich kann auf dem Weg dahin durch neue Gedankenimpulse, Gefühle, Worte oder Taten wieder neue Ursachen setzen und damit auch die vorhergehenden Wirkungen ändern. Bewusstheit zeigt sich im Bewusstsein des gottgegebenen, freien menschlichen Willens, der sich letztendlich immer in den individuellen Gedanken ausdrückt. Mit diesen gestaltet jeder Mensch sein Leben und lenkt sein Schicksal, nicht umgekehrt. Umgekehrt kann es nur eintreten, wenn der einzelne Mensch denkt, dass er abhängig ist vom Schicksal.

2. Der quantitative Aspekt der Zeit

Geistige Abläufe und Phänomene sind nicht an irdische Zeitabläufe und die quantitative Zeitmessung gebunden. Aus geistiger Sicht ist die Zeit immer nur in der Gegenwart gegeben und ist aus dieser in beide Richtungen, also nach hinten (qualitative Vergangenheit) und nach vorne (qualitative Zukunft) jederzeit überschaubar und kontrollierbar. Das menschliche, körperliche, subjektive Zeitempfinden ist aus dem Blickwinkel des Geistes im Hyperraum nur eine Illusion. Im Rahmen der an masselosen Lichtquanten, Elektrizität und Strahlung des Geistes im Kosmischen Lichtgitternetz orientierten Zeiterfassung beschäftigt man sich mit dem qualitativen Aspekt der Zeit, den die antiken Griechen *Kadmoi* nannten.

Der qualitative Aspekt der Zeit ergibt sich aus der Einheit, Gleichheit und Harmonie der betrachteten Ereignisse mit den Geistigen Gesetzen. Sie stecken als wichtiger Bestandteil der *Struktur des Universums*, der allgemein geltenden und wirkenden, *kosmischen Verkehrsregeln* die notwendigen Rahmenbedingungen für die universale Evolution ab.

In universalen Gesetzmäßigkeiten, kosmischen Rhythmen oder globalen Zyklen zeigt sich der geistige, qualitative Aspekt der Zeit. Oft wird dieser in parallelen Welten als Traum, Vision oder Inspiration erfahren und mit diesem Kommunikationsmittel aus der *zeitlosen Überwelt* von entsprechenden, höheren Geistwesen oder vom eigenen Hohen Selbst als entsprechende, meist bildhafte Information weitergegeben.

Der qualitative Aspekt der Zeit ist nicht an Grobstofflichkeit und Materie gebunden. Ihm fehlt das Masseverhalten, die Gravitation und Schwerkraft sowie die Magnetkraft fester Körper über deren positiv polarisierte Protonen im Atomkern. Seine Impulse werden elektrisch übertragen, ausschließlich im Hier und Jetzt der Gegenwart, außerhalb des Bereiches der Materie im Raum der so genannten Antimaterie, die nach modernen wissenschaftlichen Erkenntnissen über 99 % des universalen Raumes ausmacht.

3. Das Problem der Synchronisation

Bei der Weitergabe qualitativ ausgerichteter Mitteilungen an quantitativ festgelegte Kommunikationsempfänger ergibt sich jedoch das Problem der Synchronisation zwischen einem zeitlosen Kontinuum und einer durch den quantitativen Zeitaspekt begrenzten und festgelegten Welt. Schließlich müssen Botschaften aus dem Hyperraum auf die Frequenz menschlicher Sinneswahrnehmungen von 16 bis 18 Eindrücken pro Sekunde quantitativ auf einer imaginären Zeitachse bzw. besser einem Zeittrichter vorher festgelegt werden, sofern sie auf diese Art und Weise empfangen werden sollen. Die Empfangsbereitschaft kann durch den *Weg in die Stille*, ein inneres Leermachen, d.h. Stillhalten von Sinnesempfindungen, Gedanken und Gefühlen geschärft und erhöht werden. Dies ist eine wichtige Voraussetzung für die eigene, individuelle Evolution und das persönliche Wachstum.

Konzentration auf den Moment ergibt die Klarheit der Zeit.

Es gibt vielerlei „richtige" Wege zur Erreichung eines bestimmten Zieles, nicht nur einen einzigen. Auf einer punktuellen Zeitachse im Jetzt ergibt sich ein nach vorne schlauchförmig sich ausbreitender Zeittrichter, der weitere mögliche Wege der Zielerreichung aufzeigt.

Im Hyperraum geschieht alles gleichzeitig im Hier und Jetzt. Dies ergibt die *strukturelle* Wirklichkeit der Geistigen Gesetze, der Archetypen-Symbolik, der Zahlenmystik, Sakralen Geometrie, der Kommunikationssysteme und der Selbstorganisationsmechanismen im Universum, also dem *Einatmen der Gottheit* im Schöpfungsprozess. Im Hyperraum ist die Zeit kein eigenbestimmender, flexibler, gestaltender Parameter, sondern eine untergeordnete, starr festgelegte Achse bzw. ein Trichter.

Nach den neuesten, physikalischen Theorien, beispielsweise der *Vielweltentheorie* von EVERETT und WHEELER, ist die Zeit keine Achse oder ein Trichter, sondern ein flächiges, scheibenförmiges oder höherdimensionales Gebilde, und der freie menschliche Wille manifestiert sich in bestimmten Wahlmöglichkeiten aus einer Vielzahl von Optionen im Zeitkontinuum heraus. Die Zeitqualität wirkt dabei als lenkende, regulierende Instanz, damit der individuelle, „rote Faden" nicht unterbrochen wird oder gar verloren geht. Die so genannte Zukunft findet also bereits in der Gegenwart statt.

Dem Menschen bleibt die Bewertbarkeit des qualitativen Zeitaspektes im Wachbewusstsein verborgen, da nach Göttlichem Verständnis die Entscheidungsparameter des freien menschlichen Willens nicht eingeschränkt werden dürfen. Letzterer bestimmt die individuelle Richtung und Geschwindigkeit der persönlichen Bewegung auf der Zeitachse bzw. dem Zeittrichter. Aus der Sicht des Hyperraums stellt der freie menschliche Wille eine nicht genau festlegbare Bewegung und Geschwindigkeit auf Zeitachse bzw. -trichter dar. Er ist nicht exakt festlegbar und ergibt sich als eine Art geistiger Entsprechung der HEISENBERG'schen Unschärferelation.

Vorhersehbar und voraussagbar sind also immer nur Tendenzen, aber niemals exakt festgelegte Ereignisse. Mit dem freien menschlichen Willen kann jederzeit gewechselt, verändert und eingegriffen werden. Dies gilt auch für unangenehme Wahrsagungen.

Die qualitative Messung der Zeit ergibt sich aus der Festlegung, welches universale Strukturprinzip an einem quantitativ bestimmten Zeitpunkt wirkt, damit das eigene Handeln optimal und damit in höchster Übereinstimmung mit dem eigenen Kosmischen Plan als Teilaspekt größerer Pläne und schließlich des universalen Göttlichen Planes vorgenommen werden kann und auch wird. So lehrt und lenkt die Zeit den Menschen, passiv und aktiv. Sie verbindet Geist und Materie. Eine Situation ist optimal, wenn quantitativer und qualitativer Aspekt zusammenfallen, d. h.

die Zeit reif ist für ein Ereignis.
Man nennt diesen Moment auch den „*idealen Zeitpunkt*".

Ist nur einer der beiden Aspekte gegeben, ergibt sich keine ideale Manifestation in der materiellen Wirklichkeit. Liegt der qualitative Aspekt vor, aber nicht der quantitative, ergibt sich eine geistige Übereinstimmung, aber keine körperliche. Stimmt die quantitative Komponente, aber nicht die qualitative, ist eine vorübergehende, physische Verbindung gegeben, die aber nicht von Dauer ist. Stimmen müssen beide Kriterien, damit Ereignisse bleiben und sich in Übereinstimmung mit Kosmischen Plänen und Geistigen Gesetzen manifestieren. In dieser Erkenntnis liegt eine wichtige menschliche Lernerfahrung für jeden einzelnen. Nur ihre Berücksichtigung und Anwendung führt zu Einheit, Ganzheit, Vollkommenheit, Gleichgewicht, Harmonie, Glück, Erfolg und anhaltender Gesundheit.

4. Die momentane Betrachtung der Raum-Zeit

4.1 Der „Minkowski-Raum"

Gemäß der Quantenphysik, der Quantenmechanik und der EINSTEIN'schen Relativitätstheorien leben wir in einem vierdimensionalen Raum-Zeit-Kontinuum mit den drei Raumkomponenten Länge x Breite x Höhe und einer Zeitdimension. Der Mathematiker Hermann MINKOWSKI (1864–1909) interpretierte die Spezielle Relativitätstheorie bereits im Rahmen einer vierdimensionalen Geometrie. Er definierte dabei den *Raum-Zeit-Abstand* neu, wobei in seinem Modell auch entfernte Ereignisse mit einem Raum-Zeit-Abstand Null auftreten konnten.

Im so genannten MINKOWSKI-Raum wird die Raum-Zeit durch einen Lichtkegel dargestellt, in welchem die vom Ursprung in das Innere des Lichtkegels gerichteten Vektoren die Zeitkomponente, die in seinen Außenraum gerichteten Vektoren die raumbezogenen Komponenten darstellen. Längs der Bahn von Lichtstrahlen ist das Längenmaß in der vierdimensionalen Raum-Zeit-Geometrie dabei immer gleich Null. Diese bewegen sich quasi auf dem Lichtkegel. Umlaufbahnen von kleinsten Teilchen mit Ruhemasse im atomaren, grobstofflichen Bereich verlaufen zwangsläufig innerhalb des Lichtkegels und verbinden im geschlossenen, dreidimensionalen Raum gleichzeitige Ereignisse. Aus diesem Grunde wird das Gebiet außerhalb des Lichtkegels *Gleichzeitigkeitsbereich des Ursprungs* genannt. Die durch den Ursprung verlaufenden Geraden bzw. Flächen bezeichnen somit außerhalb des Lichtkegels den *Gleichzeitigkeits-Raum*.

Ein beliebiger Punkt im MINKOWSKI-Raum wird als Ereignis bezeichnet, d. h., an einem beliebigen Ort geschieht etwas. Dies wird definiert durch den Ortsvektor mit den vier Komponenten ct, x1, x2 und x3.

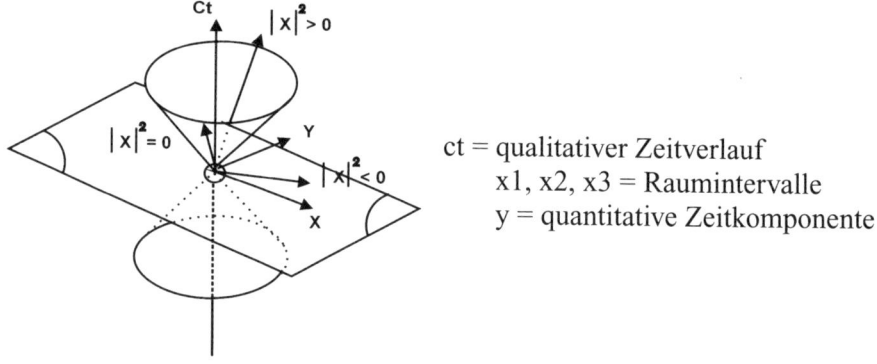

ct = qualitativer Zeitverlauf
x1, x2, x3 = Raumintervalle
y = quantitative Zeitkomponente

Im Nullpotential des Ursprungs sind Raum und Zeit aufgehoben. *Gleich-zeitigkeits-Räume* außerhalb des Lichtkegels bezeichnen Vorgänge außer-halb der drei geschlossenen Raumdefinitionen: Länge x Breite x Höhe, also beispielsweise in der vierten Raumdimension der Tiefe im nicht geschlosse-nen Raum und damit in den menschlichen Bereichen von Überbewusstsein, Hohem Selbst, Liebesenergie und Spiritualebene der Aura.

4.2 Die Spiegelung der Raumdimensionen

Der deutsche Physiker und HEISENBERG-Schüler Burkhard HEIM hat die Gliederung des Universums in zwölf Dimensionen mathematisch berechnet. Geht man davon aus, dass wir fünf Raumdimensionen und eine sechste Schwingungsdimension konzentrierter Lichtphotonen in Frequenzen mög-licherweise zwischen 10^{27} und 10^{30} Hz haben und sich diese spiegeln, so er-geben sich insgesamt 12 Raumdimensionen. Nimmt man noch den Umkehr-punkt der siebten Raumdimension der Gottheit im *Nullpotential des ewigen Seins* als eigene, zusätzliche Raumdimension hinzu, so ergeben sich insge-samt 13 Ebenen, wie in nachfolgender Modellvorstellung dargestellt:
Nach der vorliegenden Modellvorstellung ergibt sich im MINKOWSKI-Raum, geometrisch dargestellt als „Sanduhr" in einer Kugel bzw. Ei-Form, die erste Raumdimension der physischen Ebene und organischen Form als unterste Scheibe des Trichters, die zweite Raumdimension der emotionalen Ebene, karmischen Speicherung und Lebensenergie als zweite Scheibe von unten sowie die dritte Raumdimension der Mentalebene, des freien mensch-lichen Willens und der Gedankenimpulse als drittunterste Scheibe. Die 4. Raumdimension von Länge x Breite x Höhe x Tiefe, also des unbegrenz-

310

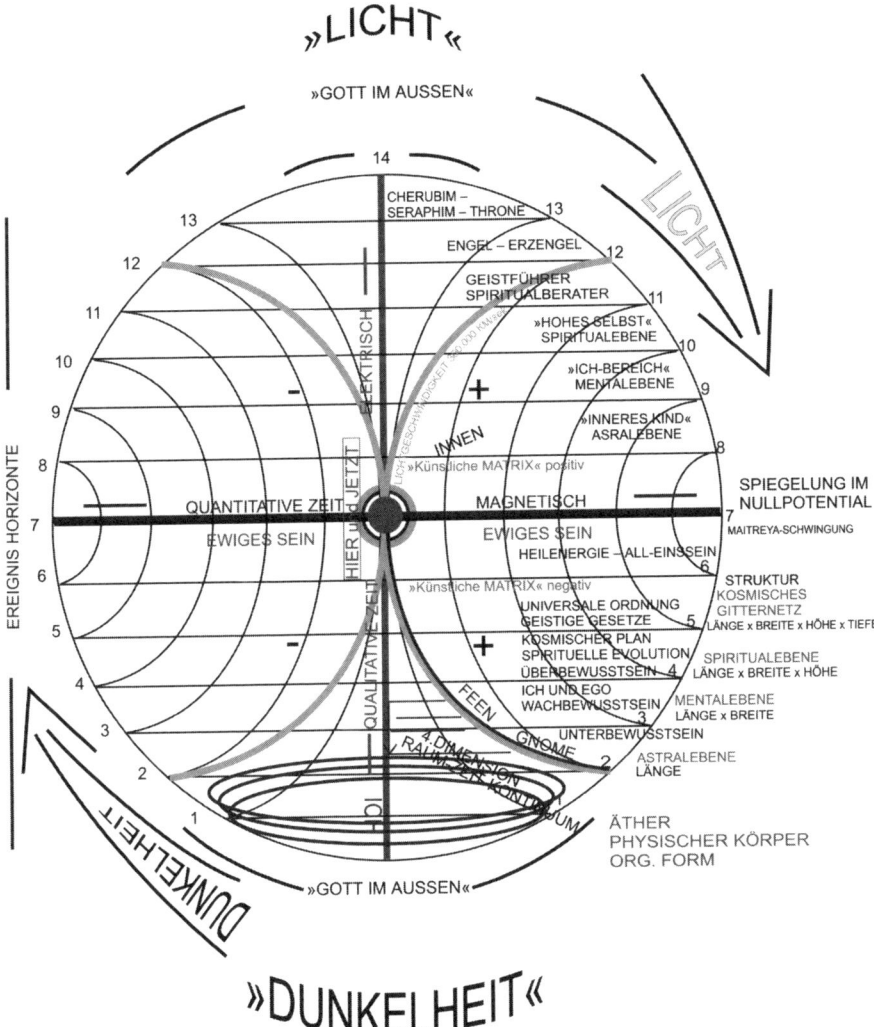

DIE DIMENSIONEN VON RAUM UND ZEIT

DER »MINKOWSKI-RAUM«

»LICHT«

»GOTT IM AUSSEN«

LICHT

14

CHERUBIM –
SERAPHIM – THRONE 13

ENGEL – ERZENGEL 12

GEISTFÜHRER
SPIRITUALBERATER 11

»HOHES SELBST«
SPIRITUALEBENE 10

»ICH-BEREICH«
MENTALEBENE 9

»INNERES KIND«
ASRALEBENE 8

»Künstliche MATRIX« positiv

SPIEGELUNG IM
NULLPOTENTIAL

MAGNETISCH MAITREYA-SCHWINGUNG

QUANTITATIVE ZEIT

EWIGES SEIN EWIGES SEIN

HEILENERGIE – ALL-EINSSEIN 6

»Künstliche MATRIX« negativ

STRUKTUR
KOSMISCHES
GITTERNETZ

UNIVERSALE ORDNUNG
GEISTIGE GESETZE 5 LÄNGE x BREITE x HÖHE x TIEFE

KOSMISCHER PLAN
SPIRITUELLE EVOLUTION SPIRITUALEBENE
ÜBERBEWUSSTSEIN 4 LÄNGE x BREITE x HÖHE

ICH UND EGO
WACHBEWUSSTSEIN 3 MENTALEBENE
LÄNGE x BREITE

UNTERBEWUSSTSEIN

FEEN GNOME 2 ASTRALEBENE
LÄNGE

4. DIMENSION
RAUM-ZEIT-KONTINUUM 1

ÄTHER
PHYSISCHER KÖRPER
ORG. FORM

ELEKTRISCH INNEN

HIER und JETZT

QUALITATIVE ZEIT

EREIGNIS HORIZONTE

LICHTGESCHWINDIGKEIT 300.000 KM/S

»GOTT IM AUSSEN«

DUNKELHEIT

»DUNKELHEIT«

ten Raumes von Überbewusstsein, Hohem Selbst, Kosmischem Plan und Spiritualebene der Aura bildet die vierte Scheibenebene der *Sanduhr* von unten. Die 5. Scheibenebene und Raumdimension ergibt sich als Struktur des Kosmischen Lichtgitternetzes mit universaler Ordnung und Akasha-Chronik sowie den diversen, *morphogenetischen Feldern* als spezifischer

311

Erscheinung, welcher danach nur noch die bereits beschriebene, reine Schwingungsebene der MAITREYA-Photonenenergie der 6. Raumdimension und das Nullpotential der Gottheit als Spiegelpunkt des „Weltgeistes im Innen", quasi als 7. Raumdimension, folgen.

Vom Nullpunkt als Zentrum der *Sanduhr* spiegelt sich der Raum polar in weiteren sechs Scheibenebenen, wobei die achte der sechsten, die neunte der fünften, die zehnte der vierten, die elfte der dritten, die zwölfte der zweiten und die dreizehnte der ersten Raumdimension entspricht. Wird die siebte Ebene als Nullpunkt Gottes und nicht als eigene (siebte) Raumdimension betrachtet, so ändert sich die Klassifizierung entsprechend, und es gibt tatsächlich nur zwölf (klassische) Raumdimensionen, wie im Modell von Burkhard HEIM aufgezeigt.

4.3 Der qualitative Zeitaspekt des Hier und Jetzt

Der *Qualitative Zeitaspekt* ergibt sich als vertikale Komponente, also quasi als ein „gläserner Fahrstuhl" genau im Zentrum der *Sanduhr*. Gleichgültig, welche Scheibenebene bzw. Raumdimension der Fahrstuhl erreicht, er befindet sich immer in derselben Zeitqualität des *Hier und Jetzt* der Göttlichen Präsenz des universalen Geistes. Hält der „gläserne Fahrstuhl" jedoch auf einer Scheibenebene, steigt der fiktive Beobachter aus dem Fahrstuhl aus und bewegt sich vom Fahrstuhl auf der Scheibenebene von diesem weg, so begibt er sich auf die horizontal ausgerichtete, magnetisch bestimmte, *Quantitative Zeitkomponente* bis zur Grenze der *Sanduhr*, die nach Albert EINSTEIN mit der Lichtgeschwindigkeit von knapp 300 000 km pro Sekunde gegeben ist. Durch die Aktivierung der MER-KA-BA bei schamanischen und Einweihungsreisen, in Träumen und im Rahmen der Telepathie kann jedoch auch diese, vermeintlich feste Grenze der Zeit überschritten werden. Bewegungen *im* Fahrstuhl ergeben sich bei Kontemplation, Transzendentaler Meditation (TM), Visionen ähnlich jenen der christlichen Mystiker und Sufis sowie beim Erfahren des *Gottes im Innen* im Zustand von Leere, Stille und des ewigen Seins.

Im Fahrstuhl sind auch Reisen der *lichten Seite des Inneren Kindes* der rechten Gehirnhälfte als Ich-Komponente des Wachbewusstseins sowie des Hohen Selbst auch in andere Ereignishorizonte zu Scheibenebenen des oberen Teils der *Sanduhr* möglich. Dies geschieht bei Visionen, Tranceerfahrungen, Träumen und bewusst gesteuerten Visualisierungstechniken im Rahmen von spirituellen Einweihungswegen.

4.4 Die quantitative Zeit von Vergangenheit, Gegenwart und Zukunft

Bleibt man bei dem Fahrstuhlbeispiel, kann man sich vorstellen, dass man im 3. Stockwerk des *gläsernen Fahrstuhls* bzw. der Lichtröhre aussteigt und sich in dieser Ebene der 3. Raumdimension *horizontal* vom Fahrstuhl weg quasi in Richtung eines Zimmerflures hinein bewegt. Je weiter man vom Fahrstuhl weg ist, desto grobstofflicher, quantitativ erfassbarer und wirkungsvoller wird dadurch die messbare Zeitkomponente.

Auf schamanischen Reisen und Ausflügen in die Anderswelt ist es möglich, dass sich die feinstoffliche Ich-Komponente des Wachbewusstseins mit dem Energiekörper wieder zurück bewegt zum Fahrstuhl und mit diesem in eine Zwischenebene fährt und dort aussteigt, wie beispielsweise im *Stockwerk 3a im Ereignishorizont der Feen* oder in der *Etage 2a in der Parallelwelt der Erdgeister und Elementarwesen*. Gleiches ist auch möglich für das Erreichen anderer, insbesondere höherer Dimensionen bzw. beim Einsteigen in so genannte Vakuumdomänen, welche Verschiebungen im Gravitationsnetz und im Magnetfeld der Erde darstellen, die zur Verschiebung von quantitativen Zeitmessungen führen.[32]

Mit dem Ausschalten der Wirkung der rein quantitativen Komponente der linken Gehirnhälfte und dem intuitiven Arbeiten mit der rechten, dem Inneren Kind und dem Hohen Selbst, sind Zeitreisen, Karmareadings, Hellseherfahrungen usw. möglich und quasi nach oben und unten auf der qualitativen Zeitachse denkbar. Viele außersinnliche Wahrnehmungserfahrungen (ASW) finden so ihre verstandesmäßig nachvollziehbare Erklärung.

4.5 Die „Krümmung der quantitativen Zeitkurve"

Seit dem Jahre 1972, als starke Sonneneruptionen zu enormen Veränderungen des Magnetfeldes, der elektromagnetischen Schwingungsebene und auch der schwachen atomaren Strahlung führten, ist das Leben der Menschen auf der Erde praktisch wie bei einer Weiche auf das Parallelgleis eines leicht abweichenden anderen neuen Ereignishorizontes verschoben worden.

---

32 Vergleiche hierzu FOSAR, Grazyna/BLUDORF, Franz: *Vernetzte Intelligenz*, Aachen 2001, und *Fehler in der Matrix*, Michaels-Verlag. Peiting 2003.

Deshalb wurden auch vorher absolut exakte Prophezeiungen wie jene des *Nostradamus, Mühlhiesl* und anderer ungenau. Sie stimmten wohl noch tendenziell, aber nicht mehr in jedem Detail.

Seit dem 17./18. August 1987, dem Zeitpunkt der so genannten *Harmonischen Konvergenz*, als sich die sechs größten Planeten unseres Sonnensystems von der Erde aus gesehen in einer Reihe direkt hinter der Sonne befanden, hat in diesen zwei Tagen die 16-fache Magnetwirkung einer Vollmondnacht auf die Erde gewirkt und Veränderungen in der Molekularstruktur organischer Systeme, der Genetik, der DNS-Konstruktion sowie auf den vorher absolut stabilen Charakter der so genannten SCHUMANN-Wellen hervorgerufen.[33]

Die ab 1987 steigenden Werte der fundamentalen SCHUMANN-Wellen führten zu einer Stärkung der Kräfte auf der senkrecht-vertikalen, qualitativ-elektrischen Achse. Diese Entwicklung in Zusammenhang mit dem leichten Rückgang der Magnetwirkung und der allgemein zu beobachtenden Abschwächung der Magnetfelder der Erde mit Auswirkungen auf die waagrecht-horizontale, quantitativ-magnetische Querachse, führte quasi zu einer *Krümmung dieses Zeitparameters.*

Rein quantitativ hatte sich dabei nichts verändert. 24 Stunden waren auf der Uhr immer noch 24 Stunden, aber qualitativ hatten sich gegenüber der Situation des Jahres 1987 Abweichungen ergeben. Nach dem individuell subjektiven Empfinden wurde die Zeit knapper, sie „zerrann sozusagen zwischen den Fingern". Betrachtet man das Verhältnis von quantitativer zu qualitativer Zeit heute im Vergleich zur Situation von 1987, so hat sich das Verhältnis von 24 : 24 auf etwa 24 : 18 und damit auf etwa 4 : 3 verändert, d. h., was früher eine Stunde gedauert hat, dafür stehen heute nur noch 45 Minuten Zeit zur Verfügung. Brauchte jemand früher 8 Stunden Schlaf pro Nacht, so würden dem heute nur noch 6 Stunden entsprechen. Nachdem jedoch das individuelle Schlafprogramm nicht verändert wurde und man glaubte, immer noch 8 Stunden schlafen zu müssen, schläft man unruhiger, mit Träumen und Wachphasen dazwischen und wacht damit morgens oftmals wie gerädert auf.

Diese Krümmung der Zeit nimmt weiter zu, was im so genannten EINSTEIN-ROSEN-PODOLSKI-Postulat (ERP) bereits nach 1930 von den genannten Wissenschaftlern festgestellt wurde. Diese Erkenntnis brachte

---

33 Prof. Dr. Schumann, Physikprofessor an der TU München, ließ 1952 von seinen Doktoranden den *Pulsschlag der Erde* messen. Es ergaben sich dabei Frequenzen von 7.83–8.20–9.56–10.0 und 12.5 Hertz, die zwischen 1952 und 1987 unverändert bei den genannten Zahlen stehen blieben.

ihnen 1936 den Nobelpreis für Physik ein. Eine weitere Verstärkung dieser Entwicklung kann in absehbarer Zeit dazu führen, dass quantitative und qualitative Zeitachse zusammenfallen und damit der Zustand des *Fahrstuhls* im vorangegangenen Beispiel gegeben ist.

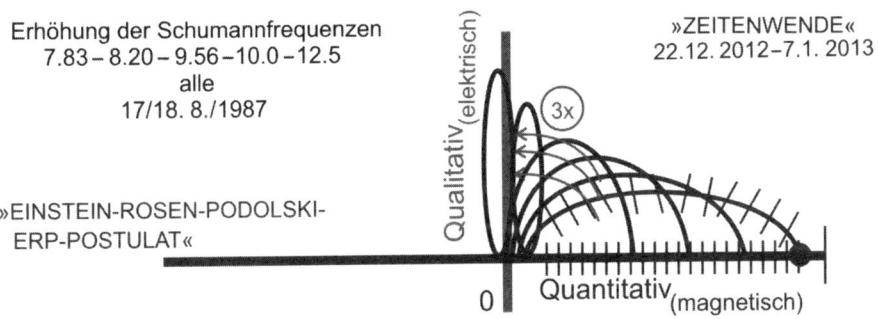

Im genannten Falle wäre wohl die oftmals in der Vergangenheit angekündigte *Zeitenwende* bald Wirklichkeit und jeder Gedanke, der zielstrebig gedacht würde, wäre im selben Moment Realität.[34] Außerdem würden Vergangenheit, Zukunft und Gegenwart dann zusammenfallen. An die beschriebene Situation müssen wir Menschen von heute uns wahrscheinlich gedanklich und gefühlsmäßig erst einmal gewöhnen. Allerdings lässt sich feststellen, dass wir uns seit einigen Jahren genau inmitten dieses Prozesses befinden, der schließlich allmählich und nicht abrupt abläuft. Er beinhaltet ebenfalls verstärkte Möglichkeiten der Bewusstseinserweiterung, der Schwingungsfrequenzerhöhung und der Aktivierung des Lichtkörperprozesses und der individuellen MER-KA-BA.

---

34 Die so genannte Zeitenwende wurde bereits von den Sumerern, den alten Ägyptern und den Mayas vorausgesagt, deren Jahrtausende alte Kalendersysteme zum Ende des Jahres 2012 ausliefen, genau zwischen dem 23. 12. 2012 und dem 7. 1. 2013.

IX. Ausblick

Die einmalige Gestaltung jedes einzelnen Menschen im Rahmen seiner Bestimmung ergibt seine unverwechselbare *Identität*. Die Speicherung von Informationen aller seiner Impulse in Gedanken, Gefühlen, Worten und Taten
als individuelle Essenz führt zu seiner eigenen *Individualität*. Die optimale
Erfüllung des persönlichen Kosmischen Planes im Rahmen des großen Ganzen auf dem *Weg der Mitte* ergibt Lebensziel und Lebenssinn. Ursprung,
Weg und Ziel sind geprägt und definiert durch grenzenlose, wertfreie und
selbstlose, göttliche und menschliche Liebe ohne Erwartungen, Vorstellungen und egozentrische Ambitionen auf allen Ebenen.

Aufgrund seiner persönlichen Bestimmung, seiner individuellen Erfahrungen und unverwechselbaren Speicherdaten aus einer Vielzahl von Existenzen und Inkarnationen heraus lebt jeder Mensch in seiner *subjektiven
Wirklichkeit*. Sie ist für jeden einzelnen anders. Es gibt deshalb so viele subjektive Wirklichkeiten, wie es Menschen auf diesem Erdball gibt. Bei derzeit
mehr als sechs Milliarden lebenden Menschen bedeutet dies mehr als sechs
Milliarden unterschiedliche und individuell gefärbte Wirklichkeiten und
Schicksale. Daneben gibt es nur eine einzige Wahrheit und damit nur eine
einzige *objektive Wirklichkeit*. Diese ist die Wahrheit und die Wirklichkeit
Gottes, des Weltgeistes, der Urquelle allen Seins. Zu dieser möchten wir alle
wieder hinkommen, in ihr aufgehen, am Ziel eines langen Weges in ihr verschmelzen im Zustand des ewigen Seins ohne Anfang und ohne Ende.

Der Weg dorthin führt jedoch nur über das Leben im Einklang mit der
strukturellen Wirklichkeit. Diese ist geprägt durch die von Gott im Zuge des
Einatmens als weibliche Komponente der Weisheit geschaffene Ordnung des
Universums. Sie zeigt sich in den Geistigen Gesetzen, den Selbstorganisationsmechanismen, den Kommunikationssystemen und den unterschiedlichen Aspekten der Zeit. Unwissenheit ist dabei kein Argument, im Gegenteil. Wir alle sind Suchende auf einem langen, spirituellen Weg, immer
Lernende und Lehrende zugleich. Die *kosmischen Verkehrsregeln* zu kennen
und sie im täglichen Leben anzuwenden, sind unausweichliche Voraussetzungen für ein Sein in Harmonie, Gleichgewicht, anhaltender Gesundheit,
Glück, Erfolg, Freude und Liebe im Innen und Außen. Es liegt an jedem einzelnen selbst, welchen Weg er einschlägt, denn jeder einzelne bestimmt sei-

nen Alltag und lenkt sein Schicksal im Rahmen seines freien menschlichen Willens durch seine Gedanken, die dann ihren Ausdruck finden in Gefühlen, Worten und Taten.

Jeder Mensch ist

...was er denkt,
...was er denkt, was er ist,

und sieht seine eigene Welt so,

...wie er denkt, dass sie ist
in seiner subjektiven Wirklichkeit.

Wir müssen uns dieser wesentlichen Tatsache nur wieder bewusst werden und danach unser Leben achtsam in jedem Augenblick in uneingeschränkter, eigener Verantwortung gestalten, als Ebenbilder Gottes – geschaffen durch seinen Willen und seine Gedankenkraft als

Geist vom Geiste Gottes.
Untrennbar mit Ihm verbunden
müssen wir bereit sein, unsere eigene Göttlichkeit
anzunehmen und zu leben.

In der heutigen Welt großer Umwälzungen, in der jetzigen Zeit subjektiv immer schneller ablaufender Lebensprozesse und beeindruckender, kosmischer Konstellationen am Sternenhimmel wird quasi für uns Menschen alles in Frage gestellt. Materielle Existenzen lösen sich über Nacht auf, persönliche Beziehungen wechseln ihre Qualität oder gehen zu Ende, politische Umfeldwechsel ermöglichen vorher oftmals als absolut unmöglich eingestufte neue Bedingungen. Alle diese Veränderungen laufen in außergewöhnlichen Geschwindigkeiten ab. Sie verändern Umfeld und Umwelt jedes einzelnen in teilweise individuell kaum nachvollziehbarem Ausmaß und atemberaubender Schnelligkeit.

Die Spiegelung dieser Änderungen im Außen soll auch unser Inneres, unser persönliches Wollen, Denken, Fühlen, Sprechen und Handeln beeinflussen sowie Ziel und Sinn des eigenen Lebens offenkundig machen. Im Rahmen der individuellen Moralvorstellungen und persönlichen Ethik liegt dieses im so genannten *Weg der Mitte*, wie es von alters her von allen Einge-weihten, Weisen, Wissenden und aufgestiegenen Meistern aller Kulturvölker gelehrt wurde. Dieser geistige Weg beinhaltet individuelle Karmaaufarbei-tung, ein Leben in Liebe als Bewusstseinshaltung, Achtung, Respekt und To-leranz vor allem Sein sowie eine sinnvolle Aufgabe in der eigenen Existenz. Diese erfüllt sich im

> **Lernen und Lehren – Helfen und Heilen**
> im
> **Hilf den Menschen, sich selbst zu helfen**
> und im
> **Liebe deinen Nächsten wie dich selbst**

Beginnen muss dieser Prozess der geistigen Erleuchtung auf dem indi-viduellen, spirituellen Weg jedes einzelnen im eigenen Inneren durch die bewusste Übernahme von uneingeschränkter Verantwortung für das eigene Leben. Selbstachtung und Eigenannahme, persönliche Wertschätzung, Res-pekt, Achtung vor sich selbst als ein von Gott erschaffenes, kreatives Schöp-ferwesen bilden die Grundlage dieser Bewusstseinshaltung. Nur das, was jeder einzelne Mensch in sich selbst empfindet und erfährt, kann er auch nach außen überzeugend weitergeben.

Die wichtigste Aufgabe in diesem Leben auf Erden in einem physischen Körper, einem materiellen Umfeld, verbunden mit Menschen, die wir uns selber freiwillig ausgesucht haben, um die uns gestellte Aufgabe bestmög-lich lösen zu können, ist die optimale Erfüllung unseres eigenen Kosmi-schen Planes. Dies kann erfolgversprechend nur im harmonischen Einklang mit der Ordnung und Struktur des Universums geschehen, insbesondere den Geistigen Gesetzen. Sie zu kennen und im täglichen Leben anzuwenden, ist deshalb im wahrsten Sinne des Wortes lebensnotwendig.

Eine weitere wichtige Aufgabe in diesem Leben sind die Annahme und der Ausgleich der eigenen Polarität, um auf dem *Wege der Mitte* die Einheit Gottes wieder erfahren zu können. Dies ist das Ziel jeden Einweihungs-weges. Dabei müssen wir auch die dunklen Aspekte unseres Wesens anschauen, annehmen und in Licht und Liebe integrieren. So zu tun, als hät-ten wir keine negativen Seiten und gäbe es keine Dunkelheit und Negativi-tät im Kosmos, ist eine unrealistische Illusion. Sie bringt uns auf unserem spirituellen Weg nicht weiter, sondern führt in die Spaltung und spirituelle Depression. Wir müssen jetzt alle unsere Seelenanteile, Persönlichkeitsaspekte und Psychosplitter heimholen, in Liebe annehmen und in unsere Identität integrieren.

Die wichtigste Aufgabe ist also:
Integration ohne Ausgrenzung,
um so auch in unserem Inneren eins zu werden
mit der bedingungslosen Liebe Gottes.

Diese grenzen- und *bedingungslose Liebe* Gottes im eigenen Herzen als „das ewige Licht der Urquelle" in der absoluten Stille und Leere des Seins im Sinne der christlichen Mystiker selbst zu erfahren ist die herausragende und unvergessliche Erfahrung im Leben eines jeden Menschen. Sie dann zu verbinden zur grenzen- und bedingungslosen *Liebe zu sich selbst* führt, verbunden mit den entsprechenden positiven Gedankenprogrammen und Gefühlsmustern, zu Achtung, Respekt und *Liebe zu allem Sein im Außen*. Damit ist der Gott im außen wieder mit dem Gott im Inneren verbunden und verschmilzt wieder im vollkommenen Gottmenschen zur Einheit allen Seins im Sinne des 1. Geistigen Gesetzes. Die Illusion der Spaltung von Außen und Innen gemäß dem 2. Geistigen Gesetz ist damit endgültig aufgehoben, der persönliche Evolutionsweg des individuellen *Rades des ewigen Lebens* abgeschlossen und der wichtige Bereich der persönlichen *Entwicklung durch Erfahrung* im Schöpfungsprozess des Ausatmens der Urquelle für immer beendet. Der Mensch ist wieder zum Gottmenschen geworden und verschmilzt in der Vollkommenheit, Einheit, Ganzheit und Geistigkeit der Urquelle mit allem Sein.

Eine Einführung in die universale Weisheitsmatrix und das menschliche Urwissen soll die vorliegende Arbeit vermitteln. Die vorgegebenen *kosmischen Verkehrsregeln* zu kennen, ist eine Voraussetzung dafür, sie im eigenen Leben anwenden zu können.

Umfassende Harmonie, wirkliches Heil-Sein, Gleichgewicht im Innen und Außen, anhaltende Gesundheit, Erfolg, Glück und Zufriedenheit sind nur möglich im Rahmen einer individuellen Anwendung dieser globalen Zusammenhänge. Das Wissen um diese Dinge alleine reicht jedoch nicht aus. Hinzukommen muss das individuelle, praktische Umsetzen in persönlicher Verantwortung zum eigenen Wohle und dem des großen Ganzen. Der freie, menschliche Wille, der sich ausdrückt in den eigenen Gedanken, ist das gottgegebene, kreativ-schöpferische Instrument hierfür. Deren Kraft und Macht liegt in einer klaren, mentalen, positiv ausgerichteten Zielfunktion. Diese setzt jeden Menschen in die Lage, sein Schicksal im Rahmen der persönlichen Bestimmung bewusst selbst zu lenken und im eigenen Leben und darüber hinaus wesentliche Akzente zu setzen. Jeder Mensch muss sich wieder seines eigenen Wertes und seiner persönlichen Bedeutung bewusst werden, danach leben und handeln. In jedem Augenblick kann er sein Leben verändern, wenn er dies nur will, eben durch seine Gedanken. Wir leben im Hier und Jetzt und gestalten nur in der Gegenwart in jedem Moment unser Schicksal.

Jeder einzelne von uns muss jetzt, in diesem Augenblick das ändern, was er schon immer ändern wollte, denn:

> Heute ist der erste Tag vom Rest unseres
> und damit auch meines Lebens.

X. Literaturverzeichnis

ALPER, Frank: *Das universelle Gesetz.* G. Reichel Verlag, Weilersbach 1997.

BERGERAC, Olivia de: *The Dolphin Within.* Simon & Schuster, Australia 1998.

BISCHOF, Marco: *Biophotonen – das Licht in unseren Zellen.* Verlag Zweitausendeins, Frankfurt 1995.

BOHM, David/FACTOR, Donald: *Die verborgene Ordnung des Lebens.* Aquamarin-Verlag, Grafing bei München 1988.

BRADEN, Gregg: *Zwischen Himmel und Erde.* Koha-Verlag, Burgrain 2001

BRADEN, Gregg: *The God Code.* Koha-Verlag, Burgrain 2004.

BREUER, Reinhard: *Der Flügelschlag des Schmetterlings.* Deutsche Verlagsanstalt, Stuttgart 1993.

BUTTLAR, Johannes von: *Zeitreisen.* Atlantis-Verlag 1998.

BUTTLAR, Johannes von: *Gottes Würfel.* Knaur-Verlag, Stuttgart 1998.

BUTTLAR, Johannes von: *Die Einstein-Rosen-Brücke.* Ullstein-Verlag, Berlin 1998.

CATHIE, Bruce L.: „Die Harmonie des Weltraums". Edition Neue Energien, MVV-Verlag, Peiting 1999

COCHRANE, Amanda/CALLENS, Karena: *Das Geheimnis der Delphine.* Scherz Verlag, Bern-München. Version 1996.

ELBL, Dietus: *Orgasmen der Unendlichkeit.* CTT-Verlag 2000.

FARKAS, Viktor: *Rätselhafte Wirklichkeiten.* Kopp-Verlag, Rottenburg 2001.

FERRINI, Paul: *Denn Christus lebt in jedem von uns.* Aurum-Verlag, Bielefeld 2001.

FERRINI, Paul: *Rückkehr nach Eden.* Aurum-Verlag, Bielefeld 2000.

FIELD, Michael/GOLUBITSKY, Martin: *Chaotische Symmetrien.* Birkhäuser Verlag, Basel 1993.

FOSAR, Grazyna / BLUDORF, Franz: *Vernetzte Intelligenz.* Omega-Verlag 2000.

FOSAR, Grazyna/BLUDORF, Franz: *Zaubergesang.* Marktoberdorf 2002

FOSAR, Grazyna/BLUDORF, Franz: *Fehler in der Matrix.* Michaels-Verlag, Peiting 2003.

FOSAR, Grazyna/BLUDORF, Franz: *Im Netz der Frequenzen.* Michaels-Verlag, Peiting 2003.FRISELL, Bob: *Die Wurzeln der Zukunft.* Edition Neue Perspektiven, Peiting 1997.

FRISELL, Bob: *Zurück in unsere Zukunft.* ET Publishing Unlimited, Fichtenau 1995.

GÖRING, L.W.: *Apokalypse <Seele>.* VESTA-Verlag, Velden am Wörthersee 1997.

HALPERN, Paul: *Löcher im All.* rororo-Verlag, Hamburg 1999.

HELSING, Jan van: *Hände weg von diesem Buch.* ma deus Verlag, Fichtenau 2004.

HERMES TRISMEGISTOS: Edition Akasha. Sauerlach bei München 1992.

JANTSCH, Erich: *Die Selbstorganisation des Universums.* Carl Hanser Verlag, München 1992.

JENNY, Hans: *Kymatik.* Brasiliens Presse, Basel 1972.

KAKU, Michio: *Im Hyperraum.* rororo-Verlag, Hamburg 1997.

KING, Serge Kahili: *Der Stadt-Schamane.* Verlag Alf Lüchow, Freiburg 1991.

KING, Serge Kahili: *Begegnung mit dem verborgenen Ich.* Aurum-Verlag, Braunschweig 1995.

KING, Serge Kahili: *Kahuna-Healing.* Verlag Alf Lüchow, Freiburg 1996.

KOCH, Joachim/KYBORG, Hans-Jürgen: *Vernetzte Welten.* Kopp-Verlag, Rottenburg 2001.

KORTE, Andreas/HUBER, Karin: *Delphine und Wale.* Verlag Gesundheit und Entwicklung. Schaffhausen 1999.

KÖSSNER, Christa: *Schlüssel zum Glücklichsein – Das Spiegelgesetz.* Verlag Ennsthaler, Steyr 1999.

KYBALION: Akasha-VerlagsgesmbH. Arkana-Verlag, Heidelberg 1981.

LAKHOVSKY, Georges: *Das Geheimnis des Lebens.* VGM-Verlag, Essen 1981.

LASZLO, Ervin: *Kosmische Kreativität.* Insel-Verlag, Frankfurt – Leipzig 1995.

LEVI: *Das Wassermann-Evangelium von Jesus dem Christus.* Verlag Kailash – Hugendubel, München 1997. Neuauflage: Schirner-Verlag, Darmstadt 2004.

LYNCH, Dudley/KORDIS, Paul: *Delphin – Strategien.* PAIDIA – Verlag, Fulda 1991.

MECKELBURG, Ernst: *Zeittunnel-Reisen an den Rand der Ewigkeit.* Verlag Albert Langen/Georg Müller, München 1993.

MECKELBURG, Ernst: *Wir alle sind unsterblich.* Verlag Albert Langen/Georg Müller, München 2001.

MECKELBURG, Ernst: *Jenseits der Ewigkeit.* Verlag Albert Langen/Georg Müller, München 2000.

MELCHIZEDEK, Drunvalo: *Die Blume des Lebens.* – 2 Bände. Koha-Verlag, Burgrain 1998 und 2000.

MORPHEUS: *Matrix-Code.* Trinity-Verlag. Wien 2003.

NICHOLS, Preston B.: *Das Montauk-Projekt.* E.T. Publishing Unlimited, Fichtenau 1994.

NICHOLS, Preston B./MOON, Peter: *Pyramiden von Montauk.* Edition Pandora, Peiting 1996.

NICHOLS, Preston B. /MOON, Peter: *Rückkehr nach Montauk.* E.T. Publishing Unlimited, Fichtenau 1995.

NICHOLS, Preston B./MOON, Peter: *Interviews zum Montauk-Projekt.* Edition Pandora, Peiting 1996.

OCEAN, Joan: *Dolphin Connection.* Hawaii 1989.

OCEAN, Joan: *Dolphins into the future.* Hawaii 1997.

PAULSON, J. Sig: *Liebe deinen Nächsten wie dich selbst.* Frick-Verlag, Pforzheim 1980.

PEITGEN, H.O. / RICHTER, P.H.: *The Beauty of Fractals.* Springer-Verlag, Berlin-Heidelberg 1986.

POPP, Fritz-Albert: *Biologie des Lichts.* Verlag Paul Parey, Berlin-Hamburg 1984.

POPP, Fritz-Albert: *Neue Horizonte in der Medizin.* Karl F. Haug Verlag, Heidelberg 1987.

POPP, Fritz-Albert: *Die Botschaft der Nahrung.* Fischer Taschenbuch Verlag, Frankfurt/Main 1993

REDFIELD, James: *Das Geheimnis von Shambala.* W. Heyne Verlag, München 1999.

SCHRÖDINGER, Erwin: *Was ist Leben?* Verlag Piper, München 1989.

SCHWENK, Theodor: *Das sensible Chaos.* Verlag Freies Geistesleben, Dornach 1991.

SELKE, Ilona: *Weisheit der Delphine.* Heyne – Verlag München 2000.

SHELDRAKE, Rupert: *Das schöpferische Universum.* Ullstein-Verlag, Berlin 1999.

SHELDRAKE, Rupert: *Das Gedächtnis der Natur.* Serie Piper, München 1993.

SHELDRAKE, Rupert: *Sieben Experimente, die die Welt verändern können.* Goldmann Verlag, München 1994.

SITCHIN, Zecharia: *Der Kosmische Code.* Kopp-Verlag, Rottenburg 1998.

SITCHIN, Zecharia: *Stufen zum Kosmos.* Kopp-Verlag, Rottenburg 2003.

SITCHIN, Zecharia: *Der zwölfte Planet.* München 1996.

STELZL, Diethard: *Heilen mit kosmischen Symbolen.* Schirner-Verlag, Darmstadt 2004.

STELZL, Diethard: *Über die Lichtkraft der Farben in unserer Nahrung.* Verlag Via Nova, Petersberg 2004.

STELZL, Diethard: *Die Weisheit der Pharaonen.* Schirner-Verlag, Darmstadt 2005.

STELZL, Diethard: *Die Einweihungen der Pharaonen.* Schirner-Verlag, Darmstadt 2005.

TALBOT, Michael: *Das holographische Universum.* Droemer'sche Verlagsanstalt, München 1992.

TEPPERWEIN, Kurt: *Die Geistigen Gesetze.* Goldmann Verlag, München 1992.

THIRRING, Walter: *Kosmische Impressionen – Gottes Spuren in den Naturgesetzen.* Molden-Verlag, Wien 2004.

WALSCH, Neale Donald: *Gespräche mit Gott* – 3 Bände. Verlag Arkana-Goldmann, München 1997.

WILLKE, H: *Systemtheorie.* Fischer Verlag. Stuttgart 1991.

WOLINSKY, Stephen: *Quantenbewusstsein.* Verlag Alf Lüchow, Freiburg 1996.

WOLINSKY, Stephen: *Die dunkle Seite des Inneren Kindes.* Verlag Alf Lüchow, Freiburg 1997.

327

Dr. Diethard Stelzl, geboren 1942, promovierter Diplom-Volkswirt der Universität München, ist REIKI-Meister/-Lehrer, Spiritueller Heiler, HUNA-Lehrer, ganzheitlicher Kreativberater, Bioenergetik-Forscher, Autor und Dozent in der Erwachsenenbildung. In seinen international anerkannten Vorträgen, Fachausbildungen und Seminaren beschäftigt er sich mit der Weisheit, Lehre und Methodik der althawaiianischen HUNA-Lehre, mit ganzheitlicher Energiearbeit und Ernährung, mit Fragen der Bioresonanz, mit spirituellem Heilen, dem menschlichen Urwissen, der altägyptischen Mysterienlehre und den energetischen Auswirkungen von Licht und Farben auf den menschlichen Organismus.

Dr. Diethard Stelzl hält im deutschsprachigen Raum, auf Ibiza und Bali regelmäßig Vortragsveranstaltungen, Fachausbildungen, Wochen- und Wochenend-Seminare zu folgenden Themen ab:

- HUNA: Althawaiianische Weisheit, Lehre und Methode einer positiven Lebensgestaltung und bewussten Schicksalslenkung
- MENSCHLICHES URWISSEN UND WEISHEIT ALLER ZEITEN: Geistige Gesetze, Kosmische Kommunikationssysteme, Zahlenmystik, Sakrale Geometrie, Doppelstrom der Zeit, Selbstorganisation des Universums
- WISSEN UND WEISHEIT DER PHARAONEN
- SPIRITUELLES HEILEN
- HEILEN MIT KOSMISCHEN INFORMATIONEN
  Informative Harmonisierung menschlicher Regelsysteme
- KARMA: Erfahrung und Aufarbeitung
- HARMONISCHE ERNÄHRUNG MIT LICHT UND FARBEN
- HARMONISCHE ENERGIEARBEIT IM WOHN- und ARBEITSBEREICH
- INNERE HARMONIE UND SELBSTFINDUNG MIT LICHT UND FARBEN
- KRISTALLE: ENGEL DER ERDE – HELFER IM ALLTAG
- ENERGETISCHE FUSSARBEIT
- LIEBESERFAHRUNG MIT UND DURCH DELFINE (auf Bali)
- WEG IN DIE STILLE
- LICHTKÖRPERPROZESS UND MER-KA-BA

Für weitere Informationen und Anforderung von Seminarunterlagen wenden Sie sich bitte an:

Dr. Diethard Stelzl
Gschriet 70
A-9702 Ferndorf
Tel: (00 43)-42 46-7 20 00
Fax: (00 43)-42 46-7 20 00 40
e-mail: info@huna-seminare.at
www.huna-seminare.at

Weitere Bücher aus dem Verlag Via Nova:

Licht – Quelle des Lebens und der Liebe

Heilung und innere Harmonie mit Licht und Farben

Diethard Stelzl

Hardcover, Großformat, 336 Seiten, 119 farbige Fotos, 179 farbige Grafiken, ISBN 978-3-86616-039-2

Das vorliegende Buch des Erfolgsautors Dr. Diethard Stelzl legt überzeugend und wissenschaftlich fundiert dar, wie jedes Leben seine dynamische Energie, aber auch kosmische Informationen und Ordnungsstrukturen durch das Licht und seine Farben erhält. Es zeigt auf, wie Menschen auf diese Farben und ihre Frequenzen sowie auf farbige Gegenstände (z. B. Pflanzen, Steine, Nahrungsmittel) und unterschiedliche Lichtverhältnisse reagieren. Dieses Buch macht bewusst, dass Lichtenergie sowohl einzelne Zellen, Organe und Lebewesen als auch kosmische Bewegungen und Abläufe beeinflusst. Wissen und Heilmethoden älterer Kulturen werden mit neueren wissenschaftlichen Erkenntnissen verknüpft, damit der Leser diese nutzen kann für seine Orientierung im Alltag, um Störungen zu vermeiden, entsprechende Probleme zu lösen und ganzheitlich eine Atmosphäre des Wohlbefindens, Wohlwollens und der Heilung in sich und in seiner Umwelt zu schaffen.

Über die Lichtkraft der Farben in unserer Nahrung

Kompass für genussreiches und gesundes Essen

Diethard Stelzl

Hardcover, 224 Seiten, vierfarbig, 70 Farbfotos, 48 farbige Grafiken und Tabellen – ISBN 978-3-936486-55-1

Dieses Ernährungsbuch schildert, wie wir trotz der üblichen Hektik des Alltags zu einer harmonisch ausgerichteten Ernährung (zurück)finden, warum die Farbe der Nahrungsmittel so wichtig ist und wie sich die in ihnen enthaltene kosmische Lichtkraft positiv auf Körper, Geist und Seele auswirkt. Es geht unter anderem auf grundlegende Erkenntnisse über Vitamine, Mineralstoffe, Enzyme, Kohlenhydrate oder über Verdauung und Stoffwechsel ein, beschreibt die heutzutage immer wichtiger werdende Rolle des Wassers sowie des Salzes und zeigt, wie Licht und Farben insgesamt auf den Organismus wirken. Die Kombination bestimmter Farben in der Ernährung kann den Energiegehalt von Lebensmitteln beträchtlich steigern, was sich auf verblüffende Weise sogar messen lässt!

Spirituelle Energiemedizin

Atlas der psychosomatischen Energetik – Band 2

Dr. Reimar Banis

Hardcover, Großformat, 272 Seiten, 110 farbige Abbildungen und Grafiken, ISBN 978-3-86616-055-2

In diesem Buch wird ein neues, ganzheitliches Weltbild sichtbar, das Psychologie, Spiritualität und Naturwissenschaften vereint. Der Autor sieht die eigentliche Ursache von Krankheiten in ungelösten seelischen Konflikten. Darüber hinaus begreift er sie als eigentliches Grundgerüst des menschlichen Bewusstseins. Zu den Kernthesen des Buches gehört die Idee der Wiedergeburt. Dabei bleiben bestimmte charakteristische Eigenschaften der Persönlichkeit ebenso wie traumatische Erfahrungen erhalten. Solche karmischen Vorprägungen führen nach Ansicht des Autors zur Ausbildung eines festgelegten Charakters, der viele Vor-, aber auch Nachteile hat. Letztere gilt es zu überwinden, um wieder zur verloren gegangenen Ganzheit der Seele zurückzufinden. Den eigenen Charaktertyp zu kennen ist wichtig, um zu einer tieferen Selbsterkenntnis zu kommen und besser mit anderen Menschen umzugehen. Insofern will dieses Buch auch ein praktischer Lebensratgeber sein.

Das Geheimnis der richtigen Schwingung

2. Auflage

Anleitung für ein wunder-volles Leben

Jill Möbius

Hardcover, 232 Seiten – ISBN 978-3-86616-000-2

Alles, so die Autorin, ist eine Frage von Schwingung und Resonanz. Auf fundierte und leicht verständliche Weise vermittelt dieses Buch, wie das Resonanzprinzip als grundlegendes Gesetz unsere Realität, unseren Körper und unser Schicksal prägt – und wie wir dieses Wissen spielerisch nutzen können, um ein erfülltes und erfolgreiches Leben zu gestalten: Wie es wirkungsvoll gelingt, die Realität im Voraus so zu programmieren, dass sich Wünsche erfüllen und sogar Wunder möglich werden; wie man effektive, kraftvolle Wege der Selbstheilung nutzt, um Gesundheit, Jugendlichkeit und Vitalität zu steigern; wie man inneren Frieden findet und es schafft, in jeder Situation in sich selbst zu ruhen; wie man seine Schöpferkraft wirksam einsetzt, um eine friedvolle globale Zukunft mit zu erschaffen. Viele wirkungsvolle Übungen ermöglichen die direkte Umsetzung der Erkenntnisse im Alltag. Ein unterhaltsames, praxisnahes Handbuch zur Steigerung des Bewusstseins, der Lebensfreude und Lebensqualität.

Die Heilkraft des Atems für einen erholsamen Schlaf

Ein Handbuch

Susanne Duden

Hardcover, 296 Seiten, 50 Fotos,
mit audioaktiver CD für einen besseren Schlaf – ISBN 978-3-86616-010-1

Menschen mit Schlafstörungen stecken in einem Teufelskreis. Auf der einen Seite finden sie nicht mehr ausreichend Schlaf, sind von der natürlichen Quelle der nächtlichen Ruhe und Erholung abgeschnitten. Auf der anderen Seite wollen sie ihre Frau bzw. ihren Mann stehen und den Anforderungen des Tages gerecht werden. Im theoretischen Teil des Handbuches erläutert die erfahrene Atemtherapeutin Susanne Duden, wie es zu Schlafstörungen kommt und was man dagegen tun kann. Sie stellt die Methode des bewussten, zugelassenen Atems vor und erklärt, wie diese den Schlaf fördert. Im praktischen Teil beschreibt die Autorin ausführlich Atemübungen, die auf unterschiedliche Beschwerden und Bedürfnisse bei Schlafstörungen eingehen und auch von Menschen ohne Atem- und Körpererfahrung nachvollzogen werden können. In der Beschäftigung mit dem eigenen Körper- und Atemgeschehen können als Voraussetzung für einen erholsamen Schlaf vegetative Stresszustände abgebaut und innere Ruhe wieder erlangt werden.

Verwandle Mißerfolg in Erfolg

Gewinnen durch Verlieren

Mariana Caplan

Paperback, 176 Seiten – ISBN 978-3-936486-17-9

Was geschieht, wenn alle unsere vermeintlichen Götter – Glück, Gesundheit und Liebe – uns im Stich lassen? Genau dann entsteht das Potenzial für eine klarsichtige Bewusstheit, die zu wahrer Erkenntnis der Realität, zu nie dagewesenem Wachstum und zu radikaler Transformation führen kann. Das ist die Lehre, die Mariana Caplan dem Leser in diesem Buch vermitteln will. Auf anschauliche und spannende Weise beschreibt sie, wie man durch Misserfolge und den Verlust vermeintlich wichtiger Dinge zu der Erkenntnis gelangt, dass authentischer Erfolg nicht an materiellen Dingen, Vorstellungen oder Erwartungen, sondern an der Qualität unseres Menschlichseins und unseres Daseins gemessen wird. Der Schriftsteller Joseph Chilton Pearce bezeichnet das Buch als „ein Werk voll zarter Weisheit, echter Führung und mitfühlender Richtungsweisung".

Der Ursprung des Glücks

Ein praktischer und intuitiver Ratgeber, um Glück, Liebe, Weisheit und Vertrauen zu erlangen

Ryuho Okawa

Paperback, 124 Seiten – ISBN 978-3-86616-005-7

Wahrhaft glücklich sein – wer will das nicht? Und doch fällt es den meisten Menschen unendlich schwer, dieses Glück in ihrem Leben zu verwirklichen. Das neue Buch des japanischen Glücksforschers Ryuho Okawa liefert kein Patentrezept für das schnelle und meist ebenso schnell vergängliche Glück, das materielle Dinge zu bieten haben. Es führt seine Leser vielmehr weit darüber hinaus, hin zu den tieferen Ursachen eines wahren, in sich selbst ruhenden Glücks, das weder von äußeren Umständen noch von materiellem Wohlstand oder gesellschaftlichem Status abhängig ist. Eines macht das in einer sehr klaren und bildhaften Sprache geschriebene Buch dabei unmissverständlich klar: Wahres Glück und wahre Liebe sind untrennbar miteinander verbunden, denn der Weg zum wahren Glück führt über die Liebe – über eine Liebe, die nicht nehmen will, sondern gibt, die im Einklang mit dem Willen des Universums schwingt und die andere Menschen glücklich machen will, damit sie selbst glücklich sein kann. **In Japan sind die Bücher des Autors millionenfach verkauft worden.**

Karmaheilung durch Liebe

Das innere Gesetz des Ausgleichs

Hans Vater

Hardcover, 176 Seiten – ISBN 978-3-86616-023-1

Verstehen wir eigentlich wirklich, was das Wort „Karma" beinhaltet? Ist Karma die göttliche Gerechtigkeit – nach der mir mein Schicksal von Gott oder von irgendwelchen „Herren des Karma" zugeteilt wird? Oder ist es „einfach nur" das Gesetz von Ursache und Wirkung, nach welchem meine früheren Taten quasi mechanisch zu mir zurückkehren? Diese gängigen Interpretationen stimmen nicht mit den Ergebnissen der Reinkarnationsforschung überein, und sie stecken zudem voll innerer Widersprüche. Dieses Buch begründet die These, dass sich jede Seele ihr Schicksal, ihr „Karma", freiwillig selbst auferlegt: Die Seele verspürt den tiefen inneren Drang, ein Ungleichgewicht auszugleichen, das im Austausch mit anderen Seelen entstanden sein mag. Auf diese Weise versucht sie, eine Trennung und einen Mangel an Liebe zwischen ihr und einer anderen Seele wieder zu heilen. Sobald die Liebe wieder gewonnen ist, ist damit auch das Karma gelöst.

Die 7 Lebens-Fragen

Anleitung zur Führung des Unternehmens „Ich"

Gion Chresta

Paperback, 224 Seiten, 12 Grafiken – ISBN 978-3-936486-79-7

Mangel an positiver Führung kann man nicht nur in Wirtschaft und Politik sehen, sondern auch in der Schwierigkeit vieler Menschen, sich selbst zu führen. Sie tun sich schwer mit den widerstreitenden Kräften in der eigenen Persönlichkeit, denn sie haben ihr inneres Potenzial noch zu wenig entwickelt, ihre Ausrichtung noch nicht wirklich erkannt, ihre Ganzheit noch nicht gefunden. Die 7 Lebens-Fragen, auf denen dieses Buch aufgebaut ist, bilden das grundlegende Werkzeug-Set zum Erlernen von Selbstführung. Sie fokussieren auf das Wesentliche im Leben jedes Menschen: Was will ich wirklich? Wozu bin ich hier? Was erfüllt mich zutiefst mit Freude? u.a.m. Ihre Handhabung wird klar und verständlich erläutert und mit vielen konkreten Übungsvorschlägen praktisch erfahrbar gemacht. Daraus kann jeder seine persönliche Lebens-Strategie formen. Sie verleiht dem eigenen Lebensweg Tiefe und Sinn und eröffnet ihm zugleich eine Fülle von neuen Handlungsmöglichkeiten im beruflichen und privaten Bereich.

Heilung und Neugeburt

Aufbruch in eine neue Dimension des Lebens

Barbara Schenkbier / Karl W. ter Horst

Hardcover, 272 Seiten, 30 Fotos, 10 Grafiken – ISBN 978-3-936486-57-5

Immer mehr Menschen suchen Auswege aus Einsamkeit und Trauer, Isolation und Sinnkrise. Sie sehnen sich nach Wärme und Licht, einem Aufbruch ins Leben, dem erneute Enttäuschungen und Niederlagen erspart bleiben. Barbara Schenkbier und Karl W. ter Horst geben anregende Impulse für den Aufbruch in eine neue Dimension des Lebens, für die spirituelle Neugeburt des Menschen. Diese Impulse sind begleitet von wegweisenden Ratschlägen für die Heilung von Seele und Körper. Die Autoren schöpfen aus der spirituellen Erfahrung einer neuen Dimension der Heilung und der Geschichte ganzheitlicher Heilverfahren aus dem göttlichen Feld. Die spirituelle Heilung wird ausführlich dargestellt. Mit einer bisher unveröffentlichten evolutions-psychologischen Methode ermöglichen sie dem Leser überraschende Einblicke in die verschlungenen Verläufe seiner eigenen Entwicklung. Alles Mitmenschliche und Kraftspendende, das dabei ans Licht des Bewusstseins dringt, bewerten die Autoren als Quellen von Heilung und Glück.

Kultur des Wohlwollens

Aus der Kraft des Herzens leben

Helga Kerschbaum

Hardcover, 248 Seiten – ISBN 978-3-936486-45-2

Die Kultur des Wohlwollens will in einer Zeit der Pluralitäten, Multipolaritäten und Spaltungen ein Bewusstsein für das „allen Gemeinsame" bilden und auch jene Einheit bewusst machen, die erst alle Vielheit schafft. Sie sucht das Verbindende, die gemeinsame Wurzel der Kulturen und Religionen. Sie beruht auf einem Wohlwollen, das in der Spiritualität grundgelegt ist und auch als „aktives Mitgefühl" bezeichnet werden kann. „Kultur des Wohlwollens" beschreibt das kultur- und religionsübergreifende Urmuster des allem zugrunde liegenden Seins. Aus diesem wird eine Ethik, die zu Handlungsweisheit führt, entwickelt. Aus einer holistischen Weitsicht und den großen spirituellen Menschheitserfahrungen werden jene Segenswerte formuliert, die zu den fundamentalen Bedürfnissen gelungenen Lebens gehören. „Darin liegt aber gerade die Stärke dieses Buches, dass es Einsicht und Motivation bringt, die aus der Tiefe unseres Menschseins kommen. Die Liebe und die Sorge um unsere Spezies hat dieses Buch geschrieben." *Willigis Jäger in seinem Geleitwort*

Die unbegrenzten Dimensionen deiner spirituellen Kraft

Ein inspirierender Wegweiser zur persönlichen Freiheit

Nick Williams

Paperback, 288 Seiten – ISBN 978-3-936486-70-4

Macht und Kraft faszinieren uns alle. Doch in weiten Teilen der Welt können wir beobachten, welche verheerenden Folgen es hat, wenn Macht falsch verstanden wird. Nick Williams spricht in diesem bahnbrechenden Buch von einer ganz anderen Macht: der Macht der Liebe, der Inspiration und der Kreativität. Wir können eine unglaublich positive Entwicklung erfahren, wenn wir die mystische Kraft der Liebe in den Mittelpunkt unseres Lebens stellen. Der Autor erinnert uns daran, dass wir aus uns selbst heraus ungeheuer kraftvoll und nicht darauf angewiesen sind, Macht von außen verliehen zu bekommen. Unsere spirituelle Kraft liegt in dem Wissen, dass wir die Quelle unserer Gedanken transformieren können: von der Angst zur Liebe. Nick Williams zeigt uns in praktischen Schritten, wie das gelingt.